THE WISŁAWA SZYMBORSKA FOUNDATION

# 希姆博尔斯卡
## 选读札记 I

——

〔波兰〕维斯瓦娃·希姆博尔斯卡 – 著

吴俣 – 译

东方出版中心

# 出版说明

　　维斯瓦娃·希姆博尔斯卡（1923—2012），波兰作家，被公认为当代最迷人的诗人之一，享有"诗界莫扎特"的美誉。希姆博尔斯卡于1996年获得诺贝尔文学奖，是文学史上第三位获得该奖的女诗人；2001年她成为美国文学艺术学院名誉会员。

　　上世纪希姆博尔斯卡即在中国引起广泛关注，2000年漓江出版社出版了她的诗文集《呼唤雪人》，由林洪亮翻译。此后，中央编译出版社、湖南文艺出版社先后翻译出版了希姆博尔斯卡的部分作品集，但这些作品还是无法满足希姆博尔斯卡研究和教学的需要，甚至也满足不了那些热爱希姆博尔斯卡的读者的需求。东方出版中心在波兰希姆博尔斯卡基金会的支持下，获得了唯一官方授权，出版《希姆博尔斯卡全集》（五卷本），包括《希姆博尔斯卡诗集Ⅰ》《希姆博尔斯卡诗集Ⅱ》《希姆博尔斯卡信札：写给文学爱好者的信》《希姆博尔斯卡选读札记Ⅰ》《希姆博尔斯卡选读札记Ⅱ》，涵括了希姆博尔斯卡全部诗歌、散文和信札等作品，由波兰文学翻译家林洪亮领衔翻译，直接从波兰文译出。

东方出版中心编辑部

二〇一九年一月

# 自 序

写《选读札记》的动力是在我翻阅每本文学杂志的《编辑部来书》①专栏时产生的。不难发现，其中，只有一小部分被提及的书最终摆到了评论家的桌上。最新的小说和社论优先，文学回忆录和再版的经典名著的机会则不多，而传记、选集、词典几乎没有任何可能，通俗读物和各种指南更是永远不要指望能够被评论。书店里的情况看起来则大不相同：大多数被热评的书（大多数——也就是并不是全部）被堆在书架上闲置了几个月，最后被送去回收，而剩下的数量更为可观的书，没有人去评价，没有人去讨论，也没有人去推荐，但很快就销售一空。我一时兴起，想关注一下这些书。起初，我以为我会写真正的评论，也就是在每篇评论中介绍书的特点，把它归于某个流派，并将其与别的书进行比较，评论哪本写得更好。但我很快意识到，我写不了评论，我甚至对此毫无兴趣。归根结底，我就是一名业余读者，并且我也愿意做一名业余读者，这样就不用负担着永无止境的压力去评论。有时

---

① 译者注：在波兰文学杂志的最后，往往会有一个《编辑部来书》的书目专栏，上面列举了杂志社在最近一期内收到的所有来自出版社的书名目录。出版社会将新出的书免费寄给杂志社以供评论，但杂志社只会选取其中非常少量的书。在希姆博尔斯卡写《选读札记》所处的年代，杂志社在选择对什么书进行评论时，往往受政治因素的影响，有很大的局限性。

候,评论这些书对我来说是切实的体验,有时候,只是为了借题发挥。将这些《选读札记》称为随笔的人,将让我欣慰,而坚持认为是"评论"的人都将令我不悦。

　　嗯,说句心里话,我古板地认为,读书是人类自己想出来的最美的游戏。"游戏的人"①跳舞、唱歌、做出意味深长的手势、摆好姿势、乔装打扮并欢庆盛典。我不是瞧不起这些游戏的重要性——如果没有它们,人类的生活将变得无比单调,而且可能会乱成一团。然而,这些都是集体行为,或多或少都明显带有整齐划一的怪味。而和"书"在一起的"游戏的人"是自由的,至少尽可能是自由的。那时他可以自己设定游戏规则,只听从自己的好奇心,让自己去读有智慧的书,并从中有所收获,也看看愚蠢的书,因为即使是这些书也会让他有所领悟。他不必读完一本书,也可以从一本书的末尾开始读,再倒回开头。他可以在一个毫无征兆的地方傻笑,或突然在某些话前停下,并将这些文字铭记一生。他甚至可以——其他任何游戏都不能办到这一点——听听蒙田正在争论什么,或者穿越到中生代时期待一会儿。

维斯瓦娃·希姆博尔斯卡

---

①　译者注:《游戏的人》(Homo Ludens)是荷兰学者约翰·赫伊津哈在 1938 年写的一本著作,是西方休闲学研究的重要参考书目。它讨论了在文化和社会中游戏所起的重要作用。希姆博尔斯卡认为,说到游戏,人们一般会想到跳舞、唱歌、戏剧、派对等,而这些都是集体活动,唯有读书是个人行为。

# 原版前言

《文学生活》上刊登的都是些阳春白雪类的文章,这些文章要么是论述作家的任务,要么是探讨报告文学的艺术性;要么是报道波兰统一工人党的又一次会议,要么是发布关于"德国人现状"的一些消息;要么是介绍社会主义阵营里兄弟国家的文学发展状况,要么是传达关于"波兰文学家协会"会议的一些信息,总之所有文章都跟主编弗瓦迪斯瓦伐·马海耶克的文章所走的路线一致——然而,在1967 年 6 月 11 日第 24 期周刊的第 3 面上竟出现了一个名为《选读札记》的专栏,这对《文学生活》的读者而言或许是个意外。周刊上偶尔会出现一个名为《必读》的专栏,里面刊登的都是大学科研人员(其中有阿莱克桑德尔·维尔孔、斯塔尼斯瓦夫·巴尔布斯、泰莱莎·娃拉斯)写的关于波兰文学必读书目的文章,《选读札记》大概是编辑部计划为这个专栏配套推出的一个新专栏吧。从这时起,维斯瓦娃·希姆博尔斯卡的文章每两周定时刊登在周刊上。起初,专栏每次会刊载三本书的札记,从 1968 年起常常是两本书的札记。

《选读札记》的文章后来由克拉科夫的文学出版社结集出版了,很明显是因为这个带有主观色彩的书评式散文专栏得到了读者的喜爱。1973 年该书出版前,也许有人曾经为其重新制定了篇目选择的原则。那么篇目选择的标准是什么呢? 与审查制度有关吗？还是作者自己挑选的呢？《选读札记》第一版的最后一篇文章是关于《挂历》的短书评（刊于《文学生活》1973 年第 1 期），它的编号是 225，而全书一共只有 145 篇文章。1981 年版的仅包含 111 篇文章。希姆博尔斯卡在这一版的后记里写道："整本文集收录了过去 6 年（其实是 7 年，即 1973—1979 年——阿尔图尔·柴萨克注）里发表在《文学生活》上的读书心得。好的是，并不是全部读书心得都被收了进来，但不好的是，尽管不是全部，却也是大部分。"在这些被品评的书中，最后一本是塞缪尔·佩皮斯的《佩皮斯日记》（刊于《文学生活》1979 年第 37 期），而让人眼前一亮的是该版的后记，宛如评论这本札记的"读书笔记"。

在希姆博尔斯卡与《文学生活》的合作结束之后（1981 年 11 月 11 日后），《选读札记》系列文章曾在克拉科夫的刊物《笔迹》上刊载（1983 年的刊物上刊载了其 1981—1982 年发表的文章），之后在弗罗茨瓦夫的半月刊《奥德拉》上刊载（从 1984 年下半年到 1986 年春）。

1992 年文学出版社出版了第三本以《选读札记》为题的文集，其中大部分文章是从 1973 年和 1981 年的文集中挑选出来的。作者和编辑部对很多文章作了细微的修订，并新增了 20 篇文章。其中最晚与读者见面的是歌德的《亲和力》——一本"让人久久不能平静"的书——的札记，发表于《文学生活》1979 年第 24 期。

1996 年版的《选读札记》（文学出版社）里新增了 36 篇自 1993 年起发表于《选举报》的文章。与传统不同的是，在文章所涉及书目的基本信息前出现了独立的文章标题，而书目信息中的译者和编辑的姓名依然以属格①的形式标注。

---

① 译者注：属格是波兰语中的一个语法概念，表示所属关系。用属格标注译者和编辑即说明某本书的译者和编辑分别是谁。

文集《新选读札记》(文学出版社,2002 年)里收录了希姆博尔斯卡获得诺贝尔奖后从 1997 年 4 月起发表于《选举报》的文章,最后一篇是塔德乌什·尼柴克的《剧院的字母》的札记,发表于 2002 年 6 月 15 日,此时,距离《选读札记》系列的第一篇文章,即罗曼·加里的《天根》的札记发表,已经过去了 35 年。

维斯瓦娃·希姆博尔斯卡作品的研究者和粉丝们现在有了一本反映她阅读喜好的文集。在一年又一年的文章里,一本又一本的文集里,有一些主题反复出现——例如人类的史前史、爬行动物、鸟类。从希姆博尔斯卡对日记、传记和不同时期、不同地点人类生活的研究文献等出版物的兴趣,可以看出她对世界和人类充满了好奇。

现在这套《选读札记全集》收录了 562 篇文章,文章排序的依据是它们发表的时间,收录时参考了《文学生活》《笔迹》和《奥德拉》的合订本,以及《选举报》的电子文库。维斯瓦娃·希姆博尔斯卡基金会会长米哈乌·鲁希奈克为标志出版社提供了一袋 1997—2002 年发表于《选举报》的《选读札记》系列文章的打印稿。这些稿子上有作者手写的修正标记和写给《选举报》编辑们的一些批注。稿子是通过传真传过来的,然后编辑们就必须在文稿和版面之间权衡,安娜·比孔特和约安娜·什琴斯娜在《有纪念意义的旧物》(标志出版社,2012 年,第 157 页)里描述了这个过程。

此外我们还得到了米哈乌·鲁希奈克输入电脑文本编辑器的一些文章以及《副教授特伐尔齐特的秘密》的手稿。这些文稿可以被用于文本研究,希望将来会有人来研究这些材料。

此版文集以文学出版社的版本为基础,我们认为这家出版社是被希姆博尔斯卡所认可的。为了解决一些疑问,我们既参考了其他版本(因为从 1992 年起有些文章重复了),也参考了文章最初刊载的报刊,这些报刊总能解决我们的疑问,并证实了:通常作者知道自己在写什么,而编辑部自认为"知道得更清楚",但在与希姆博尔斯卡的对抗中却输了。我们在小波兰省电子图书馆中找到了大部分《文学生活》,这提供了极大的便利。同时,由衷感谢来自奥莱希诺公共图书馆的安通尼·博亚诺夫斯基先生为我们获取非数字化内容提供的帮助。感谢多娜塔·奥赫曼女士、安娜·柴萨库温女士和玛里亚·柴萨库温女士以及她们的兄弟米哈乌在誊写、对照与核对文本方面提供的帮助。

此版文集中有 192 篇文章是首次在文学出版界出版。由于编辑、书目信息编写、拼写和标点用法的标准发生了变化,所以我们对这些文章进行了必要的修正。在参照初版文章和文集以及与希姆博尔斯卡所评书籍进行比对的基础上,我们在这一版中修正了一些明显的印刷错误。下面列举几个被修正的不明显的错误:

在《当狗生病时》的札记中,重新采用了 1981 年发表时所写的"(狗)和人都会患上的疾病",而 1992 年和 1996 年的版本都是"和人类所患相同的疾病";

在《当代原始艺术家们的奇怪世界》的札记中,针对 1981 年版文集中"幼稚的现实"这一十分令人费解的表达,我们改用了《文学生活》(1976 年第 3 期)所刊载版本中的"幼稚的现实主义者";

在《波兰的鸟》的札记中,1992 年和 1996 年版文集中的"锋鹰"与实际名称不符,正确写法是"蜂鹰";

在《女徒步旅行者》一文中,以电脑打印稿为参照,将"意外出现的时间脉络"改为"不可丈量的时间脉络"[①];

---

① 译者注:实际上,此版文集采用的是"意外出现的时间脉络",此处疑为作者笔误。

4

《复杂词词典》在电脑打印稿中以《疑难词词典》的名字出现过,或许邦科教授①会同意把这个名字作为再版词典的标题,但这一次我们尊重原版标题。

　　在参考以往诸版文集和各类书评的基础上,我们在每篇札记所讨论书籍的信息介绍中补充了出版地和出版年份,这在原作中是没有的。我们还增添了一篇序言和一篇出版前言,并整理出了索引——书籍作者姓名索引和书籍标题索引。

　　我们希望,此版《选读札记》文集确实是已收录了所有相关文章,然而,"至高无上的出版惯例要求……如果已经做得很好,那么将来还要做得更好"。所以,我们不否认将会有下一个更加完整的版本出现。

阿尔图尔·柴萨克

---

① 　译者注:邦科教授即《复杂词词典》的编者。

# 目　录

罗曼·加里,《天根》,
克里丝蒂娜·比柴夫斯卡翻译,
国家出版社,华沙,1967

　　《早晨的承诺》并不是一本忠于主人的书。我买了两次,也弄丢了两次。第一次被借走了,第二次不知道消失在何处。我很好奇《天根》将会如何表现——我觉得,考虑到它更有分量,最好还是让它待在书架上。这绝对不是实验性的故事,我们早已习惯这种对结构的把握。特别是故事中所推崇的主角,他想要什么并表现得表里如一。这种统一让他可以实现在猎人面前保护大象的目的。他独自一人,不借助任何帮助。这点恰好不被现代社会所接受,人们不再相信还存在那么天真的人了。问题是,谁能代表道德;事实证明,没有人,那么问题又来了,如何利用他无私的疯狂举动去实现他自己的目的——这才是主要的原因,正是因为这些原因,才导致这本书这么厚。个人、警察、政府和公众舆论都参与到与道德有关的事情中。作者没有掩饰他对主角的同情,但既没有偏向他,抑或是偏向反对他的那些人。当然,这些天根的力量就在于,它们深深依附于土地,并错综复杂。在看完这本书的几天后,我终于可以不计较书中有些地方过于冗长了。

## 皮埃尔·布尔,《怜悯的故事》,
## 海伦娜娜·科莫罗夫斯卡翻译,
## 图书与知识出版社,华沙,1966

　　皮埃尔·布尔写过《桂河大桥》,有一部著名的电影就是根据这部小说拍的,这部电影到目前为止还鲜为我们所知。或者说比鲜为人知更糟糕一些,因为最近十年间,在我们面前涌现出的很多电影都在明显地模仿它。当《桂河大桥》终于在波兰出现时,我们以为这是二手的作品。但这指的不是电影或是小说,指的是这种故事的叙述方式,在其中,皮埃尔呈现给我们的是一个黑色幽默家,荒唐局势的狂热者,不是一个科学白痴,而是一名记忆超群的智者。有可能存在某些人,他们能记住所有的故事。我大概只能记得一个,《神秘的圣人》,事情发生在中世纪——某一天,他闯入一座麻风病之城,并鼓励大众去多次亲吻这些不幸的人们。我认为亲吻麻风病人是好色之徒最好的修行。我对麻风病人能允许被亲吻这件事感到奇怪。亲吻并不会给他们带来宽慰,或许恰恰相反,反而会提醒他们,他们在健康人的眼中是多么令人厌恶。故事令人难以置信,但仔细想想,完全是有可能的,包括结尾在内,不过显然,我是不会剧透的。坡①也可以写出这个,如果他能预料到……集中营。因为很遗憾中世纪的那个麻风病院并不是别的,尽管作者没有说过一个字关于它的类比,但当它出现在我们这个世纪的读者面前时,我们可以毫不费力地发现这一点。

---

① 译者注:原文只提到 Poe 这个姓氏,应该指的是美国作家埃德加·爱伦·坡(Edgar Allan Poe)。

玛利亚·柯诺普尼茨卡,《诗歌》,
阿丽娜·布罗兹卡编辑,
读者出版社,华沙,1967

　　很少有诗歌能像现在市面上玛利亚·柯诺普尼茨卡的诗那样,在多年以后,还能被如此完整地保留下来。相比之下,在书店里能找到的安娜·卡门斯卡的作品就要少得多。那种诗歌让我们回想起读书时代,她的诗歌不同于那些不仅仅只是诗意化的革命诗歌,有社会专栏上的诗歌作比照,她的作品可以让人读起来觉得轻松。柯诺普尼茨卡的诗歌不受时代的影响,保持着自己的写作格调。有一些甚至美好得都没有取名字。害羞地用私人化的表达挣扎着,最常见的或许是诗人将坦率的情感放入到这些诗歌中。直至今日,诗歌《一名国王如何走向战争》还让我感动并为之痛苦。然而大量来自旅途的诗歌,在这些诗歌中,戴着眼镜的旅行者自负地以自己博学的声音谈论看到的艺术作品,我大声地读只是出于对押韵技巧的尊重。事实上,我最爱的柯诺普尼茨卡作品却不在这本书中,因为她的童话《关于小矮人和孤儿玛丽霞》不是诗歌。在我四岁的时候,我一直将这个童话视为情感和笑话的杰作。直到今日,我也不会想改变这种观点。我一想到现在四岁的小孩子们坐在电视机前,听着小鹅·巴尔宾卡①愚蠢的晚安,我的额头就开始冒冷汗。

---

① 　译者注:波兰童话故事里的一个人物。

### 安东尼奥·马查多,《心脏和石头》,
### 阿尔图·梅哲柴茨基翻译和作序,
### 国家出版社,华沙,1967

　　安东尼奥·马查多在上个世纪之初首次登场。比洛尔卡、阿尔维蒂和纪廉①早了一个年代,他被认为——越来越被认为是——现代西班牙诗歌的守护者。你可以从他的诗歌中听到歌谣,洛尔卡就是他的追随者,并勇敢地将其发扬光大。他们像四处飞翔扰乱现实世界的天使,正如之后在阿尔维蒂的诗歌里传播的那样。我尽量不去读后面诗人写的有关他的诗,只读他自己的。但我感觉很难做到。他是诗人的源头。没有源头就没有河流,但这些河流只会流经语言的流域。在我看来,马查多是当地的宝藏,巨大而不可撼动,西班牙景色的秘密。在世界文学领域有很多这样的诗人,对特定的语言而不是其他语言的发展意义巨大。诗人之死几乎是一个象征。他离开西班牙的时候,西班牙正好结束内战。他和共和主义部队的幸存者一起穿过法国边界。之后不到一个月,就死在了科利乌尔镇②。我碰巧不久前就在那个海边小镇待过几个小时,跟西班牙加泰罗尼亚③的许多小镇很像。让我感觉很满意很舒适,游客在那里待着的每一个时刻肯定都会有同样的感受。但对于流亡者来说,却不是如此,他知道,他再也回不去了。

---

① 　译者注:这三名都是西班牙作家,费德里戈·加西亚·洛尔卡、拉法埃尔·阿尔维蒂、乔其·纪廉。
② 　译者注:科利乌尔镇,法国小镇,在西班牙和法国的边界上。
③ 　译者注:加泰罗尼亚(西班牙东北部一地区)(或译卡塔卢尼亚)。

### 布拉特·奥库扎瓦,《诗和歌》,
### 伊格纳祈·申费尔德作序和编辑,
### 艾斯克利出版社,华沙,1967

几乎所有我们有艺术野心的歌曲都来自卡巴莱歌舞文学传统。当然奥库扎瓦会认为自己是维尔金斯基[①],但我努力将她跟民谣联系在一起。她唱道:"战争,战争,看你做的坏事。"我们在这里面感觉不到虚假夸张的成分。奥库扎瓦在苏联获得巨大的成功,这当然还有其他的原因。在这个军歌不断涌现的国家,还有一个作者并不是那么怪异。事实上,奥库扎瓦并不写军歌,但写关于士兵的歌。她的歌并不是写给 30 人男声合唱的,而是用于独唱。因为写的是一个人在战争时和战争后的故事。那样一个人,在兵荒马乱的时代,总是会显得很招摇,也决定了她的成功。此外,值得注意的是,作者自己带着吉他弹唱,而且唱得很不错……如果出版社给这些译作的合集也附原版的录音唱片就好了!因为这些译作,尽管极其恰当地还原了歌曲,但最好的部分,很多还是在无声的纸面上丢失了。这些诗歌过于直白,有时候就像写给小孩子的那样幼稚,通俗到眼睛都不忍直视,但耳朵却可以接受。"噢,只要有纯粹的想法就可以了——作者自己写道——剩下的自有安排"。作为诗歌节目,没有吉他的伴奏,听起来是如此的不可信服。

---

① 译者注:亚历山大·维尔金斯基,俄罗斯诗人。

**托马斯·R.亨利,《自相矛盾的自然》,**
**耶日·赫姆日斯基翻译,J. S. 米克拉什夫斯基插图,**
**大众科学出版社,华沙,1967**

我喜欢能在书中数一数百脚虫的脚①。阅读那些被称为纯文学的东西让人心生畏惧,也会让人丧失自己的观点。在读完严肃的专著后,很适合看看轻松的内容,比如大象是如何打喷嚏的。乍一看,像《自相矛盾的自然》这类书与文学作品没有任何相似之处。完全没有? 但它们有一个相同的读者。因此,请你们允许我说几句,我是如何认为的,这对我们大家都有好处。说到插图,这在这本科普书中扮演举足轻重的角色。如果完全没有插图,或许,尽管这会让人心痛不已,但需要给我们好好解释一下,究竟是什么不可抗力造成的。如果还是存在那种不可能的方式,那必须忠实和准确地告诉我们,书中提到的那些动物都长什么样。图像印象、研究或是任何变化至少在这里都是不合适的。我并不期待自大艺术家的眼界,反而更看重娴熟画工的靠谱。"马就是那样,所有人都看得见。②"——我们来自撒克逊时期的百科全书作者本奈德克特·赫梅罗夫斯基神父简明扼要地说道。请注意,上面的规则并不适用于袋状雨蛙。

---

① 译者注:希姆博尔斯卡的意思是她喜欢各种各样写自然的书。
② 译者注:波兰谚语,含意为有些东西不必写出来,因为所有人都知道。

6

安娜·卡门斯卡,《珍珠和石头》,
塞尔维亚-克罗地亚民间诗歌选集,
国家出版社,华沙,1966

　　在保加利亚、捷克斯洛伐克①和俄罗斯民间诗歌选集之后,第
四个就是安娜·卡门斯卡那类的作品。女诗人同时也是译者源
于兴趣的坚持令人印象深刻,但很遗憾,同样令人印象深刻的是
这些有价值的书缺乏相关的宣传。如果卡门斯卡并不是一个热
衷于这项任务的译者,如果她冒险尝试某种模棱两可的文风效
果,或许我们就可以好好讨论一下了。但是,她只为自己读诗,忘
了中间人。民间创作,源自无名氏,所以需要翻译,这样才能创造
出完全没有译者的样子。我试图想象,究竟要多少天资、多高的
品位、多好的语感和自主创造力才能写出这样的表达。卡门斯卡
没有努力去模仿(确实如此?)方言,没有机械地使用我们民谣里
的措辞资源,正得益于此,事实上是,这些民歌都是来源于她自
己,不是求助于坚持不懈的努力。毫不夸张地用古体书写,需要
多少就用多少,为了让读者能够心怀敬畏地把握住那些年代久远
的主题。抑扬顿挫,需要很好地运用听力,但这也让我感到不安,
众所周知,现在的演员们并不清楚这是什么东西,如果这些诗歌
要被朗诵(或许有这种情况),他们会曲解这些诗歌,正如曲解科

---

① 译者注:文章写作时,捷克和斯洛伐克还是捷克斯洛伐克共和国。

哈诺夫斯基①的诗歌一样。但随他们去吧。我们就一边在家里读诗,一边嫉妒塞尔维亚人和克罗地亚人拥有那么多史诗般的主题吧。

---

① 译者注:科哈诺夫斯基(1530—1584),波兰诗人。他在诗歌的题材、风格和形式上,都突破了中世纪宗教诗的束缚,对波兰 17、18 世纪诗歌的发展产生了巨大的影响。

费道尔·夏里亚宾,《我的生活回忆录》,
第二版,由路德维卡·拉科夫斯卡翻译自俄语,
波兰音乐出版社,克拉科夫,1967

夏里亚宾是在舞台上骑真马的追随者。那个时代的精神是希望在剧院里一切都是可靠和真实的,不只是情节。如果需要森林,那就把公园里的树砍了,将它放到舞台的花盆里。除了富有魅力的声音外,夏里亚宾还有与众不同的才能。许多他幕后的争议在于,他要求他的伙伴必须按照真实的情形来演他们的角色。让我们来想象一下维斯皮安斯基[①],他作为——打个比方说——有影响的出版人,不仅仅要求作家写文章,还要求手绘插图。不能强求人同时拥有两种才能。我个人并不反感歌唱家像一个桩子一样插在舞台上,只有他能唱得好听并且不忘词。在阅读《我的生活回忆录》后,包括前半部分,我想给夏里亚宾颁发第三个桂冠:因为他的文学天赋。但在这里我又意识到,玛克西姆·高尔基亲身参与了这本书的创作过程,很难让人相信,他只是参与编辑页码。很有可能,我们得感激他富有经验的笔法将歌唱家非常糟糕的童年、多年的悲惨生活和极度贫困描绘得如画般栩栩如生。接着,提到艺术登峰造极和享誉世界的那些年,夏里亚宾仿

---

① 译者注:斯坦尼斯拉夫·维斯皮安斯基(1869年1月15日—1907年11月28日),波兰剧作家、画家和诗人,同时还是室内装饰和家具设计师。他是一位爱国作家,在波兰青年运动中创作了一系列具有象征意义的爱国戏剧,成功地将现代主义、浪漫主义及波兰民间传统艺术结合在一起,他是那个时代欧洲最杰出和多才多艺的艺术家之一。

佛失去了活力,在不止一件重要的事上保持沉默,并总是给自己找各种理由。从长远来看,这很有意思,但已经没有正反两面了。或许高处不胜寒,从那里眺望,是一片雾茫茫。

## 安德烈·沃兹涅先斯基,《反世界》,
## 阿那托尔·斯坦选编,
## 国家出版社,华沙,1967

在不久后,沃兹涅先斯基的第二本波兰语书名叫《反世界》,这有点让人困惑,因为诗人的幻想完全不是抽象的,而诗人自己通常都是幸运的,他生活在地球上,所有的颜色、形状、味道和声音都是任由他支配。他的想象力非常活跃,很难长时间专注于一个细节,他会仅凭第一印象就判定所有的事物,而他的反思也只是当下的思考。这个可爱的诗人知道,如果草坪要生长,那么就只能快速生长。他在旅途中写了很多诗,但哪怕在更加"安定的"抒情诗中,我们还能感觉到,不久前他刚从某处回来和他马上又要去哪里。他凭想法写作,用一些小迷失点缀诗歌,善用同音词和讲笑话。那种需要更多注意力和更严格选择表达方式的诗歌,让他不以为然。当描述诸如(尽管很少见)马雅科夫斯基①这样的英雄角色时,却听不到如他一样洪亮的声音。我不知道,是否经常要回去翻看这种轻快的诗歌,但我也完全不感到奇怪,它能在波兰找到非常出色的译者。

---

① 译者注:俄国的爱国诗人。

## 拉乔斯·卡萨克,《正在死去的马……》,
## 格拉齐亚·克然伊编,
## 国家出版社,华沙,1967

拉乔斯·卡萨克,匈牙利先锋派的奠基人,今年年满 80 岁——如果布莱兹·桑德拉尔活着的话,刚好也是这个岁数。

卡萨克很早就看过法国同辈人的创作,因为他于 1922 年完成的诗作《马儿正在死去,鸟儿们飞走了》所运用的描写方式和整体构思都与桑德拉尔的《跨西伯利亚铁道》有很明显的相似之处。幸运的是,卡萨克是真正的诗人,而不是一个模仿者。新文学的魅力没有局限住他,反而解放了他并让他敢于进行自己的尝试。匈牙利诗人在自己的诗里放入那么多个性化的东西,因此其他的东西,比如生活物质性的东西,我认为是应该被安排在非常重要的位置,但却被放在了第二位。桑德拉尔描写了在日俄战争期间从莫斯科到哈尔滨的旅途,作为一个参与其中感同身受的观察者,他竭尽所能。青年的卡萨克——作为"一名用外科手术都无法治愈的诗人"——一路走着从匈牙利朝圣到梦中的巴黎,他已经是一名拯救世界的人、理想的追逐者。当他长途跋涉回到家中,无论是从他的档案事实中,还是他的诗作中,都可以看出他成了一名社会主义者。可以从他身上看到无比耐心,充满希望和对人类的同情心,完全没有任何说教的感觉。但很遗憾,一本薄薄的小书不能涵盖那个时期这位诗人的所有作品。善良的格拉齐亚·克然伊,匈牙利诗歌在波兰及波兰诗歌在匈牙利的大使,请您好好考虑一下这个问题。

马鸣，《叙述诗精选》，

安德烈·加弗尤斯基翻译自梵文，

艾乌盖纽什·斯乌什凯维奇增补和后记，

奥索林姆国家图书馆出版社，弗罗茨瓦夫，1966

写圣徒艾莱克斯神话韵诗的作者是一个直性子，缺乏艺术的狡诈。他不是为怀疑论者写的，他甚至没有意识到他们的存在。因此我们并不知道，圣徒艾莱克斯的妻子长什么样子，结婚之后他立马就离开了她，为了追寻禁欲之声的召唤。如果，比如说，她长得像黑夜一样难看，新郎苦行的决定就会丧失至少一半的高尚。难陀在这件事上的表现就不一样，难陀是圣徒艾莱克斯佛教意义上的哥哥，难陀比圣徒艾莱克斯老一千多岁。难陀也想出世，但在这一切发生之前，我们看到，他是如何和地球上最美的女人在床上欢愉的。狡猾的诗人马鸣知道，如果世界是一个残忍的陷阱，那么这个陷阱必须要有一个迷惑人的诱饵。他将她描绘成有这种能力和肉体的吸引力，就像我们之后在印度雕塑中看到的那种丰腴。难陀和佛祖关于生命无意义的巨大哲学争论发生在这个万千世界中，在茂盛的植物里，在全是鸟儿的天空下。马鸣，尽管没有将我转成佛教，却让我信服他是一个伟大的艺术家，就是那种完全不让自己轻松的艺术家。水平差一点的诗人会将讨论者放到虚无缥缈的沙漠中。马鸣差不多生活于 1 世纪和 2 世纪之交。他用庄重的梵文写诗。安德烈·加弗尤斯基直接从原文翻译了部分的片段。这个译本，是由学者翻译的，总的来说非常忠于原文，但也已经四十岁了，受到一些青年波兰①时期的影响,这反映出译者在很早就固定下来的品位。对我而言最大的困扰是简单的韵律,原文在简单的形式中蕴含了卓越的文采,这文采本应该在译成波兰语的译文中体现。很遗憾,结果恰恰相反,于是降低了这部诗作的文学性。

---

① 译者注:青年波兰,波兰文学史上的一个时期。

布罗尼斯拉夫·马林诺夫斯基,《西太平洋的航海者》[①],
巴拉巴拉·奥勒舍弗斯卡-迪奥尼齐亚克和
斯瓦沃亚·欣克维查翻译,
国家科学出版社,华沙,1967

我不知道,当布罗尼斯拉夫·马林诺夫斯基最初在物理研究领域的时候,他是什么水平。如果他学得很烂——那很糟糕,如果他学得很好——那么……那么或许更糟糕?在这个时期,他读了一本书,这本书改变了他的人生。这本书是弗雷泽的《金枝》,这本著作在当时已经略显过时,但是时至今日,他广泛的见识和绝佳的文风还是令人惊叹。于是马林诺夫斯基就成为了一名民族学家。顺理成章——正如他是一名全副武装的人文学家——他还是一位优秀的作家。在那个时候,当物理学家们相互间交流时,还在用模糊不清的恐吓尖叫时,我们必须特别赞扬一下学者们,他们已经掌握了如行云流水般演讲的艺术。作为这位雅盖隆大学毕业生的第一本出名的作品,《西太平洋的航海者》过了很久才被翻成波兰语。这部用英文写作的专题著作早在1922年就面世了,作为在特罗布里恩群岛多个月旅居研究的成果,尽管那个群岛在我们看来恰好坐落在魔鬼说晚安[②](用美丽的基里维纳语)的地方,靠近新几内亚岛东侧。珊瑚群岛上的居民相互间保持着(或许是以前保持着)非常礼貌的交流方式,究竟是什么样的交流

---

① 译者注:该书又被译为《南海舡人》。
② 译者注:波兰语中的常见表达,形容非常非常远。

方式呢,我是不会告诉你们的。就让那个很迟才读到《金枝》以至于无法改变人生的读者,也能至少在他人类学的研究中因有智者的思想相伴而感到愉悦吧。因为这种研究方法和被研究的对象同样有趣,被研究的对象也被称为野人。通过可靠的观察,野人的重大而复杂的精神需求并不比我们少。

以上的结论或许仅仅会让种族歧视的人感到痛苦。这也是为什么这种阴郁的民族,让马林诺夫斯基感到非常非常反感。

罗伯特·格雷夫斯,《希腊神话》,
由亨利·克柴奇科夫斯基从英文翻译,
亚历山大·克拉夫楚克作序,
国家出版社,华沙,1967

　　我们得到的是两本被放在一本里的书。第一本非常广泛地
收录了希腊的神话故事,包括尽可能多的不同时期和地点的衍生
出的变体。书中满是脚注和索引,介绍如百科全书般严肃的内
容。第二本书是评论。不要期待是全方位的,因为格雷夫斯只对
一个神话主题感兴趣,对这个主题是如此热衷,以至于他一视同
仁地对待科学上合理的猜测与科学上有疑惑的猜测。荣格哲学
的专家们公正地指责格雷夫斯改变固定的主题去贴合他推崇的
论点。同样的指责——同样也是公正地——是由格雷夫斯提出
针对荣格哲学的专家们。这个作家(或许算是神话科学领域,毕
竟他对这个最感兴趣)从神话中看见对具体历史事件的反映。心
理分析学家们——集体潜意识的反映。我梦见有一个学科,两个
学派都在呐喊,他们不能离开彼此而存活。希腊神话对格雷夫斯
而言是一个巨大但却不是颠覆性的证明,就像母系社会被父系社
会取代那样,迫于来自东北部的希腊入侵大军。或许我弄错了,
但我听到过一个关于那个时代令人沉思的苦涩回忆,那是女性掌
握神圣权力的年代,而她们的妃子每年将会有一到两次被迫用于
祭祀。
　　格雷夫斯对女性有着不可救药的喜爱。有一种假说认为,
《奥德赛》的作者是女性,这种说法在他的书中多次重复,仿佛是

一件确定的事,尽管推理得十分糟糕。由此可以得出,我们读这本书时不仅要惊叹于才华和学识渊博,但也一定要小心求证。他是一个天生的诗人,却写了一本学术著作。

### 皮埃尔·金宁,《16 世纪的商人》,
### 艾丽吉亚·本科夫斯卡从法语翻译,
### 读者出版社,华沙,1967

有很多关于笨手笨脚的骑士的冒险故事,而关于笨手笨脚的商人的故事,就我所知,一个也没有……然而在冒险经历的数量和多姿多彩的程度上,在必要生活的冒险和开拓上,甚至是一个普通的商人都比一个普通的骑士占优势。因为他必须要更多地外出,也经常走得更远,将自己置于永不休止的危险中。带着货物的轮船从港口驶出时,永远无法准确地预见未来。就像是特洛伊战争时期,人们在等顺风,所以他们没有杀死伊菲革涅亚。人们也永远不知道,那些货物是否被送到规定的地方,或者究竟有没有抵达。这还包括与客户的缔约和风险的不确定性,如果这种不确定性越大,那么也就越不牢靠。最终在地狱篝火前感到不安,就如天主教堂禁止进行孳息获利那样。加尔文教派在商人中大获成功的关键在于,新信仰并不谴责贷款孳息的行为。金宁神父,他将一切都告诉我们,却单单漏了这个。或者我是一个应该被谴责的外行,但我真的不知道,究竟什么是 700 000 弗罗林、300 杜卡特、95 000 利夫罗或是 50 索勒得①。

作者没有说明这些各式各样的货币单位相互间的关系,也没有说明它们在当时的购买力。还是通过一张小的价格表来理解这些——当然,这也不容易,考虑到在过去风云变幻的百年间价

---

① 译者注:弗罗林、杜卡特、利夫罗、索勒得,旧时货币单位。

格是如此不稳定——但还是对想象当时的货币价值有很大的帮助。我并不指望用尼龙外套进行换算——对我来说用佛兰德斯①的布料做的披风就足够了。我想知道，一匹马、一桶盐、一支步枪、一门大炮要花多少钱。值得欣慰的是，这本书里有美丽而古老的蚀刻版画和绘画的复制品，这样出版社也不会后悔用了品质好的纸张。

---

① 译者注：佛兰德斯（中世纪欧洲一伯爵领地，包括现比利时的东佛兰德省和西佛兰德省以及法国北部部分地区）。

## 奥尔格尔德·布德赖维奇[①]，《华沙故事》，
## 读者出版社，华沙，1967

　　但凡用"拯救被遗忘的"这样宣传语的作品，我们预先就可以断定这会是一本畅销书。事实上，也是如此。人们对这类书进行大量的，如贺卡上的恭维那样的过度赞誉。在《华沙故事》中，布德赖维奇就是用这种方法拯救了多达 10 个家庭，他们很好地代表了这个时代我们的文化和科学。每一个家庭占 16 页左右，包括很多照片。在如此有限的空间里，诸如盖贝斯内尔这样的家庭简直要窒息了。与这个家族出版活动相关的事实在是太多了，以至于忠实而值得纪念的轶事，比如说心不在焉的古斯塔夫·盖贝斯内尔用墨水而不是美酒去招待客人，只能一笔带过。在他的这本小书中，作者意识到了这件事，于是他在前言中这样说道，他的目的只是为了抛砖引玉。他补充道，在未来肯定能找到比他更合适的人。我不理解，如此才思敏捷的记者为什么不是合适的人。

　　我手边有太多的书，在这些书里，作者们都在抛砖，将剩下的工作扔给不远处某些个小婴儿在未来的某个时刻。然而，这些小婴儿长大了，又是这样，他们也在抛砖，并不觉得自己适合做任何事。我一脸愁容地看着摇篮。

---

① 　译者注：奥尔格尔德·布德赖维奇（1923 年 2 月 10 日—2011 年 11 月 20 日），波兰知名记者、作家、旅行者。

## 贺拉斯,《诗歌精选》,
## 耶日·克鲁科夫斯基编,
## 奥索林姆国家图书馆出版社,弗罗茨瓦夫,1967

　　贺拉斯在波兰诗歌中的统治地位从文艺复兴时期一直持续到启蒙运动时期。浪漫主义对黄金分割线的赞颂者①和从那时候开始其他守护诗歌全盛时期的大师们不以为然。将这些考虑进去,那么我们就一定会惊讶于《诗歌精选》这部作品是如何编排的。那个时期对这部作品不公平,尽管那是贺拉斯影响力最活跃的时候,然而当滞后的语言学家和诗人们开始翻译罗马抒情诗时,时代又开始优待这部作品。《诗歌精选》的编者参考了19世纪中叶以来的大量成套的译本,差不多就是从费力茨亚·法朗斯基那时候开始,然而科哈诺夫斯基、莫尔什廷家族②、特伦贝茨基、克拉西茨基就被挤在角落里,在令人尴尬的《附录》中,像毒药的剂量那样少得可怜。你无法想象比这更不幸的想法。我们必须遵照"翻译的时髦性"这一原则来翻译。所以就有些人,对他们而言,费力茨亚学院派的行云流水,比打比方说 J. A. 莫尔什廷的波兰语,要时髦得多! 或许这主要是因为更容易翻译,但我们的伟人们总是背道而驰? 但正是他们当时倾向于意译的态度,更好地展示了贺拉斯的神韵而非忠于原文,但出现了堆积如山般诸如"擦净橄榄"这样生造的词汇。

---

① 译者注:这里指的是贺拉斯,因为他所属的艺术时期很看重黄金分割线,而后来的浪漫主义则不那么在乎了。

② 译者注:扬·安德烈·莫尔什廷,波兰诗人。

我不认为，所有的译本都是不好的，我甚至认为，有三分之一值得在每一本精心构思的书中占有一席之地。我这里说的却是和传统文学的关系，这在诗歌的爱好者们中像得了过敏性皮疹一样必不可少。而贺拉斯自己……他是不是永远都只会是络绎不绝的拉丁语学者的猎物？不久前，亚当·瓦日克还翻译出版了好几个"创作"的译本。这种感觉很奇怪：这个贺拉斯是如何又活了一次，又是如何准确地触及我们现在的多愁善感！如果译者打算出个人全集的话，这值得期待一下。

## 阮攸,《玉中宝》[①],
## 罗曼·科沃涅茨基翻译,
## 帕科斯出版社,华沙,1966

　　这本书原来的题目是《金云翘》[②]。这就是这部越南叙事诗中三个主人公的名字,这部诗作被认为是民族的巨作,可以排进伟大的经典作品之列。我认为,这个国家不像是会重新包装这么贵重的物品。令我们感到遗憾的是,出版社将《特里斯塔娜和伊索尔德斯的故事》[③]与这部越南诗相提并论,这部作品在欧洲之外的地方被译成其他名字,例如《一个女仆的错误》。因此不应该是《玉中宝》,在封面上应该体现出:金重,温和的王翠云和美丽而不幸的王翠翘之间的情感。作者阮攸生活在18世纪和19世纪之交。诗歌的情节取自于中国的报纸专栏,但他将这个情节移植到了自己国家的国情中,重新整理,丰富了精神层面的内涵并赋予这个故事更深刻的道德意义。这并不是现代意义上的小说,而是童话,因为故事里极度理想化的主人公们在完全由现实勾画的世界里抗争。尽管命运多舛,但他们的性格却始终如水晶般清澈透明,我们也不会因此感到厌烦,因为在这水晶中折射出很多细腻的情感,很多美妙的犹豫不定……一直以来我们对远东地区的文学知之甚少,而更令人难过的是,我们没有直接从原文翻译过来

---

① 译者注:在中国被译成《金云翘传》。
② 译者注:书中原文:Kim Van Kieu。
③ 译者注:波兰的文学作品。

的译本。这个译本是从法语翻译过来的，而法语是最不容易屈服于外来个性化表达的语言。更让人感到遗憾的是，前言是如此随意地提及关于原文的形式。

### 亚历山大·莱尔内特-霍勒尼亚,《蒙娜丽莎》,
### 艾迪·维尔费尔翻译,
### 国家出版社,华沙,1967

　　为了解释蒙娜丽莎微笑之谜,奥地利作家构思出了一个非常复杂的奇闻轶事,引入很多服装历史上的人物,其中一个还疯了。但这并没有说服我,必须要发生这么多事,列奥纳多①才能够画出那个著名的微笑。我还是认为,创作的秘密比这简单多了,但也远比这要不那么感情用事。我怀着不那么抵触的心态读完了下一个故事。娴熟的旁白技巧使得作者以提一些更有意思的问题作为开头。让作者很感兴趣的是,意外的情况以及这些意外对看似既定的人生轨迹的影响。仅仅几分钟,他就决定拯救一个被判处老死狱中的人。看门人意料之外的碰面导致了马拉松式的死亡之旅。如果赫利奥多尔不是因为脚受伤,他是否还会成为一名隐居者,这完全不能确定。瞎猫碰到死耗子——作者这样说道——侥幸成功,19世纪的现实主义者拒绝承认的艺术直觉,但确实存在;不太可能发生的事往往会发生。在绝妙的故事《7月20日》里全都是各种各样的令人惊奇的巧合。在维也纳被占领时期,一对情侣,意外被卷进对希特勒的间谍活动中,九死一生。他们一边逃跑,一边凭运气选择迷宫的转弯方向,而这条路就刚好通向了出口。他们这种与众不同的幸运是否恰恰证明了当时世界的恐怖规则?"运气好""发生奇迹"——这是不是命运的可笑之处,统计学家只能这么说?

---

① 译者注:列奥纳多·迪·皮耶罗·达·芬奇。

**《匈牙利的傻大个》,丹努特·赖伊赫曼诺夫娃翻译,**

**扬·赖伊赫曼作序和注释,**

**文学出版社,克拉科夫,1967**

　　傻大个,也就是直肠子,没脑子的人,流浪汉,小丑,流氓,游手好闲的人,无目的旅行者,每一个围观的参与者,大战争的小鼓手——这是 17 世纪的小说里最受欢迎的主人公,这种类型的先河最早由格里美尔斯豪森在 1669 年创作。《匈牙利的傻大个》迟了四分之一个世纪才开始模仿经典的先例,然而在这本书里,情节从德国搬到了西里西亚、斯皮什①、斯洛伐克、匈牙利和特兰西瓦尼亚。时至今日,这个版本的德国作家已经不为人知了。更过分的是,研究员们完全没有解决这个问题,究竟他是根据自己的观察而写出的,还是来自第二手的信息。然而最让我惊讶的是,这本书里最好的章节是描述穿越高耸的塔特拉山脉,仅仅展示出最后一个居民勤奋的汇编能力,这个居民甚至犹豫是否要通过梯子爬上自己的阁楼。幸运的是,更多的观点是作者在现场描述风土人情的情况下写出来的。特别是书名《匈牙利的傻大个②》是根据 17 世纪盛行的宣传语风格才这么长的。

　　此外,这部小作品还是很欢乐和值得一读的。肯定值得一读,不仅仅是因为主人公命运的跌宕起伏,也因为那些有趣的故事情节。不好的一面是,这种欢乐有点过时。但最终,伟大的塞

---

①　译者注:一个地区名,大部分在斯洛伐克境内,一小部分在波兰境内。

②　译者注:Simplicissimus(傻大个)这个单词很长。

万提斯式幽默被岁月隐藏在巨大的泛着铜绿的精神忧郁中。因此要求作者的那些,塞万提斯也不能完全做到。我们甚至完全笑不出来,因为没脑子的人得意洋洋地去协助死刑执行,而且作者还不遗漏任何一个细节。

**《他人的生活》,英文故事,
由亨利·克柴奇科夫斯基选编和作序,
国家出版社,华沙,1967**

16 个故事,16 个作者。第一个(哈特利)出生于上个世纪末期[①]——而最后一个(格兰维尔)出生于 1931 年。但在这本书中并没有明显感到有年代的差别。英文散文浪潮流动得很稳定,没有急转弯,不像法国,那里几乎每年都会有新的狂风热浪。如果将伊赖娜·西利托的《孤独的长跑者》排除在外,这个饱含深情却令人难以信服的故事明显与整体不一样,剩下的那些故事——我们可以想象成都是一个作家写的。他是一个没有苦难童年,没有复杂经历,也没有妄想的人,他是一个相比自己更关注别人的人,他也是一个对文学流派变化不敏感的人,包括如果不是根植于他自身对生活的观察和他天生的幽默感。

从故事中看不出为了参加最后一场战役,他是否经历了艰难的思想斗争。他处在社会群体中,所以他看着这件事结束。他宁愿保住自己的房子、街道、区域、城市。可以看出,这种事从来不会在任何时候任何地点发生,人永远都知道自己在什么样的社会环境中,有多少财富和社会关系。他读了很多遍弗洛伊德。他也尝试去读萨特的书,但我不知道,他是否坚持得下去。我还可以继续列举出一些大众性格的特点,但我担心这会让一些人觉得无

---

① 译者注:原文上个世纪末期,指的是 19 世纪末期。

聊,而让另一些人感到愤怒。因此,这个小说人物是否贴合那些来自不同年代、不同生活背景、不同财富和观点的作家们? 自然是不贴合的。对此我只能说抱歉。

伊戈尔·贝尔扎，《迈克尔·克列奥法斯·奥金斯基①》，

斯蒂芬·布鲁斯-维茨科夫斯基从俄语翻译，

波兰音乐出版社，克拉科夫，1967

　　奥金斯基写过，众所周知，奥金斯基的波罗乃兹②。但或许《东布罗夫斯基玛祖卡③》就是奥金斯基的玛祖卡。伊戈尔·贝尔扎认为这很有可能，这说明很多问题，因为这个俄罗斯音乐专家非常了解那个时期，而他多年来热衷于对波兰音乐的研究。他凭借最真挚的兴趣得出这个结论，也就是对斯拉夫民族音乐的研究。他渴望从这类音乐中找出明显的形式。某一个摇滚的间隔他甚至建议取名为"斯拉夫四分之一拍"。现有的四分之一拍是否能够让斯拉夫作品和非斯拉夫作品区分开来，我不知道，但幸运的是——因为没有这个能力——所以我不必站队表明立场……我可以证实的是，关于奥金斯基的书还原了许多被人遗忘的生活细节。

　　这个下议院的议员，外交官，教育活动家（这是我们现在的叫法），柯斯丘什科④起义者和暂时的几乎成为雅各宾派⑤的人，他在

---

① 译者注：迈克尔·克列奥法斯·奥金斯基(1765—1833)，波兰外交官和作曲家，写过一首非常出名的作品《向祖国告别》。

② 译者注：又被译为波洛奈兹或波洛内兹，是一种 3/4 拍子，中等或偏慢速度的舞曲，源于波兰。

③ 译者注：波兰国歌，直译为东布罗夫斯基玛祖卡，波兰政府统一对外译为《波兰不会灭亡》。

④ 译者注：塔德乌什·柯斯丘什科，又称科希丘什科，波兰爱国将军。因崇尚法国自由哲学思想而于 1776 年赴美，参加美国独立战争，成为华盛顿将军的助手并取得美国国籍。1784 年回到波兰，领导波兰独立运动。

⑤ 译者注：雅各宾派是法国大革命时期参加雅各宾俱乐部的激进派政治团体。

以俄罗斯议员身份(这是真的)移民的过程中去世,但(至少)他这个议员很会惹麻烦,因为他还出版了多本回忆录。他的一生也是一部浪漫喜剧。一会儿是迈克尔·克列奥法斯,在维也纳隐姓埋名地待着,和他的婚约妻子奥金斯基保持着亲昵的关系,因此这位女士被认为是堕落的女人而遭到沙龙的抵制。奥金斯基的作品是为了现代的"精神抑郁和热情"而作的。令人感到痛心的是,这个波罗乃兹并不是舞曲。直到肖邦的作品出现,人们才理解了他前辈的庄严肃穆。奥金斯基的墓地在佛罗伦萨。在上面没有写着"全社会对其心怀感激",而是写着"他的妻子正在哭泣"①。这仿佛是预感,他死后将不会那么喧闹……

---

① 译者注:原文为拉丁语,uxor cum lacrymis。

## 拉得科·皮特里克<sup>①</sup>,《雅洛斯拉夫·哈谢克》,
## 艾德瓦尔德·马丹从捷克语翻译并进行注释,
## 大众科学出版社,华沙,1967

别人怎么样不管,但文学评论家必须相信灵魂。评论家们会担心,朝北的门突然间打开了,站在门里的是他们正在讨论的作者的灵魂,这可以让这些诠释者们避免犯不止一个愚蠢的错误。很遗憾,拉得科·皮特里克并不害怕灵魂们,所以他构思关于哈谢克这部作品的时候非常有安全感。因此这名滑稽作家就淹死在措辞的海洋里。在评论家潜意识的某个地方有一种信念早已生根发芽,那就是革命性和欢乐是两种不能相互认同的概念。尽管哈谢克是一个革命家,拉得科认为这是他神圣的责任去为作者的幽默辩护。

我们吃惊地得知哈谢克的多重"面具":滑稽的面具,小丑的面具,骗子的面具。事实上是,只有残酷的必然性迫使他要笑对人生——如果那个时代没有那么恐怖,那么哈谢克就可以松一口气开始写悲剧了。作者的私人生活给评论家带来很多困扰,他的私生活并不常规,喜欢作弄狗,以嗜酒而闻名。因为这种放荡不羁的倾向也不符合一个改革家的理想形象。拉得科想说服我们,哈谢克并不是随意地嬉戏,而是经过了痛苦的深思熟虑后的行为。书中唯一的闪光点就是完全引用哈谢克的话和几张他的照片。出现在我们面前的是一个脸有点胖的人,他嘲笑一切他沿途所遇到的事物。很遗憾,拉得科出现得太晚了。

---

① 译者注:拉得科·皮特里克,捷克文学史学家。

格特鲁德·斯坦，《爱丽丝·托克拉斯[①]自传》，
由米拉·米哈沃夫斯卡翻译并作序，
阿尔法出版社，华沙，1967

没有比写自传再寻常不过的事情了。格特鲁德·斯坦有一个更好的主意：以她女性朋友的名义，写她有趣的生活。这个无害的欺骗（在整本书的最后一页作了解释）反而提供了更多的自由。不用逃避写自己时的热情昂扬——然而写女性朋友则缓慢而恰如其分。在这个意义上说，爱丽丝·托克拉斯是无价的人选。她的耳朵上有一个铃，当天才出现时，就会预先响起。一共响过三次：当看到格特鲁德女士时，当看到毕加索时，还有当看到阿尔弗雷德·诺思·怀特黑德时。在这本书中，艺术家的队伍里挤了很多人。在队伍中有阿波利奈尔[②]、雅各布、布拉克、马蒂斯[③]、格里斯、皮卡比亚[④]、查拉[⑤]、纪德[⑥]、庞德[⑦]、艾略特[⑧]、海明威

---

① 译者注：爱丽丝·托克拉斯（Alice B. Toklas），格特鲁德·斯坦的同性爱人。

② 译者注：纪尧姆·阿波利奈尔（Guillaume Apollinaire，1880 年 8 月 26 日—1918 年 11 月 9 日）法国诗人。母亲是波兰贵族。

③ 译者注：亨利·马蒂斯（Henri Matisse，1869—1954），法国著名画家、雕塑家、版画家，野兽派创始人和主要代表人物，代表作有《豪华、宁静、欢乐》《生活的欢乐》《开着的窗户》《戴帽的妇人》等。

④ 译者注：弗朗西斯·皮卡比亚（Francis Picabia，又译：法兰西斯·毕卡比亚）出生于 1879 年 1 月，死于 1953 年 11 月，法国画家。

⑤ 译者注：特里斯坦·查拉（Tristan Tzara）。

⑥ 译者注：安德烈·纪德（Andre Gide）法国作家、文艺评论家，曾获 1947 年诺贝尔文学奖。

⑦ 译者注：埃兹拉·庞德（Ezra Pound，1885 年 10 月 30 日—1972 年 11 月 1 日），美国诗人和文学评论家，意象派诗歌运动的重要代表人物，美国艺术文学院成员。

⑧ 译者注：托马斯·斯特尔那斯·艾略特（Thomas Stearns Eliot，1888 年 9 月 26 日—1965 年 1 月 4 日），英国诗人、文学评论家、剧作家。

和其他很多人。但冷酷无情的爱丽丝只听见三次铃响。我猜测，这正是不能妥协的地方。反对这本书的人正是那些铃声没有响的人。他们指责格特鲁德女士篡改事实，不适合从事艺术领域的工作，肯定不是毫无缘由的。这个女作家更擅长收集人而不是他们的作品。如果不是直接认识这个人，那么这个人就是不存在的。这种过分的势利行为总是为严肃的艺术家所不齿，但这又是他们非常需要的东西。在格特鲁德·斯坦的家里，人们不仅吃得很香，女主人还会天马行空，谈笑风生——毕竟她自己就是一名作家，这些技能是必不可少的，对她自己而言，有那么一点陌生的市侩。没有多少人能够理解她的创作野心。时间最善待这本自传，尽管这本书之前从来没有被归类到文学巨作中去。不错，就这样——齐格蒙特·格林①经过深思熟虑后这样说道。

---

① 译者注：齐格蒙特·格林（Zygmunt Greń，1930 年 4 月 12 日—2012 年 8 月 24 日），波兰文学和戏剧评论家。

汉斯·塞利,《从梦想到科学发现》,
莱赫·暂布茹斯基和维斯瓦夫·塞日斯基翻译,
国家医学机构出版社,华沙,1967

　　"对我而言,工作和娱乐之间没有差别"——塞利博士这样说道。只有非常幸运的人才能够这么说。也就是说是那些在工作中满怀激情并且坚信自己的努力是有意义的人。这相对最持久的幸运为学者们、艺术家们,有时候还包括(肩负使命的)教育学家们所拥有。塞利一个人就包括了所有这些。他作为医生,因为对压力和血管钙化的研究而闻名于世。他作为教育学家,在加拿大培养了好几代科学家。他作为艺术家……老天,他确实没有创作过任何绘画、诗歌或音乐作品,但他是不是能够作为一名没有想象力的创造性学者呢? 那么有想象力的学者和有想象力的艺术家有什么区别呢? 一个人的直觉就比不上另一个的灵感? 我认为,这两者之间的区别非常小或者完全没有——在这点上,绝不止我一个人这么想。塞利试图研究自己一闪而过的直觉。任何一个出色的艺术家都会迫切地认同他的观察。但这些已经说得够多了,因为读者们已经能够看出,塞利的书不仅仅局限于一个主题。与此同时还是一个美妙的大杂烩:个人回忆,对本质和科学研究方法的思考,来自科学界的奇闻逸事,小寓言故事,同事们的肖像,对知识初学者的良策,对职业道德的思索;引用来自喜欢的讲座等一切作者不能将其放入纯粹的科研论文中,但他觉得值得放入个人出版物中的内容。就这样,诞生了我们这个世纪令人兴奋的学者形象。因为他自己就是一个生物学家,所以可能不需要特别的阻力就会喜欢上他。

阿纳托利·科尼,《一名法律人的回忆录》,

齐格蒙特·布拉乌德和亚当·伽利斯从俄语翻译,

亚当·伽利斯作序,

读者出版社,华沙,1967

阿纳托利·科尼是 19 世纪 20 世纪之交俄罗斯法律界最杰出的人物之一。在薇拉·查苏利奇①的审判中,他担任主审法官,特别是在他宣判其无罪后,他被公众认为是为法庭的肃穆和独立性而战的代表。反对者们试图不惜一切代价废除这个审判,他们一边握有公正,一边却要控制别人的职业生涯。他们可以影响法庭,也就是说他们能够罢免对手的职位。科尼肯定经历了不少艰难的时刻——但他挺住了,并且猛烈地反击了回去:他在回忆录里描述了他们针对他个人或是针对法律文件的所有令人生厌的诡计。通过这种方式,反动派们、密谋者们,还有投机分子们就像被放在美丽的展览馆里一样获得了永恒的羞耻。这些不看好科尼的人们:他们不知道这个杰出的法律人和演说家有非比寻常的写作天赋。得益于科尼,有的人可以永远活在回忆录里,比方说,奥博伦斯基公爵。他脑子里都是糨糊,但他与此有关。他一边坐在自己宫殿里精雕细琢的办公桌旁,一边在憋出关于使用鞭刑的必要性和使用方法的长篇大论,好像是为了防止瞎了的流放者们逃跑。在众多回忆录中,对薇拉·查苏利奇的审判和对托尔斯

---

① 译者注:薇拉·伊万诺芙娜·查苏利奇(1849 年 8 月 8 日—1919 年 5 月 8 日)是一位俄国马克思主义作家和革命家。她曾与列宁和普列汉诺夫一起参与过《火星报》的编辑工作,是俄国社会民主工党的创始人之一。

泰、陀思妥耶夫斯基及契诃夫的回忆被翻译成了波兰语。在阅读的过程中给人一种毫无争议的感觉，那就是那个时代，有思想的人相互间都是认识的。这不是为了扩充势利的关系网，而是出于用不同视角交换观点和表现的自然需求。直到今天这种需求依旧存在，但这种相熟的关系却弱化了。科尼的书在这方面提供很多悲伤的故事。

## 《太阳葡萄园》,耶日·拉乌选编, 艾斯克利出版社,华沙,1967

这本诗集展示了 24 位保加利亚年轻诗人的诗作,他们被称为新浪潮,也就是最近十年登场的那一代人。他们没有带着问候卡片来粉刷诗歌宫殿的外墙。他们有什么就穿什么,因为他们的哥哥们不再炫耀那些夸张的夹棉夹克衫。他们诗歌的目的不在于捏造答案,而更倾向于提出问题,对以往思考方式的质疑并强调自身的个性。很遗憾,很多人还是用已出版的现有模式,他们没有绞尽脑汁去寻找新的表达方式。其他一些更有艺术天赋的人探索反思性诗词的可能性。几乎所有人都写爱情诗,也就是那类不久前才被允许的主题,就跟允许种植番茄①那样。尽管他们在文学上获得了大丰收,然而这代人缺乏明显的个性化表达。总是看起来像是没有领唱的合唱。或许我说得没有道理,我弄错了这本诗集里的关系? 耶日·拉乌努力想通过差不多相同数量的诗歌来展示每一个诗人。难道就没有一个诗人值得有三倍数量的诗歌? 我更愿意是一个更加不均衡的分配。或许这还需要再等一阵子。

---

① 译者注:18 世纪晚期,大部分欧洲人谈番茄色变,番茄被人们称为"毒苹果"。直到 19 世纪晚期,番茄才开始大量流行起来。

## 娜杰娅·德鲁茨卡,《来自南特的巫师》,
## 我们的书店出版社,华沙,1967

在儒勒·凡尔纳的小说中,所有插图都是用条纹画的:条纹状的冬季,条纹状的月亮,条纹状的大海,在云朵下面升起条纹状的帆面的军舰,条纹状的蒸馏器,从里面飘出不祥的烟云,北极火山探险者条纹状的护耳。当我在学校得知,在北极根本没有火山时,我很不是滋味地接受了这条信息。现在凡尔纳的过时内容已超出了它的益处。作者的幻想早已远远滞后于知识和科技。

更大的问题是,尽管带点苦涩的愉悦感,我们发现他的梦想和现实相冲突。然而凡尔纳并不是,至少在他后期的创作中,他并不是一个天真的幻想家。如果他第一本书里宣扬的对发明的强烈信念可以被认为是人类幸运的保证,那么他之后的信念则要让位给不祥的预感。他最初天资优越的学生们开始担心这是撒旦的特征。如果是某个品行端正的天才,那么他要努力不让自己的发明落入任何一个疯狂的统治者手中。《来自南特的巫师》很好地讲述了凡尔纳的生平和他最有意思的几本书。又一次证实了一条规则,那就是具有伟大想象力的作家通常过着单调而规律的生活。一个在脑中构思上百本书的男人,最疯狂的事不过就是结了一次婚,心中只有一个伟大的向往,那就是去海上航行。但我的老天,这个旅程怎么能跟那些相提并论,就是他勇敢的主人公进行的那些探险,比方说我想到了尼摩船长,他在遥不可及的水下船中想以正义对抗不好的世界。当然了,还是可爱的条纹状的正义。

康斯坦丁·卡瓦菲斯,《诗歌选集》,
齐格蒙特·库比亚克编译,
国家出版社,华沙,1967

大部分卡瓦菲斯的作品创作于诗人生命的最后 20 年,从 1911 到 1933。

这是老人的诗歌,仿佛他在等某一刻,当他体内年轻时的浮躁褪去之时,在他内心深处对现世没有任何期待,或许只有写有趣回忆录的平和之心。在卡瓦菲斯的诗歌里没有现在时——只有曾经发生了什么,并且坚持到底的事物才会激发他的思考。你可以将他说成是一名历史小说家,他怀疑自己不能写伟大的史诗创作,因此打算出版精简的笔记,而他又将笔记的每一个细节进行润色。卡瓦菲斯不存在的史诗始于神话中的希腊,并结束于拜占庭帝国的沦陷。这项工作将是疯狂的,有数千个主角和数十万章节。卡瓦菲斯只设法写了几十个独白、场景和评论。一直以过去时态生活的人们通常认为他出生得太晚了。当然,事实才不是如此——作者必须在那些时代之后再出现。此外,即便他能够办到,卡瓦菲斯不会进入到任何其他时代。他不相信过去的好时光。他认为历史对个人而言是一个痛苦的过程,那里每一次衰败、每一次胜利都是可笑的瞬间。在这些奇特的"历史歌曲"中,不时交杂着个人的诗歌,即卡瓦菲斯写的关于卡瓦菲斯的诗,而不是关于德米特里斯·索特(他生活于公元前 2 世纪,对生活充满美好的愿景)。根据想象力的类型判断,这些只能算作是回忆录,为了唤起不再年轻的灵魂。合唱部分有点单调,几乎没有变化。但作为涂抹在史诗般的墙壁上的抒情砂浆,它完美地完成了这项复杂的任务。

**《华沙的不羁才子》，**

**斯蒂芬·卡温作序、注释和编辑，**

**奥索林姆国家图书馆出版社，弗罗茨瓦夫，1967**

"诺尔维德……虽然他很高兴，"爱德华·德姆博斯基在1843年写道，"他没有扎莫尔斯基身上耀眼的天赋……"他还写道，"诺尔维德成了沙龙的常客，于是之后再也不用对他有什么期待了。"而在别处，沃尔斯基也被称为"天才的诗人"。我们报之一笑。如果允许从时间的角度上看，这有点太容易让人发笑了。德姆博斯基却不能笑。他只有21岁，似乎觉得自己的生命已没剩多少，他渴望现在、立刻、马上在文学荣耀的光辉中看到他的同代人。他预言他们的未来更多来自他们虔诚的愿望胜于他们的小作品。华沙小组像是先驱，被称为"狂热分子"。但最不值得怀疑的狂热分子是他自己，当他不得不离开华沙时，该团体分崩离析，在文学中没有留下持久的痕迹。只有那个诺尔维德，事实上他从未与该团体有紧密的联系……随着时间的推移，狂热分子被人们遗忘，他们与更为温和的名字联系在一起：华沙的不羁才子。因为在艺术中没有实现的东西在生活中得到了表达。"在情欲的火焰中，在情感的顶端上，苍白犹如爬虫般的欲望被踩踏，人群的情感被压抑……"——用通俗的话说就是，基本的看法让沙龙的夫人们感到吃惊，他们在华沙浮夸地表现着充满怨恨的幽默，他们对诚实的美德不屑一顾并且穿着随意的装束，衣服上面由幻想和贫穷组成。《华沙的不羁才子》是一个悲伤的故事。原始创意的样本（虽然经过精心挑选）只能指望天性爱思考的读者。对于其他人——所有人来说——就剩下关于这个短暂组织的成员们的生活历险故事了。

如果有人喜欢《玩偶》里的马莱斯基和帕特凯维奇，那么，当他读到关于费尔本的松树手杖和谢尔宾斯基搬到新公寓的故事时，将会倍感惊喜。

亚历山德拉·坦斯卡·塔尔柴夫斯卡,《我的生活故事》,
伊莎贝拉·卡尼沃斯卡-莱万斯卡编辑并作序,
奥索林姆国家图书馆出版社,弗罗茨瓦夫,1967

回忆录的魅力在于,作者还处在花样年华的时候就创作了它。当她作为一位老太太而执笔时,她会为她的少女时光而叹息和平添道德的负担。她会将自己更多地放在历史的背景之下,而我们则看不到那么多的心理活动了。与此同时,这本由年轻人写的回忆录揭示了另一个真理:一个人可以在 19 世纪初生活在华沙,却根本不知道自己生活在拿破仑时代。在这个问题上只要是一名少女就足够了。皇帝也会吸引迷人的亚历山德拉小姐的注意力,当他出现在她母亲的房子里,手里拿着一束花,表露出做一名体面文职人员的想法时。因此历史学家并不能从回忆录中找到慰藉。但是,传统习俗研究者会从中看到奥德赛的类型,其中伊萨卡的地方被皇室风格的婚床所占据。在作者看来,女子结婚的过程是复杂的,无法与任何其他的仪式相比较,这是对一生社会关系的妥协。这是一项伟大的团队合作,需要大量的哲学和实践知识,创造力和警惕性,如痴如狂和御夫之道。令人感到奇怪的是,那些结婚的女子提前爱上了自己的,并不总是最好的求婚者。游戏规则需要这样的情感——这种情感通常可以培养。

想到塔尔柴夫斯基先生其实是一个好人还是让人感到愉悦。但如果他是一个恶棍,亚历山德拉夫人还要怀着对完成女性任务的不变的热情,给他生 12 个孩子,这就非常有意思了。

## 埃迪塔·莫里斯,《广岛的文化》,
## 玛利亚·莱西涅夫斯卡翻译,
## 文学出版社,克拉科夫,1967

在广岛,在原子弹熄灭的多年之后,年轻而看似健康的女性生下了长得不太像人的孩子。毋庸置疑,这种基因上的大灾难以最严厉的方式警告地球上的所有居民。埃迪塔·莫里斯并不比其他人更容易接受这个事实,于是她打算写一些关于这方面的东西。然而,她既不是埃斯库罗斯①也不是记者。她选择了第三条路,在我看来是最不合适的选择:她写了所谓的轻小说,也就是会让你噩梦不断的枕边小说。有几个人参与了这个行动,试图在一个重建的城市里充满希望地重建他们的生活。但只是徒劳。一个脆弱的家庭期待未出生的孩子,生下来却发现是非常糟糕的畸形儿。我认为这是不幸的,无论什么样的人,都会为此感到同情和恐惧。哪怕这些人只是稍微不那么好,不那么美,不那么高贵和不那么正常,这种同情和恐惧都不会因此而减少。但是作者不相信我们具备感同身受的能力,并试图让我们相信,这场悲剧发生在一个特别体面的家庭。于是故事流露出一丝甜蜜。此外,故事被写得令人咯咯发笑,因为在埃迪塔·莫里斯看来,如孩童般的笑声完美地再现了日本女性的灵魂。这本书唯一毫无争议的价值是作者的善意。

---

① 译者注:埃斯库罗斯(Αἰσχύλος)公元前525年出生于希腊阿提卡的埃琉西斯。于公元前456年去世。他是古希腊悲剧诗人,与索福克勒斯和欧里庇得斯一起被称为是古希腊最伟大的悲剧作家,有"悲剧之父""有强烈倾向的诗人"的美誉。

弗里德里希·迪伦马特,《希腊男人寻找希腊女人》,
罗曼·卡尔斯特翻译,斯蒂芬·利甘斯基作编后记,
国家出版社,华沙,1967

　　从迪伦马特开始,人们的要求变多了。这是他的责任,因为
是他让我们这么做并习以为常。他让这变得习以为常并让人们
怨声载道。我希望所有的读者能够以比我更少的期望来读完他
的最后一部小说。那么也许一切都会恰到好处的。在作者看来,
《希腊男人寻找希腊女人》就是《喜剧散文》,也就是可以阅读的喜
剧。他为什么把它写成可以搬上舞台的剧目? 哦,或许他知道那
是怎么操作的。在剧院中,如果故事梗概不是新的(这不是什么
大问题),但如果里面也没有新的思考那问题就大了。同样的,喜
剧甚至是闹剧都刚刚好完成得正是时候,也就是说写在第一次世
界大战之前。那个喜剧氛围来自一个穷困潦倒的职员,他生活在
一个全是天真想法的世界里,从那里——一个巨型的工厂的主
人,他在妓女无法抗拒的魅力下,将这个不知名的职员升职为生
产部主任,从此,衰老的居民和无政府主义者的口袋里便放了一
枚炸弹。你必须成为一个巫师,才能来操纵这些老式的人物,说
出一些深刻的东西——甚至只是关于资产阶级的世界,就像今天
看来一样。即使在瑞士,那里既没有发生过第一次和第二次世界
大战,关于男性灰姑娘童话故事的剧情发展也是完全不同的。事
实上我没有在瑞士待过,但多亏了迪伦马特这部伟大的作品,让
我十分确信这一点。

博格丹·杰米多克,《论喜剧》,
希蒙·科比林斯基插图,
图书与知识出版社,华沙,1967

　　没有令人满意的诗歌定义。幸运的是,喜剧也是如此。所有
的形式要么太窄,要么太宽。博格丹·杰米多克提出的这个概
念,经过讨论和对以前所有喜剧理论谨慎的评估,就像大一码的
衣服,穿上并不合身,但它提供了自由活动的空间。作者放弃了
他内心深处梦寐以求的极简之美。喜剧,有时只需要一个词,为
了实际存在,就像理论中的现象需要条约约束那样。同样地,区
分不同喜剧类型会带来不小的麻烦。就像是将讽刺从幽默中区
分出来,假如讽刺是对世界咄咄逼人的态度表达,而幽默则是基
于理解的态度表达。但是又该如何定义反讽呢?这是一个独立
的表达,是第三种基本表达方式,或仅仅是成功运用讽刺和幽默
的一种表达?至于讽刺本身,是天然就具有侵略性,还是因为它
总是为了攻击一个荒谬的对象——相反,通过减轻我们对这个目
标的反感,它就能因此保持完美的平衡吗?什么时候确实如此,
什么时候又是另一番景象?完全不是这样,喜剧是一件非常严肃
的事,肯定值得对此进行故弄玄虚的分析。毕竟在同一家书店
里,既可以买到彼特拉克的爱情十四行诗,也可以买到解剖学图
集。主题是相同的,只是观点是不同的。自比斯特隆时代以来,
在我们国家再也没有人能如此全面地谈论和探究喜剧了。直到
最近几年,杰米多克的谈话理解并记录了喜剧在艺术创作中的各
种意象。没有一个努力让人发笑的艺术家被遗忘。但让人发笑

48

的作家们就不那么幸运了。普鲁斯特被遗忘了,托马斯·曼也被遗忘了。此外,后者常常,甚至是有点过多地在他的文章中颇有意思地写到了讽刺的本质或当代小说拙劣的模仿精神,所以他被遗漏了,这实在是太令人难以置信了。这本书的插图作者是希蒙·科比林斯基①。也就是说绝无意外:值得一看。

---

① 译者注:波兰最优秀的插图画家之一。

扬努什·斯克法拉,《奥逊·威尔斯》,
《第十位缪斯集系列》,
艺术和电影出版社,华沙,1967

对于一本曾经读过的书,我们迟早都可能再回过来看,从我们自己或别人的书架上拿走它,然后在第二次阅读中再检查一遍。对电影来说却不是这样。它们大多数以第一印象存在于我们的记忆中,再也不会对这一印象进行确认了。20年前,奥逊·威尔斯最著名的电影《公民凯恩》在我们这里上映。当时看过这部电影的人都说这是一幅很精彩的画像。我以一种不那么积极的心态听取这种观点。我没有理由怀疑或相信它。一本精彩的书籍通常是渐渐地从一个狭隘的专业行家领域走向一般公众,而电影则恰恰相反:从一般公众到专业行家,专家和档案保管员的狭隘圈子,他们在专门的放映厅观看伟大作品。排在第二位的那些电影在我看来就非常可悲了。到目前为止,奥逊·威尔斯拍摄了10部电影,其中扬努什·斯克法拉在他的专著中依此作了概括,试图从中发现某些刻意发展的艺术思想,这或许对于喜怒无常的威尔斯来说并不容易——在这里,无论如何,都不能令人信服。

在书中,我们还找到了主要电影角色和一些照片的记录。很难想象这个超两百斤的胖子曾经是一个虚弱的男孩,他曾在学校的基督诞生剧中首次以上帝之母的角色亮相。我本想借此机会说一些关于人生变化无常的事,但我还是不说了吧。

### 瓦夫日涅茨·茹瓦夫斯基,《来自岩石峭壁的信号》, 我们的书店出版社,华沙,1967

在瓦夫日涅茨·茹瓦夫斯基悲剧性过世十周年之际,他在塔特拉山脉和阿尔卑斯山脉探险的回忆记录被收集了起来。这本书会触及每一个人的心,只要那人不会习惯性地问,那些人究竟为什么要登山,毕竟没有任何人命令他们那么做。就我个人而言,我不愿意在悬崖峭壁之间逗留,但如果我有某个优点的话,那或许就是,我并不会对在那里逗留的人们感到惊讶。他们的努力是自愿的,但不是无私的。身处于苦难的条件下,甚至是在不可能的情况下所带来的好奇心就是人类最崇高的收益。还有其他人的好奇心……像我们,这些性情温和的游客们在平缓的山丘上漫步是很难有机会满足这种好奇心的。为了更好地了解对方,每天我们都有两种方式,但都不是很健康的方式:花足够吃完一桶盐的时间和他在一起生活,或者在一家机构和他一起工作几年。与此同时,塔特拉山脉的登山者们正一边互帮互助,一边向无人峰进军,经过几个小时在一条线路上相伴,他们相互间了如指掌。在高高的山峰上缔结的友谊是最牢固的。瓦夫日涅茨·茹瓦夫斯基为了寻找在阿尔卑斯山脉失踪的朋友,献出了自己的生命。

有一种观点认为不需要进行救援冒险,因为那时失踪的人已经没有生还的希望了。"但是,"——正如格拉日娜·沃什尼斯-泰而利科夫斯卡在序言中如此绝妙地写道,——"但谁敢跟另一个人打包票,究竟是有希望,还是没有希望,当他的内心有一个声音低声说道:你快去,去救人! 而同时冷静的思考是:或许就别去了?"

## 雅德维加·雷泰尔,《扬·科哈诺夫斯基》,
## 大众科学出版社,华沙,1967

科哈诺夫斯基在他所处的时代并没有得到认可。但他也没有让今天阅读他作品的人感到惊奇。人们承认他比其他诗人更进一步,但似乎人们并没有意识到这一步是多远。在雅德维加·雷泰尔的专著中,这位诗人所处的时代是精彩绝伦的,但人们对天赋并不感到惊奇。天赋对于文艺复兴来说是一种很自然的现象,几乎是人人必备的。"这个学生是如此不好,以至都没有超过他的老师"——达·芬奇写道。艺术进步以阶梯的方式呈现。唯有一代又一代地向上攀登。多年来,事实证明,每个时代都必须有自己的阶梯到帕纳索斯山①,而且这个阶梯并不总能达到顶峰,每一档阶梯并不总是很坚固,而且每一代人的状况也各不相同。还是让我们回到这本书。我们将能从中找到一切,关于诗人已知的生活,也就是并没有太多内容,并且对他的作品作了很好的分析。我很高兴地注意到《大卫圣诗集》被作者赞赏为诗人辞藻和韵律最华丽的译本。我曾经花了很多时间来做一个有趣的游戏,比较《圣经》诗篇的其他翻译与科哈诺夫斯基的翻译。他是大师级别的翻译,他不仅能够做到忠于原文,还能够自主地迸发出灵感。我向那些刚好电视机坏掉的幸运儿推荐他的圣诗译本。

---

① 译者注:帕纳索斯山位于希腊境内,经常出现在西方的文艺作品中,他们将攀爬帕纳索斯山的过程比喻为攀登艺术高峰的历程。

**《来自萨松的大卫》,古亚美尼亚叙事诗,**

**伊果尔·西基雷茨基翻译,**

**我们的书店出版社,华沙,1967**

在 9 世纪下半叶,历经两百多年,亚美尼亚从阿拉伯人的枷锁中解放出来。在这场斗争中,必须有人站出来。民间叙事诗称他为来自萨松的大卫——并且似乎为了让他填补当时编年史又聋又哑的特点,所以在他的生活中平添了许多的冒险经历,就像在童话故事中一样——是从其他更古老的童话中借来的。因此,这位无名的亚美尼亚战士和领导者给自己设置了一个更好的职业生涯,比他是一个完全的历史人物更好的命运,也就是一些拜占庭大臣们随意提到的那种人物。历史人物很少有这样的表现,当他还是一个刚断奶的婴儿时,他就可以将树顶弯曲到地上,而在以后的几年里与自己的马交谈并不是很顺畅。更不用说真诚和高尚这种性格特点只是偶尔地会出现在历史人物身上,而且还是在恰好合适的情况下。人们认为早在解放斗争时间就创造了关于大卫的第一节诗。从那时起,整整一千年以来,人们基于无名氏的回忆和想象,口口相传这个神话。然而,在荷马那里——这个故事被提升到文学杰作的级别——这还从未有过。

这个神话一直流传到我们的时代,剩下一系列自由随性的故事,各种各样的神话线索交织在一起。我读得很开心,因为我非常赞赏神话般的混乱,只要作品是创作于如孩子般纯真的想象。

《阿兹特克的衰亡》，
由米格尔·莱昂-波蒂略选编和作序，玛利亚·斯坦翻译，
国家出版社，华沙，1967

当蒙特苏马身着由最稀有的鸟类羽毛制成的外衣与整个宫廷一起出去迎接科尔特斯，并将他作为他们几代人恭候多年的神时，他清楚地意识到，科尔特斯不是一个神，他只是一个性格令人讨厌的凡人。墨西哥的最后一位统治者也知道，石器时代的武器不会使他的国家抵挡住来自外来人的大炮。他本可以逃到渺无人烟的地方或对入侵者进行武装反抗，但他早就明白，失败是不可避免的。所以他选择了欢迎仪式，寄希望于这种美好的形式能让科尔特斯以礼相待。他假装他在面对神，因为对他而言，向神鞠躬比向转动着狡诈的小眼睛的劫匪更容易。这毫无用处，因为科尔特斯并不打算继续扮演他期待的角色。《阿兹特克的衰亡》来源于被征服的墨西哥印第安人的真实故事集，所以在被征服者的眼睛里看到美洲将被征服。有些评论家将这本书与《伊利亚特》相提并论。我想到的却是塔西佗，特别是在这样的场景下，在蒙特苏马是主角的场景中，当无助的统治者身着由最稀有的鸟类羽毛制成的外衣，面对一个不受欢迎的访客时，却要将他视为神，而这位尊贵的访客姗姗来迟。

### 欧里庇得斯,《悲剧》,
### 耶日·瓦诺夫斯基编译,
### 国家出版社,华沙,1967

欧里庇得斯可能是在文学竞赛中占据劣势的作家们的守护者。他写过 90 部作品,却很少能得到当时评委的青睐。然而它们一定精准地符合了后人的品位,并且比埃斯库罗斯和索福克勒斯的作品更广为流传,因为他的作品相对保留下来得最多,多达 20 部,这其中至少有两部作品:《美狄亚》和《特洛伊妇女》是时至今日依旧深入人心的杰作。虽然只是被翻译后的作品。耶日·瓦诺夫斯基选择了五个悲剧并为之精心作序:《阿尔刻提斯》《美狄亚》《希波吕托斯》《特洛伊妇女》《以云》。他早就知道他想要避开什么,所以他将其翻译成诗歌。今天,特别是在法国这种做法很常见——或许可以翻译出杰作的内容,但却翻不出思想,因为这种形式无法毫发无损地被翻译出来。他不会将其翻译成押韵的作品,即追随更早时传统的足迹。他也不因循守旧,特别是直到今日,青年波兰时期的文风依旧是许多语言学家的审美品位。最终——不要使用一一对应,即忠实再现原作的押韵,因为它在我们的语言中是一种毫无意义的努力,这种努力会让顶级的合唱团变成演唱《风流寡妇》的剧本。但通过这个详尽而准确的"不去做"规则就足以翻译诗歌了吗? 我们得到了直白的翻译,适合朗诵,但好像消除了所有的特征。没有什么会让人觉得刺耳的东西,但也没有什么能让人眼前一亮。这不是针对译者个人的指控,而是飞向星辰的懊悔。因为我们肯定会带着这个版本的欧里庇得斯作品进入坟墓。可以实现在母语中品味每首诗歌的药丸,至今还没有发明。

《在咖啡和烟囱旁边》,突尼斯寓言故事,
安娜·米奥东斯卡-苏苏沃娃翻译编辑,
国家出版社,华沙,1967

如果有谁很久没有读《一千零一夜》的寓言故事了,那么突尼斯寓言故事将会使他想起相同的世界,相似的主人公们,甚至类似的故事主线。像在舍赫拉查德寓言故事的想象中,那里有很多魔法箱、魔法棒、魔法帽、魔法袋、魔板和魔戒,这些都能保证主人在最困难的时候得到拯救,并且获得力量和财富以及无数女子对他的爱(显然,每个女生都比先前的那些更美丽)。我当然喜欢这种童话,但是不能太多,因为我很快就会厌倦它们单调的模式。我更喜欢那种由于主人公没有神物加持而必须靠自己的狡猾和机智去面对的故事。在书中,祖哈和布·纳瓦斯就是这样的守财奴,如果想了解他们,首先要读一读这本书。这些寓言最早是由德国东方学家汉斯·斯塔姆所编写的。在此之前,这些寓言故事在突尼斯国内被人们在旅途中和骆驼上口口相传。其中一个故事讲述者是斯图姆时代的一位老者阿米·萨拉赫,是这个领域里最出色的艺术家,所以让人奇怪的是,他有点神经兮兮的。哪怕他只是被打断一次,他就会暴怒并忘了情节,他不会,或者可能就是不想再继续讲下去。通过这种方式,他在通往穆罕默德天堂的道路上带去了不少精彩绝伦的结局,他给世人上了生动的一课,不应该打断灵感。

**克劳德·法因,《哈基姆》,**
**尤利娅·玛图什夫斯卡翻译,**
**艾斯克利出版社,华沙,1967**

哈基姆在阿拉伯语中的意思是女医生。法国女人克劳德·法因在 20 世纪 50 年代留在也门时就从事这个高尚的职业,在她回来后,她描述了这个鲜为欧洲人知晓的国家。这本书有一个诱人的副标题"我了解后宫的秘密",但是任何想要劲爆消息的人都会一边失望,一边却继续读下去。在医生眼中,后宫是过早衰老的女子们和因佝偻病而畸形的孩子们的居所。先知允许男人有四个妻子——事实上只有富人才能负担得起这样的困扰。四位女子感到极度无聊,却不在乎为什么会感到无聊。几年前,我读了一段对某位酋长的采访报道,当记者问他,为什么女性不去上学,他感到很惊讶。"去学校? 为什么?"——"哪怕为了让她们学会阅读和写字。"——"为了什么目的?"——酋长感到更加惊讶。"好吧,至少她们可以写一封信……"——"信? 给谁的?!"……自从克劳迪·法因出版她的书以来,也门王国已经变成了一个共和国。那里进行了许多经济改革,但值得怀疑的是,在严重依赖宗教的习俗领域是否有可能在一代人中取得进展。女医生所描绘的图景仍有许多地方与现实相符。如果从这一刻起,一些妻子萌生出写信的愿望——那就很好了。哪怕这封信是给她的丈夫的。

毛里斯·柯里,《荒野上的椅子》,
耶日·潘斯基翻译,
读者出版社,华沙,1967

　　这是一把老式的椅子,有着夸张的曲度并被陈腐的长毛绒罩着。这把椅子经过多年在资产阶级沙龙上的相对辉煌后,落到了一位三流的摄影师的手中,被放在一幅乡村风景油画的背景下。故事的主人公就倚靠在这把椅子上,目光从照片上转向他的妻子,她撒谎说她去了裁缝那里,他假装相信了她。在文学中,这个故事很著名,但也很老套。有点像照片中的椅子。妻子有情人,他们每天下午都私会。丈夫不会射杀她或他,但他设计了一个完美犯罪,如此完美甚至他的受害者到最后也不确定这是否只是自己的幻想。作者的讽刺在这里挽救了局面。然而也不尽然。如果这部小说是在艾玛·包法利时代写的,那么邪恶而故意的阴谋不会引起任何异议。恋人掉入的陷阱在当时的那种环境下还说得过去。今天,这仅仅是一个文学理念,需要主人公更加天真而不是非正常的,并且比常人更被动才能有效实现。如果我们接受这一改变,作者的才智将会得到提升,让我们阅读时感到愉悦。书中有些地方显得废话连篇。

## 维塞林·汉查夫①,《关于人的民谣》, 雅尼娜·布若斯托夫斯卡选编, 国家出版社,华沙,1967

在 20 世纪外国抒情诗人的系列中,保加利亚诗人维塞林·汉查夫的诗集小册子占了几十本中的一本。那些诗在此之前通常都散落在各种诗集中,这是它们第一次被独立编排成册。编排一本很薄的小书也要求编辑在序言中加入一些日期和标题以及几句关于创作者人文主义的泛泛而谈。有时——就会出现像汉查夫这样的情况——甚至不知道诗歌是什么时候写的。人们只能猜测它们来自诗人最后的阶段。当然,这些诗歌应该能够现身说法,但是以最好的方式介绍嘉宾的机会却失去了。这个选集包括 30 首抒情作品,来自 11 名译者的译本。当然,理想的状态通常是,一个能够很好地了解诗人所有作品的翻译,以其个人的解读选择最贴近自己的诗进行翻译。当我们看到多达 11 名译者时,很明显,这个选集的呈现方式是不一样的,也就是说编辑对诗歌进行选择,然后给各种诗人每人分配两三首诗翻译。我很悲伤且充满内疚地这么写,因为我有时会参与类似的翻译项目。那时候,我对那位由我翻译的诗人感到有点对不住,因为我对其知之甚少,对于我自己也无法心安,因为我对自己非常了解,我知道作为读者,我不喜欢这种诗选。如何才能相信在这种东拼西凑而成的镜子中能反映出诗人的形象? 对于汉查夫的诗选或是米可

---

① 译者注:Chanczew Weselin(1919—1966),保加利亚作家。

拉·巴詹的诗选,抑或是彼得·胡赫尔的诗选,我都会这么说:我读过,相比于对诗人本身的思考,我反而在思考另一个人,那个他从未找到的唯一的译者。

埃尔勒·布拉德福德,《与荷马结伴而行》,
由艾迪·维尔弗尔从英文翻译,
艾斯克利出版社,华沙,1967

　　埃尔勒·布拉德福德渴望洗清对尊贵的荷马的指责,关于他对大海一无所知及他对航海技术概念模糊的指责。批判地看这部作品,在地中海上航行,确定并缩小范围,基尔凯生活在哪里,岛神星在哪里,独眼巨人在哪里以及费埃克斯人在哪里,寻找与荷马描述相符的海湾,将他的脸沐浴在相同的风中,这风曾经吹乱过奥德修斯的红胡子。他对一切都认同——甚至夸大其词的部分也认同。在作品中,荷马将自己变成航海家,将他的《奥德赛》变成航海日志。荷马在这些事件发生至少四百年后写下这个传说的事实并没有让狂热的研究者感到困扰。他竭尽全力证明奥德修斯的海上冒险是根植于令人惊叹的现实,而那些出格的关于陆地上的想象却与现实不相符……我不敢说出自己关于布拉德福德调查的科学价值的看法,我只是想插一句话,如果有谁特别想要找到塞壬岛,他会找到它。《与荷马结伴而行》的作者甚至在空气中捕捉到那种神秘的歌声。这不仅仅证明了荷马的现实主义,而且是他自己的过度敏感。出于过度敏感的人的尊重,让我们原谅作者对神话知识的不了解和某个卡瓦菲斯(Cavafy①),"前亚历山大诗人",关于卡瓦菲斯(Kawafis),值得一提的是,他并不是那么老。

---

①　译者注:在波兰语中,卡瓦菲斯的正确拼法是 Kawafis,而布拉德福德使用了 Cavafy,让波兰读者阅读时感到很费解。

## 《吉尔伽美什,遗迹中巴比伦和亚述<sup>①</sup>的史诗》,<br>苏美尔民谣由罗伯特·斯蒂勒破译和填补,<br>国家出版社,华沙,1967

《吉尔伽美什,遗迹中巴比伦和亚述①的史诗》,
苏美尔民谣由罗伯特·斯蒂勒破译和填补,
国家出版社,华沙,1967

吉尔伽美什,作为史诗中为人所知的众神中最古老的英雄,三分之二是神,只有三分之一是人。与人类相比,他拥有来自神的力量,魁梧的身材和皇室的优越感。但是只要有少量的人性混合物,他的力量面对其他力量时就会产生恐惧,他的优越感会被孤立,他想要一个体面的伴侣,但美女知道他会碎成粉末。他性格的神性变得脆弱和不确定。这部作品的作者们以许多庄重的称谓赞美他神性的荣誉,但当他们近距离描写吉尔伽美什的行为,呈现他思想的轨迹并探寻他内心深处时,他们都会说这是一个人,一个凡人,永远不妥协于自己的命运。因此,这部关于不寻常生物的不寻常事件被转化成文学作品,一部关于友谊和死亡,关于人类生活的希望和绝望的书,令人动容,不仅仅是因为它还原了如此年代久远的事件。这里面有些片段完全不需要通过当时文化的独特性或原始性来解释。当神妓沙姆哈特驯服狂野的恩基德时,当吉尔伽美什的母亲祈祷她的儿子从战争中回来时,当吉尔伽美什为他心爱的朋友的死而哀悼时——我从未有一刻觉得这些情况可以描述得更好或更糟。关于这个故事,具体的线索可以追溯到五千年前,那时候世界史诗的第一章开始了。这个开头是如此之好,只有像荷马这样的人才能超越,并向前更进一

---

① 译者注:亚洲底格里斯河流域的古国。

步。这首诗并没有完整地被保存下来。但得益于罗伯特·斯蒂勒对整体的补充,除了翻译之外,译者还进行了独立的作曲工作并填补了苏美尔诗歌中的空白,让其得以在美索不达米亚流域的黏土中"完整保全"。

**奥斯卡·科尔贝尔克，《谚语》，《所有事件》第 60 部，**

**人民合作出版社和波兰音乐出版社，**

**华沙-克拉科夫，1967**

不能单册购买这套书。必须要购买科尔贝尔克的全部作品，预计超过 60 卷。像我们这样住宿条件拥挤的人是负担不起这样的私人投资的。《谚语》这本书是由科尔贝尔克留下的手稿整理而成，除了他自己收集的谚语外，还编录了以约瑟夫·克诺普克为代表的许多其他民俗研究者所收集的谚语。编辑斯坦尼斯瓦夫·希维尔克在将如此种类繁多的笔记归整到一本简明的书中时遇到了很大的困难。这是一本收录了 15 540 个谚语和谚语短语的书。词条的数目是很多，但也不至于令人感到震惊，毕竟塞缪尔·阿达尔伯格的《辞海》的词条数是其四倍，而由尤里安·克日然诺夫斯基编辑的备受期待的《新版辞海》收录的词条数则是其十倍以上。然而，意识到这些词条数之多不应该破坏我们阅读科尔贝尔克谚语集时的愉悦感。谚语按照不同词语被分类。词条数最多的是上帝(151 条谚语)和人(112 条)。含马的谚语排在上帝之后，排名第三。104 条谚语！而哲学却只有一个……如果我认为(虽然我不认为)谚语是民族的智慧，我就不得不因此而哭泣。

**佩吉·米勒,《王位觊觎者之妻》,**

**由安娜·普柴德培乌斯卡-特柴齐亚克夫斯卡从英文翻译,**

**亚当·克尔斯坦作序,**

**读者出版社,华沙,1968**

    这名觊觎者被称为雅库布·爱德华·斯图亚特,他是被废除的雅库布二世的儿子。尽管他一生都在努力,但他从未有机会坐上英国的王位。27 岁时,他全身心地爱上了扬三世的孙女玛丽亚·克莱门蒂娜·索别斯卡。未婚夫妻之间突然萌生的本不该有的爱情,让其面临许多危险,因为现任英格兰国王希望王位觊觎者至死都是单身汉的状态。小索比斯卡在去订婚的途中被奥地利皇帝监禁。她不得不决定来一次浪漫的逃亡,靠着无比坚毅的精神穿越阿尔卑斯山。王位觊觎者正在罗马等她,充满了焦虑,这是真的,但他能预见到公主必须历经多可怕的困境才走出去吗?只要提一件事就可以了,有一天,载着克莱门蒂娜的四轮马车在山间河流中翻倒。这样的冒险在今天似乎微不足道,但我们要记住,在当时,与水接触被认为是迫不得已的事。人一生只有两次从头到脚洗一遍:出生后和死后。佩吉·米勒的故事与文学的想象无关——所有的事实,甚至描述的风格都来自可靠的来源。作者很少会有跳跃不定的幻想,例如,当侍臣雅库布·索别斯基、米哈乌·辛波斯基被授予伯爵的头衔时。这本书足够有趣,值得在入睡前一读,可以让人忘却现实中的烦恼,又足够催眠,它能够在恰当的时候从手中滑落,让人进入梦乡。

安德烈·雅基莫维奇,《西方和东方艺术》,
欧米茄图书馆,
国家科学出版社,华沙,1967

在其中一个插图中,我们可以看到一个美丽的印度女神的小雕像,它是从庞贝城的废墟中被发现的。这个雕塑从印度到亚平宁半岛的旅途所遇到的奇闻逸事,肯定比由盖乌钦斯基想出来的尼俄伯的头经历了更多的冒险。对于古罗马,印度位于地球的尽头。那个充满异国情调的女神对罗马人来说是不是很漂亮?或许是的。他们的收藏品在文化自卑的复杂情结中蓬勃发展。这种复杂的情绪与其他世界征服者略有不同。征服通常与对被击败国家的艺术的轻蔑相联系。科尔特斯肆无忌惮地雇人重新制作了用金子雕刻而成的无价之宝。先知的信徒们毁掉了众所周知的愤怒女神的壁画和雕像。最初,印度艺术在英国人看来如怪兽般巨大。在黑人雕塑中,长期以来只能看到笨拙的尝试,完全没有任何内在的和谐。那时候更好的方式是文化随着经贸之路而沿途渗透到当地。正是随着中国瓷器进入欧洲,在18世纪引起了人们追中国产品的巨大时尚风潮。也是通过这种方式,日本的木刻画促使了新艺术的诞生。安德烈·雅基莫维奇在他这本薄薄的书中只讨论了关于东西方文化相互影响最具特色的例子。更确切地说——这里谈论的是艺术思想的交流。而文学灵感仅仅被提及——关于音乐则一字未提。但那本书必须是一本完全不同的书,因为它会很厚。

瓦茨瓦夫·果温博维奇,《学者们的轶事》,第二版,
大众科学出版社,华沙,1968

关于伟大人物的轶事是令人振奋的阅读材料。嗯——读者会这么想——我确实没有发现麻醉用的氯仿,但也不像李比希①那样是学校里最糟糕的学生。诚然,我没有发明砷凡纳明这种药,但至少我没有像埃尔利希②那样分心,他自己给自己写信。就元素而言,门捷列夫无疑比我厉害得多,但在身体毛发方面,我绝对比他更整洁,更管理得当。我有没有像巴斯德那样忘记出现在我自己的婚礼上? 或者像拉普拉斯那样,当着自己妻子的面用钥匙把糖果店关了呢? 实话说,与他们相比,我们更加谨慎,有着更好的家教,甚至可能在平日里更加慷慨。此外,从时间的角度来看,我们已经知道哪个学者是正确的,哪个学者犯了错。就像今天我们认为有些人是无害的,比如说佩滕科费尔。他是一名医生,他强烈反对细菌是致病的原因这一理论。当科赫发现霍乱细菌时,佩滕科费尔当众演示他吞下了整只试管中那些令人不快的细菌,他想要证明以科赫为首的细菌学家是危险的神话信奉者。这段轶事特别的闪光点是佩滕科费尔安然无恙的事实。他很健

① 译者注:尤斯图斯·冯·李比希,男爵(Justus von Liebig,1803 年 5 月 12 日出生于德国达姆施塔特,1873 年 4 月 18 日逝世于德国慕尼黑)是一位德国化学家,他最重要的贡献在于农业和生物化学,他创立了有机化学。因此被称为"有机化学之父"。1831 年发现并制得氯仿和氯醛。

② 译者注:保罗·埃尔利希(Paul Ehrlich,1854 年 3 月 14 日—1915 年 8 月 20 日)是一位德国科学家,曾经获得 1908 年的诺贝尔生理学或医学奖。"六〇六"(砷凡纳明,抗梅毒药),1908 年由保罗·埃尔利希实验室被发明。

康,并且洋洋得意于他的理论直到生命结束。他为什么不生病,这对医学来说是一个谜。对于心理学来说,却不是。毕竟,有些人对显而易见的事实有极强的抵抗力。

### 莫利斯·贝尼奥斯基,《回忆录——同盟①片段》,
### 莱谢克·库库勒斯基和斯坦尼斯瓦夫·马科夫斯基编,
### 国家出版社,华沙,1967

    这是贝尼奥斯基自传的第一章,第一次忠实地翻译自法国原版。在这一章中,作者写了他的青年时期和参加巴尔同盟战争的往事。文章不长——毕竟斯坦尼斯瓦夫·马科夫斯基的评论包括介绍和附录都比它长三倍。这个回忆录有那么珍贵,以至于我们要写那么多本吗? 完全没必要吧。正义的(在这种情况下)上帝,赋予了贝尼奥斯基生活的绝技,却没有给他文学的天赋。大肆找补的理由远比作者平庸的谎言多。他撒了一句谎话,那么就必须至少要用三句话来圆谎。他绝非一般的撒谎者,所以才需要更长的注释来纠正。他既没有生下来就是伯爵,也没有出生在城堡里。为了能成为七年之战的参与者,他把自己的年龄填大了一些。他一边写着与联邦相关的事,一边将卡齐米日·普瓦斯基的许多军事功绩都慷慨地归于自己。他常常会将敌人的数量翻倍,并借此让自己的勇猛也翻倍。他岳父,一个好屠夫(肯定不满意女婿的游手好闲)被提升为一位受人尊敬的权贵。谎言才没有那么容易露馅。它被包裹得严严实实的。真相就像乌龟的脚步那

---

①   译者注:贝尼奥斯基生于当时为匈牙利王国领土的斯洛伐克,1768年在波兰参加巴尔同盟对俄国的战争,因战败,被俄军所俘,囚禁在西伯利亚的监狱3年。1771年越狱逃亡,从堪察加半岛出发,经千岛群岛、日本、琉球,在台湾东部上岸,与原住民发生战争后,向北航行,停泊在加礼宛湾。

样跟在他身后①,带着自己的修正版、精确版文件。如果它有任何获胜的机会,那只能归功于长寿。但看到胜利的曙光之前,真相愤怒地看到,它追逐的谎言已经在伟大诗人的诗歌中占有一席之地,成了至高无上的永恒。还能怎么办呢?

---

① 译者注:在波兰语里常说,谎言的腿很短,意思是很快就会真相大白,所以希姆博尔斯卡在这里把话反过来说。

### 塞缪尔·桑德勒,《亨利克·显克微支的印第安冒险》, 国家出版社,华沙,1967

这一次,研究显克微支的专家塞缪尔·桑德勒在显克微支的作品中关注了印第安的主题,尤其是这类中最出色的作品《酋长》。这部小说以忧郁的讽刺描述了美国印第安人悲剧的最后一幕,其中含有明显的警告,指出波兰人将被从"普鲁士的占领区"赶出自己的故土。将他们作类比:波兰人——印第安人是显克微支自己的想法吗?不是,早在十几年前,这个类比就诞生在卢兹维克·坡维达伊的笔下,尽管时至今日,评论家们早已忘记了这个人。他的文章《波兰人和印第安人》在一月起义发生后的一年后在利沃夫的《文学日报》上发表,引发了暴风雨般的争论,其回声并未持续多久。不过,甚至去美国的诺尔维德也在诗作《工作》中加入了这种类比。并没有确凿的证据显示,显克微支那时读到过这篇文章。然而,桑德勒提到的事实表明,这是很有可能的。更重要的是,这并不是唯一一个将这部伟大的史诗与一个谦逊的评论家捆绑在一起的线索。卢兹维克·坡维达伊特别喜欢17世纪,他写了关于哥萨克和瑞典战争的历史小说,这可能无法逃脱未来写下《三部曲》的作者的注意。或许:又是因为没有确凿的证据。剩下的只有可能性,从智力角度上看,可能性总是比确定性更富有想象空间。确定性在很久以前就该将坡维达伊放在显克微支的注释中了——然而,可能性让他很荣幸地获得了一本有价值的书,这本书里充满了对当时人文生活恰当的细节回忆。而他,坡维达伊,是整本书里幕后的主人公。

**伊恩·奥斯瓦尔德,《睡眠》,来自欧米伽系列,**

**博格丹·卡门斯基翻译,**

**国家科学出版社,华沙,1968**

睡眠有着巨大的未来。最近,关于睡眠性质的研究已经获得了巨大的发展势头,几乎已经分离成一个新的医学知识分支。毕竟,我们很好奇,三分之一的人生是以什么方式度过的。或许,从长远来看,科学家们有可能缩短我们每晚的休息时间,从而延长生命中的清醒时间? 但我们是否需要那么多的清醒时间。在不久的将来,揭示睡眠的秘密将有助于对抗失眠,而失眠则是文明的标配,令人生厌。萨尔马特①的处方"谁不能在晚上睡觉,就给自己买一张债务人的床"在今天看来似乎还不够。英国医生伊恩·奥斯瓦尔德目前在澳大利亚心理医学系任职。他的书可以被世俗的思想所接受,但给人的感觉是,它是由一位专家所写的,而不是一位职业的科普作家,他昨天写了关于电子的文章,今天写睡眠,明天写印章。作者将睡眠视为生理和心理相结合的整体。因此不用感到惊奇,当提到精神分析学家时会带着嘲讽。他们的观察过于片面,根据所有医学知识所得出的结论却不严谨。对奥斯瓦尔德的讥笑并非缺乏认可。然而,完全值得怀疑的是,英国的催眠师在研究利用睡眠学习最前沿的学科,比如外语。事实上,这种尝试已经进行了好几年,现在正是这些睡眠课程的毕业生在世界各地大显身手的时候了。但关于这事仿佛聋了一般,不见声响。

---

① 译者注:波兰最知名且最自负的贵族。

## 莱奥波尔德·帕夫沃斯基,《多赫特拉①指的就是医生》, 读者出版社,华沙,1968

最近,我读了医生克洛德·法因写的一本书,讲的是也门的事,非常有趣。我天真地以为每个医生都会在外国如此敏锐地观察生活,并且都能够生动地表达出来。我迟早会失望的。在他们奔赴远方之前,并非所有的医生都会去索邦大学听克洛德·列维-斯特劳斯的讲座。克洛德·法因去了。他的书是基于医学实践与对民族志的兴趣的有益交叉而写成的。莱奥波尔德·帕夫沃斯基作为一名医生去了马里,在繁重的工作之余,休息的时候他喜欢捕猎狮子。这也是一个爱好,只是对读者来说不那么有价值。这并不意味着他的书里完全没有观察的部分。马里共和国对我们来说太过异域风情,哪怕是谈论天气,我们都不能简单用几个令人震惊的词语就说完了。一些场景甚至将会留在记忆中。比如说,把妻子送到医院:一头驴正在路上行走,深情的丈夫坐在驴上,在他旁边,生病的妻子背着一个婴儿,头上顶着一个篮子蹒跚而行。这个描述中唯一令人欣慰的词是"医院"。因为马里是一个年轻的国家,刚独立仅仅八年。

---

① 译者注:多赫特拉(Dochotoro),阿拉伯语。

**F. M. 伊思凡戴尔瑞,《乞丐》,**

**雷夏达·格日波夫斯卡翻译自英文,**

**读者出版社,华沙,1967**

　　F. M. 伊思凡戴尔瑞(隐藏在首字母下面的名字,将成为翻译和出版商的秘密)来自伊朗。他用母语和英语写作。也就是说——或许是他曾经用这两种语言写过,他什么时候出生的,他是否还活着,没有人知道。无论如何,我祝他一切都好。他的《乞丐》是一个很好的故事,哪怕是为了他精致的简约和温柔的幽默也值得一读(更不用说对别人不幸的同情之类的琐事了)。题目的主人公是一个穷跛子,他独自一人行乞,有一天他收集到了一大笔钱用于给……穷人。我不想解释这个悖论,我也不想在这里写故事摘要,我只是想推荐你们去读这本书。我甚至不想告诉你们,这个故事是怎么结束的。但是,我要提醒你们,我提到的幽默只是从黑暗的画面透出的光。画面可能很残酷。光线越耀眼,就越难忘却。

## 《三个骷髅的珊瑚礁》,耶日·罗斯探险故事精选, 艾斯克利出版社,华沙,1967

雄心勃勃的文学让我们对人感到害怕。不那么野心勃勃的旅行读物,让我们对动物都感到害怕。例如一条从船上笼子中逃出来的毒蛇,鬼知道它从哪个角落里跑出来,又要爬向谁。例如来自一艘废弃船只的老鼠攻击了藏在海上灯塔里的三个人。例如入侵种植园贪吃的蚂蚁。例如一个小男孩与一只巨大的老鹰进行搏斗。例如莫名疯狂攻击人类的鸟群——也许是对全人类……最后一个被提及的故事为希区柯克的著名影片提供了素材。没有人写这类故事的评论,而其作者的名字也没有在文学讨论中被流传下去。曾经,即使是最杰出的作家也不会鄙视这种类型(至少有时候是这样),但这一切随着19世纪的结束而消失。在经历了第一次和第二次世界大战后,坏老鼠被孤立了。与氢弹的可能性相比,大自然古老的奇思妙想就显得很寻常了。在看了希区柯克的《群鸟》之后,我想买一个鹦鹉。从来没有一刻让我产生这种感觉,那就是它能对我造成任何伤害。所以《三个骷髅的珊瑚礁》是可以舒缓神经的读物。只是没有必要在作品中寻找来自被轰炸船舶幸存者的真实报告。在这唯一的例子中,是真正的恐怖。当人们意识到不是仲夏前夜的萤火虫如炸弹般将船炸飞,这会破坏了轻松娱乐的兴致。

索菲亚·托尔斯塔娅,《回忆录》,
玛利亚·莱西涅夫斯卡编译自俄语,
维克托·雅库布作序和注释,
文学出版社,克拉科夫,1968

　　索菲亚·托尔斯泰作为一名天才的妻子,既荣耀也不幸。某些胆小如鼠的人遇到这种情况可能会很难面对。与此同时,索菲亚天性中具有极强的生命活力,即使当了 13 次母亲,或是无限期地做丈夫的秘书(手工誊写了七遍《战争与和平》等),抑或是打理财产和房屋都不能减弱她的这种活力。

　　必须要记住的是,在亚斯纳亚·波利亚纳庄园,毫不夸张地说,每年都有数百名客人来来往往。不管他们愿不愿意,他们都见证了日益严重的婚姻冲突,然后他们在俄罗斯和世界各地散播新的八卦。冲突真的非常严重:不管是从身体上、心理上,还是意识形态上。配偶双方都在为给别人的眼睛和耳朵而表演。值得一提的是,不仅是圣贤和圣徒这些人向作家朝圣,而且还有各种小混混、卖惨的人和骗子。所有的兄弟们都幻想自己是回忆之王,事先就策划了他死后耸人听闻的回忆录。向他们展示托尔斯泰的不情愿,她对他的怀疑并非没有理由,他们永远将她视为赞西佩①,这反过来又增强了她对丈夫和他的信徒们的攻击。她的日记(在回忆录中被错误地翻译)最初是为了倾诉的需要,然而之后,在后世人的眼中越来越像是为了自卫。后世的人也包括我

---

① 译者注:赞西佩(又译詹蒂碧、桑提婆、香蒂琵)是苏格拉底之妻。

们，今天正在阅读这本痛苦忏悔录的读者们。让我们以适当的怜悯、恐惧，甚至是空洞的笑声来倾听它——但最后也是如此。研究这对夫妇中谁在这段不幸的婚姻中负有更多的罪过，是一种脱俗的八卦。如果我们能证明在这种紧张环境下不能写出什么样的作品，那将是有意义的。但是，我们只知道那些写出来的东西。或许我们能够将托尔斯泰的妻子视为他最糟糕的（虽然活得有点太久了）床伴、桌旁助手和工作伴侣就足够了。

### 查理·卓别林,《我的自传》,
### 布罗尼斯夫·杰林斯基翻译自英文,
### 读者出版社,华沙,1967

"你这些想法都是怎么来的？通过纯粹对妄想的执着。你需要能够忍受折磨,并保持很长一段时间的热情。也许对某些人来说比其他人更容易做到,但我对此保持怀疑。"——卓别林的这种自白在他的自传中很少见。他一边描述他生命中的非凡冒险,一边对工作本身的谈论相对较少,而上述谈到的所谓创作的折磨：简短而切中要害。今天人们习惯于安东尼奥尼或戈达尔复杂而热情洋溢的反思,我们倾向于让步于一种错觉,那就是卓别林的克制是由较少的艺术自我认知造成的。或者是他的性格更活泼？也许世界变得更简单了？或许制作好电影更容易？然而,我认为,艺术家在他的本性里从来没有比常人更多的欢乐,世界从来都不是简单的,做一件好的事永远是一件伟大的艺术。这里发生的变化可能是表现的方式。卓别林是旧数据的创造者,当时将自身的努力英雄化的做法尚未开始流行。对完成的工作只看重效果。卓别林对工作痛苦的缄默令我印象深刻。这比他有意识想给读者留下深刻印象的任何东西都要令人印象深刻得多。因为,很显然,他不属于谦虚的人。他带着骄傲和沾沾自喜讲述了他令人震惊的成功故事。他很清楚没有小到连他名字都放不下的百科全书。他很清楚迫使他离开美国的政治抹黑并没有给这个国家带来荣誉。他不断努力地将读者的注意力集中在外在的生活事实上。此外就是他的旧电影,直到今日,还让观众们看得又哭又笑。

《波兰过去的民间传说》，
海伦娜·卡派乌希编写，
尤里安·克日热诺夫斯基作序，
国家出版社，华沙，1968

　　直到 19 世纪，民间故事才开始被好好地记录下来，直到今天开始使用录音的方式记录。一系列好书在等着我们，这其中，包含了第一次出版的以及第一次被分类的成果：马佐夫舍民间故事，卢布林民间故事，贝斯基德民间故事，卡舒比民间故事等。本卷开启了这个系列，为前几个世纪投下了一些亮光，当时还从没有人直接记录民间寓言，也就是还没有人用书面形式和当地的方言进行记录过。换句话说，如果它们被记录下来，记录者将根据自己的喜好或道德目的对故事进行修改。因此保存下来的故事将承载着较弱或较强的文学处理痕迹，而不是真正意义上的民间故事。简而言之，一系列波兰民间故事让这卷书成为最具争议的。虽然我写了"波兰"，但这绝不意味着故事真的就发生在波兰境内的土地上。故事四处游荡。可以确定它们曾到过哪里，而难以确定它们来自何处。例如，如果它们曾到过意大利，它们作为罗马的遗迹在意大利被传承下来，而它们是从希腊来到罗马的，从波斯来到希腊，从印度来到波斯，我们就这么假设一下。离得越远，就越不能看到开头。一想到这件事，就让我觉得很有意思。当知道关于古波兰事件的民间故事是来自十字军东征的舶来品，而国王被认为是苏丹时，并不会让我感到心痛。好吧，你们就跟着民间故事一起去游荡吧,你们将跨越所有的边界,你们将至少生活在同一个世界里,毕竟人们不想再那样生活了,做不到,也不能够。

彼特罗纽斯,《萨蒂里卡》,
米契斯瓦夫·布罗日克编译自拉丁语,
奥索林姆国家图书馆出版社,弗罗茨瓦夫,1968

这部古老的小说(可能是发生在罗马暴君尼禄的时代,彼特罗纽斯据"此"写作而成)仅留存下来一些片段,甚至难以想象填补某些空白之处的难度有多大。有一件事是肯定的:这是一项巨大的工作——共计超过 16 本书和充满冒险的经历——全是充满情欲的故事,但也相当单调。我们第一次收到了所有要被翻译成波兰语的片段。到目前为止,只有一本被翻译了出来,名为《在特立马乔家的盛宴》,其余的部分则被搁置一边,小心翼翼地等着不那么害羞的时代的到来,事实证明,就是现在了。现在,读者终于可以说服自己,盛宴的片段也应当享有特别的关注——从艺术角度看,这绝对是最好的部分,相比其他片段,更加幽默。我甚至无法摆脱这种印象,那就是这本书出自其他古代人之手,哪怕甚至不是他写的,而是改编了它,为其增添了讽刺的光芒。然而,语言学家并未考虑这种可能性。显然,他们有很强的证据证明这是单人创作的小说。因此我只好保持沉默。此外,是否有必要对两千年前的文本如此挑剔? 指出他无处不在的廉价玩笑? 幽默是时代风俗中最脆弱的体现,因此也最不持久。彼特罗纽斯的作品肯定非常滑稽,作品中充满了来自理解者对整体的影射。今天,这些影射试图在注释中复活,但它只不过像是被电力驱动的死青蛙的腿。此外,小说必须在语言上非常有趣。书中的英雄,大部分是被解放的人,讲的是街头巷尾的脏话,与修辞规范完全不沾边。

读者会因为作者特意所犯的语法和逻辑错误而发笑。所有这一切都很难翻译，当翻译者想要实现语言的准确性时，最终结果是生涩难懂。无论如何，《萨蒂里卡》不会长期躺在书店里。我关注到，那些热衷于文化事件的人，他们会在特立马乔那里找到他们的榜样。他的盛宴是一件文化大事，因为比康托的文化盛宴①更花钱。

---

① 译者注：波兰著名戏剧导演，与希姆博尔斯卡同属一个时代。

米格尔·德·塞万提斯·萨维德拉,《幕间短剧》,
索菲亚·什莱延翻译自西班牙语并作序,
约瑟夫·维尔科尼插图,
文学出版社,克拉科夫,1967

　　塞万提斯的作品数量并不像洛佩·德·维加那样令人沮丧。它们在不同的时代所得到的评价也有所不同。浪漫主义者将《努曼西亚》视作悲剧性的杰作。如今,常被演出的是他的喜剧片,其中最常见的正是《幕间短剧》。它们为创造性的改编提供了一个绝妙的空间,包含非强制性游戏元素,其中包括舞蹈、音乐和歌唱。我不愿相信这些快乐的场景是在监狱里写出来的。但是对于塞万提斯来说,什么都不令人感到意外:《堂吉诃德》的第一部分就是在被关起来的时候创作的。许多现代人愿意付出很大的代价,哪怕只是从远处看一眼,西班牙最伟大的作家长什么样。监狱看守却可以免费看,他肯定也没觉得有什么特殊的。当一些受人尊敬的法国人表达出想见杰出的塞万提斯的热切希望时,马德里检察官马奎斯·德·托雷斯也感到非常惊讶。谁,那个贪吃的家伙,在世界各处晃荡的家伙,缺一只手的残疾人? 难道在西班牙王国境内没有其他值得一看的了吗?
　　很遗憾塞万提斯没有听到这个插曲。不然,就会有另一部幕间短剧,或许是《奇迹剧院》整个系列中最好的一篇。正如研究人员所说,这个恶作剧有自传的性质。在这个恶作剧中,提到这样一件事,在塞万提斯作为税吏这一职业生涯的最后阶段,有人对其进行了种族纯度的研究。可怜的塞万提斯。除了永恒之外,他在生活中一事无成。

雅妮娜·普德韦克,《华沙浪漫芭蕾舞——1802—1966》,
波兰音乐出版社,克拉科夫,1968

在浪漫主义时代,芭蕾的女主角是西尔芙,一个超自然和有翅膀的生物,一个毛毛糙糙的年轻偷心者。这个角色在指尖上跳舞,到目前为止,只有杂技演员才能表演的方式。剧本要求西尔芙和她的同伴仅仅只是触碰地面,有时甚至飞到空中或从眼前消失。用舞台吊杆和活板门来实现漂浮和消失。观众被惊呆了,看着女孩们在离翻滚的湖面几米远的上方飞翔,在这下方时不时会浮现出一个男孩胖乎乎的脸,他被雇来将幕布搅动出大旋涡。当设备搞笑而准确地工作时,一切都很美好。而当设备卡住了,暴露了整个戏剧幻觉,这也不错。今天,舞台技术的效率提高了100倍,观众就没必要预先期待这方面的惊喜了。然而,在完美中,无聊随之而来。我们只记得非常好的和非常糟糕的节目。对于不好不坏的那些节目,通常它们的数量是最多的,留在记忆中唯一的机会是无法预料的失败,今天这种概率很低,让人遗憾……我将这一叹息献给所有讨论现代戏剧危机的人。我还是说西尔芙的事吧。那些鼓风的人长什么样? 从画像和照片上看,这些芭蕾舞演员是肥硕而矮小的,正如萨格沃巴所说的那样。因此,它们要有多少天赋才能给观众留下轻盈和优雅的印象! 雅妮娜·普德韦克这本书措辞优美而专业地向我们揭示了这个被遗忘的华沙芭蕾舞世界,它的艰难历史、风俗、曲目。从曲目中,为了我自己的和几个读者的乐趣,我正在构思更有品位的题目:《阿玛利拉,即儿童和猴子》《乌苏拉阿姨,即徒劳的谨慎》《亚洲嬉戏曲》

《魔法师的马,即床下的魔鬼》《给每个年龄恰当的爱》《可怕的时刻,即劳雷塔》《幽灵的幽默》《郊区的约会,即恐惧比痛苦更甚》……

**卢兹维克·萨伊德勒,《亚特兰蒂斯》,第二版,增补版,
大众科学出版社,华沙,1968**

众所周知,柏拉图不喜欢诗人。他声称他们令人困惑。但是请向我指出哪怕一位诗人,他制造了和柏拉图关于亚特兰蒂斯的言论所引起那么多的混乱。我只想说,可以确定的是,自从柏拉图时代开始,已经有 25 000 多部作品提到了这座不知是否存在的岛屿。卢兹维克·萨伊德勒这本书给 26 000 部这样的作品开了个好头。关于这个扑朔迷离的土地,具体的强行猜测可以追溯到特洛伊的发现。既然特洛伊的存在最终被证实不是一个传说,那为什么只有亚特兰蒂斯被认为是传说? 这个问题萦绕在大量的神话研究者、宗教学者、语言学家、考古学家、历史学家、人类学家、植物学家、天文学家、动物学家、民族志学家、地质学家、地理学家、化学家、气象学家和物理学家健康的梦中。在关于岛屿位置的数百个假设中,特别是灾难的时间和类型,萨伊德勒选择并叙述了那些用今天的知识水平尚不能解释的可能性。在这过程中,他表现得很幽默和公正。这本书的另一个优点是他基于埃及钟表的分析,自己作出了相应的时间换算。得益于此,我们可以安心地谈论波兰人对亚特兰蒂斯发展的贡献。这个领域在我们面前有一个光辉的未来,因为不着急去解释这个问题。与此同时,研究人员寻找各种途径,并且还顺便完成了许多有趣的观察。所以亚特兰蒂斯,无论存在与否,都能给我们带来回报。而且不仅是科学方面的,还有心理层面的。对于训练想象力来说它非常必要。如果把所有的想象力都浪费在实用的问题上,那么活着就毫无意义了。

## 《启迪》，美洲和伊比利亚短诗集，
## 耶日·涅莫尤夫斯基选编并翻译，
## 国家出版社，华沙，1968

哎，那些编诗集的人，他们竭尽全力想把诗歌一网打尽。结果他们一事无成。我们读者对拉丁美洲的当代诗歌的概念非常模糊。而事实上是，我们应该去了解，因为这是值得的。但既然是值得的，那我们必须小心翼翼并且慢慢地去阅读。在一百多页的《启迪》中，向我们呈现了多达20个国家76位诗人的作品。每一位诗人一首诗（除了五个人，他们是如此受推崇，因此每人被收录了两首诗……）。因此并没有等级的区分：不论诗人伟大或不太伟大，或者他的作品多或是少。译者耶日·涅莫尤夫斯基对76位诗人致以敬意，但不顾一切的钦佩，让他不会区别对待他们。我不相信存在这么包容的一颗心，特别是在一个本身是诗人的人身上。我认为涅莫尤夫斯基赞赏并且真正重视的只有三位，或者说四位。应该给我们呈现更多这些诗人的诗。这将会是一部不完整的选集，但对诗本身来说会更好。只有彻底的才是有趣的——托马斯·曼根据自身的经历说道。阅读目录后，尽管这是一个充满诗意的目录，仍然有喧嚣杂乱的印象。译者会说，这不是关于个人的创造力，而是关于集体想象的图景，由具有不同传统和当地环境的团队所塑造。我表示理解。然而，问题是如何能够更好地突出这种集体想象：通过人名的数量？我认为不应该是以数量取胜。

**斯坦尼斯瓦夫·舍尼茨,《玛利亚·卡莱尔吉斯》,第三版,增补版,**

**国家出版社,华沙,1968**

玛利亚·卡莱尔吉斯是一个美丽的女人,在她的时代里,这点比今天还要重要,因为当时美貌的女子更少见。当她开始旅行时,每一个马车驿站都摆了一架全新的钢琴在等待着她,是一位疯狂的爱慕者准备的。为了在她兴致来的时候,能够弹上一曲……她的崇拜者是如此之多,以至于斯坦尼斯瓦夫·舍尼茨不能够自己在其中理出头绪。例如,那些不得不陪伴她到各种温泉疗养的年轻人是否属于亲密追随者的范畴?来自圣彼得堡的老叔叔是否要被归为亲情那类?跟李斯特什么关系?跟瓦格纳什么关系?跟缪塞什么关系?好吧,没什么。一位可靠的传记作家必须避免瞎猜。没有证据表明任何人在这方面比诺尔维德更成功。

那时候的美女们尽可能地隐瞒,而今天有多少人假装比实际拥有更多。我不知道哪种更累。一般来说,她是一位神秘的伯爵夫人。谁能断言,例如,她的政治激情是因为自由职业的特性还是出于平常的好奇心?无论如何,在政治上,她了解得很详细,但并没有洞见。拿破仑三世长期以来被她认为是那个时代最伟大的丈夫。她在绘画中也是如此——在这个领域她认为考尔巴赫是一个天才。对于诗歌(尽管除了诺尔维德之外,戈蒂埃和海涅也写过她),她并没有表现出太多的喜爱。但她喜欢音乐,她支持音乐并且不是从势利的角度去进行练习,而是从真正的需要出发。她的音乐友谊远远超出了社会规则。最终,这位具有全球视野的女士,做了一件对于波兰文化来说非常不常见的事,她成为了华沙音乐学院的保护者和创始人。莫纽什科,他家里有 17 个人需要去养,很感谢她提供了如此安宁的工作。最后,剧院里有关于她的暖心回忆。多亏她,莫杰斯卡可以在华沙扮演奥菲莉亚。直到今日,《哈姆雷特》还因为有弑君的场景而被禁止演出。卡莱尔吉斯夫人肯定向某人解释,这是纯粹的家庭谋杀案。

## 《世界作家名录小词典》，
## 大众科学出版社，华沙，1968

　　几十种语言创作了三千年的文学。1 500个词条，50多个编者为此想破脑袋。然而，这场音乐会缺乏指挥。每个人都自顾自，全然不顾整体。选择的规则，包括为什么略掉一些作者，没有清楚地概述。

　　如果，比方说我会很高兴能看到"达赖喇嘛五世"的词条，那么我肯定会用这种方式，当我看到文学出版物中提到这位作者时，我只需要找出词典，从词典中我就可以知道他生活的年代和他所写的作品，然而如果文学出版物中经常提及，而在豪尔赫·博尔赫斯的词典中却是缺席的，则会让人感到不那么高兴。英国文学专家还忘了佩皮斯，尽管词典里收录了很多比他影响力小得多的传记作家。俄罗斯的作家缺了柯森诺、扎波洛茨基、叶夫图申科和沃兹涅先斯基——这仅仅是我提到过的诗人。法国文艺复兴时期的诗歌仅仅由龙沙作为唯一的代表，这意味着普兰德斯，这个拜占庭外国诗歌的堆砌者比杜贝莱和德奥贝尼更重要，因为有对他的描述，而对他们，却没有。在我们这个世纪的法国诗人中，缺了夏拉、德斯诺斯、米修……但也许我们应该尝试着去为此高兴，不是吗？这会很难。编辑们不在意确定评价的范围和差距。以兰佩杜萨的《兰帕特》为例，尽是溢美之词（"深刻的智慧"——"具有洞见的"——"令人着迷的"），荷马与之相比都要显得苍白，对荷马的描述是可怜的、就事论事的、保守的。到处都是来自学校练习本的摘录："什契帕楚的诗很短，它们显然包含主旨思想和关键点。"——"在情色片段中,拜力克不寻求满足的感受,而是一种放松。"——"莎士比亚的创造力以天才般的方式反映出文艺复兴时期的精神、经济和政治的冲突"……将经济的争议先搁置在一边,剩下的勉强符合要求。然而,有时还是存在令人困惑的论断和因过度简化而产生的模糊不清。T.曼的《在威尼斯的死亡》被认为是展示出"艺术家在资本主义社会中的处境"的作品。只有在极度高温导致头脑发热的情况下,人们才会认为对这部小说的这种描述是精确的。然而,写关于圣艾克修佩利的词条的作者是一个优柔寡断的人:"圣艾克修佩利的作品饱含道德的内容和对人类的信仰,赞美对命运逆境的抗争,战胜自身的弱点,超越友情和人类的人文价值观。他是一名高尚的道德论者,有点精英主义,脱离了世间最常见的阶级矛盾,为圣艾克修佩利的作品增添了悲观的色彩。"一句话与另一句话相矛盾,在我看来,无论是对人的信仰还是悲观。悲观,或是乐观,是一个相对的概念,可以用在日常生活中,但在评论史无前例的作品时却毫无益处。在关于罗曼·加里的词条中有一句话用了同样的手法:"加里深深的人文主义倾向与特定的社会背景脱节,因此失去了大量的自身热情洋溢的表达。"我只知道两部,但同时也是这位作者最著名的小说:《天根》和《早晨的承诺》。在这两部作品中都能看到一个具体的社会背景。如果说加里有缺点,也许是其他的?然而最奇怪的是对赫伯特·乔治斯·威尔斯的评价,他被称为"鄙视广大民众的个人主义者"。鄙视——这话说得很重,更重要的是,这个词3 000年才会在词典中出现一次。通过这种方式,威尔斯就变成整个世界文学史上某个可怕的亨利克伯爵……小词典的"小"字是否意味着草率的? 我们将耐心等待这本词典的更完善的版本,等编辑办公室宣布:《法国作家的小词典》《苏联作家的小词典》《意大利作家的小词典》等。希望我们在那里面不会找到明显的缺点。不需要在字母 P(彭托皮丹)的下面寻找盖勒鲁普,也不用在字母 A(阿拉贡)的下面寻找埃尔莎·特丽奥莱。在一些名字下,将会标注他们的名字如何发音——可能看起来很搞笑,但这很有用。

《法国中世纪的杰作》,

马切伊·茹罗斯基编,齐格蒙特·柴尔尼作序并注释,

(弗朗索瓦·维庸写的《罗兰之歌》《特里斯坦和伊索尔德的历史》
《遗嘱集》由塔德乌什·博伊-柴伦斯基翻译,玛利亚·德·弗朗
斯的《故事集》和克里斯蒂安·德·特罗耶的《来自威尔士的珀西
瓦尔》由安娜·塔塔尔凯维奇翻译),

国家出版社,华沙,1968

艺术作品,尽管常常被称作不朽之作,也会消亡。弗瓦迪斯
瓦夫·塔塔尔凯维奇在《诗歌》(1968 年 3 月)那期的杂志中提到
了这一悲伤的真相。只有极少数作品能够历久弥新,开始第二次
生命——但它自身并没有包含永恒的种子。在坦噶尼喀,有一棵
五千岁的猴面包树。有多少次我被久远的文献所感动,我感觉猴
面包树在那本书上投下嘲笑的阴影。毕竟,《特里斯坦和伊索尔
德的历史》只有八百年的历史,而且在这短暂的——但没错,在这
如此短暂的时间里,它们已经耗尽了他们的第一次生命力,陷入
了长达一个世纪之久的无视和遗忘。然而,这个故事非常幸运:
它并不是消失得无影无踪。到上个世纪末,复活者出现了,约瑟
夫·贝迪尔,他在两首部分保存的诗篇和各种松散的片段中选择
了必要的素材,并通过一场小而时至今日依旧富有成效的革新重
建了整体:他用现代法语将这部诗翻译成了散文。但如果不是
他,如果不是因为他的知识、痴迷、聪明才智和好的品位,世界上
最美丽的这对恋人仍将长眠,伊索尔德将睡在玉髓棺材里,特里
斯坦将睡在绿柱石的棺材里。如果不是贝迪尔,《罗兰之歌》也将

作为古法语和拼写规范的例子,仅仅成为学校折磨学生的工具。

贝迪尔的模式让玛利亚·德·弗朗斯的《故事集》和克里斯蒂安·德·特罗耶的《来自威尔士的珀西瓦尔》及其他一些中世纪的诗篇重获新生,现在它们正在等待一个波兰翻译。贝迪尔及其追随者的贡献是巨大的。然而,他们只是自身所处时代的孩子。将一首诗翻译成散文是 19 世纪在史诗的意义和信念上所引发的难以置信的表达方式,散文将文学的发展推向最高的阶段。但接下来会发生什么,一百年后,或是两百年后? 也许特里斯坦和伊索尔德不得不再次去坟墓里躺着,她在一个玉髓的棺材里,他在一个绿柱石的棺材里? 再次被遗忘,被禁止,等待以不同的文学形式复活? 我奋力将自己从这种想法中挣脱开,这种想法认为这些作品将成为集听觉触觉嗅觉为一体的漫画。不,那太夸张了。你可能是在开玩笑吧,坏心眼的猴面包树。

《恩吉奥的传说》，

由阿波洛尼亚·萨乌斯卡-斯特隆姆贝尔克翻译自古冰岛语，

玛丽安·阿达姆斯作序并点评，

玛利亚·希什庞斯卡-奈乌曼插图，

波兹南出版社，波兹南，1968

拉格纳尔·毛茸茸的·呢绒裤，比约恩·跌一跤·长腿袜，伍尔夫·不做声，托雷尔·裹起来·大腿，西格德·猪猪的·脑袋，霍尔沃德·狼吞虎咽，斯伦·罗加蒂·帽子，伯恩·黄油碟，欧努德·袋状的——诺曼人的名字是多么的欢乐和友善呀！给人一种感觉，这个索尔芬·罗兹瓦利查什卡是他社区里的害群之马。事情比较简单。如果每个能够被叫作罗兹瓦利查什卡的都叫这个名字，那么这些家庭就会变得很混乱。因此，为了更准确地确定我们所谈论的是谁，我们需要注意衣服和外观的细节。

《恩吉奥的传说》发生在由诺曼人占领的岛屿上。该版本来自 13 世纪末，但讲述的却是两个世纪以前的事情。当然，研究人员对此存有争议，这个传说究竟是历史事件的回声还是纯粹幻想的产物。在阅读时，我坚定地选择了第一个观点。不是因为我找到了无可辩驳的证据证明它的正确性。仅仅是因为——如果不相信部分场景可能是真的及主要的人物是真实存在的，不为旧编年史中记录的人类活动而有所触动的话——我们很难将这个故事读完，因为这是一个令人困惑的、冗长的、人物关系繁杂而无趣，却满是恐怖场景的故事。直到女人忙碌的身影出现在神话的舞台上（自然她们就是后来所有灾难的肇事者），故事带有一种独特的心理背景,并根据童话的剧情进行发展。然而,之后坏女人不再是舞台的焦点,开始一系列的谋杀,这颠覆了原有的艺术类型。随之而来的是一系列的谋杀、强奸、阴谋、和解和背叛,这些如此混乱和喧闹,以至于阅读时会对人、成因、结果、意图和理由感到困惑——这种情况在生活中时有发生,但在童话故事中却没有。或许这个匿名作家是如此成熟的写作者,他构思了一个与现实中的混乱最相似的小说?这个想法不错,但我必须在帕尔尼茨基的读者面前摒弃这种想法。这本书里全是直来直去的大白话。因此,我更愿意继续相信恩吉奥·斯巴隆是真实存在的。很有可能,考古学家已经挖掘到他故居的废墟。就是这样。

汉斯·马格努斯·恩岑斯伯格,《诗歌》,
扬·普罗科普编辑并作序,
扬·普罗科普和杨·博莱斯瓦夫·奥日克译,
国家出版社,华沙,1968

　　如果出于某种原因,汉斯·马格努斯·恩岑斯伯格不得不停
止写诗,他根本就不会如里尔克对任何一位真正的诗人所期待的
那样去死,他便会去做一些其他的事情并且也会取得明显的成
功。这并不意味着他不是一位真正的诗人,他只是具有里尔克无
法理解的那种性格。也许汉斯·马格努斯·恩岑斯伯格会成为
一位严肃的牧师? 也许他会在一个荒凉的岩石岛屿上建立自己
的国家,只有那些对自己并不太满意的人才有权进入? 还不错,
他选择了诗歌。有时候,如果那些诗人做其他事也能取得同样的
成就,而他们却选择成为诗人,这就彰显出诗歌的活力和重要性。
恩岑斯伯格的诗,即使不是每首诗在艺术层面都是尽善尽美,但
总是发人深省,更好的是,他的诗会促使读者持有自己的立场。
令人很遗憾,他的诗被放在诗集里,而诗集里每一位外国诗人的
版面都是相同。但有必要阅读更多这个作者的诗。他的思想敏
锐而灵动,因为他想要让读者一看就明白,所以他的诗直白易懂。
诗歌的大师最初是布莱希特,他在某些作品中甚至采用了意译的
方式。但布莱希特仿佛如青铜制成一般坚固,他知道如何改善世
界,他的愤怒是一个心知肚明的人的愤怒。恩岑斯伯格并不总是
知道,他寻求,自我折磨和抱有怀疑,并且他意识到——他也在生
自己的气。他出生于 1929 年,他属于对过去的战争不用负责任

的那代德国人。但那场战争,作为德国良知的遗留问题,在他的诗歌中不断出现,描述着当年和如今的伤痛。对于想要听他讲话的人来说,恩岑斯伯格的言论非常重要。然而,我担心的是,小市民们,诗人攻击的主要目标——那些人甚至不知道这位诗人的存在。如果他们读了这首或那首诗,他们是不会感到触动的。恩岑斯伯格对他们的厌恶甚至是生理上的,小市民们令他感到恶心,他们有脓包和啃指甲的坏毛病。这些丧尸般的抱怨只会干扰,而不是帮助那些人品格的提升。因为如果是这个问题的话,那就只要使用剪刀和肥皂,就是其他人为了整洁所使用的那种,问题就解决了。不,正如诗人所写的那样,"充满哀怨的婚姻和淫乱的罩衣"并不会令人生厌,但诗人马上补充说道,"顺从"却会令人反感——我同意这个观点。

## 玛利亚·科诺普尼茨卡,《文论和社论》,
## 扬·巴库莱夫斯基编写,
## 读者出版社,华沙,1968

　　近年来,对科诺普尼茨卡的兴趣有所增加,但对作品如聚光灯般的关注力被转移到了对这位与众不同的女性的个人生活和性格特点上。你们试试看,亲爱的女性朋友们,在一个不匹配的婚姻中生下六个孩子,因此要面对在她羽翼下一群嗷嗷待哺的小东西们,离开丈夫,靠自己的收入生存,而她的收入来自一般鲜有高薪的文学工作。即使在今天,类似的决定也需要很大的勇气,更不用说在当时了! 科诺普尼茨卡多次谈到女性问题。然而,必须要说的是,她表现出来最激进的女性问题是她自己。她在这个话题的文章中却完全没有展现出她个人生活中体现出的那种激进。她的文论也令人感到失望。那些文论让人阅读起来感到困难,因为那些文论让人明显感到审美和智力上的满足,全是一些冗长而浮夸的草稿,快速浏览那些论断,并不总能让人感到愉悦。

　　科诺普尼茨卡的创作特点在她的诗歌中体现得更加美妙,那些我们牢记在心,而不像她的评论,现在只能从遗忘中寻找。扬·巴库莱夫斯基称这种文学复苏的尝试是一种"社会义务"。社会义务……我怀疑,这是否应该感到自豪。我只能从中感到一声沉重的叹息。我知道,对于一位文学史学家来说,每一篇文章都是迷人的、重要的、典型的。然而,对她的文章进行可靠的摘要是否就足够了——仅需要添加十几个更有意思的引语? 如果有这样一本小书,那会给我留下不错的印象,以至于我自己可以满怀希望地写道：是时候应该出版玛利亚·科诺普尼茨卡的全文了。

## 艾乌格纽什·果温比奥斯基，
## 《齐格蒙特·奥古斯特——雅盖隆王朝的最后继承者》，
## 第二版，修订版，
## 读者出版社，华沙，1968

熊决定了雅盖隆王朝的命运，也许不仅仅是一个王朝。它从立陶宛被带到了涅波沃米采，并应老齐格蒙特的要求将它从笼子中放出来溜达。但这只熊玩得太嗨，它伤了人，引起恐慌，刚好在附近的王后博纳从她的马上摔下来，怀的男孩流产了。这个男孩本来会成为齐格蒙特·奥古斯特的弟弟，谁知道他是否能成为下一个国王或之后国王们的父亲。当被问及一个小小的意外对伟大的历史的影响时，没有人给出令人满意的答案。这问题仍然像那个曾关着夺命熊的笼子一样开放着。于是，齐格蒙特·奥古斯特成了枯萎的树中唯一的绿叶。仅凭这一点，就给他带来了比圣徒费林斯基更具莎士比亚戏剧张力的人生。这对海德罗德，维卡奇和曼（例如莱韦尔金①的苦恼）来说几乎是现成的情节。然而，我意识到，现在为时已晚，这些作家们都过世了。此外——甚至是一百个莎士比亚也无法取代一个研究者忠于史实的文本。在对第一版《齐格蒙特·奥古斯特》的书评中，人们赞赏艾乌格纽什·果温比奥斯基，认为他是如此善良和聪明，所以他没有选择胡编乱造，尽管这样更简便。在第二版出版之际，我也加入了对他大肆赞美的这群人中。我不喜欢《青年亨利四世》那类书中的

① 译者注：托马斯·曼的小说《浮士德博士》中的主角阿德里安·莱韦尔金。

风流浪漫史。对我而言,作者的想象力只要能满足对事实进行清楚的归类并建立它们之间的因果关系就足够了。也就是这样,想象力就够丰富了。

### 约瑟夫·波夫罗日尼亚克,《帕格尼尼》,第二版,波兰音乐出版社,克拉科夫,1968

帕格尼尼有两部传记。后者是集体想象力的产物。传记作者忘不了他。但他有权获得两份版税。当帕格尼尼在演奏时,有些人看到魔鬼一边站在他身边,一边指挥着琴弦移动。人们相传着红色笔记本的事,据说大师在那里写下了他的魔鬼般梦幻的演奏。在他去世后,才发现,原来他在那里写了要送去洗的内衣。人们相信,只有在地狱的帮助下,他才能在小提琴上弹出如此出人意料的声音(而其他人都弹得中规中矩)——如鸟鸣般,如莺啼般,如拨浪鼓般,如狗吠般和如猪叫般洪亮。更有意思的是,一些同行也持有相同的观点。某个来自科隆管弦乐队的音乐家,鼻烟被帕格尼尼用过,因为担心魔鬼的构思会玷污他纯洁的灵魂,他就将烟粉洒到地板上。那时候,帕格尼尼就应该告诉他:亲爱的,如果你一定相信魔鬼的话,你至少应该更好地了解他的本性。魔鬼并不会躺着等任何一个唾手可得的人。你必须表现得足够好。他很挑剔,他需要符合资质并且已经做好准备的人。你脾气好而且懒惰。你从来不是一个每天要弹奏 12 个小时的神奇孩子。你的手指不会弄碎天然水晶的碟子。你的左手拇指不能向后弯曲,左臂不高于右臂。无论我在鼻烟盒里放什么,对你而言,它都只是鼻烟。别害怕,兄弟,勇敢点。——但帕格尼尼并没有说这些话,他只是默默地瞥了一眼。他认为这些小事有渲染他神技的价值。特别是并非所有人,也并非到处,都对他的神奇艺术毫无抵抗能力。在布拉格的音乐会是一场惨败,而在华沙则引起了热烈的讨论。所以与波兰有关的内容在波夫罗日尼亚克的著作中,是很丰富的。在这些故事中,包括小提琴家利宾斯基谈帕格尼尼的内容,这是一个有意思的文献,其中混合了对大师的钦佩与轻微的讽刺。

## 莱赫·皮亚诺夫斯基,《在游戏的疆土里旅行》,
## 塔德乌什·米哈卢克插图,
## 艾斯克利出版社,华沙,1969

我们还记得几年前的那场喧闹,当时弗罗茨瓦夫的一位女士写了一篇名为《波兰棒球①的历史》的博士论文。必须要考虑到那些最大声反对这篇论文的人们的不足,他们只是被标题本身所冒犯,并不涉及其他科研水平的问题,因为他们不懂。假设标题是这样的:《波兰团队运动游戏中一些历史、社会和文化方面的研究,以其中某一项为例,并特别强调融合的训练因素》——一切都很正常,没有人会有意见,不是吗?

不仅仅是波兰棒球,还有直棋和捉迷藏,还有 100 个类似的东西可以成为历史和社会学研究的主体。皮亚诺夫斯基只负责棋牌类游戏,尽管他收集了很多材料,但他仍没有穷尽这个题材。游戏从神奇的行动中产生,而从游戏中——正如赫伊津哈所说——产生了文化。游戏是对生活的简化模仿,保留了它的社会风俗,所以什么时候,谁去玩哪种游戏,并不是随意的。例如,西洋跳棋或国际象棋是典型的战争游戏。在西洋跳棋中,玩家争抢领地,移除(杀死或捕获)对手,就像在奴隶制中的表现一样。在国际象棋中,它不再是彻底消灭对手——能够俘虏对方国王的人获胜,这主要体现的是封建社会的战争。资本主义发明了新的游

---

① 译者注:palant 在波兰语中有两个意思,一个是指波兰的一种棒球游戏,另一个则是口语中骂人的措辞,蠢货。由于波兰棒球这种游戏并不常见,一般人看到这个词的第一反应就是蠢货,所以这篇论文会被误认为是《波兰蠢货的历史》。

106

戏,反映出个人职业生涯的机制。皮亚诺夫斯基对这类游戏花了最多的篇幅,这是正确的,因为他们的数量在不断增长,特别是在美国,而我们对它们知之甚少。在大危机时代发明的"地产大亨"这款游戏,今天还非常流行,尽管换了不一样的名称和形式。这款游戏让小孩子们了解资本主义阴谋的秘密,是恰如其分的社会学校。根据我的个人喜好,游戏是绝对令人恶心的东西。因此,我必须快速地想到那些更美好的"西非播棋",黑人早在远古时期就开始玩这种游戏。但是只有在大白天的时候——在日落之后,这种游戏会吸引周边所有不请自来的疯狂幽灵们到田野中去。因为相似的原因,我不建议你在午夜大声阅读皮亚诺夫斯基的书。幽灵们闲得无聊,而这本书很有趣。

## 耶日·罗斯,《北方的英雄们》,
## 艾斯克利出版社,华沙,1969

买了《北方的英雄们》的人们,并不全然知道,自己带回家的是什么。这本书没有说明性的副标题,也没有介绍,让读者或许能大致了解一下,这本书的内容究竟是什么以及耶日·罗斯在多大程度上可以算作这本书的作者。事件的目录让人对整体的架构有所了解。这本书的唯一的推荐是封套上的文字,人们可以从中看到日耳曼神话比希腊神话更残忍,并且在北方多云天空下出生的神不如他们来自古希腊和罗马的同事那么友善。所谓的地中海太阳神话的信念很难生存,尽管它更像奥芬巴赫天马行空般的创作,而非科学。所以我买了一本让我直觉上感觉不好的书。然而,事实证明,最坏的情况已经过去了。我仍然不知道耶日·罗斯在斯堪的纳维亚神话和传奇中有多少自由发挥的成分,但事实是,他把这部分写得漂亮。只要没有人念及并最终翻译中世纪的原作(《老爱达经》和《新爱达经》),我们将不得不只能依靠编辑后的材料。事实证明,这本书有一个介绍,甚至有两个介绍,只是隐藏在书的中间,所以它更难猜测。第一部分非常详细地介绍了在旧日耳曼世界里的宗教概念。第二部讲述了维京人的故事。又一件奇葩的事:这本书没有姓名索引,因此这些介绍的用处没有得到强化。第一个作者让我感到遗憾。因为第二个作者会描述一些不可信的轶事。就像奥尔加公主,她是鲁雷克维奇家族中第一个接受洗礼的人,并且由于刚刚绑定的宗教亲缘关系,她拒绝了教父康斯坦丁七世的追求。公主不需要以如此宗教的方式捍卫她的自由,因为拜占庭皇帝已经结婚了。在皇帝身旁是优雅的皇后,海伦娜。

## 爱德华·耶日·普克尔尼,《乌剌尼亚——第九位缪斯女神》, 我们的书店出版社,华沙,1969

月色惨白。他是来自一棵神话大树的一轮——正如巴布亚人想要的那样。和荷鲁斯的左眼——正如埃及人想要的那样。还有一只大蜗牛——根据阿兹特克人的说法。并且在苍穹中有一个洞——正如希腊人所想的那样。不幸的是,不是所有希腊人都这么想。因为有人,例如,阿那克萨哥拉,他坚持认为月亮就像地球一样,上面的阴影是山脉和山谷。于是这就开始了科学探索之路。确实一定时期内可以说,在类似地球的这个星球上坐着特瓦尔多夫斯基,但面对残酷的知识进步,他不能在那里待很长时间。几个星期后,所有的想象和假设都会为时已晚。月亮将成为一个具体的物体。真相将会浮出水面,这将结束人类的童年时代。我们是很出色,但非常无法无天的孩子们。我还不想考虑青春期会遇到的麻烦。目前,我正在读一本小册子,讲的是古代人如何了解世界的建构以及由此发展形成的几何学——空间的思维,后来证明这包含着一个巨大的未来。书中的一切都是粗浅且浮于表面的,因为正在突击钻研毕达哥拉斯定理的年轻人认为这种小故事是花边新闻。这本小册子的其他英雄是塔勒斯、欧几里得、阿基米德、阿波罗尼奥斯和丢番图。让他们在地上变得轻盈,月光将为他们照亮[1]——我对他们并不感到遗憾,我已经从学校的创伤中走了出来,他们在我看来不仅是天才,而且人也很好。

---

[1] 译者注:波兰葬礼上,祝愿安息的措辞。

我不知道他们是否已经在月球上拥有自己的环形山。我认为他们应该拥有，主要是阿那克萨戈拉那个疯子，就是从他那里开始了这一切。

汉斯·克里斯蒂安·安徒生,《童话故事》,第五版(老天!),
斯泰法尼亚·贝伊林和雅罗斯瓦夫·伊瓦什凯维奇译,
国家出版社,华沙,1969

一位有着生动想象力的作家被建议为孩子们写点东西。"太棒了,"他很高兴,"刚好我有一个关于女巫的故事。"来自出版社的女士们摆摆手:"只有女巫,孩子们才不怕呢!""商店里的玩具,"作家问道,"那些眯着眼的紫色毛绒泰迪熊?"——至于我,我的想法更加不同。孩子们喜欢令人害怕的童话故事。他们有体验激烈情感的自然需要。安徒生吓唬孩子,当然不会有任何一个孩子对他不满,包括当他们长大以后。在他美丽的童话故事中,肯定有超自然的存在,不包括说话的动物和啰里啰唆的小木桶。不是这个兄弟情谊中的每个人都是善良无害的。最常出现的形象是死亡,一个无情的人,他意外地进入了幸福的中心,并带走了最好的、最受欢迎的人。安徒生认真地对待孩子们。他不仅告诉他们快乐的生活冒险,还告诉他们他的痛苦、悲伤,并不总是值得同情的失败。他的充满了想象力的童话故事比当今所有的儿童文学更写实,今天的文学关注如火焰般随风即逝的可能性和奇迹。安徒生有勇气写以悲剧结尾的童话故事。他认为并不是因为善良是有回报的,所以我们要努力向善(今天的道德故事总是以这个理由来进行宣传,但在这个世界上并不总是如此),但是因为愤怒来自精神和情感的限制所以是唯一应该被憎恶的形式。这很有趣,啊,多么有趣!

如果没有幽默感,安徒生就不会是一个伟大的作家,从善良到嘲弄都会闪烁着五颜六色的光芒。但如果他只是一个典型的老好人,他也不会成为一个伟大的说教者。嗯,不是的,他有自己的怪念头和弱点,他是一个在日常生活中难以相处的人。就像开始狄更斯很高兴安徒生前来拜访他并安排他住在一个满是花的房间里。而紧接着——他很高兴安徒生终于在如哥本哈根般的大雾天离开了。一般认为,具有相似特征的作家应该互为知音一直到生命的终点。但这很难。

萨福,《民歌》,第二版,
雅尼娜·布若斯托夫斯卡翻译并作序,
国家出版社,华沙,1969

据称,萨福的作品大约有 10 000 行。其中 550 行幸存下来。只有少数几篇作品,可以被认为是完整的,其余的是严重受损的片段。实话说,在这种数量有限的碎片基础上,你很难相信萨福是诗歌中的一个伟大现象。自古以来,我们重复着这个信念。今天对萨福的崇拜——因为也有点像对整个希腊古典以及对相信其品味的美好见证的崇拜。既没有证据也没有理由去削弱这种自我的信仰。甚至恰恰相反。斯特拉波写道:"从来没有一个女人的话可以与这位女诗人的华美而完整的辞藻相提并论。"——从中可以看出(如果我们不知道其他的话)当时的女诗人很多,而且萨福获得了名声,不是因为她是独一无二的,而纯粹是因为她比其他诗人写得更好。

不幸的是,时间对她的遗留作品进行了特别执着的破坏。诗歌不是用石头做的。正如胜利女神像在历史的风暴中失去了她的头、手和脚,但她保留了伟大。但是一首小抒情诗,失去一个字可能会歪曲整首诗的意义? 我们只能猜测这些诗歌中包含了哪些细腻的情感……我们可以将它们与现在的哪些诗作类比? 在胜利女神尼姬的两侧,有两个陈列室,在不起眼的角落里还放置了其他的、更小更细碎的雕塑:几个脚趾头、足部的碎片。如果整个尼姬雕塑中只保留下来她的手指,那谁还会对她赞叹不已? 好吧,萨福的大部分歌曲都是这样支离破碎的片段。在一首歌中只

114

留下"……树脂……"这个词,在另一首中留下"……意外……"这个词。或者是叹息,紧紧围绕着永恒的沉默"……我知道我会用双臂触摸天空……"

### 伊夫·博纳富瓦,《论杜弗的动与静》,
### 阿尔图·梅哲柴茨基翻译自法语并作序,
### 国家出版社,华沙,1968

伊夫·博纳富瓦属于最后一次战争后的第一代。在法国,这一代人中的诗人数量并不是很多。他们仿佛没有更多的创造力。博纳富瓦的抒情能力也不是很强。谈论如何打磨已知表达方式的高光泽度比寻找新表达要更容易。实际上,这位诗人创造了一个自由的诗意世界。它是一个被排除在现代生活喧嚣之外的疆域,所有文明产品都被移除,正如不需要那些能显示出特定时间和地点的标志一样。在画面中只有一些树木、几个动物、风、篝火,或许这就差不多了。在这种朴素的(不想说是传统的)背景下,这位诗人纪念一位名叫杜弗的女人的死亡,她可能根本就不存在,只是想象中的说辞。我们不断循环着美好而细腻的高级挽歌,在其中这个杜弗浮现出来,并在诗人的意识中消失,使他越来越彻底地沉浸于基本元素的深处。一些评论家将这些诗歌与里尔克的诗歌进行对比,但这毫无可比性。里尔克背负着从各处收集来的对这个世界各种各样的事物深入细致的观察,开始了他对无限的探索。他认为一切对他都有用的。事实上,这确实很有用。博纳富瓦则带了一个轻便的背包。如果他认为这样可以让他走得更远,那他可能错了。

### 马西莫·帕罗提诺,《伊特拉斯坎人》,
### 雅德维加·马利舍夫斯卡-科瓦尔斯卡翻译自意大利语,
### 国家科学出版社,华沙,1968

伊特拉斯坎人使用的是某些古欧洲的语言,虽然现在已经破译出来他们所使用的字母,但仍然很难理解文本的含义。伊特拉斯坎文化研究者们梦想着有朝一日,能像商博良在埃及那样走运。因为每个梦想早晚都会实现,只是与想象中的形式不尽相同,所以终于找到了一个金盘子,上面写着两种语言。一种是伊特拉斯坎语,而另一种布匿语,看起来像是对其的翻译。如果考古学家们懂布匿语,那么他们将欢呼雀跃。那些没有那么伟大思想的人会承认,还需要等待一个奇迹,也就是说,找到另一个双语篆刻的东西,而第二语言将会是语法规范的拉丁语。

罗马人和伊特拉斯坎人已经并存了很长时间,因此很难想象,以这样的文本没有在某个地方被保存下来。我也不排除这种可能,被寻找的宝藏就躺在帕罗提诺教授每天吃意大利面的房子的地基下面。但教授是一位有雄图大志的人,他不依赖奇迹,他不相信突然的启示,因为他们往往最后被证明是虚假的提示。他认为,人们可以而且必须满足于现有的素材,努力工作,遵循步骤,用演绎、推导、比较和排除的方式去了解伊特拉斯坎的语言。他写了一本厚厚的书,不是关于伊特拉斯坎自身(尽管波兰语标题是这样错误地进行暗示)而是关于伊特拉斯坎文化研究的方法论。不是关于工作的效果,而是关于工作本身。不是赞美已经达到了目标,而是赞美关于探索的坚持。不是关于确定性,而是关于科学怀疑的方法。这并不是一本通俗易懂的书。我向那些对人文主义作品趣味性要求不高的人们推荐这本书。与此同时,在世界上还有许多未被探索的月球,它们不是靠火箭就能达到的地方。

**来自凯撒利亚的普罗柯比,《秘史》,**

**安德烈·科纳克翻译自希腊语,作序并注释,**

**(艾娃·夫雷什塔克绘美丽的插图),**

**国家出版社,华沙,1969**

凯撒利亚的普罗柯比被称为古代最后一位伟大的历史学家。他写了八本关于查士丁尼皇帝时代的战争的书。他写了一篇如蜜汁般的纪念皇帝的颂词《论建筑》和一本讽刺皇帝的书《秘史》。各种善意的评论者都在思考,如何才能写一篇颂词,并马上进行讽刺。这是有可能的。这是事物的自然规律。查士丁尼已经很好了,为什么他还想要颂词?阅读《秘史》让人想起苏埃托尼乌斯的《罗马十二帝王传》。在这两部作品中,对所描述的人物们的厌恶掩盖了历史真相,但苏埃托尼乌斯的愤怒有一个更坚实的基础。苏埃托尼乌斯有共和党人的精神,他认为君主专制是一种堕落,它的病症是它描绘的恐惧,但毫无单纯的惊奇。普罗柯比住在拜占庭,当时共和党的传统已经死了。查士丁尼惹恼他并不是因为他是一个专制的人,而是因为他是一个不好的专制的人。他的所有君主活动都被普罗柯比认为是个人性格的表现,而出人意料地,他的性格中藏着魔鬼。作为地狱的代表,狡狯的皇帝和他的淫乱妻子甚至要对危害了他们帝国的地震负责。这些八卦的风格闪耀着热情洋溢的辞藻,他们的希腊语可能过于华丽,但它只是一个空壳,在其中或许住着中世纪驱魔者的灵魂。

## 赫伯特·温特,《追随诺亚的足迹》,特里萨·贝尔勘译, 大众科学出版社,华沙,1969

无论谁带着这本书去度假,他都将不会受到阴晴不定的天气和疲倦的影响。温特是通俗作家中的名人。他以一位小说家的才华传播他丰富的关于自然界的信息。他挥手写出(我如此轻描淡写地描述一项需要多年研究的工作)两本畅销书:《我们正在寻找亚当》——关于人类如何寻找其祖源,和《追随诺亚的足迹》——他是如何认识动物的世界。诺亚出现在标题中不是没有道理的。

在有关洪水的传说中,第一次出现人担任照看动物不灭种的角色。诺亚,作为一个有传奇色彩的人,完成了应有的任务。然而,没有他那么与众不同的人,会感到有点压力。温特的书中有数不清的英雄、动物和人,但最重要的是那些人——几乎像莎士比亚书中的那些类型。每种版本的邪恶和崇高,愚蠢和理性都有足够多的例子。商人、旅行者、猎人、征服者、学者的例子也足够多。也不缺动物学家所需要的,恰到好处的艺术家们。很明显,作者必须时不时提到有关天才的穴居人和同样天才的远东画家们,但其实,他对那些不太知名的旧书插图画家们更上心,这是他书中出人意料的魅力之所在。他非常赞赏画毛毛虫的画家西比拉·梅里安和画猴子的画家扬·巴普蒂斯特·奥德伯特。

### 亚历山大·克拉夫丘克,《特洛伊战争》,
### 大众科学出版社,华沙,1969

　　说到神话——这将会被带入一个迷宫。走廊岔口越来越多,越来越错综复杂。特洛伊战争是一个文学事实和历史事实。它也是一个与宗教、道德和审美观念转型相关的麻烦。它还是一段科学探索的历史。诸如此类。大多数走廊在摸索中走到尽头。那又怎么样?这个迷宫与真实的迷宫不同,犯错本身就令人着迷。这里说的绝对不是,要尽快找到出口。我没有兴趣评论克拉夫丘克这本书的前一部——《七将攻忒拜》。那座迷宫更加壮丽和错综复杂。

　　《特洛伊战争》有类似的结构,但更简单一些。好像它为了给那些没有什么耐心的读者看的。但如果读者是为了看神话的话,那么他将会很乐意多费一些功夫去阅读。因此,很遗憾,并非所有伊利亚达的线索都被作者进行最细微的区分,就像他对待海伦娜的线索那样。同样地,克拉夫丘克也简短地讨论了这首诗著作权这样的大问题。问题是,荷马是否存在过,接着又有一个问题,同样也很重要:为什么我们普遍希望他存在过?有多少理论,或许是很疯狂的那种,但在心理学上是有价值的,另外还能制造神话,正是来自对匿名作品的厌恶?既然我们已经走入带"荷马"字样的走廊,我们很乐意在那里更长久地逗留,不紧不慢。特别是希腊诸神赋予了作者一种生动而迷人的叙事技巧。没有什么比拥有这样的能力更好的事了。

汉斯·鲍尔,《与狗相伴过百年》,第二版,
扬·热宾斯基翻译自德语,
大众科学出版社,华沙,1969

一想到狗,我觉得这令人感到非常熟悉。当我开始将它们看作是一个食肉类庞大的族群时,无助将我紧紧包围,因为如果我认为杜宾是狗,京巴对我而言就不能算作是狗,但如果京巴是狗,那么或许杜宾就应该是别的什么。如果狗是伯纳丁,那么腊肠就不能算,如果是,那么伯纳丁又该被称为什么呢?我可以继续这么说下去,但是对热宾斯基医生的恐惧以及不愿让开明的读者产生怜悯阻止我继续这么做。汉斯·鲍尔以一种恰当的沉默对我的疑虑视而不见,尽管很遗憾他如此随意地对待物种形成的问题和它们的系统特性。他建议将这些可爱的动物们分到不同的类别中,尽管也不是很彻底:也就是它们在我们的生活中所扮演的基本角色。因此,我们有不少关于猎犬和牧羊犬,关于运输犬和警犬、导盲犬、实验犬、食用犬、看护犬、陪伴犬和展示犬的新闻。没有狗,我们的生活将更加悲伤,更愚蠢和更糟糕。无法回答,如果没有狗帮助,爱斯基摩人将如何从一个地方搬到另一个地方;在没有直升机的时代,人们将如何救出埋在雪崩下的旅行者;如果没有狗相伴,那些独居者的生活将会多么寂寞,盲人们的生活将多么黑暗……鲍尔的书首先谈到了狗存在的生理好处。当他提及关于心理上的好处则随意很多。然而,通过心灵的眼睛,我看到的作品是这样的:十二卷,有简介、后序和脚注,以及一个按字母顺序排列的狗类索引,特别适合放松我们的情绪。

## 雅妮娜·别尼亚茹夫娜,《17世纪的克拉科夫市民》, 文学出版社,克拉科夫,1969

这本书的标题对我而言似乎过于宽泛,它将涉及的事,如果让我写,我会用三个更为细致的研究标题来概括书中的内容:从社会学的层面看17世纪的克拉科夫市议会——在1623—1626年期间市议会与普通民众的争议——17世纪中期克拉科夫的社会结构和财富结构。这些章节相互补充,但这些仍没有构建出整体的图景,甚至也没有包含大事年表。作者采用了所谓的地方和时间统一的强化原则。不是因为只有克拉科夫并且只有17世纪:她也使用来自克拉科夫档案馆的资料。素材来源真的很丰富——从旧遗嘱、证明、账单和税务登记册中,别尼亚茹夫娜能够读出大量关于市民家庭的财务状况和职业结构直接和间接的信息。但是限制在一个来源上会将内容的范围变窄。我希望,在几个世纪后,逛商店的人会从杂货店的库存中发现某张库存清单,那份清单将说明很多问题——甚至比我们现在所能想象得到的内容还要多。然而,此类文件所载的信息量不会无限制;找到上千份文件也不会让后代对我们这个世纪的了解成千倍增长。在封面的套封上写着,作者"通过自由叙述的方式,为读者介绍一系列的新事件"。据我所知,"自由叙事方式"正是作者和读者坚决反对的。这些作品完全坚持既定的主题,甚至有点过了。我们不应该从别处知道偏离事实真相或是对事实的重述。即使是瑞典入侵这样的灾难,也只能通过保存贡品登记册来追忆。在卓别林

（可能是他）的某部黑白喜剧片中，他一边想要关上行李箱，一边用剪刀剪掉了所有伸出来的东西。正如你所看到的，历史学家也在为他们的行李箱而苦恼。

**维托斯·B. 德吕舍尔,《是本能,还是经验》,**

**克利斯蒂娜·科瓦尔斯卡翻译自德语,**

**大众科学出版社,华沙,1969**

只是得益于神经系统,有多少动物几乎在一出生就获得了独立生活的能力,而这正是我们求而不得的天赋,我们必须经过漫长而艰辛的一段时间才能独立！大自然剥夺了我们上千个奇迹般的属性,实际上,却赋予了智力,但似乎它忘记了,这将是我们应对这个世界的主要方式。如果它记得这件事,那它会将大量基本信息转移到遗传领域。如果我们出生时就自带乘法表,已经掌握哪怕是母语,能够拼凑出一首像样的十四行诗及在学校演讲的能力,那将是多么令人震惊。新生儿可以立即进入更高的智力区域。在生命的第三年,孩子将能够在编写选修课的内容方面超过我,而在第七年孩子将成为《是本能,还是经验》的作者。我知道在"文学生活"页面上报道所有这些不满情绪将不会继续,但我对此表示遗憾。德吕舍尔如描绘风景般地描述了神经组织的惊人成就,例如让动物在没有眼睛的情况下能够看见东西,通过皮肤听到,并在没有丝毫风的情况下通风。所有这些都结合了各式各样的本能行动模式……在我看来,每一项本能都值得嫉妒。但特别是有一件事:它被称为回避击打的本能。动物们在自己物种内经常互相争斗,但战斗通常在没有流血的情况下结束。到某一刻,其中一个对手撤退,于是就结束了。狗会不咬,鸟会不啄,羚羊不会将对方戳死。这并不是因为它们性情可爱。这都是因为动能机制在起作用,控制冲击力或下巴咬合的力度。只有在圈养情况下或是在许多驯养的动物品种中,这种本能才会消失。这两种情况的结果都是一样。

**万达·克舍民斯卡,《理想和英雄们》,青少年读物,**

**奥索林姆国家图书馆出版社,弗罗茨瓦夫,1969**

写《尤利西斯》都比为年轻人写一篇好故事更容易。在第一种情况下,你是自身想象力的主人,在第二种情况下,你陷入了非艺术职责的丛林中。在丛林中,四处游荡着令人犯难的父母带着更令人犯难的孩子们、寻求帮助的老师们,听见儿童心理学专家的责骂声、各种教育系统支持者们的喧闹声以及来自童子军和任何集中性组织的老年男性的雷鸣般的欢呼声。有些人想要想象力,有些人则想要寻常事,还有一些人想要完美无瑕的模范人物,但是在现实背景下,或者在意识形态的冲突下,却不能挑战权威。不可能做到让所有人都满意。如果有谁要为孩子们写一本书,最好他对此一无所知,不然他写第一句话的时候就会有所顾忌。无论如何,文学史表明,那些适合小读者们的优秀读物似乎出现得很随意——根本不是教育规范的结果。因此,如果万达·克舍民斯卡想用她的书来鼓励未来的作者,那么她就没办法实现这个目标了:用于讨论个人作品老学究式的研究方法,特别是针对当代作品的分析,只会吓跑别人。

然而,仍然有大量的读者们,他们不打算为孩子们而创作。那些人知道,自从荷马时代到现在,孩子们是如何被养大的。他们知道如何选择,以什么样的方式让不同时代的精神潮流反映在儿童文学中。然而,令人很遗憾,作者几乎完全将自己的考虑限制在散文中,而这种散文带着现实教学的色彩。童话故事,从 17 世纪就开始出现了(这时候开始出现直接针对儿童的文学作品),

作者只选取了少数几个童话故事。当然,这是个人研究偏好的问题。但它值得！我坚信,相比充满现实主义的儿童读物,阅读童话故事可以让孩子更好地接受"大人的"文学作品。"还有什么比让善意早一点在孩子们心中生根发芽更美好的事呢?"善良的雅霍维奇问道,自然,这样的问题只能点头作答。但是,如果当时孩子们的读物完全由雅霍维奇的教学作品组成,那么孩子们将成长为智障儿童。我估计在雅霍维奇的作品旁边还是放着一些真实的童话故事。

### 伊赖娜·娜兰道,《统计学上的波兰人》,
### 艾斯克利出版社,华沙,1969

　　早在 8 岁或 9 岁时,我开始接触统计,在我们课堂上举办的反酒展览上。我显然不记得那些图表和数字了。我清楚记得一个非常多彩的醉汉肝脏的石膏模型。我们一大堆人都围在那个肝脏旁。但令我们最着迷的是电路板,每两分钟就有一盏红灯亮起。文字说明上写着,每两分钟就有一名男子因酒精而离世。我们呆若木鸡。我们之中有个同学,她已经拥有了真正的手表,她通过专注地看灯光的变化来检查手表。然而,最好的却是让我看到了佐霞·W。她在胸前画十字,接着开始默默念送别祷告。从那时起,再也没有其他统计数据让我如此动容。我有一个朋友,他通过阅读统计年鉴,为自己创造了一个完整的生活全景,他通过数字看到和听到,甚至还能体验嗅觉。我很羡慕他。多少次我曾尝试将这些数字转换成具象的事物,在我面前出现一个完整的男人,他喜欢上了一个多一点的女人①。这对奇怪的夫妇在这个世界(差不多?!)生下两个孩子,这些孩子立即开始喝烈酒,所以一年后他们已经喝了四升半。我对这种现象很感兴趣,尽管内容和词汇都很糟糕,比如祖母的发病率和祖父的死亡率。可能只是针对跟伊赖娜·娜兰道那样有误导性想象力的人,所以她写了《统计学上的波兰人》。在这本书中,她试图介绍一个正常的家

---

① 译者注:因为在波兰,男人的数量比女人少,所以相当于一个男人对应一个多的女人。

庭,在各种各样不同的日常环境下的情况。不幸的是,科瓦尔斯基①们给人的感觉只是统计学上的典型,让他们立马就变成抽象的人物形象,因为独立的个体从来不会让人感到典型。这本书很容易消化,但没什么营养。大数字很难被驾驭,有些根本不符合口语交谈的风格。最后,作者开玩笑地要求读者去寻找更有趣的统计年鉴。

---

① 译者注:科瓦尔斯基是波兰最典型的姓氏,在文中,跟中国的张三、李四差不多。

## 安娜·巴尔德茨卡和伊赖娜·图尔娜乌，
## 《启蒙运动期间华沙的日常生活》，
## 国家出版社，华沙，1969

我们做着梦，但又如此不小心，不准确！"我想成为一只鸟。"这个或那个人说道。但如果命运乖乖地让他成为一只火鸡，他会感到失望。那才不是他的意思。更危险的是与时间机器相关的事。"我想要去 18 世纪的华沙。"你光想想是毫无害处的，你只要发挥自己的想象力就足够了。你会很自然地降落在合适的地方，比如出现在一位绅士之王的沙龙里，他带着温柔的微笑，挽着你的胳膊带你去餐厅吃星期四晚餐①。与此同时，你摔倒在第一个水坑里。你刚刚站起来，在一条狭窄的小巷来了一辆八角形的马车，吓得你差点撞到墙上，再次溅你一身泥。这里一片漆黑，你不知道去哪里，你在宫殿中迷路，走在喧闹的街道上，成堆的垃圾和摇摇欲坠的破楼。很快就会有一些彪形大汉从黑暗中浮现出来并开始拽着你的尼龙大衣。我不写小说，所以我不用考虑如何摆脱这种困境。很好，你已经坐在小酒馆里，他们为你送上烧烤，却放在脏盘子里。你注意到酒馆老板将他的衬衫的下摆从裤子里拉出来，用来擦拭盘子。当你感到愤怒时，他会告诉你，或许你来自深山老林，所以你不知道，拉吉维乌②本人就是这样为他的女士们服务的。在酒店，你不要求用水洗澡，而是把自己扔在床上，任

---

① 译者注：特指 18 世纪末的波兰末代国王斯坦尼斯瓦夫二世的星期四晚餐，会邀请华沙最有才智的人参加。
② 译者注：拉吉维乌，波兰历史上非常著名的大贵族。

由臭虫攻击你。你会在黎明时睡着,但很快就会被尖叫吵醒,因为楼下着火了。你没有等消防队员的帮助,那时候还不存在消防队员,你跳窗而逃,得益于院子里堆满了臭味的垃圾——你没有摔断脖子,而是摔断了腿。新手发型师在没有麻醉的情况下帮你安了腿。可以说你很幸运,如果没有坏疽,骨头会直接生长。你一边有点跛地走路,一边回到你的时代并买了一本书,书名一定是:《启蒙运动期间华沙的日常生活》。它将使你重新获得那些时代的世俗和崇高之间体面的平衡。

玛利亚·卡斯普罗维奇佐娃,《在我们山间的家中》,
罗曼·洛塔作后记,
国家出版社,华沙,1969

我手里拿着这本书,本来是为了确保我不读它,然而我把它读完了。或许无论谁偶尔遇到了玛利亚·卡斯普罗维奇佐娃,都一定会将她牢记。她鲜明的个性并没有全部被保留在纸上,但仍足以吸引人的注意力。当卡斯普罗维奇佐娃在战争前发表她的《日记》时,她被人指责,认为她在里面写了更多关于她自己的东西,而不是关于死去的诗人。因为所有的女性都可以写与自己有关的事,只有"名人遗孀"是严令禁止这么做的。这是一种观点,在这种观点中,我感到对过去在柴堆上被焚烧的寡妇的思念。但是,由于不可能恢复这个仪式,于是人们只能同意寡妇将独自生活,有些甚至会获得比死者更强的个性。卡斯普罗维奇佐娃不会依附于任何人,包括那个让她成为寡妇的人。她的美德,被我们称为:反美德……具有非连续性的特点。她对人们施展强烈的魅力,将他们聚集在她的周围,然后要求他们具有伟大的灵魂,但这并非人人都能拥有。她强迫自己和其他人永远诚实,并且在哈伦达的家庭和日常习惯中总会有一些激烈的事情发生。她依靠强烈的感情生活,带着紧张、焦虑、多愁善感、活泼和努力的情绪。哦,很自然地,多年来她过得很落伍并有点荒唐——但只有普通的人才会避免荒唐。如果将这本书认为是文学巨作,那么这将是一个错误,尽管这本书是在作者去世后才出版的,但仍然是她自己对其编辑整理准备出版的。这些来自不同年份的松散卡片,被更好或更差地进行梳理,但所有的都值得在扎科帕内编年史中占有一席之地。最后,我想将关于娜乌科夫斯卡的回忆从中区分出来,她曾经是哈伦达生命中的过客。当然,没有人比玛利亚·卡斯普罗维奇佐娃更胜一筹,她在争夺耶日的单挑中战胜了对手索菲亚夫人。

**爱德华·马尔切夫斯基和耶日·瓦诺夫斯基，**

**《沉思的堕落》(围绕塞浦路斯·诺尔维德的诗《柏拉图和阿奇塔》)，**

**奥索林姆国家图书馆出版社,弗罗茨瓦夫,1969**

　　数学家爱德华·马尔切夫斯基与古典语言学家耶日·瓦诺夫斯基谈到关于诺尔维德的诗《柏拉图和阿奇塔》。接着,其他学者加入了谈话。我想:很可惜诺尔维德没有听到这些,如果他知道不仅仅是波兰语言学家和诗人在研究他的诗歌,肯定会很高兴。他早就预测到他的诗作会取得巨大的成功。然而,我们生活在一个专业和兴趣越来越细分的世纪中,我们必须认识到这种对话对于参与者来说也是成功的。数学家有时间谈论诗歌,并且明显谈得很愉快——但这在今天是很难得的,这是一个奇迹,发生在令人羡慕的弗罗茨瓦夫!

　　此外,一种罕见的无私精神超越了学者们的谈话。首先,谈话与辩论不同,它不是为了达成任何短期的目标,也不打算得出明确的结论;它只是艺术和思想的结合,是今天被忽视的一种艺术……在讨论中,意见相互超越,为了引起冲突。他们在谈话中相互寻找,为了相互补充。辩论始终是需要的(我这么写这个显而易见的观点,是因为我已经想象到那些写给编辑部的信,那些信认为我赞成压制辩论,认为我应该感到羞耻)。但是,没有经过一个体面教育的谈话者能成为一个好的辩论者吗? 一般的"辩论"是否要以过多地浪费正常(但严肃)的谈话为代价? 这本书很谨慎地出版了。来自博古明市的扬·库格林大师自己将手伸向这本书。但这个版本数量很少,只有 600 本,这让这本书立刻因为稀缺而炙手可热。与此同时，对于每一位雄心勃勃的知识分子来说，这都是一本难得称心如意的书。一个坚实的物件，并且接地气，有很多来自不同领域的可靠的信息，最重要的是，那种充满智慧的谈话方式。

### 亨利克·帕纳斯,《瓦迪斯瓦夫·雅盖沃的私人生活》,
### 波耶杰热出版社,奥尔什丁,1969

众所周知,和雅盖沃在一起,雅德维加并不觉得幸福。众所不周知的是,和雅德维加在一起,雅盖沃也感觉不到幸福。和一个自我牺牲的女人在一起生活,是痛苦的家丑。丧妻后,雅盖沃娶了卡齐米日三世的另一位孙女,依旧不相爱。他一定已经受够了所有这一切,因为第三次他不顾所有王权的限制,自己选择了妻子,并因此放弃了生育后代的可能性,尽管他是如此雄心勃勃的人。因为即使在他眼中,心爱的伊丽莎白早已不再年轻,无法为他生儿育女。

他是否对最后一位,也就是第四位妻子感到满意,已经不再那么重要了,因为他终于在这场婚姻中成功开启了王朝。他七十五岁的时候,他的妻子生下了弗瓦迪斯瓦夫,而在他七十八岁的时候,他的妻子生下了卡齐米日。这是君主级的欧洲纪录,据我所知,这个纪录从未被打破过。因此,人们开始质疑皇后的忠诚度。一直以来都会有人认为,即使发生了什么耸人听闻的事情,那也只能发生在七座山后的童话故事里。他们不会想到对山脉的计算可以从任何一点开始并最终落在任意的山上——为什么就不能发生在瓦维尔山上①呢?帕纳斯的这本书收集了众所周知的事实,但写得是如此地吸引人,所以还是值得再温习一遍。作

---

① 译者注:波兰童话一般都以在七座山后作为开头,表示在某个遥远的地方,而现实中,波兰国王瓦迪斯瓦夫·雅盖沃的皇宫在瓦维尔山上。

者还给我们详细描述了格伦沃尔德之战。这场战斗与书的标题或雅盖沃的私生活毫无关系,但这里详细介绍了国王的一些其他才能。这本畅销书中一个不作声的惊喜就是名为"浅谈交通"的那一章节。那里讲的是如何去格伦沃尔德战场——不管是从波兹南出发,从克拉科夫出发,还是从比亚沃维热出发。这些都是为了坐车去那里的游客考虑的。很显然,那些曾经骑马去过那里的人根本就不需要指导①。

---

① 译者注:这里希姆博尔斯卡开了一个玩笑,格伦沃尔德之战是波兰历史上最著名的战争,发生在 1410 年 7 月 15 日,当时还没有发明汽车,参战的士兵都是骑马的,所以骑马的人已经知道怎么去那里了。

## 扬·马尔钦·尚岑尔,《个人回忆录》附带作者手绘图,
## 读者出版社,华沙,1969

"我希望读者们不会将我的回忆视为一份文件,而是一个故事,因此不会对其不准确的地方感到惊讶,因为整理这些东西的同时,我还在忙于做其他事情。"以这种友好的方式,扬·马尔钦·尚岑尔朝读者们眨了眨眼。读者们,自然也在忙于做其他事情,所以为他们写的东西必须是轻松的、有趣的,如果可能的话,同样的八卦,故事主角的名气越大越好……我喜欢任何形式的回忆录。我只是害怕那些"我不知道的人"的人物传记,作为一个范本和惯例被固定下来;一个不能在纸上揭露出大量的知名艺术家或政治家的传记作家会让出版商感到不情愿和对风险的恐惧。在尚岑尔的回忆录中,来自克拉科夫和华沙艺术界的知名人物鱼贯而出。但是,大多数这些角色早已很知名,并且被写过很多次。所以马格哈·雅逊斯基有很棒的收藏,而诺阿科夫斯基非常擅长画黑板画。只有少数人,如杜尼科夫斯基家族、罗斯特沃罗夫斯基、亚洛斯被赋予了新的内容和人设。因此,在我看来,最新和最愉快的部分是回忆录的前几章:童年,读书时代和在克拉科夫美术学院学习的初始阶段——也就是说,在作者认识所有名流的时候。在这种情况下,还可以找到一些从来没有被人写过的人物:祖父要求在其葬礼上敲响齐格蒙特的钟声①(因为这是成为继承人的严格条件),被匪徒扫射而死的舅舅,一个带着炸弹的不幸女

---

① 译者注:最高规格的钟声,一般需要非常重大的事件或是伟人去世才会敲响。

人,最后还有一个聪明的丈夫,有人向他妻子求婚。我建议你好好读读这个男人是如何对付竞争对手的。万一哪天这个情况发生在你身上,你可以知道怎么才能留住妻子。

### 艾弗里德·亚恩,《格陵兰》,
### 大众科学出版社,华沙,1969

今天的极地探险队拥有高效的运动方式、完善的设备,能持续与世界保持着联系,并且通过之前探险经验的累积,终于具备了相对较多的关于目的地的知识。当1888年南森在三个挪威人和两个拉普人的陪同下,从东部到西部海岸穿过格陵兰冰川时,他只能依靠自己的力量和指南针。他没有收音机用于呼救,他无法指望飞机追踪他的足迹。40天后,他的探险队坚持到了目的地。并非所有后继者都成功了。埃里克森死于饥饿和疲惫,然后是伍尔夫,然后是韦格纳。这些探险队的成员们,爱斯基摩人也在不断死去。今天,世界上最大岛屿的内部已经被拍摄并测量。根据艾弗里德·亚恩的说法,现代技术手段允许任何具有理论背景和意志坚定的人参加极地探险。他们耐心地追随英雄们的足迹。然而,事实证明,这种耐心的要求并不高。格陵兰岛已经有一个民用机场和一个很棒的酒店,你可以在大厅里购买迪奥的香水,但只有3.3万人决定永久留在这里,其中包括已有的3万个爱斯基摩人和精挑细选的3 000个白人。在岛上的气候条件跟欧洲所经历的最后一次冰川时期一样。亚恩生动地描述了8万年前我们的古老景观,在遥远的格陵兰岛上被"鲜活地"保存了下来,在岛上,只有夏天地面才能解冻。与此同时……自1940年以来,它的解冻次数越来越少。此外,我不想吓唬任何人。我曾经看过一部关于在极地气象站生活的电影。电影院里很温暖,观众嚼着口香糖。在站内也很温暖,红胡子的气象学家也嚼着口香糖。很快就发现这只是口香糖广告,让人在最恶劣的条件下找点乐趣。我希望冰川不要以任何方式破坏我们的文明。

《萨巴瓦的童话故事》,特里萨·布若佐夫斯卡编写,
尤里安·克日热诺夫斯基作序,
国家出版社,华沙,1969

　　我不知道今年会不会在圣诞树下看见一本更漂亮的书。甚至没有人在等它。萨巴瓦于 1894 年去世,他赶上了旧时代当之无愧的名声,成为显克微支和泰特马耶尔的灵感,给维特卡西(莫杰耶夫斯卡作为教母)施洗,为许多回忆录、肖像和照片摆好姿势。人们试图描绘出现实中他迷人的音调,但几乎是徒劳的,仅有的一小部分,在他去世后不久变成孤本。几十年来,总有些东西阻碍重新出版他的文本,尽管他是一个独一无二的讲故事的人。最后,我们有了一本他的书,他早就该有的书。这本书的资助人是尤里安·克日然诺夫斯基,老民谣和醒世名言的最佳评鉴家。实际上萨巴瓦没有自己创造童话,他从前几代人的传颂中汲取它们,但能够确定的是,因为甚至能够通过纸张(来自弗沃茨瓦韦克的工厂)感觉到,他没有机械地重复它们,当然,他添加了自己的想法,用完全个性化的表达为其增色。不,他不是为很多人而讲故事。人们很快就明白,他是一位独特的艺术家。当人们谈论到他时,会说现在没有像他这样的人,再也不会有了。

　　如果他早两百多年出生,那么人们对他的记忆就会完全像他是童话世界中的人物,也许是一种欢快的山灵,出现在每个繁忙而拥挤的地方,最有可能是在基日①某个旅馆里的晚上。在查鲁

---

① 　译者注:基日是扎科帕内附近的小镇,位于波兰的最南部,周围全是杳无人烟的山脉。

宾斯基和萨诺伊斯基两条街道交叉口的扎科帕内,萨巴瓦手里拿着古斯尔琴①坐在那里。很少有人注意到这个雕像,因为满载短途旅行客的大巴正飞驰去往库日尼采的方向。但有时马里奥拉小姐会坐在萨巴瓦的膝盖上,而查谢克先生在给她拍照。在波兰,很少有纪念碑会引起人的注意。只希望马里奥拉小姐知道,她究竟坐在谁的膝盖上。她坐在山脉中的伊索上,和荷马的曾孙一起在照片中摆好姿势,和一个伟大的猎人打交道,将可怕的异教徒②粘贴到相册中。他对《创世记》提出了修订。他声称女人不是由亚当的肋骨做的,而是由狗尾巴做的。想到这件事,并没有让我很反感。

---

① 译者注:古斯尔,又译作古斯里或古斯勒,是一种流传于巴尔干半岛地区的弓弦乐器,它多半搭配演奏者的歌声来演唱,是东欧地区民间的一种说唱艺术,乐器大多为一根弦,少数地区使用两根弦,弓弦由马尾制作,演奏时放在两腿间。
② 译者注:伊索、荷马的曾孙、伟大的猎人、可怕的异教徒均指萨巴瓦。

**T. M. 普劳图斯,《吹牛军人》,第三版,**
**古斯塔夫·普日霍茨基编译自拉丁语,**
**弗瓦迪斯瓦夫·斯柴莱茨基校对,**
**奥索林姆国家图书馆出版社,弗罗茨瓦夫,1969**

吹牛士兵的文学形象来自希腊。普劳图斯在他的拉丁喜剧中没有把他变成罗马人。主要是出于谨慎而不是因为作者偷懒。在激进的罗马,开军人的玩笑曾经是很危险的事。因此,如果这名军人是一个希腊人,那么他当然可以是高傲自大和愚蠢的。普劳图斯式的吹牛军人已成为欧洲文学中无数后继者的父亲。与原型相比,最成功的,也是最不相似的孩子们,是法斯塔夫和萨格沃巴。然而,在他们之后,这个家族绝后了。生活中依旧不断有吹牛大王出现,但文学上已经没有他们的位置了,我不知道这是不是为了常识和整个社会的利益。我看普劳图斯喜剧不是为了笑。我意识到两千年前的笑话只有在翻译用一周前的事物进行替换时才好笑。所以我读这个是为了了解他们曾经因什么而笑。这也很有意思。从这个角度看,文本非常清晰,它甚至可以让你想象演员的表演——非常明亮、华丽,如马戏的效果一般。它一定是为了让观众分心,让他们不经意间从难以置信的阴谋中分散注意力。事实上,一名年轻男子试图从吹牛军人戒备森严的家中绑架情人。这件事在第五章中经历了各种曲折,虽然他们俩早在第二章就知道了秘密通道,因此女孩可以随时离开家,甚至带走她自己的床和伟大的亚历山德拉雕塑都不会被注意到。

## 亚当·奥斯特罗夫斯基,《加里波第》,
## 作者自序,
## 国家出版社,华沙,1969

加里波第是一个伟大而心思单纯的人。所以他一个不小心,就把他回忆录中的其中一版托付给了仲马。对于《三个火枪手》的作者来说,除了坚持历史真相之外,其他一切都很简单。可以想象,他是如何用自己的妙笔给加里波第的生活添油加醋的,即使没有他的这些文学创作,几十年来加里波第也一直是这个时代最知名的人物,是许多国家的英雄,并最终成为激情和潮流的主题。

他被称为意大利圣女贞德、19世纪罗宾汉、不合规矩的自由骑士。在比萨,医生从他的伤口中取出了子弹,城内所有钟声都一起敲响。他收到成堆的信件希望得到他的一缕头发。时尚人士仿照加里波第的方式穿衣,在伦敦的商店里放着加里波第样子的糕点。疯狂的贵妇们倾慕他,连儿子被关押在俄罗斯监狱的华沙街头小贩也听说过他。幸运的加里波第。他是他这个时代的正义和自由的化身。更幸运的是——即使是敌人也尊重他。在他的生命中,没有听说过他曾遭受过暗杀。他有效地摧毁了旧欧洲的秩序——引发了更多的混乱,而不是仇恨。"上帝啊,我们只是缺了这个而已!"——当法国部长听到加里波第准备在与普鲁士人的战争中帮助法国的消息时喊道。在国家出版社《活着的人们》系列中出现了非凡的加里波第的著作。很少有角色能适合这个词。加里波第如此鲜活,以至于他的人生经历至少等同于三位民族英雄,两位家族的父亲,一位船长和一位(与众不同的)诗人。这样一个人的形象需要一个真正的史诗背景——19世纪在欧洲发生的一切都与加里波第的行为有着直接或间接的关系。亚当·奥斯特罗夫斯基仅仅写了必须要写的东西,这本书就已经450多页,其中有数十篇谈论加里波第与波兰的关系。

### 康斯坦丁·伊尔德丰斯·盖乌钦斯基和尤里安·吐温,《信》, 塔德乌什·扬努什夫斯基编, 国家出版社,华沙,1969

　　盖乌钦斯基以卡拉库里姆博拉①的风格给吐温写信,吐温给他回信却更稳重一些,但他们两人信中的文体都来自一个时代——不愿意提及个人的私事,即便有也很少而且还以戏谑的方式。在 20 世纪中叶,作家的名单很短,几乎都是偶然的。以调侃的语气为主。对于那些想窥探个人秘密的传记作者来说,很难找到猎物。与选定的通讯员长期且定期地交换意见的现象在上个世纪还很常见,但如今已完全消失。我猜测,当吐温一生的所有信件(在《1955 年的作品》的前言中提到)终于出版时,这份名单作为一种形式和传统的演变将变得更加明显。这是一本小信集,包含了 1946—1951 年间的 21 封短信。这其中最多的部分是涉及《仲夏夜之梦》的翻译,盖乌钦斯基做这件事既是出于个人兴趣,也是为出版社和新的剧院而工作,而吐温则在考虑将这部剧搬上舞台。这件事很有意思,但就如同午餐的开胃菜一般,曾经出现在某个人的论文研究中,在这篇论文中主要研究两位诗人之间的关系,他们的关系并不总像他们在交换这些信件时期那样友善。这本小信集附了一个编辑说明,与整体相比也不算大。我宁愿它破坏书的结构却能包含更多的信息。脚注也不够多。盖乌钦斯

---

① 译者注:卡拉库里姆博拉是盖乌钦斯基的笔名,这里指他写信如写诙谐文章般夸张。

基用拉丁文、法文、俄文和英文的短语或句子让信更为生动。如果将这些外文的波兰语释义放在脚注中，那也不是什么大不了的事。最后，我的朋友，如果你懂的外语只有希腊语、佛兰德语、爱尔兰语和匈牙利语，你也有权知道书中究竟在说什么。

《关于甘劳蛇语的传说》，

阿波洛尼亚·萨乌斯卡-施特龙贝格编译自古冰岛语，

奥索林姆国家图书馆出版社，弗罗茨瓦夫，1968

冰岛，在9世纪由挪威人定居不久以后，百年后开始以诗人的温床而享誉整个北方地区。以至于说，一个体面的游吟诗人必须来自冰岛，否则他在斯堪的纳维亚的宫廷就没有一席之地。冰岛人的艺术技巧是如此受重视以至于，例如，爱尔兰国王只为了求得一首写自己的歌而打算送给冰岛诗人两艘军舰。如果不是财政官员的劝说，不要为了个人的虚荣心而损害国家利益，他真的会送。因此，国王收敛了一些，慷慨地将金戒指、用金子镶边的夹克和完全用昂贵毛皮制成的外套送给了他们。无论如何，直到最近才发现可以用尼龙代替皮毛做内衬，正如米龙·比亚沃舍夫斯基所注意到的那样。所以毛皮是坚实的，正如我所想的那样，没有人在白狐之前穿过它。现在财政官员认为这场交易是值得的。这首赞美王座的诗增强了国王的权威。与此同时，它还有助于防御来自远方的邪恶势力。这正展现了冰岛诗人具象的艺术性：他们能够将每一个主题都变得如此错综复杂，以至于在精神层面失去了方向，让人不知道在谈论谁以及究竟在说什么。他们试图通过为每个人、每件物和每个活动取新的昵称来超越对方。国王是"继承人，财富的分配者"，军舰——"水上坐骑"，舌头——"味觉的长矛"，河——"鳗鱼的栖息地"，狼——"巫婆的骏马"，蛇——"石楠鱼"，杯——"盛饮料的船"，剑——"造成伤口的帆"……其中有一些比喻时至今日仍然很巧妙和准确，但是当你试着将它们紧紧地绑在一个故事中——就会像猜字游戏那样,就像诗歌那样让人难以理解。

　　《关于甘劳蛇语的传说》就像所有用散文写成的传奇那样,因为我们的多愁善感而拯救了它。但是标题中的主人公正是一名广为人知的诗人,我们一次又一次地发现很多名言是引用他的歌词。面对这些句子,译者感到很麻烦,并最终将这个问题转移给了读者。甘劳的能力比引用的那些句子更好,通过他收到的礼物以及他在赫尔加·乌罗齐娃心中所点燃的爱来证明。他们是相爱的,却不幸福。谁知道,也许在某一天,这位诗人一不小心,以温柔的语言与他心爱的人说话,但非常直白?丑陋的幽灵立刻明白了他们两个人在谈论什么,然后一切都毁了。

### 斯坦尼斯瓦夫·马科夫斯基,《"克里米亚十四行诗"的世界》, 亚当·密茨凯维奇, 读者出版社,华沙,1969

正如我们所知,所谓经典,就是为成人而写,却被儿童所读的书。被列入学校阅读清单的荣誉使它们在实践的道路上难以达到成熟的思想,因为很少有人会重新回去看那些"被改编"的读物。对于诗歌而言,那几乎就是没有人这么做了……杰作是伟大精神纵横交错的结果。一些杰作的复杂性会迫使学生的注意力分散,对此人们也束手无策。在这个时代,对美丽和非凡的需求仍在摸索中。《克里米亚十四行诗》自然是"不错的",但贝内克在长椅下写的诗也同样不错。甚至他的诗会更不错,因为引人发笑。会在学校读到《克里米亚十四行诗》(然后再也不会去读),脑中只剩下以下一些片段: 1. "九头蛇纪念品", 2. "轻轻地! 充满活力的! 但是! 我知道成为一只鸟是什么感觉",以及事实上, 3. "底层船员用手拉着最后一根绳索"。斯坦尼斯瓦夫·马科夫斯基的书创造了弥补拖延的机会。

作者提到在什么情况下诞生了十四行诗,他讲述了当时在克里米亚的情况以及诗人是如何从中作诗的。因此,这是一个结合了旅游、历史、文学的故事,大量来自 19 世纪的回忆录的描述。作者帮读者做了太多事,以至于他在书中放了十四行诗的全文。从来没有人一定要在架子上寻找它们,因为最终可能会发现,当巴修尼亚还在学校时就借过这本书,而她和她的丈夫以及四个孩子一起住在什切青,其中一个孩子今年即将参加高中毕业考试,也就这样了,没有什么好谴责的。

米洛斯拉夫·赫鲁伯,《人体模型》,
玛丽安·格柴希查克选编,
耶日·普莱希尼亚罗维奇翻译自捷克语,
国家出版社,华沙,1969

在读赫鲁伯这些诗之前,我必须提醒那些打算一劳永逸的读者,现代诗歌是非常难以理解的。赫鲁伯以及其他 200 名当代诗人本可以默默地动摇这种信念。乍一眼看,他们的作品阅读起来没有任何困难。它是如此浅显易懂,以至于即使重读某些诗歌,也不会让我们对其有新的理解。1958 年,这名 35 岁的医生才以捷克诗人的身份首次亮相。在此期间,他用充沛的灵魂填补了几年前枯竭的捷克诗歌。新一代人重新回归捷克式的多愁善感,对日常事务、个人感受、自我责任的反思。赫鲁伯的诗在当时看来让人耳目一新。当然新鲜感稍纵即逝,很难呈现。即使像耶日·普莱希尼亚罗维奇这样出色的译者也没能成功地将这种新鲜感移植在我们的土地上。于是,剩下的诗歌就成为那些由活跃的想象力创造而成,探讨日常的小事以及当今科学的重大问题。我打算提三首诗,我确信它们深得我心,将被我牢记:《老师》《死亡语录》《她死于晚上》。我并不清楚他什么时候写的这些诗。书的布局不符合时间顺序,甚至目录里也没有任何日期。我为此感到遗憾,因为这说的是一位在世的极富有创造力的诗人,他来自何方,又要去向何处。我们无法干扰他走这条路,我们对他的了解非常局限。另外,我更喜欢这首被收录在诗集最后的诗——《关于诗歌问题的研究》,其实这是他早期的作品,当年他写这首诗的时候,他才刚刚踏入诗歌创作的门槛。在我看来,诗人以行动为代价在思想上进行妥协的努力方式,就像是孩子气的闹腾。如果这被看作是一个项目,那值得庆幸的是,在其他诗歌中,作者没有泄露结果。

**斯坦尼斯瓦夫·霍普,《狩猎语词典》,**
**第二版,增补和修订,**
**耶日·雅沃洛夫斯基插图,**
**国家科学出版社,华沙,1970**

狩猎,这不是生活所必需,是一种可耻的快乐,一代代都会感到可耻。性的淫秽感正在消失。每个人都在公开场合讨论它,人们如同炫耀厨房秘方般展示对性的了解。现在,在卫森霍夫[①]的书中能够找到比在萨德侯爵那里更多的色情文学。我抱着怀疑的心情去读《狩猎语词典》。

狩猎术语很淫秽。在这个领域,波兰语完整地保留了自身的粗鄙和淫荡,甚至随着吸吮、鹧鸪的警告声、野猪般嚎叫、雄鸡打鸣、母鸡般呻吟、柳雷鸟语……这些词而振动,总有一些词会不断出现,偷偷摸摸,搞搞破鞋、蹑手蹑脚和吓唬一下……而这些猎人们的喊叫声高潮迭起:嘿哈哈!嗨呦呵!嘿呦!嘿哈!嘿哈!嘿咻!嘿咻!噗夫?!……词典告诉我们脚踝、快跑、应激、咀嚼、探路和断后的重要性,但我们仍然有一语双关的感觉。雄鹿咆哮,雌鹿觅食,狗垂着下巴游荡——淫荡的人发挥了自己的想象力,只要想的不是在床上躺着闷闷不乐的妻子,而是在杂乱的灌木丛中。剩下的部分并不是如此露骨的意思分离,在完全无辜的字面意思下,这仍然是秘密的:紫罗兰根本不是紫罗兰,玫瑰不仅仅是

---

① 译者注:卫森霍夫(Józef Weyssenhoff,1860 年 4 月 8 日—1932 年 7 月 6 日),波兰作家,擅长描写自然和捕猎生活。

玫瑰①。折叠躺椅、管风琴手、林中空地、烟鼻盒、快车——新入行的人并不知道这些词背后所隐藏的第二层释义。第三层释义可以从引号中的引语中得知，一些词条装点了这本丰富且设计精良的词典。例如，在"被枪伤"的词条下："我突然从幼林中站起来，在底部纤维状的云杉枝条上挂着新鲜脂肪条，显然是被受枪伤的熊在逃跑的过程中所蹭掉的。"——在"被击中"的词条下："一只被击中要害的鸟——它在空中翻滚并落下，颈部受伤——毫无生气地摆动，而肺部被击中——则双脚朝上落下……"——在"枪击心脏"的词条下："最后一颗子弹击中了野猪的心脏，这是致命一击，但是最开始的子弹穿透了它的心室，尽管枪枪致命，它还是狂奔了三个小时……"三个小时，这是很长一段时间。

---

① 译者注：这里希姆博尔斯卡借用了捷尔特茹德·斯坦因的名句："罗斯是玫瑰就像玫瑰就是玫瑰一样。"

《诗人和大海》,关于海的诗集,
莱谢克·普罗罗克编选并作序,
海事出版社,格但斯克,1969

　　我饶有兴趣地读莱谢克·普罗罗克敬业的介绍,然后叹了口
气。这种叹息是针对所有主题的选集,无论是更好的,还是更坏
的。例如,这本可以无条件被归于更好的那类,它的作者仔细翻
找,以免错过抒情的珍珠,并尽可能多地展示当代的名字。然而,
在一个特定的主题下收集的所有诗集将会呈现非常不平衡的水
平,例如,只会留下几篇杰作、十几篇优秀作品和我不知道是如何
筛选的,但总是在数量上占大多数的泛泛之作。毕竟在这里没有
什么烂作,但众所周知,这些选集是具有实际目的的,它们为学校
举办的周年纪念和"重要日期"提供了背诵材料——而那时候总
是会从两篇诗中选择相对寻常的一篇。让我们想象一下那些与
海洋相关的庆祝活动。一定会郑重其事地背诵一首诗。那选哪
首呢? 当然会选某一首"克里米亚十四行诗"! 嗯,没错,但如果
它描述的是诗人在波罗的海航行①……淘汰这首。或许是尤利乌
什·斯沃瓦茨基的《颂词》,多美好的诗? 美好,但我们在这里欢
度佳节,而这首诗却很伤感,还在标题中直呼上帝。淘汰这首。
从斯沃瓦茨基的《圣地之旅》选一些篇章? 很棒的诗,确实没错,
只是善于嘲讽的吟游诗人都是斜着眼看所有的东西……淘汰这

---

① 译者注:"克里米亚十四行诗"是亚当·密茨凯维奇的作品,但描述的是黑海的航
　　行,而波兰在波罗的海,所以不太符合波兰的国情。

首。最好从 20 世纪的诗人里面找找。哦，帕夫利科夫斯卡！（顺便说一句，海洋真的是她诗歌的元素，她的诗值得被更多地收录进来。）此外，这是一个与我刚刚提出的论点无关的注意点——这将导致帕夫利科夫斯卡被淘汰。就选帕夫利科夫斯卡。显然，她的诗篇幅都不长，就像是在耳边低语①……换个场合吧。

　　取而代之的是伊瓦什凯维舍的《海战》。战斗，海上的传统，错综复杂的 17 世纪风格。好吧，但是这个"海军上将戴着宛如尿壶的锡制头盔"……?! 淘汰这首。所以，还有切霍维奇的《海底》。人们消失在潜艇中。如果他们在最后一刻获救，那就不用淘汰这首，但并没有，所以淘汰这首。我在这里打断一下。这些伟大的诗歌已所剩无几。而剩下平凡的大多数中很容易找到符合要求的作品。就像一篇好的作文一样。诗人不会将自己的悲伤、怪癖、讽刺和隐私摆到台面上……

---

① 　译者注：帕夫利科夫斯卡写的很多都是比较私密的爱情诗，适合情人耳语，不适合在学校朗诵。

### 伊赖娜·斯沃尼斯卡,《儿童心理学问题绘本》,
### 国家科学出版社,华沙,1969

这是关于培养儿童审美的书,或者更确切地说,是关于绘本在培养儿童审美中的作用。伊赖娜·斯沃尼斯卡提出了很多直接的问题,但基本问题是——孩子们喜欢什么样的插图,对他们的期望是什么,针对多大年龄的儿童,他们在了解文本之前看到了什么,以及——在测试的基础上作出一些结论。这些将是对于绘本作家、教育工作者以及最终对所有对美学问题感兴趣的人来说重要的结论。没有比给儿童的测试更令人兴奋的事了。例如,在同一主题上给他们两张图片,但其中一张比如说是凡·高画的,另一张是貌似完美自然主义精神的附庸风雅之作。5—6岁的人大多会选择大师,老年人则更喜欢附庸风雅之作。曾经,人们得出的结论是,大孩子们的品位由于受到了环境的不良影响而变坏。然而,伊赖娜·斯沃尼斯卡声称,在我们的概念里,这个不幸的选择与一定的智力发展阶段有关。这个阶段大概是从7岁至12岁。那时"坏品味"的出现是一种自然的现象:孩子在意识中变得过于固化,每只鸟都有两条腿,这样才被称为鸟,哪怕有人看见只有一条腿的鸟。孩子们知道森林是绿色的——紫色森林就会被认为是不合理的。所以这是一个孩子们认识世界追求验证的时期,他们不喜欢变形、简化或象征性的事物。在12岁之后,得益于纯粹的艺术价值观,孩子们对一板一眼的渴求开始衰退。许多人的品位在12岁时停止发展的事实属于另一个命题,不在这本书讨论的范围内。我向你们推荐这本书。哪怕你们只是喜欢看看图片的人。作者为了让读者感到有趣，还引用了与小孩子们的欢乐对话。"他拿着一壶水，一直拿着，直到壶的把手坏了"——奶奶读道。图片中的孙女看到一个坏了的壶，而不是把手。"你读错了"——她严厉地对她的奶奶说道。

**马切伊·尔沃维茨基,《我们的 20 世纪》,**

**希蒙·科比林斯基插图,**

**大众科学出版社,华沙,1969**

当代科学充满了关于未来的想法和计划。仅有一个领域,能够让我们不觉得头昏目眩,那就是关于寻常人的和平、安全感、心理平衡的问题。这本关于令人眼花缭乱的科学前景和文明前景的书结束于以《幸福的秘方》为题的章节。你可以在里面听到作者马切伊·尔沃维茨基的窃笑。这位出色的科学推动者,"政治周刊"的著名读者,热爱科学,但保持怀疑,在《幸福的秘方》中,有专家也就是压力研究者的观点。他们向我们推荐乡村风格的生活方式,其缺点是,在现在看来并不真实。以下是那个秘方的一些要点。例如"睡前散步"。这些学者显然没有读过书的前几章,所以他们不知道大城市的空气被烟雾污染得如此严重,以至于任何想要健康散步的人都必须去农村散步。在乡村,空气相对会干净些,也更容易看到星星,看到漫天繁星的夜空——正如你可以从书中的另一章得知的那样——没想到是宇宙大爆炸的图景。我们最好还是回到家里。或许还有其他一些推荐?"我们不要把最困难的事往后拖,应该立刻去做"……明智的建议,但在打扫屋子的时候则不管用。我能想都不想就举出其他十件事,这些事无法从最难的部分开始。另一个建议是:"将我们的问题减少到合适的范围"。显然,它不适用于那些只是思索并关心与自己毫不相关事情的人。对地球来说,减少成什么样才算合适的范围?另一个建议,也是一个田园诗般的建议:"我们要学习隐居的艺术。"

我们目前有三十五亿，三十年后我们将有七十亿。我感到很遗憾，学者们没有读过塔德乌什·鲁热维奇的《给食人族的信》。最后，是一个平和的建议："我们要摈弃自己的愤怒"……当我们觉得怒火中烧的时候，不要将火气压制在体内，而是在铲球的过程中快速将火气释放。我不必补充一点，那就是为了实现这些目的最好有一幢带草坪的小房子。想出这个点子的教授非常受欢迎，就像罗尔斯卡在她的家庭作业中写的那样。

## L. L. 罗索林姆,《贝加尔湖》,
## 克利斯蒂娜·科瓦尔斯卡翻译自俄语并作序,
## 国家科学出版社,华沙,1969

身处 20 世纪的工业烟雾污染中,而这本书却让我的灵魂回到了贝加尔湖的原始水域。嗯,它不再那么纯净,在这里,20 世纪正在建造鱼类加工厂和纤维素工厂。然而,就目前而言,水资源是如此丰富,而气候却如此严峻,湖水不会很快失去原有的特征。这不仅对游客而言至关重要,对各类研究人员来说,也是如此,这些研究人员包括动物学家、植物学家、地质学家、水文气象学家。贝加尔湖是世界上最深的湖泊,深度达到 1 620 米。差不多有一半的水下隐藏着大山脉,有着一个毫无美感的名称——学术山脊。而在湖面上肆虐的风则根据其自然特性,被文雅地称为:山顶疾风、什沃尼克风、库乌图克暴风、巴尔古琴大风、山风、萨尔玛狂风和哈拉哈恰风。湖中有 1 700 种植物和动物,其中三分之二是特有物种,也就是说其他地方都遇不着。其中,有很多波兰特有的名称。诸如:acanthogammarus godlewskii, eulimnogammarus czerskii, abyssogammarus sarmatus, lubomirskidae, comephorus dybowskii, macrohectopus branickii, mesoasellus Dybowski[①]……众所周知,贝加尔湖很多令人尊敬的研究人员是在 19 世纪下半叶被流放的波兰囚犯,这些杰出的学者们是:本奈德克特·迪博夫斯基、维克

---

[①] 译者注:这些都是拉丁语,从词语的构成可以看出波兰的姓氏,都是下文所列的波兰囚犯。

托·戈德斯基、菲利克斯·然科维奇、亚历山大·柴坎诺夫斯基、扬·切尔斯基等等。得益于本书译者为这本描写风土人情的书作序，读者可以从贝加尔湖波兰研究人员的生活中找到一些细节。

**约瑟夫·坎斯基,《歌剧指南》,第二版,波兰音乐出版社,克拉科夫,1968**

"很遗憾,关于《宫廷诗人》我不能多说什么,因为虽然我已多次在这部歌剧中表演,但时至今日我仍然弄不明白究竟在表演什么"……著名的维也纳男高音歌唱家莱奥·斯莱扎克在他的回忆录中如此坦言道。哦,我心中的大石头终于落下了!所以,不仅仅是我,在观众席中,总是理解不了究竟是谁在对谁吟唱,是谁和为什么将自己打扮成仆人,又突然变成一个面部红润和胸部丰满的女子,以及为什么这样一位丰盈的女子在看到另一个明显更为年长的女子时变得懦弱,称其为自己最亲爱的,最终失而复得的女儿。所以不仅仅是我,连那些在舞台上的人也不清楚,究竟是怎么回事!事实证明,在舞台灯光两边的人都需要像约瑟夫·坎斯基写的这种歌剧指南。书不一定要做广告,第一版就像掉入沙子里的水一样供不应求。我只想说,它涉及了从蒙特威尔第到我们60年代的200部歌剧。每个艺术家都有一个简短的传记,然后是歌剧的具体内容,最后是音乐方面的一些特点。我并不是说我一口气读完了200部歌剧。但是,我读完了出现的所有人员名单及音高类型。歌剧界普遍存在严格的人事政策。家庭关系犹如原始部落那样受规矩限制而坚不可摧。女高音应该是男低音的女儿,男中音的妻子,男高音的情人。男高音不能与女低音有亲子关系或与女高音关系暧昧不清。男中音的情人难得一见,如果看向女中音,情况则好很多。同样,女中音应该与男高音保持距离——命运最常将她们谴责为"第三者",或者作为女高音的朋友扮演更为悲剧性的角色。

歌剧史上唯一留着胡子的女人（参见斯特拉文斯基的《浪子的历程》）唱女中音，显然也没有体会过幸福。除了父亲外，唱男低音通常是红衣主教、地狱之力、监狱官员和精神病院的一名院长。这些观察结果不能得出任何结论。我尊重不反映现实生活的歌剧，我尊重有时是真正歌剧的生活。

## 伊莎多拉·邓肯,《我的生活》,
## 卡罗尔·崩斯赫翻译自英语和德语,
## 波兰音乐出版社,克拉科夫,1969

伊莎多拉·邓肯是一位伟大的舞蹈改革家。她试图一举(这动作幅度可不小)改革家庭关系、教育、制度和习俗。她光着脚跳舞,但为了爱情,她穿上了性感的蓝色长筒丝袜。她认为婚姻是封建遗物。她曾一度打破了自由关系的原则,嫁给了一位诗人,果不其然,这段婚姻让她备受煎熬。她生下了三个非婚子女,她曾期望所有女人都会高兴地跟随她的脚步。她是一名素食主义者,就像萧伯纳一样,她看到了因吃肉而引起所有战争的原因。她希望教育以这种方式复兴,舞蹈成为主课,而阅读和写作成为辅修。她短暂地相信过地球上存在绝对幸福的可能性:一定要去希腊并在那里牧羊吹笛。很少有回忆文学读起来像伊莎多拉和她兄弟姐妹们的希腊冒险一样引人入胜和妙趣横生,因为她和她的兄弟姐妹们是如此疯狂地喜欢古希腊。我强烈推荐第12和第13这两章,通常的想法是将更多注意力放在舞者的爱情冒险上。

可怜的伊莎多拉想要诚实而戏剧性地写下这些,结果却是让人觉得自命不凡和可笑的。但不要忘了,她是时代之子,这是一个以加布里埃尔·邓南遮风格为榜样的时代。她竭尽全力想像他那样写作。如果她是波兰女人,她就会像普日比舍夫斯基那样写作,这是时代的局限,我们不得不原谅她。这本书几乎没有图片。在四张照片中,你可以看到伊莎多拉本人,而另外四张是电影明星瓦妮莎·雷德格雷夫扮演伊莎多拉的角色，就好像没有其他更适合的老照片了。我一直想从中找到意义，但一无所获。

弗朗西斯·蓬热,《诗选》,

亚采克·奇纳德尔编译并作序,

国家出版社,华沙,1969

　　直到在最后一次战争过后,弗朗西斯·蓬热才被认可,彼时
他已经是一个五十岁的作家。他从来没想过会成为一名诗人。
他曾表示出对诗歌"魅力"的蔑视。对他而言,这些都令人怀疑,
无论是想象力的游戏,还是诗人乏善可陈的努力,描述自己对世
界的态度,而不是直接地描述这个世界。蓬热认为,没有人认真
去尝试,或许卢克莱修这样做,但那也是很久以前的事了……时
间,为了一切从头开始,用笛卡儿的话说,从零开始。从观察树、
石头、鸟、草坪开始,并在其中看出什么客观事实,独立于观察者
的情绪。"我的书 ——她写道——应该取代:1. 一部百科词典;
2. 一部词源词典;3. 一部类比词典(实际上并不存在);4. 一部押
韵词典(当然也是内在韵律);5. 一部同义词词典;6. 所有来源于
自然、物体等的抒情诗歌等。"——正如我们所看到的那样,该计
划很疯狂,除非他能够像玛士撒拉①一样长寿。更重要的是:这
是如此有效,以至于他可以有条不紊地创作他具体的作品,即使
像《雨》这样出色的作品,也无法与他匹敌。意愿与成品之间存在
戏剧性的反差。蓬热的作品留下的仅仅是刚刚开始搭建的建筑,
那里——正如亚采克·奇纳德尔所写的那样——在基础轮廓旁

---

① 译者注:玛士撒拉是《圣经·旧约》里提到的族长,活了 969 岁。他是以诺之子,在
　《创世记》中他是亚当与夏娃在该隐之后所生的赛特的后裔。他是世界上有记录
　以来最长寿的人。

边,我们可以看到一个柱子的碎片,一扇位于虚无之墙上的窗户,一道通向虚无之屋的门。波兰读者看到的则会更少,因为薄薄的选集只从每个诗人的全集中选取了的几首而已。我不认为这个表达不适合那个创作者,而他自己打算让其作品同时具备严肃和天真两种特性,并与自然科学、认知理论和不可能性为邻。

汉斯·威廉·豪森,《拜占庭文化的历史》,
塔德乌什·扎布多夫斯基翻译自德语,
国家出版社,华沙,1969

　　拜占庭被认为是希腊文化的继承者。然而,继承者并不总是遗产的忠诚守护者。只有在拜占庭帝国存续的最后几个世纪才奉行以虔诚的态度对待过去的事物。这种虔诚随着危机感而增长。在第7和第8世纪,当国家仍然强大时,对文化的态度,包括自身的文化和当代的文化,是不情愿的,甚至多年持敌意的态度。在这些时期的编年录里,在"文学"那栏中提及的仅仅是学校的关闭,在"艺术"那栏中我们读到的是"打破旧习"。只有接下来的几个世纪,在思想和美学领域才出现复兴。人们开始记得古代的遗产,掘地三尺,寻找幸存的东西,但总是没钱雇誊写者。

　　皇室家族在坚固的金桌上吃饭,因此宫廷的群臣们必须首先关心自己的外表是否能够配得上如此奢华的场面。很少有人会像阿里萨斯那样,不去检查自己75顶镶嵌珍珠的软帽,反而雇人誊写柏拉图的著作。得益于此,柏拉图的大部分工作幸存了下来,传遍整个欧洲,后来主宰了文艺复兴,而我们的威特维奇①也有可以翻译的东西了。我不知道阿里萨斯是否在某个悲凉的纪念碑上有一席之地;可能没有人想到他,也没有人有这个钱。我也没有足够的资金。所以我用了一种更谦卑的方式:我从豪森这本书中众多的人名里选出这个名字,我请你们记住他,哪怕一周也好。然而一周也可以了。

———————————

① 译者注:柏拉图波兰语版的译者。

### 亚当·克斯滕,《跟随纳皮尔斯基的踪迹》, 国家出版社,华沙,1970

　　在克拉科夫,曾经有一类被称为坦白的黑暗书籍,也就是酷刑下的证词。这些书未被保存下来。这会造成探寻历史真相不可挽回的损害吗? 今天的历史学家对这些文件进行了备份。在胁迫下被确定的事实极少能够反映被胁迫者的行为和意图——它们往往反映了检察官的思想,更常见的是一种彻底的幻想。我们不知道科斯卡·纳皮尔斯基的确切证词。只有通过其他消息来源才知道,在第一次讯问期间(可以被认为是:伸展关节的酷刑),他承认自己是国王弗瓦迪斯瓦夫的儿子,并且第二次他则宣称自己是斯坦尼斯瓦夫·比佐夫斯基。因此与纳皮尔斯基·斯坦尼斯瓦夫·沃伊切赫·比佐夫斯基一脉相承的亚历山大·莱奥……这个男人的真名究竟是什么? 他出生在何处,什么时间,在什么样的条件下? 他带着什么样和谁的任务环游世界? 他在布库维纳起义前的最后三年曾经去过哪儿,又做过什么事? 在赫梅尔尼茨基那里? 抑或是在拉科齐那里? 他的行为是出于个人原因和信仰吗? 在他将自己和一小群无力打持久战的人一起关在乔尔什滕的时候,他在指望谁援救? 布库维纳起义规模究竟有多大? 他这一环在其他事件链中究竟有多重要? 科斯卡的反封建运动究竟在多大程度上压制住了小农意识? 这种不寻常生活的踪迹在假设的丛林中一次又一次地消失。亚当·克斯滕的作品读起来就像是一部构思巧妙的犯罪小说,但像是中间缺了几页的小说。我时常饶有兴致地在想,究竟有多少好作家被作家协会排除在外。

奥古斯特·莫欣斯基,《法意旅行日记(1784—1786)》,
博泽娜·兹博因斯卡-达申斯卡编译,
文学出版社,克拉科夫,1970

这周,我与皇子们很有缘。而这一次,他是无人敢质疑的皇子。奥古斯特·莫欣斯基是奥古斯特二世和科思尔女伯爵爱情的结晶,他也是斯坦尼斯瓦夫·奥古斯特皇宫的建筑师(真抱歉,一句话中要出现三次奥古斯特,但生活就是这样不如意)。作为建筑师的莫欣斯基并不成功,他深陷债务危机因而焦虑与日俱增。看到他的窘境,好心的国王将他派到意大利去。克拉西茨基是怎么说的呢?——"……必须要知道的是,如果想要旅途顺利,那么最好就是待在家里。"但是,有些书在家里没有。莫欣斯基一边通过法国南部前往意大利,一边开始描述沿途所见的所有古老的事物。他是一位受过良好教育、敏锐而热情的游客。此外,尽管已经年过六十,健康状况不佳,他依旧很坚持,并且充满耐心。然而,他对名胜古迹的描述和对艺术的评论并不是让《日记》广受欢迎的决定因素,更受关注的反而是他认为不那么重要的东西,他随手记录的东西,记录这些的时候,他不是以一名建筑师的身份,而是一名生活的观察者。除了专业兴趣以外,他的兴趣范围还包括:热气球和所有技术的进步、热情的服务,梅斯梅尔和卡里欧斯特罗,世界各地的八卦和当地的风俗。这是来自法国手稿的第一版《日记》。据说,作者的法语有点过于生硬。译者必须要能够忍受这点——她孜孜不倦地顺通语句,这令人精疲力竭,尤其是在艺术作品的描述中。因为当作者时不时从博物馆出来,走到街上时,他惊喜地注意到在罗马有三千名游客,或者当他惊讶地发现他更喜欢三十多年前的女人们,或者当他心中惊慌地发现意大利的厕所也挂满了古老的画作,就像一家小型古董艺术品拍卖行一样,他的风格立刻变得生动许多,让读者们感到振奋。

## 《四个世纪以来与华沙有关的诗歌》，诗集，
## 尤利乌斯·W.格穆利茨基编选、作序和批注，
## 国家出版社，华沙，1970

在编辑关于华沙的诗集时，并没有出现数量不够的问题，反而因为诗篇太多而苦恼。从扬·科哈诺夫斯基开始，所有杰出的诗人都写过这座城市。此外，首都的悲惨命运让每部作品或者逊色一些的诗人的作品能够排进最动人文字的队伍。即使对于普通的蹩脚诗歌，我们也倾向于对这样一个事实感到感激，因为它们可以让不再存在的街道、建筑物和砖块永生。卡耶坦·雅克萨·马尔钦科夫斯基[①]在这本书中也占有一席之地，但他毫无名气可言，科日米安曾不怀好意地将其与密茨凯维奇并列。"这比马尔钦科夫斯基的所有作品要糟糕一百倍"——他在评论《克里米亚十四行诗》时写道。但这没什么大不了的，就这样吧，就马尔钦科夫斯基吧。在这样的选集中，主题本身就让人振奋。一般认为，书里要同时允许所有的诗篇都能得到客观、有价值的呈现——但很遗憾，许多都被遗忘了。如果不是因为书太薄，就不会鼓励作者对作品进行删减。哦，那些碎片！对长篇叙述诗进行删减或许是合理的。但本身就不长的抒情诗呢？遭到这种处理的首当其冲是过去十年的诗歌，是我弄错了吗？——尤利乌斯·W.格穆利茨基好像对这些诗不太感兴趣。例如，在诗集中，可以

---

① 译者注：卡耶坦·雅克萨·马尔钦科夫斯基(1788—1832)，波兰诗人、翻译家、教育家。

找到有关华沙诗歌的暗中较量。获得第二个二等奖的诗歌被完整收入书中，然而另一篇稍长一些的诗歌，耶日·扎古尔斯基的《圣诗》获得了一等奖，却只有片段被收录了。同样的事情还发生在最美的占领诗歌之一，米契斯瓦夫·贾斯特伦《公共之歌》的身上。当然，这首歌失去了它的架构。毕竟对活着的诗人们漠不关心是一种不公正的指责——令人尊敬的诺尔维德研究者以及《肖邦的钢琴》也被称片段式呈现……对于愤世嫉俗的诗人来说（如果能找到这样的人），由此得出的结论就是长诗不值得一写；对于容易轻信的读者而言（这样的读者却有很多）——诗歌是一块糕点，你可以从中切下你想要的那块或将葡萄干除去。这本书印刷精美，它的纸张和字体都令人赏心悦目，是送礼佳品。最好是等到第二版，增补后的那版。

## 卡齐米日·米哈沃夫斯基,《不仅仅是金字塔……》, 第二版,修订版和增补版, 大众科学出版社,华沙,1969

　　如果有人问米哈沃夫斯基教授,如果他能再活一遍,会选择成为什么样的人,他肯定会说他想成为一名考古学家,而且只能在埃及,绝不考虑其他地方。我们对古埃及的了解甚少,以至于我们难以建立起关于其历史、宗教和日常生活的全貌。此外,埃及学诞生的时间较晚,直到 18 世纪末才出现。还有奥古斯特·莫欣斯基,建筑师斯坦尼斯瓦夫·奥古斯特,他是一个开明的人,他毫不犹豫地写道:"至于金字塔,我看到他们的采石场从一个地方搬到另一个地方"……这个论断从来没有被人挑战过。象形文字等待着被人理解。当它们被理解时,却并没有说出原本期待它们说出的一切事物。古希腊的文化就像一只张开并伸向我们的手。埃及的文化像是一个紧握的拳头——在拳头里是纸莎草纸屑,在纸莎草纸上的一些秘密,更多的是对死亡的益处而不是对活着的益处。一个朝代复一个朝代的更迭复兴,但在艺术中,千年来的经典却很难看到明显的变化。理解和区分这些细微之处对卡齐米日·米哈沃夫斯基的书助益极大。阿蒙会因他的书保佑他的。阿蒙——抑或是阿顿①? 第二位神不久就在埃及显灵,

① 译者注:阿蒙和阿顿均是古埃及的神。阿蒙是底比斯的主神,因底比斯的兴起而成为国家的主神。阿顿是太阳头上之圆盘,朝日刚露出地平线时的太阳神。在波兰语中经常会说,上帝会保佑你的,这里希姆博尔斯卡调皮地用古埃及的神来代替上帝。

但依我的品味，他是一个聪明而且深思熟虑的神。法老阿肯那顿想要让阿顿取代所有的老神，他觉得这个想法已经成熟，可以进行变革，而国家将重建一新。在他短暂的统治时期里，他越来越明显地改变这份沉甸甸的艺术标准；埃及拳头在这一刻被打开了。所以我并不感到惊讶，为什么托马斯·曼会在《约瑟夫和他的兄弟们》中选择这位法老。约瑟夫是否是阿肯那顿的总督，这点在历史上至少是值得怀疑的。但如果这么伟大的小说中选择一位不那么有才智的法老呢？这就完全不值得一写了。

威廉·H.普雷斯科特,《秘鲁征服史》,
弗朗西斯卡·巴尔特克维亚卡翻译自英文,
玛利亚·弗兰科夫斯卡作序,
国家出版社,华沙,1969

普雷斯科特的伟大作品令人钦佩,尽管一百多年前,在这部作品出现之前,科学就否定关于这个主题的一些事实,并修正了一些概念。普雷斯科特将具有解说天赋的历史学家的可靠性与不偏不倚的人道主义智慧结合起来。描述征服过程中的道德破产是多么容易变成说教。普雷斯科特不想先入为主地产生偏见,他甚至认可某些征服者的人性,他承认他们的勇敢、幻想和坚韧不拔。之后可以更为大胆地认为,这些不寻常的人物一般不会用这些特质去描述。在描绘阿尔玛格拉的特点过程中,他写了一句对我来说很有意义的句子:"尽管你可以怀疑他是否具有如此特殊的能力,无论是作为战士还是作为一个人,以至于能够在普通的情况下获得突出的地位"……在另一个章节中,当提到冈萨雷斯·皮萨罗的时候,他直截了当地说道:"他在历史书页面上所占据的位置完全无法比拟他的能力。"普雷斯科特,一位来自19世纪中叶的历史学家,他不再是浪漫主义者,他也不会把读者拉到时代的背景下看问题。他写这本书的时候,几乎已经失明了。这令人难以置信。因为这本书的最不容忽略的魅力之一就在于栩栩如生的描述。我们一刻都不会忘记这个国家的疯狂和危险的遭遇,在这里上演了现代最大的悲剧之一。

我必须在这里说一句,哪怕只是提到专门探讨冈萨雷斯·皮萨罗的亚马孙探险队,以及军队通过阿普里马克河上的桥梁的章节。大自然防御侵略者的时间长于印加人。大自然不懂人类的规则,所以很难被愚弄。

**瓦茨瓦夫·雅罗涅夫斯基，《有毒的爬行动物》，**

**弗瓦迪斯瓦夫·希维克插图，**

**国家教育出版社，华沙，1969**

　　一位勇敢而博学的神父本奈德克特·赫梅罗夫斯基孜孜不倦地研究这个问题，所谓的爬行动物是否在诺亚的方舟上。嗯，绝不是。方舟是神类生物的庇护所，爬行动物则滋生了"欺诈或衰退"。在白垩纪上期，这种欺诈培育了第一批蛇类，欺诈喜欢在这种污秽不堪的环境中，时至今日在地上爬行的 2 600 个品种，其中 400 种有毒。我处于好奇购买了瓦茨瓦夫·雅罗涅夫斯基的书，不需要对图片作额外的解释，因为蛇是美丽的。很遗憾，色彩在复制品上并没有得到完美呈现，这在我们的畅销书中屡见不鲜。我记得某份关于毒蘑菇的图册，颜色与实际情况截然不同。关于毒蛇的图册并没有让我们觉得偏差如此之大。我们的国家只有一个锯齿状的毒蛇，可以显而易见地将其与无毒的草蛇区分开来。然而，在欧洲以外，毒蛇的种类繁多。尽管有抗蛇毒血清，但每年大约 3 万人死于被蛇咬。这一统计数据不包括苏联和中国。

　　据我们所知，在印度不幸遇难的人最多，在那里眼镜蛇被认为是一条神圣的蛇。作者系统地讨论了所有种类的毒蛇，还添加了两种蜥蜴在其中。时不时小小地跑偏了题。事实证明，埃及艳后用于咬乳房自杀的蛇很可能是埃及眼镜蛇：背脊那面是稻草黄色，有时是橄榄色或棕色，有时背部有深色斑点，形状为精致的环状。它喜欢在水里游，也喜欢爬树，当它面对人的时候，则有可能逃之夭夭。

### 斯坦尼斯瓦夫·卡乌日恩斯基,《蒙古帝国》,
### 大众科学出版社,华沙,1970

从某一天开始,游牧的蒙古部落从他们的故乡草原出发去征服世界。他们至少实现了自己一半的目标。在被烧毁的城市和被杀戮的民族之上,他们将农田变成牧场,建立了帝国。许多古老的文化不复存在,许多国家从此再无盛世。帝国虽然只是昙花一现,却将历史进程显著拖后。此外,甚至没有为自己的民族和自己的故土带来任何经济或文化利益。斯坦尼斯瓦夫·卡乌日恩斯基试图在人性黑暗的冒险中找到更为光明的某一些面。然而,他的善意却带来了悲惨的结果。例如,作者试图说服读者,与普遍的看法截然不同,成吉思汗并没有导致对血液和破坏的盲目欲望。残酷只是一种战略:这只是恐吓敌人,为了让自己在征服下一个区域时,减少一些麻烦。这是有利于成吉思汗的论据吗?可以令人稍感欣慰的事实是,在被侵略的某些城市里,到第二代或第三代时却能够适应被侵略的生活,所以这并没有那么糟糕……有时会提及一个完全不合适的词:宽容。宽容的概念是一种精心培育出的美好而开明的果实。侵犯者并非"宽容",他们只是表现出某种对精神生活漠不关心的态度,这两者并不是一回事。如此快速是因为他们是精明的,他们明白宗教组织的好处——至于宽容,在当代社会,必须要举着蜡烛满世界寻找。我明白历史会随着时间而作一些修正。有时需要让某个时代变得更加黑暗,有时则需要稍微妖魔化一些。这都是事实的过错,因此并不总能如愿。

**霍尔坦斯雅和玛利亚·曼西尼,《回忆录》,**

**朱丽亚·斯塔博罗夫斯卡翻译自法语,**

**布罗尼斯夫·盖雷梅克作序,**

**读者出版社,华沙,1969**

霍尔坦斯雅和玛利亚是红衣主教马扎里尼的侄女,他把她们当作小女孩带到法国宫廷,为了让她们在恰当的时间嫁人,完全遵循自己的想法,因为年轻女子很快就厌倦了自己的丈夫,想要自由地生活。在她们的回忆录中,我们不会发现关于她们打算利用这种自由做什么的任何文字。她们可能自己也弄不明白。她们生命中最美好的岁月在与丈夫作斗争中度过。她们当时并没有与丈夫离婚,而是逃跑了,丈夫们不得不追捕傲慢的妻子们,然后将她们带回家或将她们放在修道院里,在那里她们不能辱没姓氏和损害财产。

修道院并不乐意见到姐妹俩。她们如马一般健康,像跳蚤一样上蹿下跳,还有角斗士一般的决心。她们一边处于婚姻状态,一边抱怨有丈夫随行的旅途所带来的烦恼——她们从监护中逃出来,这两位娇弱的女子多年来一直在法国、意大利、西班牙和法兰德斯的各种路线上颠沛流离。她们走过长长短短的旅行,来来回回,带着一队的仆人或是无人随行,带着几箱子行李并穿着一件衬衫,坐马车,坐小船,徒步和坐轮船,她们睡过酒馆,也睡过宫殿,她们的出现让所有的宫廷感到震惊,她们将所有皇室和教堂的行政办公处都塞满了投诉和请愿。其中最活跃的是玛利亚。然而她却写道,她只想要平静,但只要她意识到她附近没有任何事情发生,她就会改变她的住所。只有一次她终于没有言不由衷,她一边描述某种喧闹一边写道:"不管怎么说,我从这种争论不休中体验到了一种奇怪的快乐"……这两本日记都是不经意而成喜剧的宝库。译者朱丽亚·斯塔博罗夫斯卡在波兰语中寻找相当于"précieux①"风格所对应的那个词——它并没有简化宫廷的繁文缛节,反而让其变为更加严谨(可能已经过于严谨)的古文。

---

① 译者注:原文为法语,意思是珍贵。

乔治斯·布朗德,《神秘的旅鼠》,
雅尼娜·卡尔奇马勒维奇-菲朵罗夫斯卡翻译自法语,
我们的书店出版社,华沙,1969

　　"小鸟坐在树上/人们被吓坏了,/他们中最聪明的人不知道/幸福的地方在哪里"……然而,用人类的语言说不知道,比用鸟的语言说好多了。鸟是疯子,却没有意识到自己的疯狂。本能让鸟在秋天迁徙上万公里,只是为了看似有利于它并令它感到的安全。

　　如果只是为了在温和的气候中找到一处良好的觅食地,不止一种鸟可以更早地完成它们的长途飞行。与此同时,这些疯狂的生物飞得更远,在山间,受到风暴惊吓的鸟儿砸落在岩石上,在海上,鸟儿纷纷坠落在海里。自然的目的甚至不是一个无情的选择:这是一种压力,其中较弱和较强的个体都被一视同仁地毁灭。糟糕的命运害惨了钱尼湖的野鹅。当它们还在换毛无法在空中翱翔的时候,感到一种想直击长空的冲动。因此它们徒步向南移动。多个掠食者和带着棍子的哺乳动物,也就是人类正在迫不及待地等待这次集体迁徙。大屠杀开始了——虽然它每年都会规律地重复,一个又一个世纪都是如此,却没有在这种生物的记忆中留下任何痕迹。还有一种受致命天性驱使的可爱旅鼠,它们生活在洞穴中。有一天,洞穴里的旅鼠数量过多,所以它们就大批离开了旧住所。为了在附近建立新的殖民地? 它们究竟去哪里,全凭命中注定荷尔蒙的指引。它们一直走,只要不走到大海,因为它们会被淹死。得益于少数留在旧洞穴的旅鼠,这个物种才没有灭绝。人类历史上也有类似的情节。只是我们不必为这一切感到高兴，我怀疑这些动物却也要被迫觉得开心。布朗德的这本书是为年轻人而写的。他在书中讲了五个故事：旅鼠、野鹅、海豹、大象和野牛。考虑到年轻的读者，他编造了一些事，但也是适可而止并没有喋喋不休。而成年人可以怀着有益而恐惧的想法阅读这本书。

**玛格丽特·里姆施奈德,《在荷马时代从奥林匹亚到尼尼微》,**
**弗朗西什克·普什宾达翻译,马切伊·珀普卡作序,**
**国家出版社,华沙,1969**

每个时代都有自己的荷马。荷马是神圣的,是英雄式的,是来自民间的,也是纪录片式的。我们的荷马是带着嘲讽的。当我读到他时,我仿佛觉得他向我眨了眨眼:"我成功了,怎么样?即使我在称颂伟大,其实却微不足道。我正在建立一个巨大的生活场景,但最重要的是要还原一个小手势,一个稍纵即逝的词,隐含在一百个细节中的物体。我用旧的故事不是因为我相信所有这些,而是因为我可以在每一个了如指掌的故事中表达真相。看看我对众神所做的事情:即便我看似尊重他们,但实际上他们却狂妄自大,他们的全部精力都用于小的阴谋诡计。看看我对我的英雄们所做的事情:他们的命运取决于这些神的任性。不,我既不是乐观主义者也不是悲观主义者——我的眼睛一下子看到太多东西。这双眼睛,曾被某个蠢货在整个旧时代到处宣称是瞎的……"当然,荷马不仅只是对我眨了眨眼。这对我而言是过于重大的任务,因此令我烦恼不已。所幸我愉快地发现早些时候他也曾对玛格丽特·里姆施奈德眨了眨眼。这必须立即作出反应,也就是说,她开始研究荷马时代,然后得出的结论是,现在是时候结束那些关于诗人古老的朴素的陈词滥调了,因为事件发生的时期既没有那么古老,也没有如初始般那么朴素。作者怀疑荷马的作品中隐藏着暗示的力量,证明我们认为是天真的东西,完全不是这么一回事,而我们觉得需要严肃认真对待的内容,其实包含了不止一个笑话。这本书引起了不少争议和许多凭直觉而来的发现。尽管作者无法以科学的方式证明一切,但这本小册子将流传很久。

这不仅仅是与荷马有关,也关乎我们对旧时代艺术的整体态度。首先需要回答一个问题,是否需要拍拍大师们的后背,好像他们是关系亲密的朋友。

奥托卡·克利马、扬·雷普卡、薇拉·库比奇克娃、吉米·贝奇卡、
扬·马雷克、伊凡·阿尔贝克,《波斯和塔吉克文学史》,
芭芭拉·马耶夫斯卡和丹努特·雷赫曼诺娃翻译,
国家科学出版社,华沙,1970

　　伊朗学生的命并不太好,特别是在历史和文学课程中。光是
波斯统治者的描述就超过六页,小号字体——还是双栏式的。我
们欧洲人最了解前四个:居鲁士、甘比西士、大流士和薛西斯,在
希腊语—拉丁语版本下,则写作 Cyrus、Kambyzes、Dariusz 和
Xerxes。波斯文学也浩瀚如海,可以追溯到两千五百年前。从圣
书《阿维斯塔》到现在,语言已经发生了两次天翻地覆的变化——
从古波斯到中世纪波斯,从中世纪波斯到新波斯。在这个疯狂的
地区挤满了诗人,通常还多产到令人惊讶。在这些伟大的诗人
中,第一位就是鲁达基,他写了大约 130 万行诗。第二位,菲尔多
西,他写的《列王纪》多达 5 万行诗句。此外还有萨迪和哈菲
兹……而这些只是最杰出的四位诗人而已。还有名气稍逊,但也
相当重要和杰出的那些诗人呢!欧洲对波斯文学了解不多且零
零碎碎,是时候该出一本像样的文学导读了,以满足当今的好奇
心。本书的编辑和倡议者是世界著名的捷克东方主义学者,前不
久刚刚去世的扬·雷普卡。他召集了四名最优秀的学生来研究
波斯文学,一名研究塔吉克文学,这只有五个世纪的历史,所以看
起来还十分年幼。外行人能够对这项崇高而严密的工作提出质
疑吗?作者们在其细致的总结和分析中避免使用引语,不引用任
何片段,也许是个人喜好的原因。对最重要的作品进行概述是有

必要的,哪怕引语的数量不多,就像阿尔图·L.巴沙姆的《印度》那样。意识到这方面的缺失,译者们在书后的参考书目中添补了波兰关于伊朗的书籍和译本的书目。然而,大部分书目都是图书馆和古董店的稀有书品,以及可以让《东方主义评论》这本杂志为数不多的订阅者看到后默默地感到自豪的书籍。我请那位几年前向我借了兰格的《东方的地毯》①(1921年版)的爱好者归还此书。

---

① 译者注:此书精选了埃及、阿西亚-巴比伦、希伯来、阿拉伯、波斯和印度文学的杰作。

芭芭拉·库日尼茨卡和玛利亚·齐亚克，
《草药的历史、收集和使用》，
国家医学出版社，华沙，1970

　　草药像人类一样古老，甚至更古老，因为从动物起就在使用它。很难确定究竟持续了多少个世纪，白发魔女收集和使用草药。我们的语言甚至就像在琥珀中的苍蝇一样保留了"巫婆（wiedźma）"这个词，而这个词源自"知道（wiedzieć）"这个词。想到巫婆们，首先想到的是放在蜂蜜中的老鼠爪子，用蝙蝠脂肪炸成馅饼以及在弯钩鼻子下面喃喃咒骂。人们戴着有色眼镜看待这些经验丰富的女士所掌握的可靠的草药知识，我知道今天的药理学正在逐步恢复。令我满意的是，收集草药的技艺如今也受到规定的约束：什么时候将草药捣碎，要放置在什么条件下干燥，这些都很重要。

　　芭芭雅嘎①应该好好读读《不用惶恐草药疗法》这本书。哦，当然，她熟知各种各样的茴香、藤黄科、缬草、菁草、小麦草、蒲公英、麝香。她还熟知许多这本书中没有提及的草药，她熟知许多用途，特别是在抑制生育率方面的作用，本书中对这个用途避而不谈②。她肯定会认为收集的规定还远远不够明确：不仅仅要明确知道是一年中的什么季节，还需要知道是一天中的什么时辰以及合适的天气。无论是露水之后，还是露水之前，无论是新月之

---

① 译者注：芭芭雅嘎，又译作雅加婆婆，为俄罗斯等其他斯拉夫民族的童话及传说中的女巫。她专吃小孩，在人们的心目中，是个充满邪恶、神秘的角色。
② 译者注：因为波兰是天主教国家，根据宗教教义，禁止女性堕胎。

时,还是在满月之下。目前草药医院并没有足够重视采集的时间,但以后肯定会重视起来的。我推荐这本关于草药的书用于度假时阅读。当然,我不是将此书推荐给在阳光下被炙烤得嘶嘶作响,从肚子到背部翻来覆去滚动的那些人。我是推荐给那些将在草地上和森林里漫步,并且像吟游诗人所描述的那样"沉浸于绿色中"的人们。让自己沉浸于某种巫术中,也就是洞察力,这将多么美妙。

## 兹比格涅夫·弗罗尔查克,《艺术打破沉默》,
## 文学出版社,克拉科夫,1970

在上个世纪,在亚拉拉特山上搜寻诺亚方舟的遗骸时,在欧洲西部意外地发现了在墙壁上满是动物奔跑画面的洞穴。来自洪水时代,名副其实的诺亚方舟显现出来。诺亚是画家。不只是一位画家——而是一群如群星般浩瀚的画家们。这些画家生活在大约两万年前,当然,他们并不是生活在同一个时期。在没有借鉴的情况下,画家们创造出无中生有的东西,艰辛与荣耀并存。这绝对是首次亮相——之后的所有人都有了可以借鉴的传统。

此外,首次亮相是如此出色,以至于我们在其面前完全不必吝惜赞美之词。我们可以将相同的标准应用于旧石器时代的艺术,根据这个标准我们去考量所有其他艺术时代。兹比格涅夫·弗罗尔查克也是用此标准来描写这种艺术的。然而,一些问题反复出现,而美学分析本身对此却没有作出解释。例如,为什么这幅画中景观元素是缺失的,或者为什么动物表现形象独树一帜且丰富多样,而人类形象却只有寥寥几笔,导致这耐人寻味的不和谐的原因是什么。在这里科学假设比确定性更多。为什么要画这幅画的目的不为人所知,不知道这些画家是出于何种精神需求或是何种社会需求而作画。画家们是谁——牧师或按等级划分的工匠个体?"那时候音乐和诗歌是什么样的呢?"我自言自语道。肯定不会比现在的音乐和诗歌更差了,这点我们可以肯定。这本弗罗尔查克的书让我读得兴致盎然,仿佛是古人读书时的心境,也就是说读得激动不已。我真的很喜欢那些遥远的时代("喜欢"旧石器时代,也就我会这么说!——作者的注释)。

### 约瑟夫·帕鲁赫,《缩略语词典》,
### 大众科学出版社,华沙,1970

"省力和便利决定了缩略语的广泛性和普及性。尽管存在丰富的讽刺文学,但实际上已经败给了缩略语的盛行。"该词典的作者在引言中写道。我陷入沉思。从这些话中可以看出对讽刺效果的怀疑。我在多年前就明白,讽刺的效果一直是微不足道的。也许只有糟糕的讽刺?才不是呢。斯威夫特写出了世界上最伟大的书之一,但该书的影响力并没有让人类变得更好。

因此,考虑到这种令人尊敬的失败例子,我觉得,无数诗歌嘲弄对缩略语狂热的这种现象,只会带来稍纵即逝的欢乐。我自己也会拿缩略语打趣,但是我会用它们。这本词典让我意识到我经常使用它们。此外,缩写是一种古老的现象。古人沉迷于此,在石头上刻上铭文。缩写被随意多变地使用在中世纪令人尊敬的手稿中。几个世纪以来,缩写在记录、信件、处方和墓地墓碑中广泛使用。只有行政缩写是我们这个时代的贡献。也就是说,我知道无数组织、协会和企业的名称。"省力和便利"——正如作者所描述的那样——让雅盖隆大学分校(Filia Uniwersytetu Jagiellońskiego)简化为 FUJ,琴斯托霍瓦耐火材料厂(Częstochowskie Zakłady Materiałów Ogniotrwałych)简化成CZMO,以及斯卡温斯基这类材料厂(Skawińskie Zakłady tychże materiałów)简化成 SZMO。嗯,有一些唯一的缩写方式,值得被记住。但是让我们看看这个,比方说 PTH。它同时代表波兰血液学会(Polskie Towarzystwo Hematologiczne)、波兰历史学会

(Polskie Towarzystwo Historyczne)、波兰水文学会(Polskie Towarzystwo Hydrologiczne)以及商务技术公司(Przedsiębiorstwo Techniczno-Handlowe)。这样缩写所有好处都没有了,节约和舒适导致自我否定,乱作一团。该词典包含 8 000 个条目。这个数字中包含了很多外来词,因为流行词是普遍的。我们还发现了一些有点过时的缩写,例如 JKM——请不要读成核电住房委员会(Jądrowa Komisja Mieszkaniowa),而直接读成陛下(Jego Królewskiej Mości)。

**《熙德之歌》,安娜·卢兹维卡·柴尔娜翻译自西班牙语,
齐格蒙特·柴尔尼作序,约瑟夫·维尔科尼插图
文学出版社,克拉科夫,1970**

　　熙德确有其人,他的妻子实际上是一个名叫希梅娜的女人。这个熙德的勇气也是毋庸置疑的。然而,他对西班牙摩尔人无法平息的敌意在传说中有些夸张。有时,这位丈夫与摩尔人一起反抗基督徒。绰号"熙德",用阿拉伯语说就是 Sidi(我的主人),反映了主人公与伊斯兰世界的某种亲密关系。然而,这首公共歌谣不记得这些,给了他的生活一个确定的方向:站西班牙国王这边对抗摩尔人。关于熙德的第一首歌可能是在他去世后的半个世纪出现,即 12 世纪中叶。被保存下来的版本来自 13 世纪。令人怀疑的是,这是一个作者的作品,还是两个作者创作,直到誊写者将两者合为一体。在这首歌谣中,人们可以将故事分为熙德的参战故事和他的家庭烦恼两个部分。在第一部分是刀光剑影,在第二部分则可以听到朝臣的低语和女性裙子的沙沙声。虽然两个部分都散发着天真无邪的魅力,但不知怎么的,我更喜欢第一部分。仿佛是中世纪的巴尔扎克去讲这个故事。在他眼中,战争就像是一家金融企业。你必须获得金子才能战斗,你必须战斗才能获得金子。毕竟战争是昂贵的,因此也必须是有利可图的。必须要预估战利品,进行抢夺——如果能抢成功的话——在借钱的时候再撒撒谎。骑士们一直在脑中算账,直到有人将他们的头打爆。作者从不忘记战利品,他兴高采烈且飞快地清点它们。这首歌谣还远没有意识到骑士精神的理想化,更具有真实性,例如在《罗兰之

歌》中,已经有些许绝对美德的气息。安娜·卢兹维卡·柴尔娜的这个译本是值得赞赏的。译本保留了这部早期史诗所有内在的自由。译本展现了这种奇怪的中世纪式的天真烂漫,在今天的我们看来,有些不合乎寻常。

乔治·库布勒,《时间的形状——关于事物历史的评论》,
亚采克·霍乌夫卡翻译自英文,
国家出版社,华沙,1970

　　根据库布勒的说法,艺术史学家目前使用的语言中对生物学术语的借用泛滥成灾,这是一个严重的错误。他们谈论"绽放""成熟""退化"等。他们对艺术规律强加错误的观点。如果你必须借用某个词,还不如向物理学家借。然而,作者本人并没有因此这么做并且反复使用自然的类比,想清楚地阐释自己的看法。本书的主要论点正是以这种可敬的方式解释的。就跟身体一样,个体元素具有各种各样系统的年龄(例如皮肤、心脏、头部、来自不同进化阶段的手),在艺术作品中也共存着不同时代的元素。这本书的目的是分析这种共存,也就是时代经历相互渗透的同时性。为了能够区分它们,必须找到一个公式来定义艺术作品中何时会出现新奇的元素,而何时只是重复已经成型的概念。对于那些对这些事情充满热情的人来说,这本书非常令人振奋。有点混乱的人群观察和并不系统的,甚至说相当随意的例子选择让我更倾向于将它看作是一篇伟大的散文,而不是一项深入的科学研究。

　　系统性,在艺术等如此异想天开的领域,有时会威胁作者失去严肃性。因此,当库布勒背叛自己的散文气质时,试图将艺术家系统化并划分为六种常见类型时,我听到了我的耳朵嗡嗡作响……这些分类是值得尊敬的,但这需要被不断补充,而返工时乱作一团。因此,艺术家们也被类似分为先驱型、全能型、沉迷型、传道型、冥想型和反叛型。然而一旦这样划分之后,作者不得不得出一个结论,纯粹的类型很少出现,反而是混合的类型经常出现,并且在特殊条件下会触发同一个艺术家一会儿是这个类型,一会儿是那个类型。冥想型的艺术家可以同时成为反叛型,而反叛型的艺术家或许在多年后可能变成沉迷型。全能型艺术家的情况尚不清楚,他们从一开始就是杂交品种,甚至不能算作任何一个类型。然而我们都不用担心。即便没有这些,艺术仍是一种戏剧化的表现。

《戴尔福特的扬·维梅尔》,库诺·米特尔施塔特,
安娜·M. 林克翻译自德语,11 幅彩图和 5 幅黑白图,
阿尔卡狄出版社,华沙,1970

用文字描述维梅尔的形象是一项艰巨的工作。一个更好的表达方式本应该是由两把小提琴、低音管和竖琴组成的四重奏。然而,艺术史学家们必须尝试用语言表达,因为这是他们的使命和饭碗。库诺·米特尔施塔特找到了一条相对简单的道路:他将维梅尔的绘画放在时代的背景下介绍,而大师本人则是时代的代言人。

不幸的是,没有艺术家的作品能够完全表达整个时代——因此,维梅尔成为对现实中非常狭窄和亲密的那部分的赞颂者。这个事实会让他的作品不那么伟大吗? 当然不会,有时伟大依据其他而定的。然而,米特尔施塔特不想中规中矩,他在荷兰人的作品中寻找反对富裕资产阶级的社会批评元素和起义迹象。然而他无法找到它们——他试图在某些作品中看到作品本身没有的东西。例如,在著名的画作《自己的工作室》中,他辨别出艺术家的"厨房"和他让模特摆出缪斯的姿态之间的讽刺对比。"惺惺作态"的模特姿势仿佛是"揭露实验"般贴合资产阶级趋之若鹜的品位,也就是将生活和比喻理想化。如果我们没看到这幅图,这个观点似乎合乎情理。该模特被任命为举报人的角色,她是一位双眼微微低垂的女孩,她被笼罩在一片令人惊叹的天蓝色中;摆好姿势,这没问题,但是以最低调和自然的方式。如果这里有讽刺的意味,这不是由构图反差造成的,而是充满了整个画面,同样存

200

在于金光闪闪的小号中,在窗帘的褶皱处和穿过窗户落到黑白地板上的光线;此外,在这同样的奢华中,我们在大师的每一幅图中都能找到这种讽刺。令我惊讶的是之前对已故维梅尔的最后一些画中其中一幅的评价。我说的是《在竖琴旁的女子》。作者认为,这幅画标志着一个时代的结束,同时也意味着创作灵感的穷尽。这幅画遭受到僵硬、寒冷和冷面无情的计算的击打。站在乐器旁的那位女子被认为是以一种"纪念碑式的僵硬姿态"从内部"让人感到陌生"……我看了看这幅画,完全不同意这个观点。我看到犹如神迹的阳光洒满在不同种类的材质上:洒在人体皮肤和丝绸袍子上,洒在软垫椅子和粉刷过的墙壁上——维梅尔不断重复着这种奇迹,但始终有新的变化和新鲜的灵感。这里哪有什么寒冷和陌生,跟这些有什么关系?女人把手放在竖琴上,好像她想要给我们弹一段,半开玩笑,抑或是即兴演奏。不太迷人的脸庞微笑着转向我们。这个笑容中带着沉思和一丝母性的善解人意。所以这位三百岁的老人就这样看着我们,其中也包括评论家。

## A. 罗塞特,《古代的道路和桥梁》,
## 交通通讯出版社,华沙,1970

　　古代的道路和桥梁——这是一个多么有趣和迷人的话题。在历史的最初阶段,自然道路,也就是人们穿过森林和洞穴所踩出来的小路。这种类型的道路今天仍然存在,甚至经常出现,不仅仅是在丛林中。只要看看城市广场就足够了,野蛮的人们为了抄近道去电车那里不惜穿过脆弱的草坪。然而,让我们回到古代,当自然道路有更严肃的使命要履行时:它们必须相互连接和相互延长,这些道路在世世代代的记忆中被神圣化,形成固定的商贸之路,将一个地方与另一个地方相连,将一个民族与另一个民族相连,将一个文明和另一个文明相连。这本书里全是地图,逐渐形成了密密麻麻的道路网。我们可以看到著名的琥珀之路是怎么走的,以及在我们这里不太有名的(因为这些路绕过了卡利什①)的熏香之路和丝绸之路。我们可以了解到巴比伦的鹅卵石道是什么样的,在苏美尔是什么样,以及在希腊又是什么样的。哪条路线是从中国到小亚细亚,从印度到阿拉伯,以及又是如何返回的。这些道路是如何被建造的,还有,人们是如何保护这些道路的,以及什么交通工具曾在路上行进。最后,我们来谈谈这本书中最令人喜欢的部分,也就是罗马,这座城市在道路和桥梁的建设技术上达到了完美的程度,在作者看来,罗马的技术一直要到 19 世纪才能与之媲美。在此补充一点,也就是在部分技术

---

① 译者注:波兰的一座城市。

上能与罗马媲美,在某种程度上而已。

在令人难忘的地震发生之后几周,我去了斯科普里。那时候,除了瓦尔达罗马石桥外,所有的桥梁都倒塌了。救灾的物资正是穿过这座桥被送进来的……这本书编排得不错。很遗憾,却忘了本书的作者应该是有具体的名字。在封面和标题页上只写了 A. 罗塞特。亚历山大? 亚当? 安德烈? 阿洛伊齐? 阿尔方斯? 艾伯特? 阿道夫? 阿尔图? 阿纳斯塔齐? 安东尼? 阿尔宾? 亚伯拉罕? 阿雅克斯? 安布罗日? 安宰勒姆? 阿朗? 阿尔森纽什? 阿喀琉斯? 阿波林那利? 阿加皮特? 奥雷利? 阿尔弗雷德? 阿尔诺尔德? 阿尔卡狄? 安海丽? 阿格里帕? 阿德里安? 阿曼德? 阿纳托尔? 奥古斯特? 阿尔曼佐尔? 阿伽门农? 阿斯尼克? 阿姆布伦斯? 阿特兰蒂克?① 抱歉,经常会出现这种情况,到最后我的思绪就跑偏了。

---

① 译者注:最后两个名字尽管在波兰语中也是 A 开头,但在波兰语中是救护车和大西洋的意思,希姆博尔斯卡在这里开了个玩笑。

L. 斯普拉格·德·坎普和凯瑟琳·C. 德·坎普，
《幽灵、星星和法术》，
瓦茨瓦夫·涅波库尔契茨基翻译自英文，
耶日·普罗科皮尤克作序，
国家科学出版社，华沙，1970

占星术、炼金术、算命、好魔法和坏魔法、数字命理学、手相术、死灵术、颅相学、神智学、神秘主义、灵性主义、心灵感应——作者将所有这类事物都装进一个袋子并对它们进行简要描述。对它们中的每项都或多或少投以相同的蔑视和怜悯。就我个人而言，我更喜欢书中能够有等级的区分，因为痴迷者对其的狂热程度是不相同的。

对魔鬼的信仰与寻找点石成金的石头所产生的社会影响是不同的，而关于心灵感应的真实性探讨也不能与小矮人是否存在相提并论。本书最厉害的部分是在风土人情背景下描写关于杰出的法师、先知和教派创始人的信仰和传记。作者选择了特别极端的案例，在其中将狂热与讽刺相结合。在我们眼前，一群令人难以置信的怪人们迎面而来——仿佛某个才华横溢的超现实主义者创造了他们。但是，没有人能想象到，施展魔法曾经是轻松和美好的职业。但一般来说，这些人会四处流浪，过着危机四伏的生活。没有一刻是平静的，永恒的紧张、警惕、深谋远虑，还要制造耸人听闻的印象。他们要不断写信、宣言和令人震惊的忏悔——以鬼魂的名义，因为公布于众并非他们的本意。施展法术需要秘密的设备、坚持不懈的谋划。随时设备都可能坏了，助手可能会背叛,并且追随者可能会集体去竞争对手那里。炼金术师逊季乌伊在另一位炼金术士死后,与他年迈的妻子结婚,期望寡妇能知道死者的秘密(却是徒劳)。通灵女巫布拉瓦茨卡,一位二十多岁的女子,不得不在她的裙子下面戴着一个播放神秘音乐的音乐盒。另一位女子,这是一位消瘦如棍的女人,玛丽·贝克·艾迪,声称她可以行走于水面之上。她要付出多少努力才能说服人们相信她的话并且不要求她提供具体的证据……卡巴利斯特·马瑟斯不得不与幽灵一起下棋,从长远来看这可能很无聊,而且这是一种对耐心的考验。著名的媒体必须卧薪尝胆,才能在发布消息时达到预期的效果。用隐藏在袖子中的叉子抬起桌子不会一次就成功。所以,需要不断地练习、练习、再练习。

## 托马斯·S.艾略特,《与猫有关的诗》, 安德烈·诺维茨基翻译自英文, 扬努什·格拉比安斯基插图(精美且搞笑), 我们的书店出版社,华沙,1970

托马斯·艾略特写《荒原》的时候眉头紧锁。诗人的这部俏皮有趣的作品《与猫有关的诗》则更强调他长诗中更为严肃而痛苦的问题。笑话对我来说是需要严肃对待的最佳建议——因为笑话保证了这种严肃性是由信仰和选择产生的,而不是来自心理上的限制。当然,艾略特的作品完全不需要任何保证或建议。然而,我谈论这个问题只是为了以防某些诗人一时兴起,想写一些像《荒原》一样严肃的诗——让那些诗人也记着写一些"稍纵即逝"的东西,就比如关于猫的一系列诗。不一定要写猫,还可以写写狗呀、牛呀、火鸡呀、臭虫呀或至少可以写写摇铃呀、小甲虫呀。但还是可以继续写写猫。从本书中可以看出,猫的主题还没有被穷尽。译者安德烈·诺维茨基从14首诗挑选出9首进行翻译,花了不少力气。剩下5首没有翻译的诗也十分令人费解。每一只猫都是独一无二的,这使其成为一个独立的文学课题。艾略特自己对此了如指掌。此外,猫有一套不变的猫的特征——这也没有逃脱诗人的注意。在此引用一下,请注意看:"它总是躺在开门不方便的那一侧/虽然它刚刚离开,却已又想再来。"——每一个了解猫的人都能无比认同这个观察。猫主人的生活就是没完没了地打开和关闭门。因为狗狗们,我们能够享受在户外活动。因为猫猫们，我们能够享受在房子的边界活动。所有这些都是非常有益身心的，因为没有什么比胃和灵魂陷入消瘦和静止更糟的事了。

**沃纳·艾默里克、马克斯·加布尼和米尔顿·戈特利布，**

**《物质的七种状态》，翻译自英文，**

**国家科学出版社，华沙，1970**

在这本书中，我通过整体弄明白了某些章节，这里或那里单独的某几页，有时仅仅是单独的几句话。当模型和表格出现时，我就怀着羞耻和无助之心将它们全部忽略，然后我试着在已经从计算中得出结论的地方开始阅读……所以，我到底是读完这本书，还是没有？没有，一个烦躁的读者回答道，你完全没有读完，而现在你还要装模作样地去评论这本书。你要浪费周刊上的版面，顺便说一下，这是一本文学杂志，所以在这本杂志上完全没必要谈论来自物理领域的书籍，如果杂志社想这么做，他们或许能够找到一个称职的人。你和我都别费心这件事了，你评论的东西总要自己稍微有点懂。——是的，你说得没错，亲爱的读者。但是你为什么这样替自己辩解——也许是因为你毕竟不是科班物理学家，当这类书落入你手中时，你就会有类似这般的表现：你是以羞耻和无助的方式去翻阅这本书？我不打算写这本书的评论，我今天写的是我们两个的事，假装我们读完了这本书。将最难的那些部分搁置一边，让我们看起来很荒唐，我们可怜兮兮地自我安慰，尽管我们将其搁置一边，但我们仍然能理解这本书。我们妄想在数字和字符的下面会出现一个句子，以"人类的话语"向我们复述一遍。我们怀着沉重的心情，看到我们是如何逃避理解海量的当代知识。毕竟，在我们的内心深处还保留着古时候的野心，那就是我们必须努力去了解一切，至少要略懂皮毛。因为生命只有一次……因为那个跟不上时代的人……因为在可怜的……因为或许……狂妄自大？也许吧。但是一些狂妄自大的人是戏剧性的,而我们属于这中间最具戏剧性的那一类。我们早已习惯于科普者对文章娴熟地解释,我们从第四手材料中努力发挥自己迟钝的想象力,但科普者有时也会偷懒,突然在文中写入某个可怕的等式。可怜的我们。生活让我们如此负重不堪,以至于我们不能再去深究一件事,能力已经不可挽回地朝着另一个方向走了,好奇心和怀旧情绪留下来并令人纠结不已。《物质的七种状态》——这是一本发人深省的书。

马林·索列斯库，《观点》，
伊兰娜·哈拉西莫维奇编译，
国家出版社，华沙，1970

　　这次让我们来谈谈当代诗歌。这也迫使一些读者感到神经衰弱。我认识一些思维活跃的人，他们深信难以理解当今诗人的首要艺术设定。因此，他们认为这些诗人是不幸的疯子，他们的东西也不值得一读。人们很容易会在这种想法下徘徊不定——你只需要再也不读任何东西就可以了。马林·索列斯库是一位34岁的罗马尼亚诗人，在我们这个时代，他算年轻的。译者在序言中称他为幸运之子，因为他的被认可之路走得并不是特别漫长。事实上，确实可以说他是幸运的，因为索列斯库的诗歌并不是平庸的，而且众所周知，平庸的东西通常会率先流传开来。诗人的《观点》是双重视角，他试图同时看到硬币的两面。生与死是人生的两个同样重要的版本："我认为在我出生那天，我大病一场……"抑或是："我凝视所有的事物两遍。第一次，为了变得快乐。第二次，为了变得难过……"而在同一个人身上，他是一个现代人，但在他身体里仿佛住着一个古人，时不时地对他低声细语。"有一些想法依旧被寄向我们的旧地址……"我想推荐你们读诸如《疾病》《回忆录》《观点》《大约》《两次》《舞蹈》和《村庄博物馆》等诗歌。它们将让人觉得这个诗人不错并饶有兴致地等待下一本诗集。在形式上，这本诗集并不是对疯狂的揭示，而是在诗集中充满抒情小想法，并以开玩笑和简明扼要的方式来表达。这本译本让人忘了这是翻译的作品。也就是说索列斯库在遇到好译者的问题上，运气也不错。

克里斯托弗·哥伦布,《信件》,
安娜·卢兹维克·切尔娜翻译自西班牙语,注释并作序,
国家出版社,华沙,1970

因为这个哥伦布所以受了天谴——在西班牙的皇宫人们这么认为。他期待在通往印度的途中能够发现黄金并将其带回来,与此同时他被困在了某个岛屿,无法通行。他们开始怀疑,他是否是一个真正了不起的航海家。他第一次远征归来,带回来某些种子。当他第二次远征归来——又是秸秆在摇晃,展现给我们的是屁股上夹着羽毛的丑陋野蛮人。五个岛屿,上百个岛屿,上千个岛屿——这是纯粹的痴狂或是恶魔的阴谋。他不断向我们讲述金矿,但到目前为止,相比他所带回来的东西,他更多的是向我们谈论远征。黑暗是一种必须深入其中的事。这只鸟,这名环球旅行者,这个阴谋家被戴上手铐带到国内,用他的例子告诉你,不遵守合同意味着什么……以这种方式,或多或少地表达了最初对昂贵探险结果的失望和对探险者的不耐烦。

哥伦布的信件折射出这些反对的情绪。这位伟大的水手永远为自己辩解和不断请求耐心和支持,远离并避免指责。一个全新而伟大的故事剧情在开始之初其实是一出可悲的喜剧。读这些信并不容易。为了好好理解这本书,还需要配合其他书籍和地图集。出版商忘了放四张哥伦布探险队的确切路线图。这本书还缺少按时间顺序排列的表格,这些表格本可以在其顺序中展现更重要的事实。整个故事评论被塞在脚注中,从中重建事件发生序列却非常困难。然而,这本书中还点缀着一些旧版铜版画的复

制品,如《印第安村》《来到海地》《被狗吞食的印第安人》和《折磨印第安人的西班牙人》——以及令人感到欣慰的是,不只有事实真相,还有来自船员想象的画作:《海怪和燃烧的海洋》。

**耶日·尼克莱夫斯基,《数百万年的森林历史》,
地质出版社,华沙,1970**

还没有我们的时候,就有森林——是什么样的森林呢?孢粉学、地质边缘学和植物学试图回答这个问题。它涉及植物花粉,得益于与世隔绝的环境,花粉可以在泥炭中或在湖泊底部的沉积物中存活很多年。从这些沉积层中,可以大致看出第三纪末到昨天地球上的植物历史。一段风雨交加的历史,以气候的各种巨变为显著节点。在第三纪末期,无人居住的克拉科夫市场是多么美好和充满异国情调!

木兰花独自盛开,也许一些可爱的猴子家族会在山核桃树枝上摇晃。真令人惋惜。在红橡木上现在是一个编辑案台,在案台旁坐着编辑兹比格涅夫·克菲亚特科夫斯基,他完全听不到叶子甜蜜的沙沙声。如果他听到,他也不会承认。第一次冰川时期后,在现在的波兰地区许多热带树木早已销声匿迹。有些植物设法在间冰期死而复生,也就是在一个冰河时期和下一个冰河时期之间变暖的时期。事实却是,在随后的每次冰川时期影响下,位于喀尔巴阡山脉北部地区的植被变得贫瘠。还没有我们的时候,就有森林——但是什么样的森林呢?针对这个问题不止一个答案。对于每一次间冰期,森林都会有所不同。至于我们,我们生活在第四次间冰期,怀着一颗坚硬而真诚的心的地质学家们这样告诉我们。另一种很机智却不那么真诚的说法是,我们生活在后冰期。那些不读地质出版社书籍的人们,会认为这段不清不楚的时间足够了,并计划在缅济兹德罗耶①度假至第 500 代。

---

① 译者注:缅济兹德罗耶是波兰的城镇,位于该国西北部波罗的海沿岸,距离沃林 14 公里,由西波美拉尼亚省负责管辖,始建于 15 世纪。

希蒙·斯塔洛沃夫斯基,《百位波兰作家》,
耶日·斯塔尔那夫斯基翻译自拉丁语并批注,
弗朗西斯卡·别拉卡和耶日·斯塔尔那夫斯基作序,
文学出版社,克拉科夫,1970

《百位波兰作家》出现于 17 世纪的 30 年代,是一部关于双重命运的作品。首先,本应该(并非是自谦)向西欧展现波兰科学和文学的成就(作家、剧作家,也就是每一个靠笔为生的博学者——以今天的标准,在其中,作家只有 20 多位,其余的都是神学家、政治家、语言学家和尼古拉·哥白尼)。

其次,这本书旨在使波兰读者认识到克拉科夫学院对波兰文化的巨大价值。曾几何时,我们的高等院校捍卫着教学的自主性,并与来自耶稣教会学校的竞争相抗衡。因此,《百位波兰作家》中,大部分是克拉科夫学院的毕业生,以及其他地方获得心理素质的人——他们很容易符合后来流行的概念:"克拉科夫学院就算不是母亲,那可能就是祖母"。今天,这本书两项的崇高意图早已过时了。作为第一本传记和书目词典,《百位波兰作家》对我们来说很有趣。尽管作者存在许多不准确的地方和意识形态的限制,但有时这本书是那些被遗失作品的唯一信息来源。但是——你还可以用其他的方式来解读它:作为令人悲痛的宗教狂热的案例之一。不宽容的精神扭曲了波兰文化的形象。斯塔洛沃夫斯基尽可能地对异教徒闭口不谈。提到芮伊,作者就一笔带过,对待叶拉兹姆·

奥特温诺夫斯基①也是如此。至于希蒙·布德尼、马尔钦·切霍维奇，布札希尼的格热戈日·帕维乌、扬·涅莫耶夫斯基，来自戈尼翁兹的皮特，书中则只字不提。被认为是百年之光的安德烈·弗里茨·莫德泽夫斯基，确实有个人小传，但非常短，他被形容为"皇家秘书，或者更确切地说，邪恶的路德猪"。对斯塔洛沃夫斯基谩骂并没有太多新意。雅库布·普日乌斯基则被形容为"走到了猥琐的维滕贝格猪的一边"，斯坦尼斯瓦夫·奥热霍夫斯基则得到了更友好而长篇的介绍，只是因为他曾短暂地被归为"撒克逊猪"中。令人奇怪的是，只有雅库布·特什切斯基躲过了作者的注意……但作者本来也会对他感到不爽。

---

① 译者注：叶拉兹姆·奥特温诺夫斯基，波兰文艺复兴时期的诗人，加尔文主义者和索齐尼派教徒。

### 特蕾莎·玛丽安斯卡,《默默无闻的爬行动物》,
### 地质出版社,华沙,1970

作者认为关于爬行动物灭绝的耸人听闻是一种有害的现象。难道它们的安危对我们造成了威胁吗?她在日本电影面前警告我们,因为这些电影以讲故事般的漠不关心来处理爬行动物问题。然而,一般而言,脑子好使的人早在他年轻的时候就学会了将小说与科学事实区分开来,如果还不会区分,那就别去拿作者的这本小册子,也劝这些人不要去读。我们在序言中看到,讲的都是些"普通的动物和普通的事"。在这点上,我完全不同意。我还没有如此厌倦生活,以至于任何事物都让我觉得平平无奇。完全没有普通的动物,也从未曾有过。所以古生物学家的工作(尽管我不清楚日常会是多么枯燥乏味)就是留在疯狂的神奇之地。最有趣的是,进化论并没有让这些神奇的事物黯然失色,相反的,似乎生活越是出人意料,就越是更完美地符合进化的结果。关于标题和序言就说这些。剩下的,也就是爬行动物的历史和分类,我欣然接受。这些现象级的遗骸中最大的墓地可以在中亚和北美找到。如果以此为标准在欧洲寻找的话,比利时、奥地利和法国也有类似的。英格兰甚至发掘出了第一个翼龙骨架,也就是会飞的爬行动物。很遗憾,在波兰这片土地没有什么可展示的。在最近的白垩纪中,大海的洪水摧毁了以前的骨层。相对而言,在我们这里保留下来最多的是水生爬行动物的纪念品。例如,在戈戈林,众所周知的卡罗林卡在此徘徊并发现了幻龙的遗骸。这让我很欢喜。

## 阿尔弗雷德·丁尼生,《诗集精选》,选集,齐格蒙特·库比亚克翻译自英文并作序,国家出版社,华沙,1970

阿尔弗雷德·丁尼生是维多利亚时代最伟大的诗人。他的创作持久而谨慎,一般不会质疑他所生活的世界秩序。他的内心不再像浪漫主义者那样被暴风雨剧烈地击打。绝望中呈现出一种忧郁的姿态,而突如其来的诗意之光来自平静的沉思。他的诗歌犹如穿着精美的长袍,如雕像般肃穆庄重。在他的大部分作品中,丁尼生扩展了古典和中世纪的主题,借尤利西斯、诸神、阿尔图王之嘴说话。这位诗人也写了一些戏剧,但并不是很成功。他的成名归功于许多首具有伟大戏剧特色的诗歌。这让人费解,却又是真的。丁尼生的世界是盛装打扮的,许多伟大的演说家在这个背景下自言自语。当幕布落下(或者说,当诗歌结束时),我们觉得我们还缺些什么,于是我们喊到"作家,作家"。让诗人的头从紫色帷幔后面露出来,没有古老的桂冠,也不戴着面具。没错,这样的事曾经出现过一次。在1850年,丁尼生出版了纪念一位年轻已故朋友的组诗集《悼念》。然而,组诗显然在艺术上并不均衡,收录了一些单刀直入的诗。齐格蒙特·库比亚克翻译了四首,其中一首,华美至极。这份友谊非比寻常,隐喻着诗人远超过一般的真情实意。诗集中所收录的几乎所有诗歌都是第一次被翻译成波兰语。这是一项繁重而值得称道的工作——很遗憾,这本书还是没有收录《洛克斯利城堡》。这首诗被收录在附录中,用的是扬·卡斯普罗维奇的译本。我想委婉地说一下,扬的译本不应该从被遗忘中救回来,因为翻得并不怎么样。

### 爱丽丝·赫尔曼,《黑泽明》,
### 艺术和电影出版社,华沙,1970

今年,黑泽明步入花甲,但早在五年前,他就已经退出电影制作,让影评家感到遗憾,也包括我。他在他无比忙碌的一生中导演了 24 部电影,并写了几十部电影脚本。1943 年,他的电影首次亮相,但直到 20 世纪 50 年代他制作的电影才赢得了世界级的赞誉。爱丽丝·赫尔曼的精工细作使我们能够更加深入地了解了这位非凡艺术家的个性,以及他所有电影的命题,包括那些我们接触不到的电影。访谈片段特别有意思,在访谈中,黑泽明谈论自己时简明扼要,而在点评部分,评论家们谈论黑泽明时则冗长而故作高深。好吧——不管怎么说,总比反过来要好。有一个无关紧要的问题——至少我是这么认为的——让一些西欧评论家辗转反侧,不能入眠。《罗生门》《七武士》《战国英豪》这些电影在欧洲造成的印象引起人们怀疑,黑泽明究竟是不是日本人,他是不是故意让这些电影符合西方的口味。令人们不安的事实是,他并不是从无到有构思出这些的,他了解爱森斯坦和卓别林的电影,他从莎士比亚和陀思妥耶夫斯基中汲取自己的创作主题……人们宁愿把这位当代耀眼的艺术家放在一个异国情调的标本陈列橱窗里,并为他不能也不愿意被放入其中而感到惋惜。

此外,这本书还收录了几部例外的情况,令人很遗憾,对白的翻译是第三手的。我建议你要提前打好预防针,原文肯定不可能如此可怕地费解。本书的附录按时间顺序列出了电影和必要的信息。顺便提一下，许多电影的负片都没有被保存下来，而且少数电影只保留了短版的副本。由此可以看出，日本电影档案馆十分混乱。难道这种混乱也是特地为了迎合西方的口味①?

---

① 译者注：在西方人眼中，日本的风格是井井有条、一丝不苟的，而混乱不堪更像是欧洲的风格。

## 以佛所的色诺芬,《以弗所故事》,
## 卢兹维卡·雷赫勒夫斯卡编译自希腊语,
## 奥索林姆国家图书馆出版社,弗罗茨瓦夫,1970

这本书是为那些做爱不长于三个月的人而写的。美丽的安蒂亚和哈布罗科梅斯在婚礼后不久就乘船远行。这艘船遭到海盗的掠夺,夫妻被迫分离并被流放到充满危险的地方。安蒂亚到处唤起了男人的欲望和女人的嫉妒,哈布罗科梅斯则唤起男女的欲望。但是他们两个都会为对方保持忠诚,宁愿在火刑柱上被焚烧,被挂在十字架上或是与饥饿的猛犬一起被埋在坑里,也不愿意打破婚礼的誓言。幸运的是希腊诸神并不团结,如果某个神迫害这对夫妻,另一个神就会帮他们摆脱每一次压迫。这个故事结局圆满,多年后,他们俩再次相遇,从此永不相离。这个故事可能产生于公元 2 世纪,以佛所的色诺芬以并非十分老练的笔触写下(或者只是记录而已)这个故事。

这个故事的新奇之处在于所宣扬的是配偶双方的忠诚。直到现在,只有潘尼洛普①需要服从这种约定,而奥德修斯的义务只是回家,而且没有确定的归期。为了以更充沛的情绪去阅读这古老的小说模本,我们必须一次又一次地问,哪个情节让我们印象深刻。因为你可以在这里听到古希腊神话和荷马,以及伟大悲剧的回声。在《以弗所故事》之后,让我们回忆起不止一部作品。首

---

① 译者注:潘尼洛普是古希腊神话中战神尤里西斯的妻子,她为了等候丈夫的凯旋,坚守贞节 20 年,于是后人将这个名字引申为"忠贞"的代名词。

先是圣徒传记,在这些传记中英雄力量的动机是不同的,但叙事的手法和情节转折的方式有时是相同的。我们会想到中世纪的浪漫故事和童年时期读过的许多童话故事,最后还会想到那些当代漫画书,这些书以受虐的情欲冒犯我们,被误认为这是我们这个世纪的特色。当然,为了能好好玩这个联想游戏,在读正文之前一定不要读序言。国家图书馆的序言是全面彻底的,赶在所有的猜测之前就揭示出来了。

**库尔特·波拉克,《希波克拉底的学生们》,**

**塔德乌什·多布然斯基翻译自德语,**

**塔德乌什·克兰诺夫斯基作后记,**

**大众科学出版社,华沙,1970**

医疗保健的历史很长,可以追溯到第一个想成为魔法师的人。这个想法很好,持续了数千年。然而,慢慢地,魔法师开始术业有专攻——一个有治疗牙痛的方法,另一个有缓解尾骨疼痛的方法。从那时起,专业化一直在取得进展,看不见尽头。没有人对患者这一整体感兴趣。

库尔特·波拉克的书讲的是医学行业的故事及它在各种群体中的作用。医生从未过上轻松的生活。如果手术失败,汉谟拉比就会切断他们的手。一个皇帝因其女儿无法被治愈,下令处死20名医生。但治疗并不总是安全的,因为另一个皇帝从精神不济中康复后(事实证明,他被矫枉过正了),命令将他的医生扔进水缸里,里面是沸腾的油。女王阿乌斯特里赫尔蒂斯要求她的丈夫在她的葬礼上将两名宫廷医生砍了。诸如此类。当然,作者并没有局限于这些奇闻逸事。关于医生的书同时也是关于医学知识发展的历史,这本书还探讨了职业道德领域的各种问题。波拉克最后关注的方面是现代医学,就我的个人兴趣而言,实在太浮于表面,当内容越接近现代,就该花更多的笔墨去写。医学领域的每一步都是一个新问题,不仅仅是技术问题。移植、复活,有时只是身体的行动力复活了,而清晰的意识却没有复活。延长生命有时等于延长痛苦的折磨……这才只是几个问题,明天会有越来越多的问题。很遗憾波拉克并不能再写更厚的书了。

## 切斯瓦夫·耶德拉什克,《每日拉丁语》,第二版, 我们的书店出版社,华沙,1970

《每日拉丁语》对出版社和杂志中的校对者颇有裨益,让他们能够确定印刷中经常出现的被歪曲的拉丁短语的正确版本。这本书的其他好处值得商榷。它无法阻止那些作者们乱用短语,也无法让读者不会产生误解。

众所周知,每部词典的主要优点就是将信息简化。然而,在这里,我看到作者在孜孜不倦地追求尽可能不简化。除了字面翻译之外,拉丁语短语和谚语还需要额外的解释,因此需要进行二次翻译,获取隐藏的含义:有时是历史评论;有时会提示在什么情形下曾使用过或是会使用这些短语(科学、宗教、法律等);如果是有作者的谚语——那就要给出作者和来源。碰到所有那些更难的词汇时,词典会以各种各样的方式进行解释:有时会以文本解释的方式,有时则不解释,有时会提到词源,有时也会省略它们,有时只会提供字面的解释,有时会提供字面和引申义的解释,而有时则只提供引申义的解释。可怜了那些不会说拉丁语也不了解相关基本常识的人。从词典中,肯定无法确定西塞罗的尖叫"噢,时代啊! 噢,道德啊!"究竟想表达钦佩还是沮丧。我无法想象"初夜权"中所包含的道德内涵是什么,以及在"白板"中的哲学释义。我们可以知道"圣母悼歌"是一首宗教歌曲,但不会在"最后的审判日"中找到类似的提及。我们永远无法猜到,在"我这是白费精力①"的名言中倒了全部的橄榄

---

① 译者注:在拉丁原文中,字面意思为枉费了油和功夫,所以引申为白费力气。

224

油,我们会相信,真的是一字不差"我白白浪费了劳动和时间"。愚蠢的橄榄油——在更加美好的名句"我已作忠告不要怪我没有说"中,灵魂像一块旧铁一样被挪走了。翻译成"我已经讲过了,就不要怪我了"既不贴切,也不雅致。在这本词典里还缺了诸如"位置""在上述引文中""足量""适时""区分""承认""退出""出来"等常用词。"骄兵(尤指古典喜剧中爱自吹自擂的士兵角色)"和"游戏的人"的缺席也让这本词典黯然失色,还缺了贺拉斯的那句"我厌恶庸众"。"同意协议"这个协议倒是有,但缺了"自由大宪章"这个词条。我不是研究拉丁语的人,但这一刻,我脑中浮现众多耳熟能详的格言,但在这本词典里却没有收录。诸如此类,很遗憾……这本书缺了"一些作家的名句"的索引……比方说,例如词典里有欧里庇得斯,却没有索福克勒斯,尽管在这本词典里对他们俩都各收录了一句格言。如果我能理解这种选择标准,那是何等幸运呀。然而,这些被引用的作者或多或少都有点神秘,因为他们作品的拉丁文标题,有的在括号中给出了翻译,有的却没有。怎么能出现这种情况? 我在序言中了解到,这已经是第二版了,已经是全面而准确的版本。让我好奇的是,第一版究竟长什么样。

## 卡齐米日·米哈沃夫斯基,《希腊人如何创造艺术》,
## 大众科学出版社,华沙,1970

我们要赞美那些古代垃圾收集者,特别是那些不想运送和烧垃圾的人——他们任其杂草丛生。古代文化博物馆在这点上尽心尽责。最奇特的博物馆标本正是来自垃圾桶。时间和历史把在地球表面高傲的古代世界美物摧毁。那些在当时躺在垃圾堆里的东西,反而可以更好地被流传下来。一百年前,在雅典卫城的挖掘过程中,发现了一个垃圾堆,里面有古代晚期,也就是波斯战争之前的许多"展品"。如果不是这个发现,直到今日我们还会认为希腊的雕像和建筑是硬如磐石。事实证明,挖掘中可以看出色彩鲜艳的痕迹。从雅典人的雕像中可以看见深邃的蓝宝石眼睛。彩绘也遍布建筑的室外和室内。可以大胆地猜测,当时已经存在技艺高超的壁画和画架作品。谁又知道,或许第一次对肖像画的尝试是来自画笔,而不是来自凿子?

不管怎么说,甚至卡齐米日·米哈沃夫斯也将肖像雕塑的开始时间从伯里克利时期(公元前 3 世纪)提前到了公元前 6 世纪——他的这个提前正是基于从卫城垃圾中挖出供奉的雕塑,那些雕塑的面部特征已经明显个性化了。然而,这本书的主题既不是希腊绘画,也不是肖像艺术发展的问题,而是建筑。更确切地说,是古典时期的希腊神庙。更准确地说,是对一个关键因素的详尽分析,即三角槽排档。如果有人掌握了三角槽排档的原理,那他就会理解古典建筑的本质,一劳永逸地掌握其比例之谜,更准确地说是认识到什么是最重要的,因此他能够平静地回顾过去。这很有意思,却很难理解。虽然图表和计算公式在书中占了大量的篇幅,但还是需要空间想象力才能看得懂这些。读这本书时,我很难集中注意力,如果作者能够在蓝天下,在雅典卫城之上进行现场解说,这样知识就会更快地进入我的脑中。最后说一下插图的问题。书中提到的艺术作品,其复制品的图片都被收录其中。这种精心制作在我们的出版物中并不常见。

## 加万·麦克斯韦,《加万先生的水獭们》,<br>玛利亚·博杜申斯卡-博罗维科娃翻译自英文,<br>艾斯克利出版社,华沙,1970

水獭在欧洲并不多见。人们更常在衣领上看见它们,而不是在河边。哪怕人们看到自由活动的水獭,也会因为好奇心而想方设法地杀死它:难道不应该关心它活着的时候是什么样子,而不是在它死后进行追忆。当加万·麦克斯韦在伦敦的大街小巷中遛他的水獭,人们凑过来并试图猜测:这究竟是鼹鼠、小海豹,还是某个品种的狗?

麦克斯韦不远万里从美索不达米亚和非洲南部将水獭带回来。它们不适应乘飞机旅行,但后来它们在伦敦的公寓里就开始活蹦乱跳了,以惊人的聪明才智将公寓弄得天翻地覆。在苏格兰,偏远的沿海地区,他们的教育工作者和观察者在那里有一栋小房子,让这帮无休无止的捣蛋鬼更加如鱼得水。很难称麦克斯韦是水獭的主人,还不如说是它们主宰他。我所读的这本书是在令人崩溃的条件下创作的,因为水獭总是喜欢人握在手里的东西,因此作者手中的笔一次又一次地被抢走,稿纸则被撕成碎片。最终麦克斯韦奇迹般地写完了他该写的东西。这个故事对非专业人士来说是惊人的,对动物心理学家来说也很有价值。就像每一位可靠的动物观察者一样,麦克斯韦富有幽默感并善于深思。他不认识同类作家,甚至从未想过,用波兰语赞美他的书具有更特殊的意义。尤其是提到关于水獭的事,我们可能会嗤之以鼻:

我们有自己的水獭,早在 17 世纪,帕塞克①用华丽的辞藻和灵动的语言描述过水獭。因此,如果我认为麦克斯韦的作品让我觉得有所触动并让我开怀大笑的话,我觉得我是在深思熟虑后才这么说的——也就是说——是站在自己文学传统的高地上来评价的。我早就说过,我推荐这本书,如果还没卖完的话。

---

① 译者注:扬·赫雷佐斯托姆·帕塞克(1636—1701),波兰贵族、作家,著有《回忆录》等。

## 安德烈·科沃宾斯基,《恐怖片》,
## 艺术和电影出版社,华沙,1970

恐怖片很早就出现了,已经吓了人们六十年,同时还将观众的思绪从日常的烦恼中解脱出来。

当梅里爱[1]在法国大剧院前拍摄街景时,机器停了几秒钟,于是在放映画面的时候,看起来就像老式的公交车突然变成了运尸车。电影制作人们就乘着这辆运尸车进入无限可能的疆域。在剧院里永远不可能做到这些,而那些鬼魂、分身术、快速变形、人物和物体的飞行和消失,对于电影来说,却是小事一桩。相关的文学素材早已对此做好准备,只管取用便是了。爱伦·坡的作品、霍夫曼的作品、史蒂文森的《化身博士》、雨果的《巴黎圣母院》、果戈里的《死魂灵》……魔像[2]、吸血鬼、歌剧魅影还有《少年维特之烦恼》中的角色在画面中复活。发明有声电影给无声喜剧带来了致命的打击,而恐怖电影却因此丰富了新的效果。现在,怪物就可以幽咽和嘎嘎作响,甚至在一个看不见的情况下,用脚步的接近声吓唬观众。随着时间的推移,恐怖片入驻了科幻小说的领域,而自20世纪50年代开始,则从精神分析的小册子中汲取灵感。因此恐怖片非常与时俱进。它的作品繁多,金刚和哥斯拉养出了许多儿子和众多堂兄弟。观众喜欢安全地被吓唬。非

---

① 译者注:乔治·梅里爱,全名 Marie-Georges-Jean Méliès,法国人,是一名魔术师以及电影制片人,为早期电影的技术和讲述方法作出卓越贡献。

② 译者注:希伯来传说中用黏土、石头或青铜制成的无生命的巨人,注入魔力后可行动,但无思考能力。

现实的恐惧是为了能够更好地应对现实中的恐惧。但是,这可能并不是唯一迷恋不寻常和令人惊奇事物的理由。对虚拟故事的渴望不仅仅是一时的需求。我很乐意看一看社会学家对这类天马行空电影的看法,但更想听一听人类学家对此有何看法。不幸的是,这本书的序言里关于这些谈得简短而模糊。这让我觉得,就连作者自己也不确定,究竟是要鄙视这种类型还是赞美它。他倾向于认为恐怖电影是二流的,因为这类电影是为了满足感官的享受。到目前为止我还是要偷偷摸摸地去看这类电影,一边埋怨自己幼稚的思想。但在电影院里有许多我的朋友也在悄悄地观赏,我又怎么藏得了呢?

### 玛利亚·库莱茨卡,《魔鬼般的烦恼》,
### 波兹南出版社,波兹南,1970

托马斯·曼花了三年写完《浮士德博士》。玛利亚·库莱茨卡和维托尔德·维尔普希也花了三年才将这本著作翻成波兰语。通过翻译辛苦耕种,最终获得了大丰收,也给翻译们留下了写满翻译变体的笔记本、成堆的辅助材料、各种各样的——我将此形容为——"曼式杂乱①";里面有许多看待作品的个人见解,以及最终如何编排文字的技巧。她将这些材料中更重要的部分放在了这本伟大而奇怪的书中,因此这本书应该像波兰译本那样以《浮士德博士》为书名,而"魔鬼般的烦恼"应该作为副标题。这还是值得一写的。曼的文字艰涩费解地纠缠在一起,措辞华丽且一语双关,因迂腐的肃穆而显得沉重,同时又随着轻快的玩笑而让人如释重负,充满戏剧性的诙谐、耐人寻味的各式方言和古体,需要具有音乐天赋的耳朵去辨识的节奏——将这些从一种语言转换到另一种语言可不容易②。这需要译者同时具备谦卑和勇气,既有知识也凭直觉,迸发灵感却又忠于原文。此外,为了翻好《浮士德博士》的这部作品,译者必须有超高水平的乐感,或至少有相当高水平的对新教和神学的理解,以及还不错的拉丁语水平和对探险的了解。幸亏动物不会使用清晰的表达方式。如果它们会说话,托马斯·曼会迫不及待地给它们一个声音,而且据我所知,他

---

① 译者注:希姆博尔斯卡在此用了波兰语中的一个形容词,原意为杂乱无章,但词形(manniana)长得很像是曼(Mann)的形容词。

② 译者注:希姆博尔斯卡的这句话是在模仿曼的长句,来体现翻译的复杂和烦琐。

会让两只在小说中出现的狗用完全不同的两种方言说话。对于翻译中的艰辛，库莱茨卡没有夸大其词。更难得的是，她甚至向我们展示那些译者们找不到贴切波兰语与之对应的词语、句子或是片段。

她引用原文——如此勇敢地破坏了我们读者到目前为止对某几处翻译的信仰。我们能经常遇到这样的挑战吗？唯一令我感到悲伤的是，在这本既有价值又独特的书中，却满是印刷错误。四年以来，我都没有读过在校对方面如此粗心大意的出版物。而我自认为，自己还是读过不少书的。

乔治斯·巴兰迪尔,《16到17世纪刚果的日常生活》,
艾丽吉亚·崩科夫斯卡翻译自法语,
国家出版社,华沙,1970

1482年,当葡萄牙水手在刚果河口放置一个十字架时,在河的左岸有一个族群和一个完全高效的黑人之国。自从被发现以后,很自然,这个国家再也不能掌握自己的命运——但必须说明的是,葡萄牙人并没有想着要控制这个国家,恰恰相反,在葡萄牙的很多人承诺要与这个国家相交并给予好处,想与其进行贸易往来,只是一定要天主教化。因此,他们将载着商人和传教士的船运往刚果海岸。可以肯定的是,缺乏黄金使这个国家免于秘鲁或墨西哥那样的可怕命运。然而……很快,仅仅在一个半世纪之后,这个国家开始陷入衰落,自己陷入彻底混乱的局面。也许——一些历史学家会问——如果没有欧洲的渗透,刚果也会自行衰落?这就不得而知了;但是,它肯定会受其他因素的影响而衰败,而不是在这种情况下发生。贸易中的欺诈很快就出现了,在奴隶交易中可以获得最大的利润,而基督教过于强硬地干涉观念和习俗,一边摧毁旧的社会结构却没有创造新的。

我们对刚果的历史知之甚少,也许是因为它的悲剧是缓慢而安静的,没有发生重大的血腥事件。我们对这个国家的体制、部落和家庭关系,经济、宗教和文化了解得就更少了。因此巴兰迪尔的书对我们的教育具有重要的意义。作者试图在古老的编年史基础上重建刚果人的生活,但这些主要是由传教士写的,他们

234

自我献身式地深入非洲,与撒旦同行①。因为大多数人的眼睛是
如此构造的,只能看见他们想看见的东西,因此传教士每走一步
都会遇到撒旦。今天,当民族学家读到"毫无羞耻感的舞蹈""恶
毒的歌曲""肮脏的亵渎神灵"和"恶俗的景象"时满是牢骚。他不
得不穿越过一大堆点评,因为当时的广泛认识是,裸露就是放荡,
异国情调就是野蛮,而不能理解的则肯定是无意义的。埋怨这些
虔诚的男子们在旅途前没有好好读读列维-斯特劳斯的作品,这
简直是无理取闹。巴兰迪尔耐心地重组编年史中的除了这些词
汇外的闪光点。

---

① 译者注:天主教人认为不信奉天主教的人就是撒旦,这里的撒旦指的是刚果当
地人。

塔德乌什·杰林斯基,《为什么是荷马?》,
安德烈·别尔纳茨基编选并作序,
文学出版社,克拉科夫,1970

今天,已经没有人能够像塔德乌什·杰林斯基教授那样如此彻底,如此专注地热爱古希腊文化了。"我们所有人在道德上源自古希腊。"——在兰佩杜萨的小说里,一个年长的学者对一个年轻人这样说道。如果奥林匹亚的众神允许杰林斯基多活十几年,他也会对现代这代人说同样的话。但也许早在两次世界大战期间,老教授杰林斯基就意识到,年轻的研究人员对古代的态度正在发生变化,他们比以往任何时候都更加关注文化的边界地带,对其进行探索,在那里文化相互渗透,相互刺激,兴盛或是衰败。伟大的希腊文化——自然地,怎么会只有它是如此与世隔离的,犹如雅典娜般纯洁无邪地诞生,直接从宙斯的头上蹦出来?杰林斯基不欣赏其他古代文化及其对后来文化发展的影响。所有现代欧洲文学中杰出的东西,他都认为直接与古希腊及其后罗马的传播直接相关。根据他的说法,天赋的智慧之光仅有一次落在我们这悲伤的土地上,而且只落在一个点上,那就是希腊。尽管英雄所见不同,但也让我感觉愉快。教授的知识是浩瀚的,而且他知道如何以优美的方式去表达。这就是为什么他的论文应该在我们的当前思想中占有一席之地,但他的思想并不会源远流长。首先,我会提到这本书中的三篇文章:《美文及其命运》(关于从希腊古典、罗马到拉丁中世纪和文艺复兴以来写作风格的演变);《创作狂热》,在其中杰林斯基勇敢地将尼采、陀思妥耶夫斯基、密茨凯维奇、穆罕默德和卢克莱修的创造性思维放在一起进行比较;最后是《古老的尼采》——尼采,在作者年轻的时候认为他是哲学大师。老学者的文章总是令人印象深刻而且精确,总是有绝对的个人见解,每一个想法都基于准确的引用之上,带有强烈使命感地传播——今天还有几人能如此写作? 或许实际上我们在道德上并没有成功地传承希腊文化①?

---

① 译者注:希姆博尔斯卡在这里玩了一个文字游戏,与前文相呼应,原文中的动词
oblać,在第一句话中出现的时候,意思是被浇了一层,指的是无论各国的内部如
何,外部都被浇了一层古希腊,所以看起来是一样,引申为我们所有人在道德上源
自古希腊。而在最后一句,她以调侃的语气评论时,则用了 oblać 的第二层含义,
意思是失败,指的是实际上我们在道德上并没有成功地传承希腊文化。

《古代意大利小说》，

雅德维加·加乌什卡、爱德华·博耶和

莱奥波尔德·斯塔夫翻译自意大利语，

雅德维加·加乌什卡选编，米契斯瓦夫·布拉赫梅尔作序，

国家出版社，华沙，1969

今天小说的神经质和强迫性并不意味着它有一个艰难的童年。在初始阶段，讲故事可以幸福地不用负责任，在几十年间，它可以无忧无虑地玩耍。直白地说，每个游戏都必须有自己的规则——这些规则是由随意的听众，也就是读者的注意力决定，所以要求故事要生动有趣，简明扼要，以及有尽可能多的非凡冒险。如果我们住在萨勒诺，那故事就要发生在比萨，而如果我们住在比萨，那故事则要发生在萨勒诺①。只有在那个我们去不了的地方，才会有坏爸爸将女儿心上人的心脏放到金色的杯子中。很遗憾，为了让我们不堪重负的生活轻松一些，写书人开始编写和传播这些奇闻逸事。而且在当时也没有评论家去评论那些写小说的人，没有人会问他们的故事在多大程度上反映了现实，或者他们是否恰如其分地满足了哲学学派的要求。原创性的问题并不存在，也没有人会起诉抄袭。乔万尼·薄伽丘是这个幸福时期的大师，但在他身侧，在他之前和在他之后，还有浩如群星般璀璨的其他讲故事人，他们中的每一个人都在某个时刻写下了某些故事，直到今日依旧让我们觉得很有意思。然而我要特别指出的是

---

① 译者注：两地相距甚远，古代交通不便，所以消息不通，可以发挥想象力进行编造。

弗兰克·萨凯蒂(14世纪)。他讲述了一个关于两个使者被派去见主教的故事。很遗憾,当他们已经上路时,突然意识到,他们忘了要跟主教说什么。漫漫长路上,他们一直试图回忆起来,但毫无效果。在书中还有一些在其他领域闻名的名字,比如说尼古拉·马基雅维利和莱昂纳多·达·芬奇。我不得不承认,达·芬奇在这本书中出现多少让我感到有点沮丧。画家、雕塑家、建筑师、哲学家、工程师、音乐家、博物学家,同时他还是小说家? 他的天赋不会太多了点吗? 这就是为什么当我看到达·芬奇的文章在竞争中表现平庸时,我松了一口气。我认为这才公平。

## 米契斯瓦夫·莱派茨基，《雅库布·索别斯基先生》，
## 扬·帕朗多夫斯基作序
## 读者出版社，华沙，1970

　　因为父亲雅库布·索别斯基的基因，扬·索别斯基三世也很容易发福，他妙笔生花并且挥斥方遒，他热爱家庭生活，是一个含情脉脉和忠心耿耿的丈夫。国王英勇善战的气质，被认为是遗传自他的祖父马莱克·索别斯基以及他的曾祖父波兰军事指挥官若乌凯夫斯基。这并不是说父亲雅库布不懂军事或者他是一个胆小如鼠的人。当然了，雅库布也很勇敢，但他更喜欢和平而不是战争，这也是事实。因此他主要的贡献在外交、斡旋和避免战争方面。他很早就在协调方面崭露头角，甚至在当时看来，也算非常年轻，那时他仅有二十岁。那时他在巴黎成功地劝和了齐格蒙特·梅什科夫斯基和扬努什·拉齐维乌，要知道，这两位达官显贵之间的恩怨可是激烈而持久。因此，年轻的雅库布一定是拥有最不寻常的社交才能、贴心细致的性格和洞察人心的天赋。很快他就开始在这个领域取得进一步的成功，这次是国家级别的分量。他通过劝说和承诺安抚了被拖到霍钦战争中的雇佣军的不满。

　　不久他被派去跟哥萨克人谈判，他们是战争中摇摆不定的盟友，并取得不错的效果。雅库布是与瑞典签订休战协议的成员之一，这个协议被称为《什图姆多尔夫协议①》。最后，他亲自参与了

---

① 　译者注：什图姆多尔夫，地名，和平协议于 1635 年签订。

240

与莫斯科的谈判，在那里，他的运气更好了。出于对和平的热爱，这位父亲希望世界是太平的，他的儿子们只会在大型阅兵的庆典时才会用到盔甲。他没有活到令他失望的事情发生。他突然离世，"身体僵硬，不能动弹"，编年史家在诊断中这样写道，尽管根据症状的细节可以推测，就是现在所说的心肌梗死。莱派茨基向我们展示的雅库布·索别斯基是如此有趣，以至于我们对这个人物传是否值得一写这一点毫无疑问——哪怕他不是未来国王的父亲，他也值得被写一写。从现在的眼光看，我们看到雅库布依旧到了得心梗的年纪，他还大腹便便，气喘吁吁。没有他早年的画像——在波兰没有画年轻人肖像的习惯。当时大部分的权贵直到死后才被摆好姿势——为了画遗像。这就是波兰肖像绘画特有的家传之宝，或者更准确地说，是棺材之宝。

**《火球》,爱斯基摩的传说、神话和童话故事,**

**亚采克·马霍夫斯基编选并作序,**

**国家出版社,华沙,1970**

如果爱斯基摩人在艺术领域没有创造出更多有趣的东西,那也没什么好奇怪的。天气可以成为他们的托词,他们好几代人都生活在这种环境下,生存的斗争是如此沉重,以至于身体的适应性只会轻微地缓解,缺乏与其他文化的接触(直到最近完全没有),最后是围绕着他们的景观,它以自己的方式绚烂,但实际却是单调贫瘠,寸草难生,鸟迹罕至和昆虫稀少。

对于诗意想象力来说,这里是一块不起眼的地方。对视觉艺术的发展来说,这里资源匮乏。因此,如果这一小群人,因为只有5万人,而且分散在广阔的北极地区,哪怕只有英雄般的故事时,我们也不会对此有任何不满。与此同时,事实却是,爱斯基摩人不需要我们的理解。他们拥有——鬼知道是从哪里获得的——出色的艺术本能、洞察力、自由的思想、对生活的恐惧和幽默感。在人类自身不断制造的惊喜中,爱斯基摩人的雕塑和诗歌属于最令人惊奇的那一类。在写诗时,我的意思是,不仅仅是有意思的歌谣(我指的是兹比格纽·斯托拉赖克的选集,名为《红眼面具》),还有阿拉斯加爱斯基摩、西伯利亚、加拿大和格陵兰的民间传说研究人员收集的传说和童话故事。出现了一系列不寻常的绝美之作。爱斯基摩人的想象力从星辰到海底深处,一直通向世界的起源和冥界——不知疲倦且充满活力的想象力填补了空间的鸿沟! 有必要好好读读关于人的真正开始的故事,当人第一次哭泣时,才真正成长为人。第一个哭的人。有一个关于女人的故事,讲述的是她在丈夫死后前往冥界去寻找他,然而她却发现他在那里生活得不错,有两个美丽的女子相伴左右……另一个关于妻子的故事,讲的是妻子为了躲避坏丈夫,将自己藏在巨人的胡子里面……因为我知道,一定要读完所有的故事,因为错过哪怕是一篇小小的想象力之作都会令人感到遗憾,例如九条腿的熊或是狗皮手套,当它们被投入火中时就会狂吠不止。如果有人问你为什么野兔没有长长的尾巴——如果你们没读过书,你们会怎么说呢?拜托,我听着呢。没有人知道吗?爱斯基摩人知道。"因为野兔以前也没有。"他们一边说,一边调皮地眨了眨眼。

**《古老的亚美尼亚诗歌》,**

**安德烈·曼达里安选编、作序并注释,**

**维托尔德·东布罗夫斯基、安德烈·德拉维奇、耶日·丽特维纽克、**

**安德烈·曼达里安和维克托·沃洛希尔斯基翻译,**

**国家出版社,华沙,1970**

　　亚美尼亚人属于世界上最古老、经验最丰富的民族。一路走来都是他们的故乡:希腊人、罗马人、帕提亚人、波斯人、拜占庭人、阿拉伯人、蒙古人、土耳其人等。每一次对亚美尼亚的征服都应该是最后一次——反观历史,最后一次从来不存在。他们民族的文化传统历史悠久。他们比罗马帝国早12年接受了基督教。一百年后,他们用自己的字母替换了希腊字母,使其更符合口语发音的要求。这两个事实对文化而言都极其重要,可以保护本国文化在外国势力不断施压的情况下不会消亡。古代亚美尼亚诗歌的选集时间跨度极大,最早从最古老的异教徒遗作开始,一直到18世纪的作品。最令人印象深刻的是两种诗歌的流派:宗教——道德性质的,也就是在修道院的阴影下创造的诗歌,以及爱情诗歌的流派,主要指的是被称为"阿伊兰"的形式,也就是说每节有八行的特定结构。虽然在选集中将两种流派单独区分开来,但将第一个流派命名为"中世纪诗歌"则导致了不必要的困惑。"阿伊兰"也是在中世纪时期创造的——而且中世纪的概念在这里并不合适。这个术语来自欧洲的土壤,必须要极其谨慎才能将这个概念用到其他更遥远的文化中。就像文艺复兴这个概念一样。这种疑虑肯定不止一次困扰着这本选集的译者们。伟大的亚美尼亚诗人至少早在 7 世纪就开始使用完美而成熟的文学语言。

如果用我们的《圣母》来作样本，以此风格去翻译诗歌将会是一个错误。于是译者们没有去管那种古老的品味，他们只是在寻找具有韵律的表达，他们更多地用耳朵去工作，而不是眯着眼在古波兰语词典里寻找。这很好。最后，我想请大家注意亚美尼亚诗人的巧妙习俗：他们喜欢在诗中写下他们的名字，通常以缩写的形式出现。他们把自己作为可怕的罪人介绍给未来的读者，他们谴责自己的恶习并承诺会立刻改正。多么机智！通过这种方式，他们既实现了基督徒的谦逊，同时又自豪地保障了著作权。

## 安东尼·特莱宾斯基,《克拉什夫斯基和维也纳女孩的罗曼史》, 国家出版社,华沙,1970

　　约瑟夫·伊格纳祈·克拉什夫斯基怎么会有时间去谈恋爱,这点我永远也想不明白。他每年写十几部小说,另一项同样多的工作是每年完成的短篇小说数量,文章散落在报刊和信件中。给人的感觉是,在这些情况下,作家似乎没有时间吃饭、睡觉和生病。但他不仅吃饭、睡觉和生病,还经常旅行,而在旅途中,在所谓的休闲时光(好可怜!)他还要画画:画一画城堡的废墟,抑或是画一画丹特在荒凉的森林里徘徊。此外,最重要的是,他还总是有时间去接触美丽的女子。你们或许认为,至少在恋爱期间,他的写作表现肯定会受到一些抑制。完全没有!以他与维也纳记者克丽丝塔·德尔·内格罗三年的恋爱为例。他在那段时间写了 50 本新书,甚至打破了他自己的纪录。这样看来,克丽丝塔女士肯定是令他着魔的女人……安东尼·特莱宾斯基仔细地将与这位年轻女子相关的文件和信息收集起来,这位女子比克拉什夫斯基年轻整整 40 岁。在评论中,作者指责她对年老的保护者缺乏真心和兴趣。他要这么想也没办法,但最后,在多年以后,当克丽丝塔小姐回忆起作家的形象时,却满怀敬重和感激。与那些将自己深爱的丈夫和朋友描写得一塌糊涂却又忠心耿耿的女人相比,克丽丝塔的回忆录是一个很好的证明。但特莱宾斯基对这位维也纳姑娘的指责要严重得多。也就是说他认为,这位深情的辅佐者可能与普鲁士当局对作家的追捕有关。众所周知,1884 年,克拉什夫斯基被指控在法国进行间谍活动。然而,这个姑娘与这一戏剧性事件的关系仍只是猜测而已,很可能,但没有任何文件支持这一观点。也许某一天证据将从尘封已久的档案中被发现,特莱宾斯基的预感将得以证实。就目前而言,在书中将爱情和政治这两件事联系在一起,甚至它们都不是同时发生的,在我看来有些草率。难道每一段罗曼史都一定要与政治相关联?如果是这样的话,那至少有一半的人,宁愿独自生活,慢慢老去。

**《现代希腊诗歌选集》，**

**齐格蒙特·库比亚克编译，**

**国家出版社，华沙，1970**

如果成为一名诗人就算是不容易了，那么成为一名希腊诗人可能是最不容易的。在一个如此巨大的传统压力下写作，同时还要兼顾与时俱进……你在诗中提某条小溪流或是某座小城镇的名字，你已经联想到与之相关的知名事件，它们数千次出现在所用的文献中。你想写一写船——立即你的意识就受到了奥德修斯和阿尔戈英雄的攻击。你想描写一位老人——你又想起了莫伊拉①。你想描写一个漂亮的女孩子——你已经打算将其与希腊女神的雕塑相比较。想象力想从引语、现成的韵律、提前编好顺序的图片、可预知的效果和机械化的感动中挣脱出来。这没错，但前提是，如果这伟大而古老的遗产只提供给希腊诗人——事实上却不是，从几个世纪以来，来自其他地方的"野蛮人"对其进行篡夺并成功地将希腊古代的象征作为本土和自身的东西。既然人人都能办到，那希腊诗人自己如何才能做到与众不同？让我们看看，这一百年来最杰出的两位诗人卡瓦菲斯和塞菲里斯是如何解决这个问题的。卡瓦菲斯避免了文学过量所造成的危险，表面上看他接受了希腊文化的一切。他把过去作为他作品的灵感来源；他从中选取了最戏剧性的情节，从神话和历史中选取人物角色增色。他的作品看起来像是纯粹的史诗，但实际上却巧妙地采

---

① 译者注：在希腊神话中，掌握生命的有三位神，莫伊拉是生命最后阶段的神。

用了现代的表达方式。因为，亲爱的读者们，史诗的精神被赶出诗歌宫殿的大门，却偷偷地从窗户那儿溜进来。噢，再也不像过去那样长篇大论，本该如此，实际却不是了。他写的是小篇幅的作品，就是我们所习惯的小诗。在这里，卡瓦菲斯的笔随希腊文化而动，在别处，在地球的另一端，马斯特斯①的作品中投射出希腊的理念，我完全无法确定，其影响是否就到此为止了。那塞菲里斯呢？塞菲里斯一直会是一位诗人。他随性地使用祖国的传统文化。文学典故并不能总是让他的表达力变强，有时反而会使其弱化。这特别不容易——我再说一遍——成为一名希腊诗人……他们会梦见什么？以下是塞菲里斯的话，这给我留下了最为深刻的印象："我醒来时，手里握着一个大理石的头②——这让我的手负重不堪，但我不知道该将它放在哪里。它出现在我的梦中……"——这颗头颅很美，但沉重且无处不在。

---

① 译者注：美国 20 世纪著名诗人埃德加·李·马斯特斯。
② 译者注：古希腊雕塑的核心，象征整个古希腊文化。

亚当·塔波尔斯基,《生态缸》,
莱赫·维尔泽克插图,
国家农林出版社,华沙,1970

　　为什么我要读这本书? 我不打算在家里放一个生态缸。更不用说是两栖动物缸。我没想过要养两栖动物或爬行动物,哪怕是最好看的那些。不管是里海龟、伯罗奔尼龟、产婆蟾蜍、黄条背蟾蜍、爪蛙,甚至是湖侧褶蛙都不行。变色龙也不行,它的两只眼睛可以分别移动,例如一只眼睛朝上看,而另一只眼睛左右转动,这肯定会让它觉得更为满意。褐蛇蜥也不行,虽然这个名字很迷人,它的性情也不错。不要诱惑我去养有肺的蝾螈或另一种无肺的,这种生物确实没有肺,甚至没有鳃,却活得好好的。我也不打算养澳大利亚蓝舌蜥蜴,尽管需要检查它从哪儿开始,抑或是从哪儿结束,因为它尾巴跟头部长得一模一样。我也拒绝养食卵蛇家族的蛇,尽管在它的喉咙里有极度尖锐的骨头可以将蛋壳碾碎。我没有这份爱心,也没有地方或是时间去照顾,或许我还没有精力为它提供恰当的食物。不然我每天就要准备新鲜的苍蝇、蚯蚓、蚱蜢、小一点的鸟和大一些的鸟、蜗牛、幼虫、蝴蝶、蟑螂和浮游生物。大部分这些食物是我熟知并令我心生怜惜的。只有浮游生物我可以毫不惋惜地将它们进行喂投。至少我是这么觉得的,因为我根本不知道,它们究竟是什么东西。一句话,我不适合读这本书。我读这本书只是因为,从童年开始,我就喜欢收集无用的信息。另外,谁能提前就知道,什么是有用的,而什么是无用的呢? 例如,关于如何通过邮件发送青蛙的说明,以保证青蛙

250

能够活蹦乱跳地被送到指定的目的地,可能在某一刻,因为私人或爱情的目的就需要这条说明。亚当·塔波尔斯基以满腔热忱传播他对爬行动物和两栖动物的广阔知识。同样的热情也存在于莱赫·维尔泽克所拍摄的照片中。在当今世界地图方面却表现得糟多了,因为没有英格兰和爱尔兰,纯粹是因为插图者忘了它俩。也许他在不知不觉中站在了两栖动物和爬行动物的角度,对于这些生物来说,与中生代的灾害相比,在海里淹没了如此小的两座岛屿,完全不值一提。

**爱娃·希勒、齐格蒙特·格鲁什钦斯基和万达·彼哈尔，**

**《服装式样的发展史》，第四版，**

**国家职业教育出版社，华沙，1970**


    缝纫技术学校的学生们（当然要）学习欧洲服装史。我在展览会上发现了一本给四年级用的教科书。我瞟了一眼书的目录。书中将服装演变的历程分成了严肃的五章：原始部落、奴隶社会、封建社会、资本主义社会和社会主义社会。我打算将这本书读完，因为到目前为止，我并没有觉得服装款式和社会体制之间的联系是如此紧密。很遗憾作者们并未能够充分证实这一点，尽管他们尽了很大的努力。问题在于，不能用开大门的钥匙去打开办公桌的小抽屉。钥匙根本插不进去。我在书中看到这样一句话，"原始部落社会没有阶级，因此所有人穿的衣服基本都差不多"。乍一看，这个"因此"貌似很有道理，但才到下一章，这个逻辑就被推翻了。因为在下一章将谈到奴隶社会，那是一个等级森严的古希腊社会，学生们将发现，那里的人们穿着一样的衣服，主人穿新的，奴隶穿主人穿过的衣服，但都是同样的女士坎肩和男士斗篷。在罗马，没错，一个合法的公民可以穿披肩，以此区别于其他人——但在罗马帝国，他就只能在盛大庆典时才能穿了。在大街上，很难区分究竟谁是自由人，而谁是奴隶——有时候还会出现奴隶穿金戴银地招摇过市，而自由的公民则穿得破破烂烂。吉本①描写道，有一天罗

---

① 译者注：爱德华·吉本（Edward Gibbon，1737—1794）是近代英国杰出的历史学家，著有影响深远的史学名著《罗马帝国衰亡史》。

马元老院收到一项提案，要求终止这种令人震惊的乱象，让所有的奴隶穿着统一的制服。元老院否定了这项提案——噢，才不是因为他们热爱民主，而原因正好相反：一旦奴隶们穿上制服，他们就会意识到自己人多势众……这就麻烦大了！影响服装式样的其他因素也不简单，比如说气候、历史事件、道德标准或生活方式。目前还没有人找到这些因素对其产生影响的规律——为什么这次是这个因素，下回又是那个因素在起作用，而且作用的大小也各不相同？作者应该明确告诉读者，他也没有弄明白是怎么回事。目前最为可信和能够确实把握的原则是，服装式样的演变决定于艺术风格和纺织业水平。只要指出这之间的从属关系，这本书就算很好地完成了任务。但令我担心的是，这本教材主要却又草率的观点会影响考题的风格。常见的研究题目，诸如"巴洛克时期的时装"或者"在当地服饰中保留的古代服装元素"，将不得不让位于那些大而空的题目："女式裙装的演变和民主"或是"请指出资本主义服饰和社会主义服饰之间的区别"……这让聪明的学生们感到棘手。

## 克日什托夫·东布罗夫斯基，《从卡利什①的过去而来》，图书与知识出版社，华沙，1970

据记载，卡利什已经存在了 18 个世纪。这只是有记载的——必须要说明一下，实际上存在的时间可以追溯到更远古的时代。在托勒密的《地理学》中，将其认为是在琥珀之路上一个有价值的聚居地。在这个托勒密的笔记之后，就没有关于卡利什的任何信息了。一片空白持续近 10 个世纪——直到在加尔编年史②才再次出现。只须想一下：长达千年的沉默！在这狂风暴雪的时间段中，罗马帝国的追捧琥珀之风已经逝去，紧随其后的是，尽管垂死挣扎了几下，罗马帝国也已消逝。在此期间，卡利什人却过着与世无争的日子，他们冶金、打铁、畜牧和务农。像其他西部斯拉夫部落一样，这里的人们以特殊的方式崇拜马。最近，还有人从 11 世纪的房子里挖出了一个明显是被供奉着的殉葬马头骨。后来波兰人对马的热爱是否是某种旧邪教的回声？这个问题或许很幼稚，但谁知道呢……不管怎么说，皮特·米哈沃夫斯基还如此画马，仿佛他在偷偷对马进行膜拜……我还是再谈一谈《亲爱的卡利什》。这本关于这座波兰古城的专著常被用于学校。里面记录了城市大事记，一直写到我们当代。作者却格外喜欢描写古代的事情，其余的事件则一笔带过。在阅读时，令人痛苦的是更为精准的卡利什地图，也没有将周围村庄考虑进去——毕竟今天挖出来的博物馆展品都来自那里。

---

① 译者注：卡利什为波兰中部城市，卡利什省首府，临瓦尔塔河支流普罗斯纳河，距离罗兹西约 90 公里，是波兰最古老的城市之一。
② 译者注：第一部关于波兰的书。

塞缪尔·巴特勒,《休迪布拉斯》,
斯坦尼斯瓦夫·克林斯基翻译自英文并评论,
耶日·斯特舍特尔斯基作序,
奥索林姆国家图书馆出版社,弗罗茨瓦夫,1970

《休迪布拉斯》是一部 17 世纪末的鸿篇巨作,但人物却诙谐幽默。与书同名的主人公有一堆恶习和可憎的品性:虚伪、迟钝、虚荣、宗教狂热、傲慢、懦弱、撒谎、斤斤计较和鲁莽。巴特勒竭尽所能地贬低他的主角并且带着受虐般的快感对人物进行惩罚。休迪布拉斯总是被踢、被抽和被戴上手铐。这种脱离那个时代的场景被认为非常搞笑。这部诗歌很快就流传开来,甚至在英国王宫内对它的评价也很高。也就是说,巴特勒的讽刺是全方位的,但也不是全方位的,他的作品懂得如何巧妙地避开最尊贵的那位……哪怕时至今日,在英国也需要借助书评才能看懂这本书。更不用说在波兰,我们只有译本而已。简介显得尤为重要——没有简介很难理解情节,因为情节之间是冗长的跑题叙述和争论不休。评论家还必须经常向我们解释那些费解的典故,并指出其中的可笑之处。单靠我们自己是弄不明白的。然而,直到今天,巴特勒的作品依旧让人印象深刻:活力四射、来势汹汹和华丽的辞藻。特别是他的语言——生动有趣,津津乐道于自己的创意,一会儿是令人震惊的直率,其他时候则能够巧妙地模仿各种各样的文学风格。巴特勒迫不及待地使用诗律的技巧,在意想不到的地方断句,并创造了令人惊奇的复合押韵。在波兰译者面前是一项艰巨的任务——他必须让读者在读译本时,能够感受到原作语言的精妙之处。然而,译者在努力传递出巴特勒这种特殊押韵的时候,有点用力过猛,他没有考虑到我们语言的忍受力。以对句这种形式为例,"不文明的游戏因此树干/原始的冲动从中长出——我并不怀疑①"是……好吧,正如我们所看到的……因为类似的韵律尝试在译本中不胜枚举,所以我们必须要慢慢品味。而且只能安静地读,因为一旦大声诵读,句中的意思就一去不复返了。

---

① 译者注:本书的译者为了追求像原文那样的押韵,却导致波兰语文法不通。

马尔特·德·凯吕斯,《回忆录》,
维娜·宾科夫斯卡翻译自法语,
索菲亚·利比什夫斯卡作序并批注,
读者出版社,华沙,1971

从七岁起,马尔特·德·凯吕斯就住在路易十四的王宫里,由她的表姑妈弗朗西斯·德·曼特农负责照料。她对王宫的生活了如指掌,如此熟悉,以至于多年后,当她提笔回忆往事,她并没有因为能够有幸在如此历史性家族身边长大而感到沾沾自喜。她对自己的过往几乎只字未提,对于那些重大的政治事件更是闭口不谈,寥寥几笔带过那些影响深远的阴谋诡计,她的注意力则主要放在王室中的几位女眷身上——她对她们的关注更多是出于同情,而不是敌意。她是否已经知道,她描写的是女人们的地狱呢?或许她是知道的,尽管她很自然地想避免这种说法。她认为国王情妇的处境最为艰难。一般来说,下一任情妇就在前一任身边成长起来,而关于资格的竞争和矛盾持续了很多年。德·拉·瓦利埃小姐白白耗费两年等着取代德·蒙特斯庞夫人,然后德·蒙特斯庞夫人耗费了更长的时间等待,她想取代德·曼特农夫人的位子。更不说那些昙花一现的女人们了。

黯然失色的星辰和冉冉升起的新星总是必须要照面,在寝宫内相互帮忙脱衣或是穿衣。她们必须一刻不停地说着亲昵的言语,抚摸王子们的脑袋,尽管是竞争对手生的,在相同的镜子面前梳妆,将内衣放进相同的凡尔赛洗衣盆中。在法国男人眼中,路易十四是一位伟大的国王。然而法国女人应该会有不一样的看法。并不是因为他不忠诚,而在于他没能巧妙地管理好自己的女人们。我怀疑,他在这方面如孩童般不成熟,看到那些女人们为他争风吃醋,会给他带来愚蠢的愉悦感。让我们来看看王后吧,所有人都看见她因被忽视而变得谦卑。她是如此自卑,以至于当国王偶尔跟她说话时,她就很害怕,像被风吹过的叶子般不停地颤抖。那时候还没有精神病院,于是贵妇们被接二连三地送到修道院。但相互寒暄犹如一股致命的力量,以至于这股力量在那里还会迫使她们想要聚在一起。这一次,她们终于可以坦诚相待。她们谈什么呢?她们很可能会说,在生活中遇到一位合适的男人是何其不易。她们还会说,感谢上帝,最糟糕的日子已经过去了。

谢尔盖·普罗科菲耶夫,《自传》,
雅德维加·伊尼茨卡翻译自俄语,
波兰音乐出版社,克拉科夫,1970

音乐的天赋很早就会显露,从此伴随终身。孩子们或许可以创作精巧的小诗,但这并不意味着他们以后会成为诗人。他们或许能够画得很棒,但这种才能稍纵即逝。然而,当一个四岁的男孩在钢琴上敲击自己的旋律时,我们可以认为这是命中注定。命运总是如此,早在作曲家孩提时代就会有非同寻常的表现。其他小朋友们还在童年里嬉笑打闹。他已经从犹如勃鲁盖尔①的画中场景里看不见了,他坐在小房子里,窗户紧紧关闭,为了噪音不会对他产生干扰……可以毫不夸张地说,谢尔盖·普罗科菲耶夫从四岁起就在自己的职业领域里工作。当他七岁时,他已经有好几首独立创作在五线谱上的小作品了,此外他还是小歌剧《巨人》的作者,不仅仅是音乐,歌词也是他自己创作的。故事中,巨人正在袭击一个小姑娘斯铁尼亚。万幸的是,有两位神秘的守卫者出现,他们赶走了巨人。在第二个场景中,斯铁尼亚给他们写感谢信。好吧,于是有人问普罗科菲耶夫,斯铁尼亚怎么知道她要写给谁,毕竟他们都不认识?"他们一边追赶巨人,一边不经意间掉落了名片。"小作曲家思索片刻后这样回答道。我就引用这个轶事来抛砖引玉。普罗科菲耶夫以幽默和愉悦的方式描写他幼年

---

① 译者注:彼得·勃鲁盖尔(Bruegel Pieter,约 1525—1569),16 世纪尼德兰地区最伟大的画家。他的绘画作品常常是人物众多的场面。

和青少年的时光，甚至是一些小事。这是自传中最好和最用心的部分，这部分他在 1940 年之前就完成了。之后的写作就变得困难重重：不期而至的战争艰难时期，作者也多年疾病缠身。作者最好的，也是成熟的创作时期，在 20 世纪 20 年代，他自 1918 年后就一直待在国外，直到 1934 年才彻底回到祖国——与描绘中多姿多彩的童年相比——后半部分则是干巴巴的，将作品、见面、旅行、音乐会以目录的方式列出来。这些材料更像是用于个人介绍，而不是用于回忆录，而我们对回忆录更感兴趣。在某种程度上，这个遗憾由同一系列的两本同时出版的书填补上了：《对一封友好信件的感谢①》（普罗科菲耶夫的信件选集）和他的选集《文选》。

---

① 译者注：文中感谢(Merci)的原文为法文，因为在普罗科菲耶夫的时代，欧洲上层社会流行说法语。

**《被遗忘的歌颂运动的作家们》,选集**
**沃伊切赫·利彭斯基编写,**
**运动与旅游出版社,华沙,1970**

我不知道,当在世的诗人们看到他们的名字被收录在这本选集中的时候是什么心情,他们还有一个共同的昵称,"被遗忘的作家们"。估计他们的心情不会太好。毕竟还没有到盖棺定论的时候。因为这本书中谈的不是难以寻找的 25 年来的期刊,而是不久前才出版的诗集或是全集中的诗歌。事实证明,任何人都有可能获得"被遗忘的歌颂运动的作家们"这个让人郁闷的桂冠,只要有人一不小心写了关于掷铁饼或是跳高的诗作就有可能被归为其中。过世的诗人们就幸运多了,因为他们不用读这本选集。因此没必要惊慌,科哈诺夫斯基、密茨凯维奇、诺尔维德①竟然也被归于"被遗忘的作家们"这类。只有莱什米安诗歌的爱好者会感到奇怪,《马之诗》跟运动有什么关系——就像帕夫利科夫斯基的《山脉》或者是普希波斯的《来自塔特拉山脉》也跟运动没什么关系。如果这些都被认为是关于运动的诗,那么为什么不把《克里米亚十四行诗》归为促进旅游发展的作品呢?确实有些诗作是被遗忘的,但不在这个选集里。卡齐米日·维仁斯基并没有被收录在这本选集中,因此逃过了"被遗忘的作家们"这一称呼,我们究竟该为此感到庆幸还是担忧呢? 我讨论的是诗歌,但在这本书里并非都是诗歌。书中还有一些章节收录了小说、新闻报道和讽刺

---

① 译者注:这三位都是诗坛巨匠。

文学的片段。所有的作者和文章都因为被这本书收录而感到不满。我已经在我的读书专栏中写了好多篇这方面的文章——当我看到专题选集时令我痛苦的文章。痛苦在于,不以质量分类而以主题分类的文学作品,往往展现出人类作品中一个最不成功的领域。这类选集中总会缺东少西,总会收录一些不能被称为作品的东西,或是缺了很大一块内容,有一些作品被忽略了,和某些作品擦肩而过,卑躬屈膝、胡乱填塞、模糊不清,又毫无竞争力,此外,还很单调和无聊。

《莱蒙特在美国——给沃伊切赫·莫拉夫斯基的信》，
莱昂·奥尔沃夫斯基编并作序，
国家出版社，华沙，1970

1905 年，在沃伊切赫·杰尔日克拉伊·莫拉夫斯基记者还很年轻的时候，他就移民去了美国，在那里他曾在波兰出版社担任过编辑，然后成为通讯员和波兰艺术家的经理人。因此他认识了莱蒙特，开始的时候，只是书信往来，但在第一次世界大战之后，《农民》的作者①在美国使得两者的关系更为紧密。莱蒙特的信件被莫拉夫斯基小心翼翼地保留下来，为了在临死之前能够将这些信交给莱昂·奥尔沃夫斯基。接着，莱昂将这些信出版并为此作序，但这篇序言是如此细致地点评信件的几乎每一个片段，以至于信件本身看起来像是序言的补充而已……莱蒙特并不是一位雄心勃勃的写信人，而与莫拉夫斯基的长期通信，只能说是彬彬有礼，但他从来没有与其变得亲密，在信中谈论私密的事情。通信主要是为了出版的事宜和所有与之直接相关的事情。多年来，莱蒙特患有严重的心脏病，所以他的生活节奏缓慢，对自己的烦恼越来越敏感。他的社交圈越来越窄。他很苦闷和孤独。甚至在去世的前一年，他获得诺贝尔奖的事也没能让他的心情稍稍变好一些。

---

① 译者注：这里指弗拉迪斯拉夫·莱蒙特（Wladyslaw Reymont，1867—1925）波兰作家，主要作品有长篇小说《福地》和四卷本长篇小说《农民》等。

在信件中，他还谈到经济上的困难和出版的烦恼。哪怕是所有作家的力量源泉——文学，他都不那么感兴趣了。莱蒙特的观点浮于表面，而他用来评价年轻一代诗人作品的标准，令人为他感到羞愧。莱蒙特甚至没有在信中提到他对召唤神灵的热情。我属于那个年代的人，在那时人们喜欢读旧信件和日记胜过作者本人的轶事趣闻。这一次我错了，在读之前我抱有太多的期待，以至于现在失落感挥之不去。如果作为读者的你对这本书没有太多的期待，那你肯定会觉得这本书还是不错的。

维尔奈尔·弗尔曼、宾巴·仁亲[①]，《喇嘛的舞蹈面具》，

彩色照片由维尔奈尔·弗尔曼所摄，

阿尔方斯·拉图思克翻译自德语并作序，

国家出版社，华沙，1970

　　蒙古喇嘛的那些面具在乌兰巴托的一座由寺庙改建的博物馆中进行展览。之前很少有人戴着它们跳舞，因为在蒙古，戴舞蹈面具的传统只有 160 年而已，并在我们这个世纪的 30 年代中断过。这就是为什么在照片中他们的状态是完美的，宛如新的一样。如果我们只是满足于看照片，我们就可能会形成关于喇嘛神品性的虚假印象。面具摆出可怕的鬼脸，不屑一顾地看着我们。装点着许多小头骨的额头让人愈发生畏。然而他们却是温柔而仁慈的神灵的面孔。令人厌恶的表情只想表达他们对世俗世界极大的不认同，在那里人类的灵魂被囚禁并让他们无法实现完美。

　　在一个面具上，有三只恐怖的眼睛突出来，象征着渴望因此同时看见现在、过去和未来的能力。土色或者深蓝色象征尊严，肤色和紫色象征力量，黄色象征幸福，面如死灰的苍白则代表性格温和。面具超过人脸的自然大小，且比痛苦还要沉重。如果没有经过肌肉男撸铁式的训练，就别提戴着面具跳舞了。每一个角

<hr />

① 译者注：宾巴·仁亲（蒙古语：Бямбын Ринчен，1905—1977），蒙古国作家、小说家，是蒙古新文学奠基人之一。他通晓俄语、德语、英语、法语、捷克语、波兰语、世界语和保加利亚语等多种语言，从原文翻译了《共产党宣言》《绞刑架下的报告》等作品。其代表作为长篇小说《曙光》。

色都跟身体的动作有关,而整个虔诚的场面需要有非常严格的剧本。蒙古科学院院士仁亲教授生动地描写了这一切。这本书还有数不清的奇闻趣事令人津津乐道。比如,我不经意间得知,在我们欧洲有这样一种说法,中世纪的蒙古人生吃马肉,而且为了更好吃,他们在吃之前会把马肉放在马鞍下使肉质变得软糯,这种说法完全是无稽之谈。你们这些人,好好动动脑子——仁亲教授这样写道(只是教授的措辞比我的更为得体一些)——马是我们最喜爱的动物,我们怎么会允许它在这种环境中被闷出水痘呢!然后热爱生活的蒙古人再去吃这种对身体有害的马肉?实际情况则恰恰相反。马肉在空气中被风干,然后被切碎,用研磨工具将其磨成粉末,撒上盐和其他佐料。他们将肉粉装入由牛膀胱制成的袋子里,将其挂在马鞍上,然后向远方行进,行之所至,目之所及,哪怕是去克拉科夫那么远的地方……我不认为,今天方便面工厂所生产的速食汤也能伴随人们走那么远的路。这显而易见,因为我们完全没有这个必要。

格奥尔格·克利斯托夫·利希滕贝格,《格言集》,选集,
玛丽安娜·多布罗谢尔斯基翻译自德语并作序,
国家出版社,华沙,1970

　　利希滕贝格穷尽一生完成了《格言集》,只是为了我们之后可以将这本选集拿在手中,花半个小时就将其读完。请想一想,我每次的写作都是这样,付出多,回报少,但事实却是,在《格言集》的这种情况下,让我觉得这种对比表现得更为明显。很有可能,以后我会专门就这个悲伤的话题写一篇文章,但现在,我还是想回到利希滕贝格的这本书,让读者们能对其产生兴趣。利希滕贝格属于欧洲三位最伟大的格言作家之一,与拉罗什弗科和我们的莱克①并称。他们来自三个时代、三个国家,是三个个体——未来肯定会有人将这三位进行研究比较。利希滕贝格是启蒙时期的德国作家。他以激情和机智表达了革命时代的最佳思想。这份激情未曾老去,这份机智依旧会逗乐我们,如果有些内容过时,那部分也为数不多。很多观点和格言至今令我们有所触动,并不仅仅是因为情感是相通的——更是因为利希滕贝格的想象力远远超越了18世纪。他对现实的看法并不幼稚,他展现出构建荒谬和纯粹无厘头的倾向。以我们今天的品位看来,一些格言更像是字数有限的短诗,一闪而过的诗意幽默——但他的小诗在他的时代并不被认可。之后为数不多的当代艺术家和思想家赞赏利希滕贝格的作品。我希望当译者和出版社打算出第二版《格言集》

①　译者注:斯坦尼斯瓦夫·耶日·莱克(1909—1966),波兰反讽诗人,善于写格言。

的时候,那个版本能够收录更多的内容,让我们至少能再多读半个小时。或许那时候在那个版本中就会收录利希滕贝格的名作《带避雷针的绞刑架》和令人惊奇的《没有刀柄和刀刃的刀》,抑或是那个滑稽的作品,讨论 62 种用手托着脸的方式。所以安德里·布雷顿将利希滕贝格视作魔幻现实主义的先驱和黑色幽默的名家并不是没有道理的。

扬·奥孔,《学校的戏剧和剧院——17世纪耶稣教会学校的情景》,
波兰科学院出版社,弗罗茨瓦夫,1970

在帕塞克作品中,令人印象最为深刻的场景是华沙剧院中的血腥冲突,当时有一小拨观众对剧情感到不满,然后开始向演员们射箭,一个演员当场身亡,而另一个重伤。看起来,对这件野蛮的怪事只有一种解释:在观众中有愚蠢的贵族,他们第一次去看剧,所以无法分辨故事和现实的区别。但这种解释是错误的。在17世纪,剧院对于贵族们来说,早已不是什么新奇的事。在这些欢快的弓箭手们中,哪怕是最穷困潦倒的都可以去教会学校免费学习;在教会学校里,时常有戏剧演出,已成惯例,甚至在某种意义上,还被赋予了教书育人的意义。教授们写剧本,学生们一边表演,一边要努力记住长篇的拉丁语台词。这些演出不仅在校园内,也会在校园外上演,面向更广泛的受众。因此我们不能说观众是完全一无所知的——这个事件的原因(在回忆录里只字未提)很有可能是帕塞克和朋友们喝得烂醉如泥,以至于产生幻觉……扬·奥孔的书中收录了大量清单目录,展现了当时在耶稣教会学校的剧目之多以及都是什么样的剧目。甚至可以说,在17世纪,人人痴迷于戏剧,为诸如教育、宗教或是爱国等各种重大场合编写剧本。很遗憾,这里必须要画上一个句号,因为这种带有教化的文学既没有文学价值,也没有教育意义。这些作品主要是用拉丁语写成的。此外,道德教化的倾向到处都是,首先影响的是作者们自己和他们的想象力。他们关心美德是否得到升华,恶行是否得到惩治,主人公们是否以积极正面的形象闪闪发光。也许只是因为缺少更有才华的作家？那这运气真是太糟糕了。我认为缺乏有识之士绝对是不可能的，只是出于谨慎的原因被排除在外了。在这里，还有一件让人感到可悲又可笑的事情，当时的人们还认为拉丁语是欧洲的通用语，而与此同时，由各国母语所创作的杰出戏剧早已势不可挡。

## 夏尔·波德莱尔①,《浪漫派的艺术——私人日记》, 安德烈·基尤夫斯基翻译自法语并作序和批注, 读者出版社,华沙,1971

尽管姗姗来迟,但终于还是等到了,波德莱尔首次作为文学评论家有了波兰语的译本。这本书也收录了诗人的私人笔记(《烟火》和《我的真心》),但四分之三的内容是他多年来的书评。在绝妙的序言中译者安德烈·基尤夫斯基对读者造成了不小的惊吓。他告诫读者,所有的文章都是编辑迫使诗人写的,波德莱尔写这些东西只是为了赚钱,他的文字并不真诚。那些他在书评中赞美的人,随后他又在自己的私人信函中对其进行嘲讽。

在某些时候,我就想偷个懒,看看序言就好了,而不是沉浸在100年前的这个文学地狱的圈子中,毕竟波德莱尔本人在那里也不算是一个靠谱的向导……幸运的是,我还是克服了惰性,开始读这些书评。事实证明,很容易就可以看出什么是真诚的,而什么是虚伪的。可以感觉出来,什么时候他是出于礼貌地赞美,而什么时候诗人是发自真心的。特别是当诗人攻击某人的时候——他经常这么做,而且总是非常坦率,这些片段的可信度就非常高了。事实上,尽管这些书评是为了钱而写的,却不会引起读者的反感;我很快就欣慰地发现,这些钱对于他那些灵光乍现的想法来说微不足道,所以可以认为他的作品基本上是不功利

---

① 译者注:夏尔·波德莱尔(1821—1867),法国诗人,象征主义诗歌先驱。著有诗集《恶之花》、散文诗集《巴黎的忧郁》、艺术评论集《美学珍玩》、文学评论集《浪漫派的艺术》等。

的。至少从两篇文章中可以断定这一点：诗人自发而非被迫对爱伦·坡和福楼拜进行评论。但他感到疲惫不堪，一边写，一边抱怨自己的命运，他将赶不上截止日期？好吧，他不过是想做到最好而已，毕竟可以看出，他的行文风格是生动的，具有画面感的，充满激情和幽默感，哪怕这些都令我们提不起兴趣，但至少我们会对作者本人感兴趣，他是一位极度热爱文学的人，嘲讽社会道德的法官，与此同时，他也是道德的牺牲品。毕竟他是如此坚信，诗歌超越一切！所以他知道，诗歌应该是什么样的，不应该是什么样的！他毫不犹豫地确定，诗歌应该写什么，而散文应该写什么……比如说，散文可以使用傲慢、幽默和嘲讽的口吻，一旦诗歌用了这些，就只会让人觉得"辱没了纯粹的美好"。他嘲讽那个在诗中颂扬避雷针的诗人。这首诗是写得很糟糕，但这个题材在今天也跟其他任何一个题材一样，可以很好地触及灵魂……我"喜欢"波德莱尔吗？我对他更多的是钦佩。他可以只为诗歌而活，诗歌对他而言，是终极目标，是不幸中的万幸，是解脱，也是救赎。他这样写道："每当收到催债信时，你就写五十首天马行空的诗歌，这样你就得救了……"

尽管这个倒霉鬼从来没有走运过，但他之后却以幸运儿的姿态写道："一定要努力工作，如果不能出于热爱，至少要出于绝望，因为只要权衡利弊，那么与游戏相比，工作就不会显得那么无趣了……"

### 什切潘·别尼容热克,《当苹果树开花时》,
### 大众科学出版社,华沙,1971

这本书是由一位著名的园艺学家写的,他遍尝百果,他知道印度的芒果、暹罗的榴莲、中国的柿子、美国的鳄梨、新西兰的番茄和夏威夷面包树的果实是什么味道。我猜只要他愿意的话,他可以以绝对的权威和理论来判定,我们叛逆的祖先在天堂吃的究竟是什么果子——是香蕉、木瓜、杏子还是石榴? 因为人们觉得最不可能是苹果……什切潘·别尼容热克的这本书不是写给专家们的,而是写给人数更多的业余爱好者们,那些人喜欢了解自己不熟悉领域的知识。作者是如此想将这份对植物和果树的爱嫁接(哈,这个词在这里是多么恰当!)给读者们。但很遗憾,这些爱好者们始终犹豫不决。他们之前所读的所有与自然相关的书让他们已经形成了某种喜好。然而每一种喜好都要求他们专一,与之前的喜好互不兼容。如果我现在开始热衷于植物和果树,那我就必须马上对两万种生物产生敌意,这些生物被称为害虫。我要舍弃我长久以来对麋鹿的喜爱,因为它们会咬坏果园里的幼枝。我要放弃对野兔的偏爱,因为它们也很贪吃。

因为差不多的原因,从这一刻起,一看到狍子和松鼠,我就要表现出明显的反感。鼹鼠、老鼠、蝙蝠,请从我的心上走开! 走吧,椋鸟、麻雀、乌鸦、白嘴鸦和寒鸦! 放弃我本来就不那么喜欢的昆虫则容易些,因为它们实在太多了,如此巨大的数量让我根本喜欢不过来。但我必须申明一下,还是有一些昆虫让我难以割舍。比如说,让我感到羞愧的是,我纯粹觉得很美而喜欢蜘蛛,那种小小的紫色蜘蛛。我认为蜘蛛是大自然最调皮的恶作剧,我将其排在富有魅力和出其不意的名单前列。而与此同时,它还从苹果树和李子树上吸吮最鲜甜的果汁!但是——或许不要放弃蜘蛛?继续喜欢它?尽管如此还是喜欢它?一边喜欢它,一边咬着健康的苹果,这只苹果之所以健康,是因为整个蜘蛛家族的兄弟姐妹们都被农药毒死在果园里?因此我要如此虚伪而且是非不分地喜欢蜘蛛?也没有其他法子了……毕竟我们全人类对大自然的喜欢都是如此虚伪而且是非不分……

## 《烈女春香守节歌》，
## 哈林娜·奥加尔卡-楚伊翻译自朝鲜语，作序和批注，
## 奥索林姆国家图书馆出版社，弗罗茨瓦夫，1970

在东方，如果梦见龙，则意味着好事将近。事实确实如此，当一个退籍的艺妓梦见一条青龙钻进桃粉色的湖面时，很快，她正值二八妙龄的女儿就爱上了年轻富有的贵公子。命中注定就会如此。小春香甚至无须粉黛，就有"倾城倾国"之姿。除此之外，她在任何场合都能应对自如，也包括她还擅长写诗作赋。

很遗憾，身份卑微的她不能成为贵公子的正妻。一天，他与她告别，为了去遥远的首都"平步青云"，通俗点说，就是他想走仕途。可怜的春香泣不成声，为其祈祷，却无法挽留。"如果柳树有上万条枝就能抓住不羁的风吗[①]?"……春香独自一人，等待爱人的归期，尽管希望渺茫，但她依旧对他忠贞不渝。当好色的地主想要霸占她，她宁愿去坐牢，戴上手铐，遭受非人的鞭笞，也不愿屈服。外面裹着铁皮的坚韧的橡树鞭子都因抽打她娇嫩的脚踝而断了。

青龙爬进桃花池的梦[②]终究应验了。年轻有为的贵公子回来了，此时他已功成名就，能够处置野蛮的地主，将他的心上人从监狱中救出来，并许以正妻之名。《烈女春香守节歌》书面版本可以追溯到 18 世纪和 19 世纪之交，并被视为朝鲜文学经典的宝石。

---

① 译者注：此处为书中原文，将春香比作柳树，将贵公子比作风。
② 译者注：与上文相似，将男子比作青龙，将女子比作池水，文字很美，但少儿不宜。

有些人认为这部作品文字优美如画,有些人则认为里面充斥着淫秽不堪的情爱场面,也有些人为故事中所展现出的伟大感情而感动不已,还有一些人则认为这本书是对社会的批判和对女性命运的怜悯。然而还有一群人,他们对这部作品赞不绝口,主要是因为故事里没有发生奇迹。因为他们对一个观点深信不疑,那就是文学最好的表达方式就是写实,而混淆现实和幻想的童话故事则属于不那么具有文学价值的题材,被认为是不成熟的作品、尚在蛹中的作品,直到从中飞出蝴蝶……这些人在读童话故事时一定会感到非常焦躁不安,他们认为每一次奇迹的出现都是对审美的犯罪,每一次偏离现实的做法都是幼稚的。为他们感到悲哀。因为甚至关于春香的故事也会时不时让他们的脸因为焦躁而抽搐。哪怕是香艳的幸福结局,在结局中对春香备受折磨的脚却只字未提。难道脚骨完美无瑕地长好了?我们就别操这份心了:肯定完美地长好了。春香不会一跛一跛地陪在如意郎君身侧,而在婚床上,她也不用紧张地用绣有鸳鸯的被子盖住自己变形的脚踝。因为童话故事从来不会完全臣服于现实生活。恰恰相反,只要有可能,童话故事就会一边展示出自己的方案——一个更好的解决方案,一边让现实生活觉得自惭形秽。

276

### 亚历山大·莱赫·戈德斯基,《迷人而遥远的努库希瓦岛》, 奥索林姆国家图书馆出版社,弗罗茨瓦夫,1971

想要去度假的时候,我建议你们驾驶想象力之车去马克萨斯群岛。亚历山大·莱赫·戈德斯基会担任驾驶员,他告诉我们他从未在其他地方见过如此美的人,尤其是女孩子。从图片上看,他说得没错,只是不是从他书中那几张黑乎乎的照片中得知,而是从其他书中丰富而清晰的照片中看出来的。马克萨斯群岛和波利尼西亚的几乎所有群岛都是人类学家的天堂、人种学家的黄金国度。这里作为百万富豪的周末度假地来说有点太远了,而对于抱团旅游的观光客来说路费又太贵了,这就是为什么对研究者来说是一件好事,相对而言,这些岛屿还是文化的处女地。嗯,当然,一切已经不像西班牙 16 世纪发现这些岛屿时那样了。再也没有活人祭祀,也没有吃人的事情发生了。甚至在周边的土阿莫土岛上,直到 19 世纪中期还被一位名为马希蒂的国王所统治,他特别喜欢吃小孩子的肉。每次当他看到引起他食欲的小孩子,他只需用手指一下,他的随从就会用棍棒将孩子打死并将其拖进厨房。然而国王马希蒂天生乐于分享,因为当孩子被做成菜时,他还会邀请孩子的父母一起赴宴。他还很公平,因为他不仅吃别人的孩子,他还吃自己的孩子。

今天岛上居民性情温顺,至少是在通常情况下,人能做到多温顺,他们就有多温顺。但我为什么要告诉你们这本书讲了些什么? 我的一个熟人跟我透露,在看了我的书评后,他再也不想将这本书找来看了,因为"他完全看怕了"。这让我感到有点忧伤。

## 斯坦尼斯瓦娃·普瓦斯科夫茨卡-雷姆凯维奇、姆奈维尔·博仁茨卡、玛乌格热塔·瓦本茨卡-科艾海尔，《土耳其文学史》，塔德乌什·马伊达作序，奥索林姆国家图书馆出版社，弗罗茨瓦夫，1971

从 13 世纪到 19 世纪中叶，土耳其文学一直处于波斯-阿拉伯的影响圈中。最初，这是一种刺激作用。土耳其诗歌从几个文化成熟的邻居们那里接过衣钵，并且一并接过几个诗歌主题——在此处必须要说一句"很遗憾"——它从此就甩不开这些了。在苏丹的皇宫内对这些诗人赞誉有加。比如说，当诗人塞·加利伯发布他精妙的诗作时，苏丹塞利姆三世就曾拜倒在他的脚下。有时候，当然了，诗人们也会被剥皮，抑或是被扔进水池中淹死，但这只发生在特定的情况下，就是当那些诗人们不知为何想要突破传统教条的限制、尝试扩展他们诗作的范围、创造新主题的时候。奥斯曼帝国有很多才华横溢的诗人！甚至他们之中可能有某个潜在的但丁，但这个土耳其但丁直到去世，都不知道自己是如此杰出，他只来得及留下六首关于夜莺的诗（夜莺在土耳其语中被有趣地称为"bülbül"，但这只是一句题外话，然后我马上回到正题）。用几段诗节表现几个主题这样的事能持续多久呢？对其内容进行打磨、变形、强调和修改？可以持续一代人，或是两代人？

不管怎么说，五百年都写这些特定的话题实在是太久了。哪怕土耳其帝国进入到欧洲的深处，但它在文化上是如此闭关锁国，以至于完全没有任何与欧洲像样的文化接触，更不用说把西方文学译成土耳其文了。直到帝国出现危机开始摇摆，土耳其的

278

文学反而有了好的机遇。事实证明,没有人需要那些止步不前的宫廷诗歌,这些诗歌也不再能取悦任何人。可以看到的是,随着土耳其在欧洲节节败退,在这几百年来却涌现出某些奇怪的文学类型比如小说和故事、喜剧和戏剧。并且它们在新思想的压力下成长起来,在道德(相当于艺术)的强迫下展示出在不同环境的背景下完整的人性特点。在 19 世纪中叶,土耳其开始对世界打开一扇小窗户,开始的时候小心翼翼地开一点点,因为第一本非现实译著是让·德·拉封丹①的寓言故事。而在拉封丹之后,引进了莫里哀,在莫里哀之后是莎士比亚,在莎士比亚之后就多了,直到近代的娜塔丽·萨洛特女士②。今天土耳其在欧洲的版图只有很小的一块——讽刺的是——直到在这种窘迫的局面下,欧洲的文化价值才影响到土耳其本国文化的发展。很遗憾,在我们波兰对土耳其文学知之甚少,无论是古老的苏丹时期作品,还是新的更为民主多样的作品。这些新的作品中,我们只说得出纳奇姆·希克梅特,然后我们默不作声,目光呆滞,对此一无所知。我们不能光读这本文学史来代替读作品本身,但至少能够让我们对作品有所了解。

---

① 译者注:让·德·拉·封丹(1621—1695)是法国古典文学的代表作家之一,著名的寓言诗人。代表作品有《寓言诗》《故事诗》。
② 译者注:娜塔丽·萨洛特(1900—1999)是法国当代著名的新小说派作家及理论家。

何塞·马丽亚·科雷多,《弓弦之王》,

耶日·波皮耶翻译自西班牙语,

波兰音乐出版社,克拉科夫,1971

当何塞·马丽亚·科雷多写下他与帕布罗·卡萨尔斯数个小时的对话时,这位大师已经年逾八十。八十年中——其中有六十年他在弹巴赫并与之音乐之魂的交流最为密切。这之中有多少回忆,他的作曲家们和艺术家朋友们都可以排成一公里的长队。他的一生也很丰富多彩——他的一生是刚正不阿的,他怀着伟大的道德感与这个世界的邪恶斗争。这是一场英勇的战斗,这位毫不妥协的反法西斯者唯一的武器就是大提琴的弓弦。他们谈论过往的音乐才子,谈论当今的音乐,谈论表演的秘密。而最重要的是,卡萨尔斯不仅要谈论他已经完成的工作,还要谈论他正在做的工作——在别人看来他的作品是完美的,但他自己从不这么认为。因此我们看到,这是关于老年最美丽的景象。一般提到活力依旧的老年人,人们都会说,他们是"青春永驻"。这并不是一种聪明的说法,特别是针对那些真正伟大的艺术家时,那些艺术家们觉得自己总是处于壮年。那究竟怎么理解青春永驻那种通俗的说法呢? 通常认为,老者努力跟上当今世界的潮流,努力适应每一样新鲜事物,痛苦地接纳它们,以防自己被边缘化……也就是说,并不是真正灵魂的年轻,而是某种歇斯底里般

---

　译者注:波兰原文标题《与帕布罗·卡萨尔斯的对话》,此处使用了2001年上海音乐出版社出版的中文译本的译名,方便读者查找。

的负担。因此,在何塞·科雷多这种情况下,并不能称其为"青春永驻"。他从未想过要积极主动地采用现代音乐的建议,也从未对新的方式极尽溢美之词。他对当今世界的理解机制并不是现代化的,以他自己的方式,而毫无实用主义的痕迹:严肃的、老派的,与此同时他还在探讨诸如自由、人类尊严和性格等问题。这是多么不可思议,这些话是如此纯粹,仿佛他的大提琴所发出的声音。何塞·科雷多并没有故作年轻,这点令人赞赏。他是如此努力地工作,为了来得及完成和理解一切。正因为他是如此自我,所以他说的想法才是重要的、发自内心的。

## 亚当·克斯滕,《卡齐米日的华沙 1648—1668》,
## 国家出版社,华沙,1971

8月,在这座烟雾弥漫的城市,阴凉处也有30度。我在读一本书,是关于扬·卡齐米日统治时期的华沙,我默默为作者感到遗憾,因为这次他没有写些关于极地圈历史的文章。这本书费尽心思,精美有序地重建了当年华沙的面貌,它也尝试去确定其居民的数量,他们的来源构成、职业、相互间的关系、权利、风俗和历史的兴衰变迁,但我不能品味如此广阔的画面,因为我被热得受不了了。确实,我只是在寻找一个问题的答案,那就是在阴凉处也有30度的时候,那时候的人们是如何生活的——更何况他们还要穿戴着轻盔甲、金属薄片、长袍、皮草上衣、皮草军用夹克、贵族服饰、古波兰服饰、军队短袖夹克、高筒靴、手套、男士棉帽和女士贝雷帽、带金属亮片的女士发带和男士礼帽,还蓄着胡子。空气中没有化学毒气,但是人的屎尿味和马粪味令人窒息。在当时,洗澡被认为是不健康的,甚至还会被怀疑是品行不端的行为。在法国,《服饰的戒律》一书刚好就来自这个时代,里面讨论的只是每日洗手的必要性,此外,思想进步的作者补充道,脸也应该"经常"洗。

剩下的皮肤就归天使照看了。估计多年没洗的身体会散发出一种令人愉快的甜香味,以前被神学家称为"圣洁的气味①"。如果说的是那些由内而外散发着草药清香的隐士们,那我觉得也

---

① 译者注:原文为拉丁语 odor sanctitatis。

还说得过去。但 17 世纪的市民吃得满嘴流油，想要将红酒和啤酒一饮而尽，更让人细思极恐的是，他们还喝蜂蜜酒。在 20 世纪上半叶关于华沙的书籍中提到了一位澡堂服务生。不知道他是否后继有人。居民楼的窗户肯定是不打开的，这样做是明智的，为什么要让成群的苍蝇涌入这个闷热的环境中。让我们试想一下，那些依旧对会下地狱这件事坚信不疑的人，即使他们展望未来，也不会感到有多凉爽……我就说到这里，因为这样让我觉得更热。你们中可能会有人对我感到不满，因为我总是在边缘话题游离，这个人很快就会意识到，在下一篇小书评中，我还将更加偏离主题。

**《我们来介绍一下法式幽默》，**

**阿尔诺尔德·莫斯托维奇编选，**

**耶日·雅沃洛夫斯基插图，**

**艾斯克利出版社，华沙，1971**

幽默是严肃的小兄弟。他俩的关系就像虚构的阿伽特卡挨着虚构的亚采克①那样。兄弟姐妹之间长期存在着紧张的竞争关系。严肃以兄长自居，傲慢地看着幽默，而幽默则对此纠结不已，而且在他的灵魂深处，他希望像严肃一样踏实可靠，万幸的是，他模仿得一点也不像。

在幽默大师的个人生平中（例如，在前面所提到的这本书中——但这只是为了证明规律的一个例子而已）我注意到大师们在持之以恒，却了无希望地追求创作出严肃的作品。几乎每一位幽默大师在自己的创作生涯中都写过一些阴郁的小说或是戏剧，但这些作品都"被人遗忘"，而这位幽默大师写的一些边角料，通常他至死都认为这些东西是无关紧要的，然而却让他"在文学上占有经久不衰的地位"。我这辈子都没读到过这样的个人介绍，形容恰恰相反的遭遇："他写了数本漫画和无数闹剧，都未成功，直到他写出了关于中欧农民生活的戏剧性小说，为他赢得了不朽……"这多有趣！简直跟演员们的情况一模一样。几乎每一位喜剧演员都偷偷梦想着出演悲剧角色。我却从未听说，某天，一

---

① 译者注：亚采克和阿伽特卡是波兰70年代最流行的动画节目《亚采克和阿伽特卡》中的主人公，是一对相爱相杀的兄妹。

位悲剧演员在咖啡厅大吼道："那个笨蛋（在演员们的行话中，这一般都是在指剧院院长）又让我演哈姆雷特！难道在他那愚蠢的脑袋里就从没想过，其实我是为演胡多格贝[①]而生的！"真的，这太有趣了！我认为严肃和幽默具有相同的价值，因此我迫切地等待着严肃开始报复性地嫉妒幽默。例如，幽默具有各种类型，而严肃则没有具体的分类，尽管应该有。各位评论家们，既然你们使用"荒诞的幽默"这样的词，那你们也该同样引入"荒诞的严肃"这种说法！你们可以区分一下机智的严肃和愚蠢的严肃，令人愉悦的严肃和令人恐惧的严肃。不仅仅是评论家，专栏作家们也在开足马力地使用令人耳目一新的概念："有厘头"。是不是没有必要在生活中和艺术上探索非歧视的严肃？不得体的严肃？抖机灵的严肃？充满童趣的严肃？我将愉快地读完思想家 X 关于"极强严肃感"的想法，诗人 Y 关于"严肃遗珠"的作品，先锋派人士 Z 关于"出其不意的严肃"的观点。最终，或许其中一个评论家决定这样写道，"无名氏剧作家的糟糕作品被这个值得庆祝的严肃结局拯救了"，抑或是，"在诗人维斯瓦娃·希姆博尔斯卡的诗作中带有不经意的严肃口吻"？到目前为止，为什么幽默的报纸杂志中没有一个严肃角色呢？总的来说，为什么我们有这么多可笑的作品，却鲜有严肃的作品[②]？为什么呢？

---

① 译者注：莎士比亚喜剧《第十二夜》中一个喜爱喝酒的滑稽人物。
② 译者注：在希姆博尔斯卡所处在的年代，波兰报纸杂志上充斥着枯燥的内容，在她看来这些大而空的内容非常可笑，最后两句是反话。

### 安娜·陀思妥耶夫斯卡,《我可怜的费迪亚[①]》, 雷夏德·普日贝尔斯基翻译自俄罗斯文,作序并点评, 国家出版社,华沙,1971

    在 1867 年春天,婚礼一结束,46 岁的陀思妥耶夫斯基和他20 岁的妻子就从俄罗斯出发,前往德国。很难将这次出行称为是一场婚后的蜜月之旅。其实是作家为了躲避讨债人,他出逃的目的地是德国赌场,他想要在那里赢一笔钱。在此期间,安娜一直在写日记。我不知道,是谁想将她的日记取名为《我可怜的费迪亚》。由此可以看出,这位年轻的妻子对他身患重病、如痴如醉且又极具天赋的丈夫心生怜悯。与此同时,安娜对他的爱带着赞许、仰慕、盲目和顺从。《我了不起的费迪亚》《我最好的费迪亚》《我最睿智的费迪亚》——应该从这些中选一个作为书名。客观上讲——她与她的费迪亚在一起,让她经受如地狱般的痛苦、不安定和忍辱负重。但主观上来说——她却觉得跟他在一起很幸福,只要他一个微笑或是一句甜言蜜语就能让她不再落泪,并且心甘情愿地将戒指从手上取下来,或是将耳环从耳朵上取下来,抑或是拿出帆布包中最后一条围巾,为了让费迪亚能够将所有这些拿去换钱,再去赌博并再将一切都输个精光。这么做,哪怕只是能够给他带来片刻的欢愉抑或是让他在失败中振作一些,对她而言都是开心和欣慰的。她以他的眼光看世界,全盘接受他的观

---

[①]    译者注:即俄国著名作家费奥多尔·米哈伊洛维奇·陀思妥耶夫斯基(1821 年 11 月 11 日—1881 年 2 月 9 日),费迪亚是妻子对其的爱称。

点,分担他的纠结苦困,模仿他对所有非俄式事物不屑一顾的态度。

他时不时羊癫疯发作,而在当时他经常发作,这让他常常发无名火,在店里、餐厅或是赌场里与人产生争执,这都让她感到害怕。那时安娜已经怀孕了,但状态特别不好,或许正是因为精神长期处于紧张状态造成的。但是,就像之前提到的那样,她对这一切都欣然接受,她想要幸福,她能够幸福并且她不能想象自己还能够更幸福一点……我们在这里谈论的是伟大的爱情。在这种不幸的情况下,旁观者常常会问:"她(他)究竟看上他(她)什么了?"我们就别去管这些了,伟大的爱情是没有缘由的。它就像一棵小树苗,我们不知道它是如何在岩石坡上生长,它靠什么赖以生存,它从哪里汲取养料,又是通过怎样的奇迹让它长满绿叶。但它做到了,并且变得绿茵茵的——显然它已经找到了生命中必不可少的东西。雷夏德·普日贝尔斯基在序言中半开玩笑半严肃地写道,安娜·陀思妥耶夫斯卡的日记可以被当作是给妻子们的指南:如何与困顿不堪却心怀好意的丈夫相处。很遗憾,该作者的经验对其他人毫无用处。安娜并没有什么御夫之道。她逆来顺受的爱情仅仅是出于她的天性。

伊赖娜·古莫夫斯卡,《从菠萝到马铃薯——食品的小词典》,
中央工会理事会出版社,华沙,1971

　　美食专栏在我们的报纸杂志中是热门话题而且定期出现。
任何一本烹饪类的图书都可以有很好的市场预期。这类书很快
就销售一空——然后就可以在不食人间烟火和接地气的人手中,
在想要增肥和想要瘦身的人手中,在居家做饭和那些连给自己泡
壶茶都不会的人手中看见这些书。但有一类人从来不会去看这
些书:诸如我们的营养师们、餐厅老板们还有制订那些被称为菜
谱的人。烹饪书中大力推荐食用各类用不同的方式烹饪的食物,
这帮人却不为所动。这帮人完全不懂得什么是新鲜辣椒、菊苣、
芹菜或韭菜制成的午餐沙拉,至少在克拉科夫我从来没有在菜单
上看到过类似的菜肴。当然,像朝鲜蓟、马斯卡邦尼奶酪、婆罗门
参或西兰花这样异国风情的品种就提都别提了。在夏季和冬季
基本是白菜和甜菜根的天下,在其他某些地方也算是高贵的蔬
菜,但被我们的烹饪师傅们以一种极端简陋的方式烹饪,黏糊糊
的,还是酸酸的口感和气味。如果我是一名恐怖诗作者,我才不
会写任何有关老鼠和蜘蛛的作品——因为餐厅盘子上呈现的东
西更恐怖。我们就别自欺欺人了:伊赖娜·古莫夫斯卡这本精致
而生动的书也只会落到业余爱好者的手中。我们要买这本书,哪
怕只是因为秀色可餐。或许只是为了借此机会,在几个小时的阅
读过程中相信食物对一切都有好处。我们喝着酸牛奶①,因此,就

① 译者注:波兰十分常见的一种牛奶,口味发酸。

认为可以像高加索牧羊人那样长寿。我们再将牛奶中加入胡萝卜汁,我们就可以成为皮肤娇嫩的牧羊人。我们再为这独特的饮品配上由未去壳谷类做成的薄饼,我们就会成为牙齿健康的牧羊人。薄饼上一定要撒上水芹,这样我们这些牧羊人中就不会有秃头。想都不用想就知道——要往这些水芹中添加多少坚果。每天几瓣大蒜可以让我们去照顾那些粗心大意的牧羊人们,他们不吃大蒜,所以经常会得感冒。生洋葱会立刻让我们想做这份需要爱心的工作。纵然如此,我们可能还会有点忧伤,经常吃香蕉肯定可以改善我们的情绪。但目前还不知道,牧羊人应该吃什么,因为他们的忧伤来自没钱买香蕉。但别着急,很快科学就会在便宜的芜菁甘蓝中发现让人快乐的因子。我就说到这里,在此送上祝福,我要去度假了,直到十月份,我才会去山上小住。

## 《在院子里或别处——游戏手册》,汇编作品,
## 侦查视野出版社,华沙,1971

孩子应该严格培养,但要善待。善待包括理解,孩子每天必须找地方释放多余的能量。他们需要大喊大叫,在地上打滚,上蹿下跳。在大城市里,孩子们没有这么好的环境去做这些事,因此他们长得很不好:他们不能自由自在地疯玩上两个小时,他们必须整天待在不自由的狭小住宅、小院子里,这些地方都不能自由喊叫,或是去公园,但那里必须爱护草坪。《在院子里或别处》这本书提供了许多有意思的游戏,并提前就表明,玩这些游戏不用太费劲找场地。毕竟孩子们早就知道怎么玩耍,只是不知道可以在哪儿玩而已。每天到城郊去玩几乎是不可能的,因此只能靠小院子。城市规划者正在努力使庭院宽敞,配有花坛和沙坑。他们拆了旧棚屋,垃圾箱缠绕着常春藤结成的网。他们这样设计是出于卫生和美学的考量。很遗憾,对于儿童游戏来说,一个丑陋的棚屋比最美丽的草坪更有用,因为草坪是禁止踩踏的。在家里也是如此:一个杂乱的阁楼比公寓里精致的儿童角落更有趣。新的建筑却没有阁楼。

神秘的地下室也消失了,开地下室门的钥匙被小心翼翼地藏好,因为每个妈妈都希望孩子回家时跟出门时一样干净。所以咯,还是只剩下这些小院子。它们曾经是用矮墙围起来的破旧且狭窄的小院子——但是住在周边几个住宅群中装扮成印度人的男孩子们在其中一个小院子集合,只有在这个小院子里,在这个住宅群里,在这一天当中,会听到如地狱般的喧闹声。今天这些

公共的内部小院子被楼宇环绕,四百个居民一直受这些喧闹声干扰。因此,孩子们只能保持安静。草原之子们必须低声交流。哪怕他们想建那种绿树成荫的院子或是从地上建造一个带护城河和塔楼的休闲场所,但执法风暴会占领它们——街区管理部门很快就会参与进来。还好还没有玻璃房子——首先,这会让捉迷藏变得无处可藏;其次,警告会接踵而至:“小心点玩,不然你会打碎房子的!”请不要认为,我写的这一切是为让城镇化进步的车轮后退。我只是想说,轮子现在停在一个不利于孩子心理发展的地方。没有嬉笑玩耍就长大的孩子,会一直保留婴儿的特性,而这会是真正的不幸。

## 乔治斯·布朗德,《伟大的水手们》,
## 雅尼娜·卡尔奇马勒维奇-菲朵罗夫斯卡翻译自法文,
## 插图翻拍自法文版,
## 我们的书店出版社,华沙,1971

    制作精美的书! 您可以将它视为 16 至 18 世纪的版画专辑。这本书为了呈现这些图片,毫不吝惜版面,使用高品质的黄绿色调纸张也不心疼。整本书都来自法文版的再次印刷。尽管不愿如此,但还是会有这样的想法,我们还是没有法国那样的品位,我们的平面设计师无法设计出如此制作精美的书籍。通常他们能做到使用糟糕的纸张,以蹩脚的印刷技术执拗地展现他们的创造力和活力。这本书的定价很便宜:45 兹[①],对于如此有价值的画册而言,并不贵。这本书的文学价值也很突出。本书收录了七篇有关水手的故事,他们是未知土地的探险家。虽然在这方面已经有很多的文章了,而且我不是年轻人,他们才是这本书的受众,但读完这本书,让我感到美学上的愉悦并受益匪浅。虽然哥伦布、麦哲伦或库克已经是大众旅行文学的标杆人物,但我们对卡地亚、巴伦斯、拉佩鲁塞、布干维尔或夏科特这些人的遥远海域探险,却知之甚少。除霍兰德·巴伦斯之外,其他人都是法国人,因此也难怪作者会特别自豪地介绍他们,一边不断强调,他们身上的勇气并不带有冒险主义或无意识的残暴。乔治斯·布朗德有今天少见的写作才能:他是能够以丰富多彩和引人入胜的方式来

---

①   译者注:兹罗提,波兰货币单位,1 兹罗提相当于 1.7 元人民币。

描写正义和自我牺牲的人。他有可能是一名真正的怀疑论者：怀疑论者不仅关注所有糟糕的事物，还关注所有美好的事物。科学家让-巴蒂斯特·夏古船长就是所有美好事物中的一个典型。通过布朗德精彩的描述，让我们能够更了解这位船长。我对此深信不疑，你们一定会像我一样，因为了解而感到高兴。

霍斯特·克伦格尔,《古叙利亚的历史和文化》,
弗朗西斯卡·普什宾达翻译自德语,鲁道夫·拉诺舍克作序,
国家出版社,华沙,1971

　　这次,我将只讨论科学编辑写的序言。序言只占两页,却很奇怪。序言四分之三的文字都是克伦格尔自己在本书一开头所写内容的摘要而已。只有大约十几句话讲了实质性的内容:作者的介绍和对本书意义、优缺点的讨论。首先是作者的介绍:"克伦格尔不止一次在叙利亚问题上发声。在这本书中,他面向了更广泛的读者群。显然,他首先是以一名历史学家和考古学家的身份写的,同时,他文学方面的信息却反而是二手的。"——我不知道克伦格尔是谁,但我看得出来,序言的作者也不太熟悉,因为他用"显然"和"反而"这样的词来描述,却只字未提他其他的作品。但这跟他对书的指责相比,则微不足道。我跳过了前几个指责,因为它们是关于作品的,读者在读完这本书后,可以自行判断。然而,对于其他几个指责来说,则毫无缘由。正如我在序言中所读到的那样,克伦格尔是一个:"有时不能准确地把握细节的人。例如,塔瓦纳安娜这个名字是女王的头衔,而不是她自己的名字。有些地方日期太精确了。诸如此类。尽管如此,出于对该书价值的考量,还是不去更正了。"——也就是说科学编辑是知道的,但他不说。就让读者自由地去猜测,究竟哪个日期过于准确,还有哪些头衔被当成名字来使用以及哪些事实其实是不可信的。无稽之谈的巅峰是结论,结论显而易见,只有没有普遍价值的书才值得在参考文献或脚注中仔细研究。有这类价值的作品真是太

不幸了,因为只需拽出一个错误的细节作为例子,然后轻描淡写地补一句"诸如此类"。最后,我想写几句关于这本书本身的话,为了向读者们推荐某些有趣的章节——但这让我坐立不安。因为如果我告诉你们,早在公元前 16 世纪,在叙利亚覆盖着茂密的森林,成群的大象在森林里嬉戏追逐,法老图提斯一世在这些象群中捕猎了 120 头大象——我怎么知道这些信息里面有没有暗藏谬误,科学编辑观察得如此细致,他又是否偷偷地将错误埋藏在心底? 也许这里说的不是大象,而是犀牛? 也许不是图提斯,而是阿孟霍特普,也许不是发生在叙利亚,而是在波斯湾,抑或不是在公元前 16 世纪,而是早一点或是迟一点,抑或不是狩猎,只是从他眼前呼啸而过? 因此,我也要避而不语。

## 亚采克·科尔布舍夫斯基，

## 《塔特拉山脉在 19 世纪的波兰文学中的形象》，

## 文学出版社，克拉科夫，1971

　　塔特拉山脉直到 19 世纪才在文学上有一席之地。此后百年，塔特拉山脉旅游业才发展起来。这两者密切相关。旅游业的保护者和发起人是斯坦尼斯瓦夫·斯塔希茨[①]，一位具有伟大灵魂和强壮体魄的男子。他是第一位攀登洛姆尼茨基山峰顶的波兰旅行者（在当时，这座山峰被称为克伦帕克峰）。很长一段时间，斯塔希茨的探险队都没有找到效仿者。旅程很糟糕，在布库维纳有劫匪，没有桥梁和标记清晰的小路，更不用说避难所、高效的设备或是地图。在计划攀登时，气象方面的考量是如此的重要，全靠波兰喀尔巴阡老牧羊人腿上的风湿病来判断。可以这么说，在 1805 年至 1830 年间，每年大约有 10 个胆大妄为的人去攀登塔特拉山脉。其他大部分人都在科希切丽斯卡山谷和海之眼的周边闲逛。直到浪漫文学作品才激发年轻人对冒险之旅的热情。在克里米亚山脉的朝圣者[②]之后，在康拉德攀岩到"岩石之巅"[③]之后，在科尔迪安站在勃朗峰的顶端[④]之后，终于轮到这群诗

---

① 　译者注：斯塔希茨（1755—1826），波兰启蒙运动的领军人物，天主教神父、哲学家、地质学家、作家。
② 　译者注：波兰伟大诗人亚当·密茨凯维奇所著的组诗《克里米亚十四行诗》（1826）中的内容。该组诗富有东方色彩，流露出诗人对祖国的怀念。
③ 　译者注：亚当·密茨凯维奇的诗剧《先人祭》中的内容，《先人祭》是他的代表作之一，也是波兰文学史上最著名的经典之一。
④ 　译者注：波兰著名诗人尤利乌斯·斯沃瓦茨基的重要作品《科尔迪安》中的内容。这部作品反映了波兰贵族革命者脱离人民的致命弱点。

人们，他们与自我和上帝对抗，向塔特拉山脉之巅进军。很遗憾，当时的那些诗人们并没有写下任何关于塔特拉山脉的东西。像亚采克·科尔布舍夫斯基这样一丝不苟的文学研究者不能因此而气馁。作者在书中汇集了比前面名气稍微小一些作家的观点，并认真研究他们以何种方式描述塔特拉的高山景观，以及他们从中看到的变幻无常的哲学和美学的作用。变化无常——因为后来的实证主义以完全不同的方式描述了相同的风景。在这本书中没有任何让人眼前一亮的内容，也没有意想不到的发现，抑或是将伟大的天才人物从遗忘中发掘出来。但这本书是一份可靠的分析材料，一个新设置的主题和一千零一个文学小事，而这些小事今天很少有人还记得。

马尔泽利·科斯曼,《博纳王后》,
图书与知识出版社,华沙,1971

她设法为年迈的齐格蒙特生了六个孩子。尽管她的四个女儿和两个儿子中只有一个活了下来,但这不是她的错。她非常明白,仅有一位男性继承人将置王朝于何种糟糕的处境中,因此她抗议儿子的第一段婚姻,与来自哈布斯堡家族的伊丽莎白的联姻。这不仅仅是因为她认为与哈布斯堡王朝联盟对雅盖隆王朝没有任何优势,在这点上,她的想法是对的,但主要是因为伊丽莎白从小就神经脆弱并患有羊癫疯。博纳并不希望孙辈们是由这样一对夫妇所生,在这点上,她的想法也是对的。她还反对他儿子的第三段婚姻,是这位哈布斯堡女人的姐妹,她也患有相同的疾病。她还极力反对她儿子的第二段婚姻,与芭芭拉的婚姻。齐格蒙特·奥古斯特通过这种方式,与雄心勃勃的拉齐维乌家族联合在一起,与此同时,博纳多年来一直致力于巩固未来国王的地位,使他们独立于伟大的贵族家族。齐格蒙特对芭芭拉的感情,如莎士比亚般的悲剧爱情故事,时至今日仍让我们感动不已,但不难理解的是,博纳并没有为这份感情所动容,她君临天下,并希望她唯一的孩子也将如此。在她的一生中,她毒死了自己的儿子们,而他们因为自身的疾病本来就很不堪一击。因为她的"外国特性",被人指指点点——她是波兰王位上的第一个外国人。实际上,这种外国特性让她三十年来为雅盖隆家族的兴旺而努力奋斗。她为这个王朝的经济繁荣昌盛和秩序井然而努力。人们指责她干涉了一切,虽然这位奇怪的女强人巧妙地将宗教争议与自己撇清关系,而她的政治意见,实际上并没有人去听从,却是清醒和有远见的。可怜的博纳,最后她成了人们口中一个从国家手中取走了数不尽财富的骗子。那些财富也并没有达到数不尽那么多。王后们出行时,随行的物品应有尽有——凭什么博纳走的时候就必须赤着脚,只穿一件衣服?正如马尔泽利·科斯曼所写,毕竟她为这个国家留下了大面积的耕地、发达的城市、先进的管理制度。这位苦闷的女人在返回祖国的途中有点绝望。她还来不及看到她的孙辈们称颂她的工作。那个被冒犯的儿子没有将她的遗体带回瓦维尔宫①,尽管那是她应得的位置,在她的丈夫旁边。波兰作协应该派一名代表到巴里,在这位杰出的统治者墓前放一束鲜花。

现在该轮到克拉什夫斯基的小说《两位皇后》向她道歉了,因为在那本书里,她被描绘成绯闻女主角。如果没有人愿意去,那我就去献花。

---

① 译者注:瓦维尔宫建立在克拉科夫市维斯瓦河畔石灰岩山岗上,是波兰最古老的宫殿之一。卡齐米日时期(1333—1370)以此作为王宫,1595 年瓦维尔宫遭受火灾。其后齐格蒙特三世将王国首都迁往华沙。

### 卡齐米日·A. 多布罗沃尔斯基,《动物如何游泳》, 国家教育出版社,华沙,1971

　　动物是如何游泳的? 在桨、帆、气球、船柄、螺旋桨、降落伞、火箭发动机、喷气推进式发动机、涡轮机的帮助下……今天的生物学家,像他们 18 世纪的前辈一样,希望能够更好地向我们解释生物体的结构和功能,他们极力想要从技术领域找到可以类比的事物。这项技术更容易被理解,只因为它是我们自己的创造。于是我们了解到,原始独缩虫游起来跟带有喷气推进式发动机的车辆差不多。我怀疑,我们是否很快就会看到一本技术类的书,在书中会介绍基于微生物运动而发明的喷气推进式发动机。毕竟我们不能用更复杂的事去解释相对简单的事。微生物一直算是更复杂的事。我无法解释为什么我对此感到高兴,但我确实很高兴,这是事实。但是,以真理的名义,我必须承认我并不是为了微生物而去看这本书,我本是为鱼而来,因为我对这方面的知识储备极其匮乏。例如,我不知道鱼一生都在长大。现在如果看到两个垂钓者相互展示用手比画自己的鱼有多大,并不会让我感到有多惊讶。我的天哪,难道他们要为抓到一条小小的可食用的老家伙而洋洋得意? 还有另一个有趣的细节:有的鱼是肚皮朝上游的。然而,它们只在温带海域生活。我们在波兰河流中看到的那些鱼,它们通常出现在工厂附近,似乎并不属于这个物种。阅读给了我很多好处,以至于我都不介意作者使用“游泳力”这个词。但是,我不能原谅出版社忘记做分类索引这件事,这极大地限制了这本书的实用价值。

古斯塔夫·亚霍达,《迷信心理学》,
耶日·耶德利茨基翻译自英文,克莱门斯·夏尼亚夫斯基作序,
国家出版社,华沙,1971

没有不迷信的人——心理学家古斯塔夫·亚霍达这样说道。
只有不那么迷信或者特别迷信的人。18世纪理性主义者深信,知
识、文明和世俗的思维方式将使未来的人摆脱一切迷信,被证明
是徒劳的。大卫·休谟①并不认同这个想法,迷信这种偏好"或许
可以时不时地通过理性和科学来约束,但永远无法从人性中完全
剔除"。亚霍达书中研究了这个问题,这本书值得强烈推荐,同时
在书中他将野蛮人的智力与文明人的智力进行了比较。然后,他
让我们意识到有多少迷信的本能、不合理的信念、偏见和恐惧症
是伴随着的,有时甚至是由我们看似理性的行为引导的。没错,
跟原始人相比,这些情况在我们身上少多了。但这较少的数量已
经有一段时间都没有出现下降的趋势。它好像是为了以备不时
之需而存在,在不幸、危险、不确定性和风险中随时可以被激活。

不幸的是,这些情况无法从生活中完全消除。例如,每一个
危险的职业都有自己的迷信——无论是像采矿或航运这样古老
的行业,还是像航空这样的新领域。还有所有无法事先预测的活
动也是如此。演员、运动员、学生、猎人、赌徒——他们都有一些
幸运的数字、护身符、占卜抑或是敲没有涂层的桌底求福这样的

---

① 译者注:大卫·休谟(David Hume,1711年4月26日—1776年8月25日),苏格
兰不可知论哲学家、经济学家、历史学家,被视为是苏格兰启蒙运动以及西方哲学
历史中最重要的人物之一,著有《人性论》《道德原则研究》等。

习惯。这些不算是有害的做法，至少在个人范畴内：它们让人更自信，并且常常允许个体在清醒的状态下行动。然而，在集体范畴内，先入为主地倾向迷信则变得危险，特别是在有社会压力的条件下，就会有人，狂热分子或愤世嫉俗者，会借此发泄。亚霍达对此的论述，在我看来，还是太少，毕竟在战争中，在种族主义、沙文主义和不宽容的情况中，迷信所起到的作用是巨大的，而且我们这个世纪在这方面做得并不比其他世纪更好。然而，这本书的优点在于它激发了对这一主题的反思。既然我们或多或少都有点迷信的话，我们至少要意识到这一点——这样我们才能更容易地在参与一些集体疯狂事件之前给自己提个醒。

《波兰浪漫爱情故事》，

（卢兹维克·克罗平斯基的《朱丽亚和阿道夫》，

F. 贝尔纳托维奇的《不明智的婚礼》），

阿林娜·维特科夫斯卡编并作序（完美！），

奥索林姆国家图书馆出版社，弗罗茨瓦夫，1971

夫人们喋喋不休地要求他念，丈夫们喃喃地附和着她们。斯蒂尔·克罗平斯基将军开始是拒绝的，他说他不想破坏愉快的心情，而他的故事却令人悲伤。

他并没有将其视为已经完结的故事，最好的证据就是，他还没有将其交付出版，他只敢将故事偶尔读给一小群耐心的听众。难道亲爱的将军在责怪我们缺乏耐心？——当时的夫人们惊慌地问道，并富有成效。她们立即拿起多余的蜡烛走进沙龙，来到一张小桌子跟前，旁边坐着作者，她们将扶手椅拉过来，上边坐着耳背的老奶奶，其他人坐在小板凳和小长椅上，年轻人坐在更暗的角落里，一片寂静，老奶奶在耳朵上放了一个扩音器，得到这个信号后，卢兹维克先生从胸口取出手稿，轻声而动情地开始朗诵："朱丽亚和阿道夫，也就是德涅斯特河畔的伟大爱情的男女主角……"这种写于 19 世纪的 20 年代的浪漫故事，让今天的我们感到无聊和不耐烦，要把奖颁给将这个浪漫故事读完的人。但在当时，波兰的爱情小说让人眼前一亮，读者焦急地等待，一颗心随时准备为陌生人和品德高尚的人而感动。因此很快，沙龙里就传来叹息和啜泣声。不像现在，在电影放映厅的黑暗中，人们要偷偷摸摸地和小心翼翼地做这些事，为了不被别人发现。当时情况恰恰相反,听众招摇地啜泣,此起彼伏地较劲,仿佛是男性和女性哭声的对抗赛。最成功的情况一定是在晚上,正如作者回忆道,因为将军的诵读而过于激动,维尔霍尔斯卡将军夫人昏倒了。想一想现在成千上万个在波兰盛行的作家之夜。我只听说过一次晕倒的事件,所有人包括惊慌失措的作者都挤在一起,晕倒者及时苏醒,大家一致认为是闷热的房间和过量的香烟烟雾造成的。还有一个不同之处:如果在今天,某部当代作品催人泪下,几乎可以肯定的是,作者是一个以老套方式还原情景的老手。《朱丽亚和阿道夫》则有所不同——因为尽管作者的天赋并不出众,但先锋小说所探讨的问题很有个性,它的基调已经预示着即将到来的浪漫主义风暴。

将军夫人维尔霍尔斯卡晕倒——如果可以这么表述的话——在先锋的读者队伍中。今天只有在末尾的读者队伍中才能听到一些抽泣声。

琼·梅特盖,《来自新西兰的毛利人》,
玛利亚·普日马诺夫斯卡翻译自英文,
亚历山德拉·波塞恩-杰林斯基作序,
国家出版社,华沙,1971

当库克来到新西兰海岸时,他立刻确信这个岛上居住着波利尼西亚人。船长粗略估计居民人数在 10 万人左右。根据今天对当时的推测,居民则多达 25 万人。毛利人不识字,他们使用石头工具,实际上他们并没有称自己为毛利人。他们每个人都分别知道自己所属的部落,他们并不觉得自己需要更多的词汇,用来描述整个岛屿的事物。直到他们惊慌失措地遇到其他白人时,他们才会喃喃自语道:"塔那阿塔-毛利。"也就是"普通人"的意思。然后很快地,当地人就体会到了所有殖民地的灾难,我在此就不一一列举了,而我的读者们肯定知道,在两个并非势均力敌的文明之间,它们的暴力冲突意味着什么,尤其是其中一方手中还拿着火枪。无论是过去,还是这个岛的现在,都是新西兰人类学家琼·梅特盖的研究对象。在 1961 年的人口普查时,有 167 086 名毛利人被记录在案,占新西兰人口的 6.9%。这个少数民族现在享有完全平等的权利。种族歧视的现象已真正成为过去。从理论上讲,所有大学、职位和职业对毛利人来说都是开放的。但法律上的平等尚未成为事实上的平等。毛利人的生活水平低于白人,这是殖民时代的遗留物。他们开始接受更好的教育或更好的工作会更困难,因为不懂英语的话这根本就不可能,而白人为了达到相同的目的,则没必要会毛利语。此外,另一个差别就是,像

白人一样生活,只要根据一套自己的道德模式,而像毛利人那样
生活,则要活在精神交错中,他们要同时适应两种生活方式,自己
的和别人的,传统的和新生活的。在毛利人社区内,有许多社团
和俱乐部,其目的是保护古老的习俗、语言和艺术。这证明了毛
利社会生活的自由,但不幸的是,工业文明整齐划一的优势对这
种文化造成了威胁。哎,毛利人的数量是如此之少,以至于如果
他们将他们聚集在一个地方,就会立刻有琴斯托霍瓦①这座城市
那么大的规模——他们生存所面临的问题跟地球一样大。一个
国家体制中,不同种族的共存、同化、整合……这些概念中所包含
的严肃内容超出了我的专栏中欢乐的模板。不管怎么说,这些书
应该被所有人阅读,即使它们有时看起来很费解,也就是说,他们
并没有对一切给出令人满意的答案。

---

① 译者注:琴斯托霍瓦(Częstochowa),波兰南部城市,琴斯托霍瓦省首府。在波兰
克拉科夫北部,瓦尔塔河上游。

## 斯坦尼斯瓦夫·舍尼茨,《华沙女人们的皇家职业生涯》,第二版,艾斯克利出版社,华沙,1971

　　标题让人充满期待,而书里却只写了四位女士。我不得不说,这个数量对我来说似乎有点少。这并不是作者的错,如果他能有人可写,他肯定会愿意写一本更厚的书。类似关于巴黎女人的书籍,尤其是自最后几任法国国王时期,以纪念式的几部系列出版。这很难办。我们要努力喜欢我们所拥有的。第一位描写的华沙女人是芭芭拉·格然卡,据小道消息称她曾睡在皇帝的床上,她是齐格蒙特·奥古斯特最后一位心动的对象。第二位——安娜·杜瓦尔(又称为赖娜尔德),奥古斯特二世突然将其视为自己的女儿,赐姓为奥日尔斯卡,将她提升至皇室第一尊贵的夫人,对她关爱有加,显然都超过了父女之情。第三位是伊丽莎白·加拉波娃斯卡,斯坦尼斯瓦夫·奥古斯特长盛不衰的伴侣,甚至相当于他的正妻。在这个小集合中的最后一位——朱丽亚·哈乌开,路德维希四世的平民妻子,时至今日各地君主的祖母和曾祖母。这就说完了。队伍很短,尽管乍一看是各式各样。乍一看——因为如果有第五位更与众不同的夫人,那就太妙不可言了! 显然,安娜·奥日尔斯卡是知识渊博的。但无论她是与否,这都对她毫无帮助。她沙龙上的客人只记得她的舞姿,完全没有提及任何关于思想的交流。大家都认为,朱丽亚·哈乌开拥有令人着迷的谈话天赋。没有更多确切的信息,所以这位女士要么流利地说着习以为常的陈词滥调,要么就是她周围的人中,没有稍微有点文学天赋的,所以没有人去描绘她的人格魅力。人们回忆加拉波娃斯卡夫人时，也没有任何更高级的兴趣点或者哪怕确切的一个词。毕竟环绕在她身边的都是足智多谋的人，让她有时间去自我提升。在历史上，对格然卡的才智只字未提。总而言之，所有这些美女给人的感觉都是毫无思想、沉默寡言、目不识丁。如果她们中有谁写过信，那也是很无聊的信，没有一本日记被保留下来，她们的孩子们中也没有人成为艺术家或哲学家。哎呀，她们甚至没有利用这个好机会为后世留下诸如用兔子做的新菜或新款的长筒袜吊袜带。以盛产美貌和智慧女子而闻名的首都，却为皇帝的床上送去了这些平淡无奇的女子，就像是廉价的衣服……尽管我住在克拉科夫，但我并不因此而感到高兴。

《爱情诗集》,维克托·沃罗什尔斯基选编并点评,
第二版,艾斯克利出版社,华沙,1970,
《爱情诗集Ⅱ》,维克托·沃罗什尔斯基编写,
第一版,艾斯克利出版社,华沙,1971

　　如果爱情不断创造出新的诗人,那么以此类推,为什么爱情诗歌不应该创造出新的诗歌读者呢？这个想法不是第一次被提出来,但我们不要夸大这些想法,因为它们并不多。只要有时候,旧思想能够以新的信念和能量得以实现,这就足够了。也就是说,维克托·沃罗什尔斯基正是以这种方式编排爱情诗集。这里的主题只是一个吸引人的托词——事实上,作者是想让读者对各类诗歌都感兴趣,对读者而言,当他们一看到这些格式不常见的文章结构时,他们在精神上就会产生抵触情绪。有些人在读书时期对诗歌心怀畏惧或是感到无聊,用什么样的词都一样,受够了诗歌,那么他们就再也不会想去读诗。第二类人则在老师的监督下"接受"诗歌,甚至喜欢上诗歌,但将其视为陈年旧事,并没有再继续下去。终于还有一些人懂得,还有后续,并追随其成长的轨迹,但不小心在报纸杂志上读了几首烂诗之后,就不再想去寻找更好的。他们坚信诗歌被分为古老的和现代的,而在这两者之间存在不可逾越的鸿沟。沃罗什尔斯基对这一切既不感到惊讶,也没有因此而心生不悦。那些针对特定诗歌的评论带有一种亲密闲聊的语气,在评论中占据主流的是文学八卦和人情世故的随想,仿佛它们才是讨论的重点。

　　没有波兰语言学的辨析和各种主义,如此直率,反而让人由

不习惯而产生畏惧。他只是在谈论诗歌的形式，并解释为何要用这种形式而不是其他形式来写作的必要性——然而偷偷地，旁敲侧击且出人意料地，让读者在不知不觉中受到教化。在诗集中，我还看到了一个聪明的教学理念。没有对时代、风格、国籍和国家进行分门别类。这里一个帕普阿斯，那里一个但丁，这里一个霍勒斯，那里一位当代诗人。真正的巴别塔被放在时光机上。于是，读者们甚至数不清楚，他们究竟多少次必须跃过那些容易理解的古老诗歌与令人费解的现代诗之间的鸿沟。对于老手来说，这些都是显而易见的事情，但这个选集并不是为他们而作的，所以他们不必带着高人一等的优越感开怀大笑。这两部选集中，我都觉得缺了点什么，那就是试图消除另一个虚构的边界，即人们常说的，那些严格区分诗歌和散文的界限。

在 19 世纪，将这两种类型视为两种截然不同的类型，甚至设立两者之间的障碍，将"诗意"与"散文性的"进行严格区分。今天，每一个优秀的文学作品都否定了这种分裂。它迫使我们越来越多地将文学作为整体来思考，文学作品不仅有共同的目标，而且还有越来越多相同的写作形式。我窘迫地感叹道，我有多少次听到那些关于"诗人和作家"愚蠢的陈词滥调——好像诗人就不是作家，而其他作家不一定是诗人……噢，满是樟脑丸的幼稚气息！这就是为什么——言归正传——我认为如果在下一卷（因为我相信会有第三本诗集），哪怕出现当代散文的一些片段，也不算什么不好的事——而那些散文中所具备的诗意表达，就跟以传统形式创作的诗歌差不多。最后，我对出版社有些不满。一般来说，两部诗集应该在形式上保持一致。而它们并没有。这是第一点不满。第二点：在书的最后，没有姓氏检索，为此每本书可以让出版社省下一页纸，但对这本书和它的读者造成的损失则大多了。第三点：没有重视诗集的传播价值，不然就会把个别诗歌从诗集列表中删除——当然，是要在可能的情况下，因为我很清楚，必须要达到一定的数量才能出第一版。然而，这样的诗歌目录，即使是不完整的，也会缩短读者从诗集中选择一首诗歌到去读作者其他诗歌的路程，并对其诗歌有所触动。

### 赫伯特·温特,《洪水之前》,
### 安娜·耶日曼斯卡翻译自德语并作序,
### 大众科学出版社,华沙,1971

温特的新书很不错,只是略有点杂乱无章,让读者有片刻的工夫聊一聊古生物学史。我忍不住想讲一下这些历史事件中的一个轶闻。它不是最具戏剧性的或最重要的,但是令我的笔尖发痒,忍不住想写一写。嗯,在19世纪下半叶,人们发现美国西北部是一个真正的已灭绝爬行动物和哺乳动物的聚集地。需要发掘的区域很大,而被挖掘出来的东西数量则远远超出想象。这让古生物学家为之疯狂,而最疯狂的是两个人:科普和马尔什。两人出身富贵之家,他们倾其所有,为了寻宝探险。某一天,他们在堪萨斯州发生冲突,两人立刻变得势不两立。如果其中一个人在某个地方进行发掘,另一个人马上也过来争夺,他们俩同时声称自己有专有权和优先权。如果什么东西他们自己没有挖出来,那么他们就从中介商那里买来,他们一边从一个地方转到另一个地方,一边抬高每一块化石的价格。

起初,这两位大丈夫的古生物学竞争还体现在,在科学期刊上争夺一席之地,但很快他们的竞争就如潮水般涌入寻常的报纸。这两位先生公开指责对方非法盗取古生物标本,以及从事古生物学方面的间谍活动,更不用说存在古生物学方面的剽窃行为,由古生物学的冒险行为所致,此外,还带有古生物学上的无知和强烈地对古生物学的疯狂。这是我的喙——马尔什咆哮道。这是我的尾巴——科普说道。你快把骨头给我,而我才懒得跟你说,你算哪位——马尔什边说边跺脚。呵呵——科普回应道。他们曾不止一次想要抓起化石肋骨中的第一根去攻击对方——很可惜,那些肋骨有一座桥那么长。他们为发掘蜥蜴的能力和权利而争论不休,拉来科学机构、法院、社会和政治机构,甚至是参议院为他们评理。为此,讽刺作家都要忙不过来了。在科普去世后,马尔什只比他多活了无所事事的两年——因为生活已经没有意义了。于是,是时候来比较一下两位学者的劳动成果了。结果表明,这些成就是巨大的,无论是从以千克为单位的数量上还是成果斐然的知识性结论上。有人问,如果他们能够和平共处,他们是否会有更多的成就,而这个问题没有答案。为了实现实验目的,必须让他们复活,还必须在相同的条件下,唯一的变量只是相互间的厌恶变成友情而已。在上千个的历史案例中,我幻想着能有这种复活后的对比实验。从他们身上所得出的结论,将会多么有教育意义!最终,在面对心中所期待的美好和可以忍受的邪恶时,能够坚定不移!既然这已经是不可能的了,我不得不怀着沉重的心情,无奈地接受我所知道的事情:爱德华·德林克·科普和奥斯尼尔·查尔斯·马尔什互相仇视,却成就斐然。

尤尔根·托瓦尔特,《百年来的侦探们——犯罪学的历史和冒险》,
温蒂·克拉根和卡罗尔·崩斯赫翻译自德语,
文学出版社,克拉科夫,1971

　　曾经有一段时间,我同时爱上两个人:博洪[①]和夏洛克·福
尔摩斯。我很早就不再喜欢博洪。这是他自己的错,因为他的眼
里只有海伦娜。剩下福尔摩斯,万年单身汉,有一颗自由的心。
更让我放心的是,福尔摩斯多年来与华生生活在一起的事实证明
了他的清白。确实,我的这种爱很快就消逝了,但悸动仍留在心
间,我深信,再也没有任何人,无论是在小说中,还是在生活中,能
与这位天才侦探相提并论了。多么强烈的直觉! 多么大胆的推
测! 从沙滩上的足迹来看,他推测凶手就是有红色鬓角的人,而
从女士将长柄眼镜放在眼睛上的方式中,他准确地得出 50 年前
她的祖父在印度去世的结论。与福尔摩斯的成功相比,犯罪学的
真实历史看起来就是一团糟。成堆的文件,成千上万个实验室,
数百个仍然不完善的设备,一群人为了确定罪犯和被害人身份而
艰苦奋战,经常性对环境和死亡类型作长期调查,并且在许多情
况下仍然不确定调查结果是否是错误的……哪怕发现指纹也并
不容易。尽管今天看起来是如此简单,我们甚至觉得早在洞穴壁
画时代就应该进行指纹提取。而实际上,人类一直等到 19 世纪

---

① 译者注:波兰名著《火与剑》中的重要角色。伊万·博洪很早就开始了他的军旅生
涯,早年间他参与了针对俄国和鞑靼人的掳掠,在赫梅利尼茨基起义后加入后者
麾下成为一员悍将。他参加了绝大部分针对波兰联邦的战争,而且是坚定的主战
派,1664 年死于一场刺杀。

中叶才能够提取指纹。也是直到那时候，毒理学，关于中毒及其症状的科学，获得了坚实的实验基础。还有弹道学，即关于射击的一切，尤其是发现子弹的参差不齐，哪怕两颗由两把左轮手枪发射的子弹都是由同一家制造厂商制造的。

在托瓦尔特这本厚厚的书中，每一个犯罪类型都用一个真实的刑事案例来说明，我们读到的这个案件就像一个由几十个微型侦探小说组成的大侦探故事。这并不是一本性价比很高的书，因此我不认为还可以在其他地方买到这本书，尽管它几个星期前才面世。翻译这本书并不是一件容易的事。卡罗尔·崩斯赫的优势或许是他有法律的教育背景，这让他在翻译过程中受益匪浅。然而，温蒂·克拉根，一个有天使般灵魂的人，没有法律方面的全副武装，却要与复杂的法庭程序和恐怖的法医解剖台作斗争。

**《很久以前波兰人的情书》，**

**米哈乌·米西沃尔尼编辑、作序并点评，**

**文学出版社，克拉科夫，1971**

　　情书极少能流传下来。就像这个世界上的所有事物一样，它们会因为时间、战争和自然灾害而消逝，被损毁的原因并不止于此。最可怕的情书损毁人往往是收件人自己。他们阅后即焚，这样敏感的秘密就不会落入旁人之手。即使他们没有立刻焚毁，只要争吵、分手、冷淡，有新的爱情或是最后与别人结婚——每到这时候，情书就会被无情地处理掉。但有多少写作的冲动，在听严厉的母亲或是疑神疑鬼的伴侣的脚步声时，被咽了回去。将情书放在胸前可不是什么好主意。它们在紧身胸衣和乳房之间待了几个星期之后，就会变得字迹模糊。最终，那些在珠宝盒里长久留存并用粉红色丝带系住的情书，也很少能逃过这一关：它们的主人会在死前将它们撕碎，被认为一切都是空虚的[①]。如果情书的主人没有这样做，那他的继承人则会帮他处理掉这些情书，并且会很生气，因为珠宝盒没有放值钱的东西……因此，我们并不会因为很少有情书能被留存下来而感到不满，而且通常能被保留下来的都是匿名的和中规中矩的信，即使是没匿名的，那些信也像是照这模板一个字一个字抄下来的。情况还可能变得更糟：毕竟，国王扬·索别斯基给王后玛丽辛卡的信件能幸存下来简直就

---

① 　译者注：原文 marność nad marnościami，来自《圣经》，Vanity of vanities，all is vanity。虚空的虚空，一切都是虚空。

是一个奇迹。这些情书自成一册,因此在米西沃尔尼的书中没有收录。不过还有一个小一点的奇迹(小一点的只是因为情书的数量较少),即博古斯瓦夫·拉齐维乌给未婚妻的信。她是他的侄女,正值妙龄,父母双亡,继承了一笔遗产,而这位44岁的叔叔,尽管有无数阻碍、奸情和对手,却决定与她结婚。从几封辞藻华丽、纯波兰语且简明扼要的情书中,展现出一个人的形象,他毫不掩饰他的目的,但至少看起来是有血有肉的人。这是多么令人愉快的信件!在这里,形式上的恭维与赤裸裸的利益相结合,对健康每况愈下的自怨自艾,以及对未来婚姻生活的性暗示。这份爱很真实,抑或只是为了钱——有一件事是肯定的:博古斯瓦夫事无巨细地给他侄女写信,里面全是热点八卦、日常琐事,关于共同事务的一些进展。在我看来,对于一个利欲熏心的情人来说,这只狡猾的狐狸将会写完全不一样的内容:满是丘比特和夜莺等字眼的甜言蜜语,绝口不提一切令人不愉快的事物。嗯,最后再说一句话:与有趣的博古斯瓦夫情书相比,这本书中的其他信件,那些最甜蜜的情书,过于饱满的感情,就仿佛是浮在生活琐事之上的气球,让我觉得似乎更受利益驱使,酝酿着更大的阴谋……

### 兹比格涅夫·布科夫斯基和克日什托夫·东布罗夫斯基，
### 《欧洲文化的曙光》，
### 人民合作出版社，华沙，1971

通过考古学，我们看到从旧石器时代到中世纪早期的欧洲历史。考古学……这让我浮想联翩。毕竟，这是一门受人尊敬的科学。可以说，是科学之母。是否还记得，这位尊敬的女主人年轻的时候是什么样的？她的举止多么粗暴，她做了多少见不了光的勾当？记得，记得，甚至在她今天的形象已是如此伟岸时，提及过去也会有令人耳目一新的弦外之音。哦，这位女主人，在她获得考古学的头衔之前，她不过是盗墓的秃鹰。它们在夜间挖掘每一个可能有墓的小土堆——必须承认，它们的直觉很准，因为大量的古墓葬有明显非法入侵的痕迹。它们只对贵重的金属制品感兴趣，将其余的一切不屑地扔在一边，打碎头骨和陶罐，踩踏略微腐烂的木雕，用爪子抓烂铜剑，将牙齿和玻璃珠洒得到处都是。今天，作为一位伟大的女主人，她仍然亵渎坟墓，但她却是出于科学的目的。她仍然贪婪，甚至可能比以往任何时候都更加贪婪，因为她不仅重视闪闪发光的东西，而是要将所有的，按字面上说会被时间吞噬的一切都取出来——只是，她现在将她的贪念用谨慎压制住，为了不错过任何东西，不忽略任何东西，也不草率地损毁它们。我可以从布科夫斯基和东布罗夫斯基的书中了解到，对于今天的考古学家来说，完成一个新发现并不是一件伟大的艺术。真正的艺术则是妥善保存、维护和组织一系列各种各样的研究，以便立即实施。这些都花销很大，而且曾经技术上也不可能。

没有什么比过早发现文物古迹更麻烦的事了,例如拉斯科①或阿尔塔米拉窟②里非凡的壁画,因为失去了几千年来让它们保存完好的微气候,这些壁画迅速被腐蚀。目前,考古学工作会避免胡乱挖掘,而是将珍贵的文物古迹放到日后再发掘。例如,众所周知,在波兰还有几座像比斯库平③这样的古城长眠地下。那些沿着多瑙河中部,还有 3 200 年前的坟冢等待被发掘,它们各不相同。在苏联不只一座斯基泰人的坟,还有在英格兰从传说中的亚瑟王时代开始的坟墓,以及据说在意大利有多达 10 万个伊特鲁里亚坟墓也没有被发掘。除此之外还有在海底装满货物的古代船只也有待发掘。遵照我们这个世纪的精神,甚至考古学上的惊喜都需要从长计划。

---

① 译者注:拉斯科(Lascaux),保存史前绘画和雕刻较为丰富精彩的石灰岩溶洞。位于法国多尔多涅省。发现于 1940 年。因洞中各种图像种类繁多,制作方法多样,被誉为史前的卢浮宫。
② 译者注:阿尔塔米拉洞窟(Altamira),位于西班牙坎塔布利亚自治区的桑蒂利亚纳·德耳马尔附近。这些岩洞在距今 11 000—17 000 年前已有人居住,一直延续至欧洲旧石器文化时期。
③ 译者注:波兰比斯库平考古博物馆是波兰最著名的露天考古保护区,是在欧洲发现的最古老的防御性居住区;要塞的原始部分在考古学家的辛勤劳动下被成功重建。

库尔特·巴施维茨,《巫婆——巫术审判的历史》,
塔德乌什·扎布多夫斯基翻译自德语,
博赫丹·巴拉诺夫斯基作编后记,
国家科学出版社,华沙,1971

在 16 世纪和 17 世纪的欧洲,人们对女巫进行疯狂地围剿,到 18 世纪的时候,在各地报道的遇害者有一百万人。即使这个数字有点夸张,但对这种现象的恐惧也不会有丝毫地减少——恐惧的影响并不仅仅局限于遇害人数,还包括更多的受害者,那些幸存下来的人:隐居于世的人,身体上受到损害和道德上受到羞辱的人。女巫被烧得越多,就有更多的人相信巫婆的存在。然而,始终有人对此表示抗议,并且不懈地努力,希望至少能够缓和这种极端的行为。

关于这个时期的恐怖故事我们早已了解了很多,但我们很少知道他们是如何抗争的,因为这种对女巫的恐惧,并不会自然而然地消逝。不仅仅要记住那本臭名昭著的《女巫之槌》[①],还要记住那些让人回归理智和心生怜悯的书:扬·维鲁斯《女巫条约》、弗里德里希·斯沛的《良心之书》和巴尔萨泽·贝克的《着魔的世界》。有些省市值得一提,它们的掌权派曾经或许曾短暂拥有过理智,例如威尼斯共和国、巴黎。奥格斯堡、不来梅和乌尔姆为此抗争了许久。在布鲁日,颁布了一项法令,规定任何一个指控别

---

① 译者注:由天主教修士兼宗教裁判官的克拉马(Heinrich Kraemer)与司布伦格 (Johann Sprenger)所写成,于 1487 年出第一版。在当时,几乎人手一本。详细列举了很多种识别女巫的方法,发起了声势浩大的"欧洲女巫大审判"。

人会巫术的人必须被监禁并关押，直到指控得到证实。告密者立刻安静了下来。在英国，禁止审讯时的酷刑让告密行为显著减少。但库尔特·巴施维茨书中的荷兰小镇奥德瓦特就像在黑夜中的一颗星星让我眼前一亮。在那里有一个市秤，在赶集日的时候被用来称奶酪和面粉，但如果有必要的话，也可以用来称人。那时候，人们普遍认为，女巫的重量会比根据她的身高和体型推测的重量要轻一些，因此在很多地方都实行对女巫称重，遗憾的是结果往往对被怀疑对象非常不利。奥德瓦特的秤以其绝对可靠的权威性和终结性而出名。它为数百名来自邻国的难民、可怜人和被审判处决的人称重。在陪审员和当地居民的面前，用规定的仪式进行称重。然后，在市政厅，市长和市议员们一起，在听取陪审团的报告后，开具证书，在上面签字盖章，交给被称重的人。那里从来没有开出过一份死刑判决！被怀疑是女巫的人可以安心回到自己的家乡，而不必担忧自己的生命安全，她们带着书面证明，上面证实她们的体重是合理的。奥德瓦特的秤留存至今，被视为纪念碑。和秤一样经久不衰的是对当时人们的纪念，他们在秤的旁边上演一出出好戏，甚至不需要眨眨眼去暗示，因为所有人早就知道，最终的重量是多少。他们不仅仅是好人，还很有经济头脑。不精明的善良是无力的。

### 汉娜和沃伊切赫·梅什克夫斯基，
### 《在我公寓里的维修和改造》，
### 沃特尔出版社，华沙，1971

　　我不喜欢手艺人这个词，但我很喜欢这个词所描述的那些人。他们代代相传的本领，可以完成各式各样的手艺活，让我不禁想起原始社会，那时候，所有人要做所有事。事实证明，在社会分工时代之前所遗留的活化石完美地适应了这个出现维修服务危机的时代。除了没有失传的特定天赋外，这些人还保留着完美祖先的一个特点，对今天的我们来说受益匪浅：喜欢收集东西。每当在街道上看到一块金属板或是一个螺丝后，他们都认为值得弯腰捡起，因为即使不是今天有用，这些东西在10年内肯定会有用。其他人走进五金店，是因为迫不得已，他们去那里则是为了放松一下，花一个小时挑选凿子，嘴边还念念有词。手艺是与生俱来的，不会出现活到一半，才发现自己有这方面的天赋。就像练芭蕾一样——必须要在很小的时候就开始练习，不然就不可能成为芭蕾大师。手艺人的少年时光是丰富多彩的，摆弄腐蚀性的液体，打碎玻璃，电路短路和实验爆炸等这些随时可能毙命的事对他们而言，并不陌生。他们经常会因为违反校规而被叫家长，而家长在学校得知，他们的儿子在老师椅子下安装了一个会频繁敲击椅子的装置。手艺人长大的标志主要在于，他会将他口袋里的东西放到柜子里。当一个手艺人到一个新的居所，面对凹凸不平的地面和一系列类似的问题时，他早已得心应手。甚至人们会说，他是最适合这个地方的人。我这篇赞美手艺人的文章，与《在我公寓里的维修和改造》这本书关系不大。手艺人从不会去买这种类型的书，因为他们不需要。这些天才们早就知道该如何去做，例如安装门合页，只需眨眼的工夫他就知道了——实践对他而言，比挑灯夜读学习如何安装这些门合页的理论书籍有用多了。这本书更多是为了那些天真而笨手笨脚的人准备的。它在这些人的心中植入一个不切实际的希望，那就是遵照操作方法，第一次钉挂钩就可以轻松搞定。自己维修的想法幻灭后，只好叫维修工来处理，而维修工几个星期后才慢悠悠地赶过来。不过，我还是看到了读这本书唯一无可争议的好处。您装模作样地用高深的专业词汇跟修理工聊天，就像尤利安·杜维姆①与他的锁匠那样。如果生活没有交流还有什么意思。

---

① 译者注：尤利安·杜维姆(1894—1953)，波兰诗人，他善于刻画鲜明的形象，运用民间语言和日常口语。他的诗在人民中流传很广。他曾经写过一首关于与锁匠交谈的故事，在诗中，他通过重复锁匠的专业术语，假装能听得懂锁匠说的话，而实际上他完全不懂锁匠在说什么。

艾瑞克·弗洛姆,《爱的艺术》,
亚历山德拉·博格但斯克翻译自英文,马尔钦·柴尔温斯基作序,
国家出版社,华沙,1971

　　爱是一门艺术——艾瑞克·弗洛姆这样说道。当然,是将爱作为一种情感,而不是一门技术。在我们这个时代,有成堆的书在谈论爱的技巧。在这些书中,时常有种看黄片的既视感。我建议将"写烂书"一词收入词条,就是形容这些哗众取宠的作者们。写色情的烂书会对社会造成危害,而且读这些书也让人备受煎熬。而以精神层面来分析爱的书籍则完全不同。哪怕是最细节的描述也不会让任何人受惊,而描绘将爱付之实践的书则会吓到不少读者。问题仅仅在于,很多人自以为会爱,而极少数确实有天赋,既然爱是一门艺术,那么需要天赋。弗洛姆跳过了天赋的问题。他在探讨艺术家们和相爱的人们所共有的其他特点。也就是,爱情和艺术创造力都需要自律、努力、专注、全心投入和耐心。上面列出的每个特点我都同意,虽然他们之间的取舍完全是任意的。还有一些在艺术家们身上的特点,很难被认为是相爱之人的优点。弗洛姆作为精神分析师,他肯定是知道的,但他沉浸于育人的激情中,想创造美好和不幸的例子,因此没有将相爱的人和艺术家作进一步的比较。弗洛姆这本书的主要作用是为了让人们记起古老的真理,而这些在今天常会被忽略:爱不是被动的和娱乐的情感,爱不是索取而是付出,如果没有刻意的努力,爱是难以持久的。但我认为还是缺了些东西。就像大多数的道德家,弗洛姆无法避免作出草率的承诺。他认为,主动而强烈的爱

情肯定会成功与幸福。如果没有,那无非是出于两个原因:要么是因为我们自己的不完美(才不是呢!),要么是因为有一个糟糕的社会制度。爱情的失败,跟灵魂是否有趣无关,也跟社会制度无关,爱才不管那么多呢。只有一段谈及这点,还是在马克思的引语中,他是一个不愿意将所有的一切归结于性格缺陷和制度的人:"如果你爱对方,却没有得到对等的爱,也就是说,是单相思,如果你的爱让对方无动于衷,你的爱是无能为力的,是不幸的……"很遗憾,弗洛姆并不接受这种悲观的想法。他还是要做一个乐观的人,尽管乐观的心态并不能涵盖问题的全部。

斯蒂芬·斯特拉温斯基,《鸟、人和城市》,
大众科学出版社,华沙,1971

从远古时代起,就有一些鸟类生活在人类居住区附近,例如麻雀和燕子。但是否所有人都知道,近几十年来,很多其他的鸟类决定与人为伴,尤其是去城市? 我们却受不了城市生活,而向往安静的村庄,与此同时,大群来自农田和森林的鸟类飞向城市,一心想成为城里鸟。

鸟类学家注意到了这一点。在波兰很少有书讨论这个奇怪的话题,斯特拉温斯基的书是其中之一。作者显然不认为,鸟类会突然如此喜欢我们。只是它们不能再待在原先的自然栖息地。肥料、杀虫剂的使用,大面积单一品种的种植,将沼泽抽干等人类活动迫使鸟类去寻找其他栖息地。在城市里,鸟儿们更容易获得食物,密集的楼房让冬季更暖和,食肉动物也少了很多。一些品种的鸟表现出对城市生存环境极强的耐受力。举个秃鼻乌鸦的例子,它能在一个建筑起重机的臂上筑巢,虽然起重机在不停地移动,但它却勇敢地坐在那里喂养它的幼鸟。鸟类对丑陋的建筑物毫不在意,这点也令人惊讶。人们注意到,在社会主义现实主义风格的巨型建筑群中,麻雀、红隼和家鸽也可以开心地筑巢。家鸽简直是鸟如其名。我很高兴我能够遇见这本小书。这本书为我打开了全新的世界,都是我之前没有怎么考虑过的东西。现在,当克拉科夫的鸟儿们,那些疯狂的鸟儿们,坚定不移地飞向烟雾缭绕的建筑物时,我可以更加清晰地看到它们。当鸟儿想用叽叽喳喳的叫声盖过城市的噪音时,我也可以更好地听见它们……

**亚里士多德,《心理学和生物学小论文》,**
**帕维乌·希维克翻译自希腊语,作序、评论并作索引,**
**国家科学出版社,华沙,1971**

在亚里士多德死后的十几个世纪后,他的作品再现荣光,却让人感到很悲哀。在中世纪,他的成就被认为是人类知识的全部。他所写的就是一切,早先关于自然世界的描述都是他的,未来将会出现的一切也在他的掌控之中。每一个像他一样有过或者将要有类似命运的思想家,都很值得同情。这种命运就像堵住智慧之瓶的木塞……亚里士多德最初是一名医生和博物学家。生物学知识在其哲学体系中占有举足轻重的位置。他的知识面很广,甚至零星有些结论也非常准确。然而,他的作品被推崇为权威,几个世纪以来一直抑制着自然科学的发展。直到 18 世纪,亚里士多德都在医学和动物学方面阴魂不散。他被推翻后——他成了笑柄,成为中世纪臆想的象征。这也很可悲。今天,他终于重回他原本属于的智者之列:既不被神化,也不被丑化。还好幸存下来了——尽管这不是对逝去的人最合适的表达。如果有谁想好好补偿他一下,现在是一个好机会,帕维乌·希维克刚刚完成了他的心理学和生物学论文集的翻译,这也是首次从希腊手稿翻译成波兰文。在今天看来,这些话题也很有意思——《论感觉和被感觉的》《论记忆》《论睡眠》《论梦》《论睡眠中的预兆》《论生命的长短》《论青年老年及死亡》《论呼吸》《论生死》。阅读这些论文时,需要读者稍微自我控制一下,因为每读几页,读者就会被他比亚里士多德更聪明的想法所困扰,因为在许多事情上,他比这位希腊哲学家知道得更多。这种令人生厌的想法应该赶紧打消。首先，我们知道得更多，但还是远远不够。第二，他是独自通过经验和推理做到这一步，而我们仅仅是知道，就很了不起吗？事实上，例如他不知道血液循环，但并不表示他不如我们，我们只是从威廉·哈维博士那里接受了这种生理现象的知识而已。在这个领域的决斗中，亚里士多德只是输给了哈维，而不是我们，不是输给了我们，我们这些看客们。

## 路易斯·弗雷德里克,《日本武士时代的日常生活》, 艾丽吉亚·邦科夫斯卡翻译自法语, 国家出版社,华沙,1971

"日常生活"这个系列已经出版了几本书？然而,我只知道其中的一小部分,但这足以让我得出的结论,那就是每本书的质量不均匀,因为不同作者对不同主题的深入程度不同。不久前,我在这个专栏中还评论过巴兰迪尔的《刚果的日常生活》。今天我才明显感觉到,当时我对那本书中对信息的谨慎和透明赞美得太少了,尤其没有好好赞美一下它对历史背景的完美叙述。我在弗雷德里克的书中却没有看到这些优点。虽然武士时代持续了相当长的一段时间,从 12 世纪到 17 世纪,在摘要中这一时期的历史事件都非常笼统和模糊,这使得日常细节或至少大多数细节,在时间轴的叙事上都很混乱。在脚注中,作者(也许是作者?)解释说,历史篇章因篇幅有限而缩短,然后建议读者通过阅读乔治·桑塞姆①的作品《日本的历史》(第一卷和第二卷,1961 年在伦敦出版)来补充必要的信息。可怜的波兰读者们,没法从伦敦将书带回家,这让他们感到羞愧和无助。更过分的是,波兰出版商也没有从这些信息中得出正确的结论,在前言或后记中将缺失历史的部分补齐。这本书读得很快,读完在脑中也没留下什么。专门讨论文学的章节只有三页,对于这些丰富的文学作品而言,

---

① 译者注：乔治·桑塞姆(Sir George Bailey Sansom)是一位英国外交官和研究前现代日本的历史学家,尤其以他的历史调查和对日本社会和文化的关注而著称。

这个章节只能算是勉强及格。尽管作者在其他章节引用文学作品的片段,也于事无补,这些华丽的镶嵌并不能构成完整的图景。弗雷德里克在他的日本妻子吉原的帮助下写完了这本书,他在序言中对此深表感谢。"你太客气了!"妻子吉原可能会这么跟他说,一边打趣着一边毕恭毕敬地低头鞠躬。

## 亚当·克罗基维奇,《希腊哲学概述——从泰勒斯到柏拉图》, 帕科斯出版社,华沙,1971

标题中所指的时期只持续了两个半世纪! 在这期间,思想剧烈碰撞中,希腊思想从神话般的婴幼儿阶段挣脱出来,形成了基本的哲学概念,创造了一些有天赋的智者,并催生了从小亚细亚到意大利海岸的几个哲学学派的创建。柏拉图不是第一个有天赋写很多东西的人(在他和苏格拉底之前)。他的前辈们也写过杰出的著作——例如德谟克利特,他的作品曾经出现在罗马帝国的图书馆里,后来却消失得无影无踪。

很遗憾,同样的情况还发生在其他思想家的成就上。他们的观点只能在后来的哲学家和历史学家的引用和摘要中流传下来。因此,现在要写一篇关于这个阶段的人类思想并不容易,这个时期的思想极其丰富且举足轻重。从这些只言片语中构建出整体,而且这整体还是变化的,充满活力的? 在亚当·克罗基维奇的笔下,这个愿望竟然实现了。他创造了一个富有启发性和生动的图景,小心求证,在缺乏资料空白的地方——至少让人从心理层面觉得可信。两件事让我特别感兴趣:认为希腊哲学的起源植根于俄耳甫斯教①和将留基伯②作品的地位跟德谟克利特的原子论相

---

① 译者注:出现在公元前8—公元前7世纪的古希腊,以奥尔弗斯(俄耳甫斯)命名的秘传宗教派别。俄耳甫斯教的文本、教义、仪式活动以及组织形式在当代一直都是古希腊宗教研究领域最具争议的主题。俄耳甫斯信仰是否是一种统一的、精神趋向一致乃至具有核心教义的宗教,也一直都是学界争论的重点。

② 译者注:留基伯(约公元前500—约公元前440年)是古希腊唯物主义哲学家,原子论的奠基人之一,名气远小于德谟克利特。

提并论。如果不是作者自序中的最后几句话，那么阅读过程带给我的将全都是欢乐："我花了三年的时间写这本书。在华沙大学校长，斯坦尼斯瓦夫·图尔斯基同志和齐格蒙特·雷比奇同志的帮助下，我才能完成这项工作，他们允许我在退休后继续使用我多年来一直使用的大学工作室。"——这让我气得发抖。我从未想过，不仅仅是教学机构，而且同样以科学研究闻名的大学里，存在着"科研年龄"的限制，超过限制的人必须努力争取继续，才能获得继续工作的可能性。多亏校长非常友善，愿意为年长的同事提供帮助，才有了这本书。但毕竟，与人为善是个人的特点，事情往往会出现不尽如人意的时候。那时候该怎么办呢？

## 《追忆切霍维奇①——45位作家的回忆和手稿》，
## 塞维雷娜·波拉卡编写并作序，
## 卢布林出版社,卢布林,1971

　　干草闻起来是什么味道？这算什么问题——"干草闻起来有梦的味道"。奶牛在"食槽里咀嚼整个黄昏"——自然啦！当太阳叫醒我们时,清晨"就像是一面快乐的小镜子"……这些最美的表达并不是切霍维奇想出来的,而是他从别人现成的谈话中获得的。不知怎么的,甚至用引号重复他的话都显得很奇怪,毕竟在读完后这些话就立刻成为我们自己的一样！你完全不必死记硬背——它们自己就会映入你脑中。不仅是被摘录的短句,而且有包含在这些短句中的画面。因为切霍维奇,一看到军乐手这个词,就让我立马想起一只小狗,因为:"在战火纷飞下,驻扎着夜行军/在军乐手身边,有一只小狗在跑。""秋千"这个词则立刻会让草地和天空的棉衣出现在我眼前,因为:"草地秋千/绳索摇摆着天气/驱散着天空的棉衣……"我不能再引用了,因为篇幅有限,但切霍维奇的诗作是如此美妙,一个短句接一个短句,让人不忍释手,停不下来——他的韵脚由音乐的规则决定。因为切霍维奇也是在斯沃瓦茨基②之后,成为波兰诗歌界中最敏感的耳朵。哪怕只是想一下敲钟的声音。"咚咚咚"——曾经有人听到钟声是这样的,大家觉得还挺准确,于是就被大众接受了。然而,事实证

---

① 译者注:约瑟夫·切霍维奇(1903—1939),波兰著名诗人。
② 译者注:尤利乌斯·斯沃瓦茨基(1809—1849),波兰著名诗人,剧作家。

明,仍然可以用其他更深度的方式去表达这种金属的碰撞声。在切霍维奇的笔下,钟的敲打声是这样的"安安安"——闭上眼,好好品味一下这两种声音的不同。后者除了表达更美之外,还给人一种感觉,仿佛每一座钟里都有天使(安吉拉)在飞舞①……我读完这些诗人的回忆,心情复杂。我对此充满好奇,并对自己这种八卦的心态感到羞愧。

这些人将他视为同事、朋友、大师来谈论;他们试图在多年后重新构建他所讲的话,并试图将不同的情况与具体的作品联系起来。这很有意思,而这只是影响诗歌的外部因素。在阅读时,有一种想法令我困扰,每一首诗,包括烂诗,都有丰富的环境因素与之相伴。还令我感到困扰的是,即便是糟糕的诗人也会面对复杂的环境,所以也有东西要写。以此类推,一个作家的文字与生活的点滴紧密相连,而另一个作家则不然,他内心安定,沉浸在无人可以触及的领域。我怀疑,在那个领域,沧海桑田的过往对其毫无作用……

---

① 译者注:在波兰,钟声一般在教堂能听见。

安涅拉·科瓦尔斯卡,
《莫赫纳茨基<sup>①</sup>和莱莱韦尔<sup>②</sup>——1825—1830 年之间,
华沙及全国思想生活的共同缔造者》
国家出版社,华沙,1971

　　作者努力想以同样的客观性描绘来介绍标题中的两位人物,
但她还是更偏好莫赫纳茨基,这让我完全不感到惊讶。他的人格
魅力如此摄人心魄,同时具备年轻和天赋,尽管作家很出色,但他
的知名度依旧不高。他最重要的作品全集时至今日尚未发表!
因此,我一边在读安涅拉·科瓦尔斯卡的专著,一边从朋友那里
收集了一些莫赫纳茨基作品的旧版,现在真的很稀有,我一口气
就读完了。多么棒的散文!语言紧紧依附于思想,说服的力量可
以比肩信仰的力量,句子简单明快,富有弹性,此外还佳句频出,
如被电击中的火花一般闪烁其中。这并不是我发现的新大陆,一
直以来,文学评论家们就对莫赫纳茨基的波兰语写作质量赞誉有
加。然而——他在浪漫主义文学中的地位总是偏离"真正的"文
学的轨道。没错,他是杰出的专栏作家、评论家、思想家、历史学
家,但因为他不是诗人,所以他没有名气。莫赫纳茨基不如密茨
凯维奇那么伟大,仅仅是因为他没有写过一首诗吗? 也许是时候

---

①　译者注:矛利茨·莫赫纳茨基(Maurycy Mochnacki,1803—1834)是波兰文学家、
　　戏剧家、音乐评论家、历史学家和社会活动家,同时,也是波兰浪漫主义的主要理
　　论家之一。
②　译者注:约阿希姆·莱莱韦尔(Joachim Lelewel,1786—1861),波兰历史学家、文
　　献学家、语言学家、政治家。

该抛弃今天这种不合时宜的鄙视了,在任何情况下,诗歌总是高于散文,以此类推,散文小说总是比新闻报道更高级? 不然要以一声叹息来结束此事,波兰浪漫主义仅仅是诗歌和一些信件而已? 这也不是那么乏善可陈,我们还有莫赫纳茨基的浪漫散文。莫赫纳茨基散文中所表达的观点与布若佐夫斯基的观点相似。准确地说是:这两个人都认真而大胆地攻击不动脑子的行为,并且具有同样开阔的思想境界,他们都意识到,一个民族的存亡,不仅仅需要生产面包,还需要思想。

很遗憾,我在这里痛苦地承认,读布若佐夫斯基的作品让我苦不堪言:我一次又一次地迷失主线,或是卡住读不下去,青年波兰的风格是如此强烈以至于难以阅读。我更希望,有某个厉害的评论员能用他自己的话来总结一下布若佐夫斯基的想法……莫赫纳茨基的情况则截然不同。读他作品的乐趣是任何转述都不能代替的——如果有人想写一写关于他的内容,最好就是直接引用原文。安涅拉·科瓦尔斯卡很明白这一点,所以她大量引用莫赫纳茨基的话——就让他自己跟我们讲。尤其是,他所说的一切,时至今日,都让我们深有感触。

## A. 齐亚克和 B. 卡门斯基,《家庭事故预防手册》, 国家医学出版社,华沙,1970

在家里是非常危险的,每一步都有可能导致死亡或残疾。应该补充一点,现代设备越多的公寓,发生意外的机会就越多。最安全的就是生活在山洞里,而且必须是在善于捕猎的洞穴主人不在时,没有剑齿虎闯入洞穴内,才是安全的。在 A. 齐亚克和 B. 卡门斯基的手册中(出版社为了节约打字成本,竟然都没有给出全名)为我们描述了各种意外的情况,并教我们如何急救。作者们对指导的热情远远超出了题目所涵盖的内容。除了房子里的事故外,他们还讨论了院子里、树林里和河里的事故。最终,在这本多有裨益的书中,他们所写的最后一章是:《在大规模受伤的情况下如何急救(自然灾害、原子弹的袭击)》。这让读者吓了一跳,因为谁也没有想到,在这么一本小册子里,尤其封面还是一座靠着绑着绑带的腿站着的彩色房子,竟然会有这样的结尾。有一次,在作家座谈会上,有人问我,为什么不写文学作品,而写一些科普书籍和各种手册的评论。我当时回答说,因为这种出版物的结局永远不会有好坏,这就是我最喜欢它们的一点。现在看来,我将不得不收回这一观点并重新思考。毕竟,我再也无法确定,印刷机上会不会正在印刷一本照看婴幼儿的手册,而作者一直写到了世界末日。

爱丽丝·哈利卡,《昨日》,
万达·布沃斯卡翻译自法语,
文学出版社,克拉科夫,1971

　　爱丽丝·哈利卡是一个克拉科夫女孩,当她还是一个年轻姑娘的时候,她从家里出来去慕尼黑学习绘画,不久之后,在1912年,她去了巴黎,在那里,她嫁给了一位杰出的立体主义画家卢兹维克·马库西,并因此进入了前卫艺术圈。虽然她自己,作为一名画家,关于自己的作品没有写出什么有趣的内容,关于她丈夫的创作也没有,甚至关于其他艺术家的艺术也没有写出什么新意。巴黎的20世纪10年代和20年代,是伟大的时代,在所有艺术领域都取得了巨大而戏剧性的突破——在哈利卡的回忆录中出现了一系列关于名人的轶事。波希米亚生活的图景,奇闻逸事传遍塞纳河的两岸,风景如画的大型和小型名流队伍——渐渐地,一切都开始变得有点无聊。最终,人们渴望读到无名小卒的故事,这个人物只能在这一本书中出现——毕竟无论是现在还是将来都会有大量关于毕加索和阿波利奈尔的回忆录……哈利卡,正如人们常说的那样,她认识"所有人"。但认识"所有人"实在是有点多了,以至于没法好好了解一个人。精力和时间肯定是不够的。社交越多,友谊越少,这是众所周知的事。要给每一个新认识的人按下轶事的快门,然后火速转场,去另一个私人聚会,再奔赴下一个沙龙,参加一场全新的首秀……直到有一天,疾病使得这位女作家很长一段时间都足不出户,整个华丽多彩,人潮涌动的"所有人的"世界仿佛突然间跌落到地面,只有一位打零工的女佣杜波依斯女士来照看这位生病的女人。嗯,没错,正是这位杜波依斯女士,她才是最美轶事中的女主角,尽管她既不是艺术家,也不是名流贵妇,她只是一位谦卑的阿姨,以前从事过打扫厕所的工作。曾经,作为赌场庄家的老相好,她随他一起去过世界上的一些地方,同时她还在各种各样的黑市勤苦地劳作,一次在开罗,另一次在布宜诺斯艾利斯。当哈利卡询问她对这些遥远旅途的印象时,她礼貌地回答道:"您知道吗,我一直在地下工作,因此没见过什么……"我的上帝。

**罗伯特·艾蒂安,《庞贝的日常生活》,**

**塔德乌什·科土拉翻译自法语,**

**国家出版社,华沙,1971**

　　那些受委托去描写巴比伦或迦太基日常生活的历史学家,或许会偷偷地嫉妒艾蒂安:如果在每个古老的城市边上都有维苏威火山就好了! 没有什么比四米深的岩石层和火山灰层更好的保存方式。我不想插手去管任何人的报酬,但为了公平起见,我还是想说:罗伯特·艾蒂安写庞贝的工作要比他的所有同事容易得多,他的同事们只能利用一些凿成的巨石和一些不完整的骸骨去重构曾经丰富多彩的生活。而在庞贝的灰烬中,甚至保留着墙上的政治笑话、脚手架、炖锅里的菜肴、家庭账单……可以在没有重大异议的情况下重建人口的种族构成、规模,社会结构,商人和土地所有者的姓名,他们的财务状况等等。当然,还是有一些悬而未决的问题。例如,曾经属于西塞罗的别墅在哪里。但是,多少来自其他地区的考古学家想要解决这些微不足道的问题! 艾蒂安的描述几乎可以实现完美的准确性。

　　如果发明了一台时间机器,我们将可以前往庞贝城(在那些灾难发生之前),就像是去一座我们早已熟知的城市观光旅游那样。只有一件事让我担心,那就是我们去之前所学习的拉丁语,在那里将毫无用处。墙上的文字证明,在元音、辅音、口音和动词变位上,街头语言与正统形式大相径庭。"庞贝人说的是某种粗鲁的黑话——我们嫌弃道——几乎像西班牙语或法语一样粗鲁……"

芭芭拉·瓦霍维奇,《他生命中的玛利亚们》,
文学出版社,克拉科夫,1972

如果我们算一算究竟有多少看似无法克服的障碍,没有被我们的顽强和坚持不懈克服,我们怎么会对人类的未来没有信心。如果你想要证据,那么,这就是一个:在19世纪下半叶,欧洲在道德上对性的禁锢达到了历史的顶点,因此婚姻成为一种拘于形式的、风险很大的、令人生畏的丑闻,唯一明智的出路,就是跳窗逃走,正如果戈里笔下的波德科列辛①那样——纵然如此,还是有人结婚。显克微支则表现出了太多的勇气和决心,因为他结了三次婚,而且,他还经历过多次求婚和订婚的折磨。这是真的折磨,而且过程是漫长的,因为闪婚总是让人觉得动机可疑。年轻人只能在长辈们在场的情况下见面,互换着被审查过的小卡片,严格遵照订婚的礼数进行交谈,而礼数所允许的话题并不多,很快就陷入空洞和无聊之中,未婚妻坐在钢琴旁,开始紧张地用手指僵硬地弹奏着乐章。此时,未婚夫一边装出一副陶醉其中的样子,一边在内心深处感到恐惧,他真的爱这位姑娘吗,他完全不了解这位姑娘,甚至也不知道她是否爱着自己,因为这位姑娘是否爱他,由她的父母决定。这个很久以前就已经消失的风俗,早已被描述过上千次;如果今天,还有人想再以此编一个故事的话,那他将很难写出新意,也没这个必要。然而,如果写的是一个真实的故事,

---

① 　译者注:俄罗斯作家果戈里剧本《结婚》中的男主人公,剧本创作于1833年至1835年,讲述了波德科列辛在一天之内,从想结婚、相亲、见面、结婚到最后他消失在窗外的故事。

那还是值得一写的,与此相关的人物,通过信件、日记、流言和照片将证实这些人的真实存在,噢,那时旧的礼数将重新回到视野中,开始吸引、吓唬、让读者感动或是觉得好玩。当我们读芭芭拉·瓦霍维奇的书,那本讲述了显克微支生命中的五位玛利亚的书时,也会有这些感觉。如果有人特别富有同情心,那么他会对书中这些过世的主人公们(可以被认为是毫无抵抗能力的人)充满同情,因为他们的个人隐私被别人一览无遗。然而,这种同情并不会妨碍他把这本书读完。事情就是这样——他会跟别人一样,一口气将书读完,不管他是不是心怀内疚。

## 马提亚尔，《隽语》，
### 斯坦尼斯瓦夫·科沃杰伊奇克编辑、翻译自拉丁语并作序，
### 读者出版社，华沙，1971

　　马提亚尔出生于公元 40 年左右，生于西班牙，并于公元 104 年之前在那里去世，然而他最好的创作时光却是在罗马度过的，在那里他成为了大名鼎鼎的隽语大师，也就是警句格言。他的天赋让他善于开恶毒的玩笑，同时也让他在潜意识里懂得自我保护，得益于此，诗人总是知道可以对谁开什么样的玩笑。所以尽管他是一名讽刺作家，但是他很小心，他嘲笑归嘲笑，但说的是实话，他猛烈鞭挞，但不是用皮鞭，而是用公鸡尾巴上拔出的羽毛。他不会去惹具体的某个人，甚至是对残酷无情的统治者图密善，他还总是会在恰当的时机，为其献上热情洋溢的颂词（人们是需要谴责的，但是恺撒是神圣而无瑕的。在受人爱戴的执政者脚下，罗马比任何时候都能更充分地呼吸）。即使在他去世后，马提亚尔也没有因为他的机会主义而受到应有的惩罚：时间也不厚道地偏爱他。简单来说，就是颂词早已被人遗忘，而诙谐的讽刺仍留在后人的记忆中，直到今天，他们还会从更有利的角度去展现诗人的形象。我不知道在其他国家是什么情况——在我们这里，马提亚尔更为幸运，因为斯坦尼斯瓦夫·科沃杰伊奇克是翻译最为合适的人选。他的翻译不是博物馆的展品，而是日常使用的幽默，充满笑点、生动活泼、富有魅力、简明扼要。只有在两个地方，让我觉得有点翻得过于像波兰语，一处是当一位古代诗人梦想着在皮库特克夫①过着安静的生活……第二

---

① 　译者注：原文是罗马周边的小镇，译者直接用波兰的一个小镇名称进行代替。

处是当说到某个人,说他"有钱得仿佛像拥有冰窖那样<sup>①</sup>",这在罗马绝不可能是富有的同义词。在马提亚尔上千首作品中,只有不到五分之一流传了下来,如果每位伟大的诗人都有五分之一的作品能够历经 19 个世纪……我希望这其中至少有一首诗是关于我的隽语,比如说如下这首——很遗憾,还是马提亚尔的作品——

> 要说的并不是一场谋杀或是强奸,
>
> 而是要谈一谈我和邻居关于三只山羊的诉讼。
>
> 我说,是他偷了它们,因为就像掉进水里的石头一样无影无踪。
>
> 于是法官要求提供证据。
>
> 而你却在跟我们讲什么坎尼会战<sup>②</sup>,
>
> 你还提起布匿骗子们的愤怒。
>
> 你将苏尔和马里乌斯们从坟墓中拖出来,
>
> 还有米特里达梯和那些著名的穆修斯们,
>
> 你自吹自擂还摆出英雄的姿态。
>
> 但是,珀斯屯,你别忘了——我们说的是三只羊!

---

① 译者注:这是波兰的一句熟语,形容一个人非常有钱,因为在当时的波兰,只有非常有钱的人才有地下冰窖用于存储冰和食物。

② 译者注:坎尼会战,发生于公元前 216 年,乃是第二次布匿战争中的主要战役。据称,坎尼会战是人类军事史上单日死亡人数最高的战役之一。

朱尔·拉福格,《诗选》,
博格丹·奥斯特罗蒙茨基编辑并作序,
国家出版社,华沙,1972

　　很难说,朱尔·拉福格是一流还是二流诗人;如果他活得久
一点或许就会有答案了。但诗人仅仅活了27年。在1887年,法
国民众并没有怎么注意到这位过世的人。直到十几年之后,人们
惊讶地发现,当时那位仅仅是"初露头角"的诗人成为了下一代人
推崇备至的大师和导师——而这一代人的地位举足轻重,直接或
间接创造了整个20世纪的诗歌。拉福格的许多诗歌听起来像是
桑德拉尔和阿波利奈尔的早期作品。其他伟大的作家,比如说庞
德和艾略特,则时常承认阅读拉福格的作品让他们拥有更为天马
行空的想象力。拉福格将诗歌的语言变得口语化和漫不经心,从
而瓦解了诗歌的高高在上和一板一眼。他随意地模仿诗歌的惺
惺作态。在他之前(甚至包括在他之后……)有多少诗人能够让
读者感到仿佛胸中有小鸟在扑腾?拉福格假装他也想要说同样
的话,只是情感更夸张:"成千上万只灰色的海鸟/将它们的巢筑
在我的心房。"——然而,在这首诗的其他行中,他饶有兴致地演
示了这个比喻的真实后果并展示出其中的黑色幽默。因为如果
这些鸟再生蛋,破碎的蛋壳,扑腾的翅膀,拥挤和令人窒息……
　　有多少次当我们默默沉浸在某首诗的抒情情绪中,我们可以
确信,作者不会突然给我们一个意想不到的结果,让我们从恍惚
的状态中走出来,让我们在最不合适的时刻微笑,反之亦然,当诗
中的一切都如此美好时,让我们陷入黑暗之中……然而,他也不

是纯粹为了插科打诨而恶作剧。短暂易逝的年华,纠缠不清的爱情,疾病、死亡,无法重来的命运都是这些诗歌的主题。但是——如果要问拉福格——既然终究要如此,那么绝望地谈论这一切是否还有必要? 这难道是对于这些不可抗之力最好的赞美吗? 这难道会让他们心满意足吗? 如果这些事终究要发生在我们身上,那我们该怎么办呢? 就让我们付之一笑吧,让我们好好嘲笑它们的冷酷无情……我怎么知道,或许这样做并不愚蠢。

**《世界作家名录小词典》，**
**第二版，修订和增补版，**
**大众科学出版社，华沙，1972**

    三年前，我在本专栏中讨论了《世界作家名录小词典》的第一版。当时那本书并没有激起我的热情。词典呈现出未完成的状态，许多信息残缺不全，许多名字未被提及。今天，我手里拿着的是词典的第二版，修订和增补版。确实得到了纠正和扩充，我很乐意为此作证。这让这本书的实际情况和对这类书籍的理想情况之间的距离大大缩小。现在，这本书已经可以使用了。我可以不必再纠结于此，去处理其他的事情了，但当我开始翻看第二版的图片插页时，我突然陷入一种情窦初开的情绪中。有超过 200张面孔！这其中哪一张是典型的作家面孔？是否存在所谓的作家模样？眉头紧锁的皱纹，个性鲜明的抿嘴，还是标志着写作意愿的老茧？我想起了"贝格尔号"的船长，他以貌取人，不想带达尔文上船，因为从这位年轻生物学家的鼻子上，他认为他是一个优柔寡断的人。对于作家们来说，则更让人摸不着头脑。善良的人看起来像是反社会分子，像小绵羊一样的造反派，而伟大的灵魂在照片中看起来，倒有几分像是追捕令上的逃犯。也许不是每个人都是如此，毕竟其他人看起来也呈现出两面性——好像实际上他们是为其他职业而生的。巴尔扎克看起来像一个小旅馆的老板，乔伊斯像是一家殡仪馆的会计，艾略特像是一家精神病院的院长，亨利希·曼则像是一名决定毒害整座城市的药剂师。相似的面孔可能是截然不同的性格。贝克特看起来像是耶日·科维亚特科夫斯基,歌德则像极了我的祖母,再看着法朗士和泰戈尔,很难相信他们不是同卵双胞胎。在这样的背景下,即使是作家长得符合自己的形象似乎也像是一个陷阱:为什么切斯特顿长得就像是切斯特顿该有的样子呢,而托尔斯泰正好像托尔斯泰以及伏尔泰就像伏尔泰呢? 长相也是一个值得怀疑的问题。怪物可以找到一位彬彬有礼的肖像画家,而小天使则可能赶上一位野蛮的摄影师。不管怎么说,在这个图片展中,康拉德①让我觉得是最帅的,我这么说并不是出于爱国的自豪感。在帅气方面遥遥领先的还有梅尔维尔和海明威。易卜生完全被这场选美比赛排除在外,因为他看起来就像是遇见了一位发狂的理发师。从这一切可以得出什么结论? 完全没有结论。这就是我想要的结果。

---

① 译者注:约瑟夫·康拉德(Joseph Conrad, 1857—1924),英国作家,1857 年 12 月 3 日生于波兰。

## 皮特·邦克,《小学高年级朗诵教材》,
## 国家教育出版社,华沙,1972

　　这本书对五到八年级的波兰语教师颇有裨益。在书中探讨了朗诵的技巧。书中包含了正确发音、内容提炼、语调转化和演出表现等方面的指导。作者的论点都是基于学校课程所涉及的文本。众所周知,这些文章各式各样,从大师杰作到通俗作品。需要说明的是,文本的多样性并不是让我最为苦恼的事。学生们在课外阅读中也会遇到奇怪的文学大杂烩。然而,令我不安的是,学生离开学校时没有学会如何去区分好作品和坏作品。对文学作品的分析仅限于在学校回答"作者借此想表达什么"的问题。当然,这个问题很有必要,但如果最终就只有这一个问题,那么就会导致大师和三流作家之间的差距消失不见,因为他们想表达的都是一样的,所以他们是平等的。这本关于朗诵艺术的书(因此不仅要理解内容的意义,还要会欣赏诗歌的美)本可以在其中解答更多的东西。很遗憾,在我看来,作者没有好好利用这个绝佳的机会。例如说,在谈到一首诗的点睛之笔时,他将其描述为作品中"最重要的句子"。这在烂诗中或许是对的,而在好诗中,每一句诗句都是最重要的——这恰恰是一个绝佳机会,让学生们明白为什么是这样的。我读到了关于诗歌结构的奇怪概括:诗应该分为"初始、中间和最后部分",第一部分应该读得很平缓,第二部分则需要"增加声音的速度和力量,哪怕从内容看并没有这样的要求",而在最后部分需要减速和调低音量。

　　至少有一半"被分析"的诗歌在学校的这种机械化背诵中失

去了灵魂。有一条规则也让人觉得很古怪，那就是当涉及的是伟大的事物和壮观的现象时要读得"慢且大声，也就是说要气势磅礴"。虽说有时需要这样的，但有时却不需要。我不知道如果以这种方式背诵斯沃瓦茨基①的作品，还怎么能体会到其中的反讽，简直无法想象。此外，反讽的概念，哪怕是笑话或幽默，永远都无法通过分析文本来获得。笑声仅仅指的是"带着泪花的笑"。在多次提到《塔杜施先生》的那些片段时，作者从来没有建议过，其实这部名著在背诵时，完全可以放轻松，乐在其中。然而，诗歌所表达的一切恐怖和悲伤，都要以一种截然不同的方式进行强调。最后——诗的类型。比如说没有韵脚的诗歌完全没有在教材中出现过，但七年级的学生们还是会发现存在这种类型的诗。同样地，虽然没有标点符号的诗歌属于高年级的内容，但教师在书中没有找到关于如何指导这些作品的背诵的任何指示。遗漏没有标点符号的诗可能是因为作者觉得这种类型只是昙花一现，然而这朵昙花已经开了几十年……

---

① 译者注：尤利乌斯·斯沃瓦茨基（1809—1849），波兰诗人、剧作家。与密茨凯维奇和克拉辛斯基共同领导了波兰的浪漫主义运动。曾参加 1830 年的起义，并发表《自由颂》《颂歌》号召人民为民族独立而斗争。

### 伊赖娜和扬努什·克拉马莱克夫妇,《考古学之源》,
### 奥索林姆国家图书馆出版社,弗罗茨瓦夫,1972

众所周知,考古学发源于盗墓,但并非完全仅限于这种勾当。有时候,还会出于宗教和宣传目的去挖坟。说老实话,纵使是出于这些目的,本质上还是盗窃和在不经意间破坏有历史价值的东西,但如果谈及动机,它们确实更为高尚。这种高尚让亚历山大去偷窥赛勒斯的坟墓,而这个墓早已被破坏。然后,恺撒又闯入了亚历山大的墓。此后不久,屋大维步人后尘,不过他还是有点创新,他没有不怕麻烦地亲身进入墓地之中,只是命人将亚历山大的尸体带到光明的世界。是谁偷走亚历山大的盔甲,历史对此默不作声;但不管怎么说,在大型的庆典上,这身盔甲却穿在卡利古拉的身上。在很多个世纪之后,奥托三世进入查理大帝的墓中为了向他致敬。致敬就致敬吧,但他借此机会将尸体从宝座上挪开,将宝座带走了。据说宝座被转赠给了博莱斯瓦夫一世,而野史称,之后这个价值不菲的古董被沉入湖底。另一个盗墓的动因是为了寻找圣人的遗物以及在现场进行膜拜。海伦娜,康斯坦丁的母亲,命人挖遍各各他山①,为了找到十字架。在 12 世纪,拜占庭的僧侣们从希伯伦的石窟中取出某些人骨(也许真的是先祖们的骨头:亚伯拉罕、以撒和雅各),并对其进行膜拜游行。所有这

---

① 译者注:各各他山,天主教典籍译为加尔瓦略山或哥耳哥达,意译为"髑髅地"。此地乃是罗马统治以色列时期耶路撒冷城郊之山,据《圣经·新约全书》中的"四福音书"记载,耶稣基督曾被钉在各各他山上的十字架上。多年来,"各各他山"这个名称和十字架,一直是耶稣基督受难的标志。

一切都没有将考古学视为科学，但知道这些也无妨，特别是当这些通常都与当时时代的政治和宗教动因相关。作者们生动形象并且带着情绪地进行描述。很遗憾，这些情绪让他们时不时变成对着小孩子们的说教。故事主人公们让他们心生不满，而这种不满使得他们不愿去对这些情况进行更多的解释，在很多地方，历史背景被一笔带过，就好像他们认为此书的读者们无法理解更复杂的局面。

米契斯瓦夫·耶日·坤斯特勒,《中国字》,
国家科学出版社,华沙,1970

　　这本书不是新鲜出炉的,因为两年前就出版了。然而,在当时我没有及时买到,直到现在我突然在书展上注意到了它。如果生活在这个世界,却对中国文字一无所知,那也太孤陋寡闻了。读完之后,我仍将不会对此有深入全面的了解,而此时"一无所知"已经失去了它的原始意义,开始具有苏格拉底式的深度。在书中,我获得了很多关于中国语言和方言的信息,关于文字的历史,里面讲的是字义,而不是发音,这些字是如何构成的以及书法。我对字的构成最感兴趣。例如,表示安静的"窸"字由三个部分组成:房顶、心和器皿——这简直就是一首微型诗作了。总的来说,中国字迫使诗人们更为具象化。如果想写关于鸟的诗,他们必须当机立断,究竟想写哪类鸟:长尾鸟还是短尾鸟。或者也许他们会选第三个字,能将两者合一,但表示的是一种又肥又大的鸟? 当然,也有一个字是笼统地指代鸟,但在象形文字中,对抽象概念的抵触一直延续至今。中国字中还保留着对女性的厌恶。表达争吵的"奻"是两个女子的图形简化,表达背叛的"姦"则是多达三个女子一起……还有一个,显然易见,指代妻子的字,以及指代情人的字。"婦"是女人加扫帚,"情人"是女人加上长笛。我不知道是否有字可以表达那种理想的情形,就是在欧洲所有女性杂志要求我们的那样:将扫帚与长笛相结合。一方面要感谢作者所提供的丰富信息和清晰的讲解,但一点让我感到很遗憾,作者很少谈及日常实践中所用的中国字。

我想知道,例如,在学校里需要多久才能学会读写中文? 要过多久才能记住所有将会用的汉字? 做笔记的效率如何? 还有中文打字机长什么样子? 我所能想象到的就是一台硕大的机车,需要80名身手矫捷的文秘将它从一个地方搬到另一个地方。这样说来,文秘的汉字可能是很多女性和一条龙的组合。

冈特·坦柏洛克,《动物的声音——生物声学入门》,
哈林娜·雅库布契克、
玛利亚·卡奇马尔卡和丹努塔·瓦西利克翻译自德语,
国家科学出版社,华沙,1971

    生物声学是最近独立的学科。很长一段时间以来,它只是动物学的旁支。今天,得益于新设备的运用,可以更好地进行有条不紊的研究,且成果颇丰。能够接收超声波使得人们听到那些本来被认为是沉默的动物的声音;能够在磁带上录制声音使得人们对此可以进行细致的区分和分类。结果发现,原来小鳄鱼早在壳里就会嘤嘤了。大象有绝佳的听力——我在某处读到——让瓦格纳和柴可夫斯基都自愧不如。在同一种类的鸟中存在不同的方言。青蛙要三只一起呱呱叫。鱼会说话。海豚向人类展示它们是多么话痨。更不用说那些我们的耳朵难以捉摸的老鼠们的长篇大论。我是随机写的,所以当然无法从中得知这本书的布局和冗长的论据。

    这本书读起来有点费劲,在开始几章需要门外汉多费一些精力。但花费这些力气是非常值得的,特别是在度假的时候,那时候我们有更多的时间去自主地探索世界。感谢坦柏洛克和三位勇敢的翻译,让我们不仅知道原野上什么在高歌,还告诉我们用什么高歌以及为什么高歌。

保尔·瓦雷里,《文字之美》,
多娜塔·艾斯卡和亚历山德拉·夫雷贝索娃翻译自法语,
亚历山德拉·夫雷贝索娃编辑,马切伊·茹罗斯基作序,
国家出版社,华沙,1971

　　保尔·瓦雷里是一位创造了"纯诗"概念的作家。纯粹——没有描述、情节、哲学教诲和迫在眉睫的新闻时效。他写作了这样的诗歌。他也是这么写诗的。有一次我读的是法文版,其他时候读的是译本,总给我一种感觉,那就是我读它们的时间都不合适,我没有足够自由的头脑去享受它们。或许明天合适? 或许一个星期后? 然而那一刻从来没有到来,让我怀疑是不是已经来过了。也许我注定至死只能读懂那些不那么干净的诗人[①]? 我认为瓦雷里的文学评论比他的诗歌更具创造性的能量……也就是说,读者们无法心平气和地去读,而是对它们又爱又恨,令人瞩目地不断再版,产生现象级的影响。瓦雷里写文学这个词时大写开头字母 L,写诗歌这个词大写 P,甚至是连语法这个词都大写 S![②]他要求诗歌追求极致的完美,以至于如果有人想完全照着他的要求写诗,他可能立马就不再想写了。而那些古代诗人中,又有谁能够符合瓦雷里的严格要求?"这也不算什么,"他写道,"哪怕作品时不时有神来之笔和灵光乍现。"

---

① 译者注:希姆博尔斯卡开了一个玩笑,因为波兰语中干净和纯粹的词根是一样的,所以她在这里玩文字游戏,干净的诗人才能写纯粹的诗。
② 译者注:在波兰语中,文学(literatura)、诗歌(poezja)和语法(składnia)正常情况下开头字母都是小写的,大写开头字母一般是为了强调专属性和重要性。

"如果其他部分（诗作的——希姆博尔斯卡注）并没有达到相同的水平——那我就觉得几乎毁了整首诗；那时候我就会感到极其愤怒；当偶尔散落在文中的美好时光越珍贵，我的怒火就越大。"说得真不错——只是在具体情况下是怎么样的呢？难道一首简短且毫无瑕疵的抒情诗就能超过但丁的《神曲》，因为《神曲》中有不少瑕疵。同理，拉辛的作品，如镜子般平整光滑，就能比莎士比亚的作品还要完美，因为莎士比亚的诗歌时而高潮迭起，时而平淡无奇。哎，瓦雷里。有时我会觉得，我尊重他的理论却反对这个假设：恰恰是因为这个理论摇摆于伟大的构想和极致的疯癫之间。他对小说没有好感，只有司汤达是一个例外。当他认为小说毫无艺术表现力的时候，普鲁斯特的作品正在掀起阅读革命。在他的周遭开始出现超现实主义，他却没有从中看到任何令人耳目一新的东西。我们从序言中得知这些事情，本书的编辑努力想避开某些文章，以免我们认为瓦雷里是一名会错误百出的艺术家，抑或是他的看法与他所在的时代潮流不符。但很遗憾。聪明绝顶的代价往往是某种程度上的盲目。就把这个代价展示出来又何妨。首先，因为这样会很有意思；其次，因为这才符合人性；第三，则是因为我们不是小孩子，我们能够理解这种情形。

安德烈·巴尔尼茨基和乔安娜·曼泰尔-涅其科，
《埃塞俄比亚的历史》，
奥索林姆国家图书馆出版社，弗罗茨瓦夫，1971

据《圣经》记载，示巴女王对所罗门进行了亲切友好的访问。埃塞俄比亚的传说并没有局限于如此冠冕堂皇的表述，而是传播另外一种故事版本，那次访问的氛围非常亲切，甚至过于亲密。

尽管有七百个妻子和三百个妃嫔，所罗门王显然有时间也有精力与这位贵宾展开一段浪漫故事。如此彬彬有礼的后果就是有了现任皇帝的祖先，孟尼利克一世。我并不羡慕宫廷的史学家们，他们必须一方面证明王朝近三千年连绵不断，并同时提前确保所有皇帝和皇子的女人都是绝对忠诚的，无一例外。究竟要展开多大的扇面才能驱赶走这种疑虑！我本很想就这个话题继续讨论，但书评的义务让我不得不就这本书写几句，而这本放在我面前的书，又厚又严肃。本书讲述了埃塞俄比亚（我们俗称为阿比西尼亚）的政治历史，从传奇的开头到 20 世纪 60 年代。这本书是第一本用波兰语写的这个类型、级别和体量的作品——也是世界文学中的第一批之一。其实，埃塞俄比亚可没被少写，至少在过去的一百年间，但那些都是支离破碎的文章，经常带有偏见，研究方法也早已过时。因此，这两位波兰作家的作品，历史学家和语言学家长期合作的成果，将有机会被翻译成他国语言，我真心希望它能被广为流传。在欧洲，很少有人知道这个古老国家的历史，这个国家历经多次危机，例如在 16 世纪时曾遭遇奥斯曼的入侵或在 19 世纪与殖民主义奋力抗争。在新的时代，在被侵略期间以及后来被意大利法西斯占领时，阿比西尼亚不顾一切地保卫家园，为其赢得了所有有识之士的同情。埃塞俄比亚皇帝有各种各样的绰号——其中有一个绰号是"dżan hoj"，意思是"大象来了"。当意大利侵略者将这个令人生畏的绰号与皇帝海尔·塞拉西二世的形象联系起来时，肯定会忍俊不禁，他的虚张声势似乎已经难以扭转时局。然而，在历经五年的占领后，在1941年，这个绰号终于不再令人觉得可笑了。"Dżan hoj"回到了重获自由的祖国。在人类历史上，最美的故事就是这些小象们的命运无常。

奥尔加·西诺莱利,《埃莱奥诺拉·杜斯》,
芭芭拉·谢罗谢夫斯卡翻译自意大利语,
读者出版社,华沙,1972

　　在上个世纪,杰出演员们的魅力是无限的。他们究竟是否比今天的同行们更有才华,这一点不得而知——但可以肯定的是,他们对观众们的想象力影响更大。他们被模棱两可的光环所包围,这对这个职业非常有利。虽然他们如普通人那样被埋在教堂后的墓地里,但人们依旧对此抱有怀疑,怀疑他们是否与某种不洁的力量紧密相连。据说,埃莉诺·杜斯的房间闻起来有一股如地狱中燃烧的焦油味。在街上偶遇一名著名的女演员,就会让那些天真的群众惊讶不已:她是如此不起眼,穿得如此随意,就像其他人一样……请你们想象一下,我的读者们——尽管她生活得放浪不羁,并且可以买得起任何东西,但她仍会让人心生怜悯……在今天,这早已不是什么稀奇的事了,但在当时,这种情况被认为是新发现,让人震惊且难以理解。奥尔加·西诺莱利关于杜斯的这本书很厚,也很过时,因为作者还是对此感到惊讶不已。这毕竟体现出那个时代的局限性,幼稚得宛如天真无邪的少女。在这本传记中(或许更像是圣人传),讲的是"处子般的灵魂"和"在激情之火中燃烧"。在这种风格下,很难指望作者会对女演员的作品进行客观的分析,抑或是在戏剧史上给她恰当的地位。哎,甚至很难有一些让人津津乐道的流言蜚语,因为奥尔加·西诺莱利在传记中粉饰太平,掩盖了所有偶尔可能会展示出杜斯真实的一面和不好的性格特点。这简直毫无意义。完美无瑕的人很难让今天的读者信服,这会让他们产生更坏的怀疑。因此,西诺莱利反而害了杜斯,让人觉得这位伟大的女演员可能只剩下缺点了。例如,她写过一些糟糕透顶的信件,过于浮夸的感情流露,除此之外,还是长篇大论且空洞无物。如果只是引用一些片段也无伤大雅;但很遗憾,西诺莱利毫无节制地引用,而出版社竟然也允许出版这种无聊的东西,就仿佛埃莱奥诺拉·杜斯是一位书信体名家一样。

戴维·马歇尔·兰,《格鲁吉亚》,

沃伊切赫·亨塞尔翻译自英文,

国家出版社,华沙,1972

令高加索人引以为豪的是：他们不是从某个地方来到自己的土地上,他们一直在那里,至少从地球上有人类存在的迹象开始就在那里了。在某些人眼中,例如在格鲁吉亚人看来,所有欧洲人都是刚刚在新家园定居的游牧民族,而且到现在还没有完全安定下来。事实是,人类学上认为高加索人是晚期智人的假设起源之一。科学回应了当地的信仰,即这里正是《圣经》中的天堂。格鲁吉亚人有关于这个传说自己的版本。没错,上帝先是创造了不同的民族,然后决定为每个民族分配一块土地。但是,可能是由于在盛宴待得太久,以至于他们去申请分配土地时到得太晚了,那时候所有的土地都已经被分光了。上帝是如此喜爱格鲁吉亚人,所以他作了巨大的牺牲,将原本打算留给自己的土地分给了他们。正如我们今天所说的那样,格鲁吉亚是一个特别预留出来的国家。真是一个有趣的传说。不幸的是,当历史学家想进一步研究过去的时候,这个传说不能提供任何帮助。即使我们承认,格鲁吉亚这个民族由来已久,但它作为一个从混乱部落中独立出来的国家,也不过只有3 000或2 500年。这个问题很难确定,而兰也就没有就此给出充分的解释或提出任何自己的想法。或者他提出来过,但与数不清的题外话缠绕在一起,尽管我非常仔细地阅读,但还是没有注意到。有一件事似乎是肯定的：作者的学富五车并没有赋予他同样出色的信息表达能力;他的文章,特别是前几章,很难概括。在谈及中世纪格鲁吉亚的问题上则更为清晰,或许相对介绍得更好一些。兰一直介绍到 12 世纪,格鲁吉亚文化的黄金时期,以塔玛拉女王和鲁斯塔维利为代表。如果你不指望我用简短几句话来补充一下更远古的格鲁吉亚历史一直到我们所处的时代,那这本书就讲完了。当我把这本书放回书架上时,我有一种感觉,这本关于格鲁吉亚历史的书与我之前的期待不符。但就目前来说,这也足够了。

斯蒂芬·赫梅莱夫斯基、
玛丽安·德罗兹多夫斯基、耶日·福格尔，
《希雷姆①的历史》，斯蒂芬·赫梅莱夫斯基编，
国家科学出版社，波兹南，1972

    《大百科全书》里关于希雷姆只有 30 行。波兰有多少城市的大小与希雷姆相同，同样古老，甚至更大或是更为古老的城市，会同意被这么一笔带过？不管怎么说，希雷姆并不愿意。在希雷姆市政基金的支持下，经过这个城市居民多年的不懈努力，在今年，他们没有出版那种《希雷姆旅游》的旅游观光手册，而是出版一本430 页的论著，装帧精美，有插图、索引和参考书目。这本书严肃认真地丰富了我们对这座小城镇历史的了解，因此它可以永远被放置在历史学家和历史爱好者的书架上。

    正如你所看到的，对乡土的热爱并不一定要以土里土气的方式来表达——也可能用认真且持久的文化成就来体现。我希望这个例子能够激励其他小城镇居民的雄心壮志。这些专著的最大价值在于细节方面——这本书中包含了关于城市历史的所有内容，从早先在希雷姆附近发现的卢萨蒂亚文化遗物，到近期对宏伟的铸铁厂的介绍，从旧编年史、记录、清单、旧地图、账单，抑或是旧报纸、回忆录、统计数据中获得的一切，都让我们更接近对历史的想象。最糟糕的事情可能是对希雷姆这个名字的解

---

①   译者注：希雷姆，波兰的城市。自 1999 年起，属大波兰省。在 1975 年至 1998 年期间，属波兹南省。在历史上曾属德国。

释——我们所知道的是,这个名字由来已久,像比斯库平①那样古老,但听起来很好听,每个人都能感觉到。将希雷姆跟周边地区的名字比比就知道了,比如说皮熊查、布宁、奇蒙、派奇纳或是工德基……也许是因为我出生在这些地方,对我的耳朵而言,如同真正的音乐般动听。总体来说,我越来越容易受到波兹南省②城镇魅力的影响。这种魅力是特别的,却完全不是因为乡愁。这份魅力——或许可以这么说——是看得见摸得着的……

---

① 译者注:波兰比斯库平遗址,20 世纪 30 年代,在比斯库平湖区半岛发现了距今
2 700 多年的木建筑村庄,属于青铜器、铁器时期的遗址。
② 译者注:波兰后来修改过行政区划,波兹南省是如今的大波兰省。

## M. 施密特,《大众气象》,
## 通讯出版社,华沙,1972

　　我们应该时不时感到满足,因为我们的国家恰好在温带。在地理位置方面,我们运气不错。没有地震、火山、沙漠或冰川,白天和黑夜交替得更为频繁,而不是每半年一次,有毒的和掠食性动物群的种类数量非常有限,即使是偶尔发生干旱或是洪水,其危害也不值得在国际上大肆宣扬,而龙卷风或是飓风,抑或是台风,我们仅仅从来自遥远世界的新闻中读到过。但这些狂风的名字并没有本土化这一事实证明,这些令我们生畏的气候灾难,假装在我们面前人畜无害,其实却由着自己放浪不羁的天性在别处游荡。与绝大多数在地球上的居民相比,我们住在气候宜人的房间里,雨水滋润,和风微醺,甚至雷雨在这里似乎都变得小心翼翼。在我们这里,与调皮的闪电相关的更多是神奇的故事,而并非是恐怖的。例如,在《大众气象》中,我读到一则关于闪电一击命中的故事:它穿过整个建筑物,沿途引起了火灾,但最后招来了消防队,因为它击中了火灾警报器。大洪水可以让我们多年都记忆犹新。如果印度人听到这些,会嗤之以鼻。他们才不会谈论多年,因为他们每年都经历着巨大的洪水,在一些地区,雨水可以50天连绵不断,是如此猛烈,甚至青蛙都受够了,它们慢慢聚集到人类的屋檐下,那里所有的家当都被泡烂了,因为水分太多而生锈。事实上,我们恰好处在地球上享受特权的部分! ——通过今天的阅读,我可以这样断言。从书中可以获得其他好处,例如,学会预测第二天的天气,并根据自己的观察作出相应的对策。然而,对于居住在城市里的人来说,这项技能则毫无用武之地,因为——我就问一句——当天空都是灰蒙蒙一片,而视野所及都是高楼林立时,如何还能观察到云的形状和日出日落。这本书是由 M. 施密特①写的。对作者名字的轻视是通讯出版社的悲哀。令人略感欣慰的是,这本书的其他人,书的编辑、评阅人、校对人以及封面设计师都给出了全名,也就是说待之以礼。

---

① 编者注:M 指马尔钦。

卡齐米日·弗瓦迪斯瓦夫·沃伊齐茨基，
《传说，远古流传下来的波兰民间故事》，
雷夏德·沃伊切霍夫斯基编写，
尤里安·克日热诺夫斯基作序，
国家出版社，华沙，1972

　　这是沃伊齐茨基的故事集，在上一版出版后差不多一百年后重新面世。我们的民俗学家们对作家颇有微言，他们犹豫再三后，终于决定出版此书。沃伊齐茨基是上个世纪中期一位多产的讲故事人，古老的传说和谚语以及各种奇闻逸事的搜集者，在当时这些故事广泛流传于集市。他将所听到的抑或是从某处读到的故事，以自己的方式进行改编、讲述、整合，毫不关心故事来源的可靠性。他装作是一位学识渊博的民俗学家，而实际上，他只是一位极度渴望猎奇的记者。事实上，这就是为什么当前版本必须收录雷夏德·沃伊切霍夫斯基充满怀疑的序言和尤里安·克日热诺夫斯基批判性的评论。尽管，我们已提前被告知沃伊齐茨基是什么样的人以及他不是什么样的人，但我们会认为《传说》这本书特别值得一读。我记忆中，很多来自孩童时代的童话写得更加糟糕。我还认为，对于战后的那一代人来说，他们从小读的都是被小心翼翼剔除奇闻逸事的故事，这本书刚好可以作为一本理想的课外读物。

　　今天，沃伊齐茨基或许会写一些恐怖片的剧情，甚至可能让我们电影局的官员们认可这种类型的创作，谁知道他会不会成为我们的本土希区柯克。可惜他出生得太早，沃伊齐茨基只能写书。正如两位评论家所说,他是一位邋里邋遢却自命不凡的造型师。我不知道在书中受其影响有多深,但不管怎么说,听起来他也没那么糟糕。沃伊齐茨基在青年波兰时期之前就完成了他的作品,毕竟,直到那时,波兰语最糟糕的部分才刚出现……在《传说》中的所有主角都是魔鬼,而所有魔鬼都是一个样子:更加诚实和愚蠢,而不是堕落和狡诈。他们嗜酒如命,还很容易被骗。我很担心,这帮波兰魔鬼的头头鲁祈派尔会永无安宁,我对他深表同情。女魔鬼在这些传说中反而更具威胁:各种女巫、女吸血鬼和女幽灵,她们不喝酒,勇敢且不达成目的不罢休。而人们常说,女人不知道自己想要什么。

大卫·迪林格,《字母表,即人类历史的钥匙》,
沃伊切赫·亨塞尔翻译自英文,
国家出版社,华沙,1972

　　这个题目小于这本书所涉及的话题。在书中,不止谈论字母表,甚至不止于讨论字母表里数不清的分支变体。字母表只是众多书写系统中的一种,而作者的意图则是记录和描述今天所使用的所有文字,或者众所周知曾经被使用的文字。很可能,作者本人在收集材料时,并没有意识到,他将要面对的是浩如烟海的各类文字。

　　好吧,像我们这样的外行,光看到如此厚的书就足以让我们感到震惊了。尽管我们对此或多或少有些了解:埃及的象形文字、楔形文字、符文、中文、阿拉伯语、古希腊语、伊特鲁里亚文……但这些宛如大海的一滴水而已。如果我从现在开始介绍迪林格所谈及的所有文字,仅从名字上来看,那我到新年之前都不需要再写其他东西了,可以安安心心地读《麻风病人》①了。然而,我才不会去一个个数呢,我想说的是,我活到现在,还没有听说过日尼尼萨姆夫文——可以肯定的是,我在其他任何一本书中都不会读到关于普与文和咯咯文的信息。由此可知,迪林格的书为我们提供了独一无二的机会,让我们的大脑可以接触那些实际上并不必要的知识,但可以很好地打开我们的眼界以及让故事复杂化。因为,我不建议任何人一页页从头读到尾,毕竟这更像是

_____

① 译者注:波兰的爱情消遣小说。

一本百科全书,只需要根据需求——事情和兴趣去翻看即可。但是,我建议去读关于字母表是如何创建的有趣章节,也就是去了解题目所提及的内容,这也是迪林格投入其研究热情最多的部分。他和其他学者几乎是百分之百确定,字母表是由居住在巴勒斯坦或叙利亚的闪米特北支人在大约3 500年前发明的。在今天看来,每个音原则上对应于一个字母的想法似乎显而易见,但在当时要多少天分才能够想到这一点。那个默默无闻的犯人可能做梦也没有想到,他发明了最通用的文字体系,未来数不尽的语言都适用这套体系。同时,这套体系也是最民主的——没有使用这套文字体系的那些文化很难将其文明传播开来,因为读写的学习在我们这里只需要一年,而在别的地方则需要持续很多年。

附:经过短暂的内心斗争,我决定承认我撒谎了。几个星期前,我就已经读过《麻风病人》了。好吧,你看,即使是最先进的字母也无法让你不撰写虚假的信息。

**特奥多尔·奥斯特罗夫斯基，**

**《来自华沙启蒙运动时期①的秘密信息》，**

**罗曼·卡莱塔编辑并作序，**

**奥索林姆国家图书馆出版社，弗罗茨瓦夫，1972**


在斯坦尼斯瓦夫·奥古斯特统治期间之后，一直到大议会时期②，在华沙只有一份报纸，它既不能也不打算涵盖在首都发生的一切有趣的事物。如果有谁住得离华沙较远，又负担得起一定的费用，那么他就会雇用一名记者，让其通过常规信件向他汇报首都的小道消息。因此，粗制滥造的记者手记在当时蓬勃发展了起来，其中最突出的当数特奥多尔·奥斯特罗夫斯基教士寄给居住在克里索维奇③的亚当·约瑟夫·姆尼什克手中的信件。本书中，可以找到第一次印刷出版的从 1782 年开始的信件。它们的数量之多证明了奥斯特罗夫斯基抓紧履行其义务，无论是在华沙大声宣扬的事情还是小声传播的消息，他都及时向他的金主汇报。已经有几篇评论是关于这本书的，在其中，谈到了它作为文件的价值及为当代研究人员带来的好处。就我个人而言，我对每本书感兴趣的点与其他人不同，因此我不会涉及那些专业人士所

---

① 译者注：启蒙运动时期，波兰文学史上的一个时期。波兰各个文学时期依次为：中世纪、文艺复兴、巴洛克、启蒙运动、浪漫主义、实证主义、青年波兰、两次世界大战间和"二战"后波兰文学。

② 译者注：大议会，1788—1792 年波兰立陶宛王国的议会，亦称四年议会。波兰进步贵族和新兴资产阶级通过议会改革进行了维护国家独立的爱国运动。1772 年俄、普、奥三国第一次瓜分波兰后，波兰面临再次被瓜分的危险。

③ 译者注：克里索维奇现在属于乌克兰，始建于 1459 年。

感兴趣的特定话题。我通常想知道非专业人士从专业书中读出了什么，例如非自然主义者是如何读自然科学的，非历史学家是如何读历史的。从这个门外汉的角度来看，奥斯特罗夫斯基的信件让人读起来痛苦不堪。作者提到人的时候很少使用其名字，更多时候用家族头衔或是社会头衔来指代他们。

　　读者在每一页上，都会遇到几个指引，引导他去阅读本书末尾的脚注。在那里，他自然就会知道谁是俄罗斯总督、立陶宛陆军元帅、将军夫人、克拉科夫城堡主等。但每个脚注只能帮助他一次，也就是当这个人第一次在文中出现的时候。那些记忆力欠佳的人，经过一段时间后，再次因为这种命名方式而摸不着头脑，一边想跟上故事主线，一边用手指点着人名目录想找出曾经读过的脚注，最后，还是无法走出这个杂乱无章的丛林，但他开始想，是否应该已经在文中——用括号或斜体字——标注全名？请好好想一想，我觉得，这有点简单粗暴。

　　我也知道有些文学的形式不允许有丝毫的干扰。然而，似乎奥斯特罗夫斯基的信件不属于文学巨著——在这里内容比作者本人的文风更重要。书中的内容让我读得额头冒汗，尽管有时谈论的不过是一些小道消息……

路易·瓦勒·康斯坦特,《拿破仑一世男仆回忆录》,
塔德乌什·艾维尔特翻译自法语,耶日·斯科夫隆克作序和注释,
读者出版社,华沙,1972

"皇帝过着美好的生活……"上帝并不希望我们拥有这样的人生。"天刚刚亮,就有仆人将咖啡送到他的床上……"也就是说值白班的仆人进入卧室,接替夜班的同事。而皇帝则无时无刻不能离开人们的视线,不能无人监督或无人守卫。拿破仑宫廷的繁文缛节还不及哈布斯堡王朝一半那样严格,毕竟,在这里,皇帝还是可以自己洗漱、梳头和穿裤子的。实际上,他甚至不是自己起床的,而是被人扶起来的。然后,随即,他便从这些仆人的手中被送到了秘书和副官的怀抱中。即使去卫生间必须要自己走路时,他还是会被见证这件事的随从行注目礼或是被鞠躬致敬。当他回到办公室安静地工作时,他能听到门外传来忠心耿耿的男仆的气息。既然他能够不受干扰,那一定是因为他具备极高的专注天赋。他众多琐碎的事务都要由第三方来谨慎安排。他可能永远不会真正独自一人,迷失方向;哪怕只有几天,不是众人关注的焦点,总是有人用耳朵贴着门;甚至对那些人喊"滚吧"也毫无意义,因为他们只会往后退几步而已。在我看来,这样的生活很恐怖。如果有谁认为不管怎么说拿破仑还是很幸福的,那个人显然有暴露癖的倾向。拿破仑与约瑟芬的离婚以及前期的所有事宜都被整个皇宫看在眼里。约瑟芬在众目睽睽下晕倒,而她雄心勃勃的配偶公开表示尴尬和恼怒。那时候还没有摄影师,但有康斯坦特就足够了,因为他后来写了回忆录。拿破仑是我最喜欢的历史人

物之一,然而,在读完这本书之后,我对他反而有点同情,就像同情被关在笼子里的老虎。只是这能相提并论吗? 老虎是被迫待在笼子里的,而拿破仑本人则是极度渴望被关进去。我甚至认为,当他被关押在圣赫勒拿岛上时,他虽然忍受着致命伤病的折磨,但他仍然可以很好地适应这种命运。他仍然是他新环境中的主角,他仍然能感受到殷切的目光——来自侍从? 来自警卫? ——难道这有很大的区别吗?

### 伊赖娜·多布日茨卡，《查尔斯·狄更斯》，
### 大众科学出版社，华沙，1972

人们普遍认为，艺术家是一个不幸福的人。没有经历过地狱的磨难，他什么也成就不了，他自身的气质、个人命运和社会环境都要为此努力。对他的认可永远不会在他活着的时候到来或是最好的情况也是当他行将就木之时。一直要等到后世……在读完伊赖娜·多布日茨卡这本书之后，我开心地发现了反例，狄更斯并不在这种（天真的）刻板的印象之列。他在世的时候过得很幸福并且过世的时候也很安详，但这完全不影响他成为一名真正的艺术家。当他 24 岁时，他在写《匹克威克外传》——他的第一本畅销书，这本书立即为他赢得了数百万的读者，从此，这些读者一直都忠于他。他一举就实现了财富自由，而且再也没有落魄过。你们觉得，这一切都很美好，但他有一个悲惨的、无家可归的童年——如何将其与幸福的生活相协调？好吧，在这个特例下，沉重的童年似乎是这个伟大布局的刻意元素。显然，他拥有强大的心理承受能力和体力，所以他能够毫发无损地通过这项测试，既没有失去对人的信仰，也没有失去与生俱来的乐观，并且他还得到了一个无价的战利品作为奖励，感情和经验的宝藏，让他能够完成几本厚厚的书。他的幸运之处还在于，就像最初的羞辱并没有打败他那样，后来的成功也没有毁了他。他总是站在那些没有成功的人一边。他为他们辩护之词中带有珍贵的担忧和忐忑的良知。他敢当面指责每一个官员、协会和机构，尽管他们认为到目前为止他们的所作所为都令人满意而且很公平公正——而

且他从来没有被这些人狠狠地报复过。

当他去世时（突然与世长辞——或许这也是一种幸福……），人们有点如释重负地将他埋葬，但在威斯敏斯特教堂中他也得到了尊重。在他的葬礼上，这个作家的好运并没有结束。最终，他本来也可能只是一名作家而已，但他成为了所有杰出作家中的鼻祖。我们知道，普鲁士有多感谢他。我们不太知道，陀思妥耶夫斯基也如饥似渴地读他的书，而卡夫卡对他赞不绝口……今天，据我所知，年轻的作家们不读狄更斯的作品，但没有什么可担忧的。迟早会有某种流感让年轻的作家卧病在床，而事实证明，阿司匹林并不能解决一切，还需要某本书去治愈个人情绪。这时候就需要某个作家，他不仅仅喜欢人类，而且——更为罕见的是——他喜欢人，人们怨声载道，他却付之一笑……狄更斯？

**玛利亚·卡尔柴夫斯卡-扎莱斯卡，**
**《人口分布地理》，第二版修正版，**
**国家科学出版社，华沙，1972**

　　我曾以为，地理是唯一没有未来的科学。这想法简直太天真了。既然会有更多的人，那就会有更多的地理位置。会有新的住宅区，会有新的交通主干道，大城市会将小城市吞没，新的服务或生产集群正在成型，那些地方既不能被称为村庄抑或被称为城市，因此仍需要去验证旧的分类标准，并在地壳疯狂的运动中捕捉到新的规律。我漂亮的 1962 年版的《世界地图》已经需要进行多处修改，但是，没有任何一个地图可以跟上当前的情况；充其量能反映刚刚过去的那一刻。哪怕只有在那一刻是准确的。例如，城市规模取决于从人口普查中获取的数据，而这在所有国家并非是同时进行的。各大洲的地图包含来自不同时期的信息，目前仍然无法解决这个问题。在本书的最后（这是一本给地理系学生的大学教材），我看到有一个附录是关于世界上所有主要城市的人口数据，但数据来自不同的年份。欧洲或北美城市的数据通常来自过去六年，而其他城市则甚至更早，这其中，中国以 15 年前的人口普查数据，打破了纪录。但总的来说，我就数据本身进行了思考。例如，一些国家将其城市居民的数量精确到万或十万。它可能在处理大量数据时很方便，但由于这些数据指的是人，这些末尾的零让我感到悲伤，且不论是不是令人沮丧。我更期待准确的数字。打个比方说，在 1967 年的某一天斯德哥尔摩有多少居民？回答：1 274 731。数字具体到每一个人，这样我才能安心。

## 乔安娜·奥尔克维奇,《最耀眼的威尼斯共和国》,图书与知识出版社,华沙,1972

　　据说,威尼斯是阿提拉①无意间建立的。来自附近海岸的人们在小岛上躲避匈奴人。它们不是黄金岛,地面是沼泽地,而且永远被海水冲刷,食物只能从大海里获得。自相矛盾的是,威尼斯的美丽及其国家力量正是来自这些不如意之处。几个世纪后,这个小城市变成了一个伟大的海洋帝国。它对令人振奋的领土征服毫无兴趣。在与十字军一起占领君士坦丁堡之后,恩里科·丹多洛②可以很容易地坐上拜占庭的宝座,但考虑再三后,他瞧不上这个机会。他认为控制汹涌的大海似乎比占领所谓的大陆收益更大。在鼎盛时期,威尼斯共和国的领土只是地中海东部的一些岛屿和小海岸线,但规定欧洲和亚洲之间的货物交换必须通过威尼斯船只进行运输。几个世纪以来,这支运输队伍总是一帆风顺。贵族商人们日常吃饭的餐具比不止一位国王在其加冕仪式上所用的餐具都好。而威尼斯的普通商人建议给他的妻子一把金叉,使得她并不逊色于万众瞩目的国王,当她在欧洲的名媛中不经意间拿出这把叉子切小牛肉时,让名媛们惊讶不已。富裕的威尼斯吸引了来自意大利各地最有才华的建筑师、画家、雕塑家、音乐家和工程师。不知何故,诗人和哲学家似乎没有什么作

① 译者注:阿提拉(Attila,406—453),古代亚欧大陆匈奴人的领袖和皇帝,欧洲人称之为"上帝之鞭"。
② 译者注:恩里科·丹多洛(1107—1205),1192年至1205年担任威尼斯共和国执政官。

为——也许是视觉上的金碧辉煌让他们应接不暇？在威尼斯文学中最著名的只有两个写回忆录的作家：马可·波罗和卡萨诺瓦。他们俩都用法语公开了自己的回忆……在此之前，我手中还没有一本完全专注于威尼斯共和国历史的书。我偶尔会在关于意大利、拜占庭或土耳其历史的书中读到威尼斯。我无法想象整个历史宏图，因此，乔安娜·奥尔克维奇的研究，尽管很简短，而且还是科普故事的写作风格，我仍认为这是一本珍贵的书，至少无可替代。

《蝴蝶小图集》,约瑟夫·穆西配文,维拉斯特米拉·侯卡配图,
雅德维加·科兹沃夫斯卡翻译自捷克语,
国家农林出版社,华沙,1972

在诗意的表达中,蝴蝶是无忧无虑生活的象征,没心没肺的守护者,命运的宠儿,翩翩起舞,而丑陋的毛毛虫则在努力地工作。不仅仅是诗人,还有冒险家,他们长期以来都被蝴蝶从一朵花飞到另一朵以及饮用所谓的花蜜这样的美好假象所欺骗。"它以——布雷姆在写蝴蝶时这样说道——吃甜食为主⋯⋯"我对此深表怀疑。蝴蝶的生命稍纵即逝。在花丛中飞舞并非生活所必需——而它则为之疯狂且坚持不懈。但哪怕只是为了打发时间,也没有人有必要嫉妒蝴蝶。很快,它就会进行交配的飞行,随后它就会死去,因为,大自然还没有为它提供继续生活的力量,它没有利用价值后就只能死去。在许多昆虫中,性成熟之时基本也就到了生命终结的时候,交配飞行几乎等于是飞向永恒,很可能没比我们好多少;哀痛的婚礼⋯⋯哦,如果蝴蝶有回忆的能力,它肯定会想起它还是毛毛虫时的那段美好旧时光,那是一去不返的童年天堂⋯⋯那又怎么样,它获得了五彩缤纷的翅膀,使它在我们眼中看起来是如此之美——它是毛毛虫时,也很讨人喜爱。人类将自己审美和道德观念强加于自然。道德方面正在慢慢淡化,但还是很难放弃审美的影响。蝴蝶总是被认为是美好的,而它的幼虫却很可怕。毕竟,《蝴蝶小图集》也是如此,尽管出版社是百科全书式的展示方式,但只是以彩色图片展示了蝴蝶,而毛毛虫长什么样,甚至在文字解说中都没有提过一句。

既然说到书的内容，我必须遗憾地承认，这本书包含的信息量实在是太大了。在序言中，我们所看到的关于蝴蝶的信息跟我们从学校里学到的差不多。然而，作者在文中详细描述了如何捕捉蝴蝶，毒死它们，将它们钉起来以及将它们的翅膀伸展开来。我不知道自然图集是否还需要去唤醒狩猎的灵魂。如果有其他出版社确实有这样的目的，那么他们应该在标题中就勇敢地表达他们的意图：《如何捕捉蝴蝶，使得那些尚未受到严格保护的品种尽快濒临灭绝》。

齐格蒙特·格洛盖尔,《古波兰百科全书》,四卷,
尤里安·克日热诺夫斯基作序,第二版,
大众科学出版社,华沙,1972

　　我为自己感到遗憾,这么长时间以后,我的书架上没有格洛
盖尔的百科全书。现在我终于有了,从70年代前的第一版转印
而来的宏伟的四卷照片集。没有什么比以原始形式出版古老而
有趣的书籍更合适的方式了:通过这种方式,表达了对作者的尊
重和对内容的小小距离感。同样的百科全书如果以今天的字体
重新排版,以单栏图的方式,印刷在糟糕的纸张上并且——我甚
至很难想象——如果没有精美的图片,它会是什么样的? 这本书
在内容上是有些时代错误,有点过时……以其所在的时代风格出
版则给人一种旧书的感觉,区别就在这里。三十年如一日,格洛
盖尔勤恳地工作,每天只睡5个小时。他自寻烦恼,因为他身上
有一股子倔强的劲儿,他坚信,他不会等到更好的时代,也不指望
有人能够更快地完成。

　　他自己翻阅、寻找和收集:信息、文件、展品,来自档案馆、收
藏家和阁楼的东西。他亲自与各类专业的学者进行广泛的通信,
最后他自己与出版社讨价还价,并包揽一切,直到最后一步。在
今天,我们从不会去想,有人能够一个人完成一套百科全书,但那
是在波兰被占领的时代,波兰文化生长在非常糟糕的组织形式
下,只能将其发展归功于少数人的英雄壮举。因此,《古波兰百科
全书》是个人激情的作品,远非编委会在办公室详细商定的项目。
无论是词条的选择还是在其解释中,都没有死板的规定,而且,在

这些词条中充满了个人的见解,以及与其他历史学家修正主义观点的争论。格洛盖尔很喜欢古波兰的事物,而且不加以批判。他试图强调及证明旧时代的辉煌,而在这辉煌下的阴影,他则避而不谈,或是试图淡而化之。诸如"城市和城镇居民""贸易""工业""自由否决权"和"苦差事"等词条都是保守的田园诗写作范例。然而我们可以在"风土人情""仪式""物品""服饰""游戏"和各种"编年史"形式的古波兰轶事的词条下找到更多的阅读乐趣。书中有对现在已经不存在的事物的描述和图片,因为从格洛盖尔活着的时候开始,接连两场战争,书籍和古董收藏品随战火而灰飞烟灭。在格洛盖尔书中所涉及的词条则通常是仅有的保存机会,可以被后人加以利用,就像琥珀中可怜的苍蝇那样……

**克里斯托弗·施瓦布,《用音乐治疗神经疾病和功能障碍患者》,**
**马莉安娜·穆尔科娃翻译,**
**国家医学出版社,华沙,1972**

　　使用音乐来治疗神经病症有着悠久的传统。早有大卫通过弹奏竖琴,让索尔王走出沮丧的故事。来自莱比锡城的施瓦布博士给他的患者播放黑色胶片——在何种情况适用何种音乐,这自然让我非常感兴趣。在莱比锡医院,治疗效果最好的是莫扎特,其次是贝多芬。如果我正确理解了作者错综复杂的论点,那么莫扎特的音乐可以让病人感到放松,而贝多芬的音乐则会令人振奋。虽然这符合我个人的体验,但是从书中无法得知,其他作曲家是否也有同样的效果,还是仅仅因为施瓦布不常在治疗中使用其他人的音乐。也无法得知,有一些只字未提的作曲家,比如说,肖邦,是否也曾被用于治疗,因为没有疗效而被放弃了,还是说完全就没有考虑过他们。作者也忽略了当代作曲家们,因为在他看来,音乐疗法应该培养患者的听觉习惯。好吧,听觉习惯!为什么我要自找麻烦,在本书中寻找各种归纳……施瓦布的方法对地点和时间范围有限制,它是针对特定的气候、习俗和文化,并非到处也并非总是能够证实医生的观察结果。例如,他宣称听乐器比听歌唱对病患更有效果,而在从事音乐活动中,相比让其演奏乐器,歌唱能让病患感觉更为良好。未来将会证实,这究竟是一个全球性的论点,还只是地方性的。至于歌唱,作者强烈推荐乐观的歌曲进行合唱表演,"身体随音乐而手舞足蹈"。

　　然而,不知道这种方法是否适用于所有类型的神经疾病,或者它是否会加剧某些神经疾病？为了方便医生的工作，作者提供了几首合适的德国歌曲。在翻译这些补充材料时，这些歌曲被翻译成在情绪和内容上都恰如其分的波兰歌曲。如果不是复杂的科学术语评论和技巧指导，你可能会认为这是给幼儿园小朋友的教材。只是这一次，不是孩子们，而是成年人，不堪生活的重负，要以婴儿般的方式哼唱："我不要你，我不要你，我不想要认识——快来找我，快来找我，把手给我——给我右手，给我左手，不要再生我的气了。"噢，天哪，看在上帝的分上！如果这种疗法被证明是有用的，那就意味着痛苦的病患根本就不需要被严肃对待……还有一点令人遗憾：这本书的翻译实在太可怕了。译者一再表现出对波兰语法与德语不同这一事实的完全漠视。我就不举例了，因为说的不是没有做到锦上添花，而是杂草丛生。国家医学出版社应该将几个修订者作为圣诞节礼物送给自己，因为一个人可搞不定这样的文本。

《亨德尔》，
弗瓦迪斯瓦夫·杜伦巴配图，索菲亚·索科沃夫斯卡配文，
波兰音乐出版社，克拉科夫，1972

我正在看一本讲耶日·弗雷德里克·亨德尔的图册和我目不转睛地看着那个时代的版画与肖像的美丽复制品，在图册中，传记文本只是寥寥数字，却是不可或缺的补充。

有时对某事的喜爱会导致反感其他的事物。这次我对肖像的喜爱导致我反感照片。没错，正是照片，终结了肖像画，照片上被永久化的脸垄断了我们的时代。展示这位当今作曲家生活的图片集将仅仅包含照片，也就是说素材或多或少是随机的。然而，亨德尔在生活的各个阶段留下了十几张油画肖像和素描。他对摄影师们摆出自己的姿势，不违背自己的意志，他只选择自己的姿势，只会在他自己有时间和穿新衣服的时候去拍照……他将自己置身于如过节般喜庆的画像中，这不仅表现出对自己的尊重（我提一句，存在这样的状态，这种"状态"并不等于狂妄自大），我认为还表现出对后代的尊重，因为肖像是为他们而作的。现代摄影师讨厌这种风格，哦，他们是如此厌恶这种行为，以至于他们通过自己野蛮的方式对其进行鄙视！他们认为画面的捕捉是一瞬间的事，你所要做的就是耐心等待受害者并冷不丁给他拍一张，最好是在他不知情和不同意的情况下。我不明白为什么，但他们洋洋得意地认为，一个留着三天胡子的男人比每天认真刮胡子的男人更"真实"。他们深信，我们没见过真正

的萨斯基亚①,因为用闪光灯的照相技术,所以无法证实她是否真实存在。他们认为,拍下蒙娜丽莎在挠胳肢窝的照片,才能有力地解释这幅名画背后的秘密!哦,我尊敬的亨德尔大师,你甚至无法想象你出生于 17 世纪末是何其幸运!你不会留下令人感到恐怖的照片,你的脸就是你自己的,没有人有权将其做出死板的胶片,然后随心所欲地复制。你的图集也不会充斥着一系列令人惊讶的愚蠢鬼脸。这种式样的图集潮流直到 20 世纪才会出现。我虽然写的是"潮流",但其实它远不止如此,几乎可以被认为是哲学,关于人的真实观念,天真而充满学生般的幼稚。呃——我无力反驳。

---

① 译者注:《萨斯基亚》是 17 世纪荷兰画家伦勃朗创作的一幅油画,是一位红衣女子的侧面肖像。

## 《1973 年的挂历》，
## 图书与知识出版社，华沙，1972

　　为什么不写一写挂在墙上、每一天撕掉一页的挂历呢？毕竟这也是一本书，而且很厚，因为不到 365 页不能算数。它出现在报刊亭中，发行量为 330 万份，因此可以说是畅销书中的畅销书。它要求出版商准时付梓，因为不可能将出版计划推迟一年或一年半。它要求校对员做到极致的完美，因为哪怕最轻微的错误也可能引起公愤。人们担心在一周内出现两个星期三或者圣约瑟夫的命名日被写成耶日的命名日。日历不是学术著作，通常还会附有勘误表。它也不是一卷诗歌，笔误会被认为是一时兴起的灵感。从这些论据中可以看出，我们要面对的是一种特殊的书本形式。但那还不是全部。该日历的命运是通过不断撕掉纸张而消失。数以百万计的书籍将继续存在，其中有相当多的书写得很糟糕且毫无意义，抑或是陈词滥调。日历是唯一一本不打算在我们身边留存的书，不指望能够被放在图书馆的书架上使用，它命中注定是不长久的。它甚至从未奢求过能够被一页一页地读完，只是为了以防万一，而它却印满了文字。

　　日历中什么都要有一点：历史纪念日、圣歌、名人名言、笑话（就是日历中常见的内容！），统计数据、谜语，反对吸烟的警告以及对抗家中害虫的方法。在日历中，各类素材被可怕地混搭在一起，毫不协调，历史上的光辉时刻与日常的生活琐碎相邻，哲学家的名言与有关天气的俗语相互竞争，英雄的传记挨着克莱门蒂娜大妈的生活小窍门……

如果有谁对此感到反感，那请自便；我们在克拉科夫（因此在类似于皇家陵墓的范围内）被含糊不清的日历所感动。我甚至会觉得，它与世界上伟大的小说有一些不为人道的相似之处，好像日历是史诗的子女，非婚生的子女……当在其中一页的日期上（我希望是好事！），我找到了自己写的一首诗的片段，我忧伤且羞愧地接受了这个事实。而在反面是维也纳芝士蛋糕的配方：半公斤奶酪，一匙土豆粉，一杯糖，六匙黄油，四个鸡蛋，芳香添加剂，葡萄干。就以这些葡萄干结尾吧，祝我慷慨的读者们新年快乐。

迈克尔·莱维,《从乔托①到塞尚——绘画史概述》,
玛利亚和斯坦尼斯瓦夫·班科夫斯基夫妇翻译自英文,
阿尔卡狄出版社,华沙,1972

　　如果有人在这时越过我的肩头想看看我在看什么书,我也不知道我在读什么或是在看什么。我也害怕博物馆,被夹在挤来挤去的游客之中,每个最杰出的画上都同时被几双或几十双眼睛盯着。记不住究竟看的是伦勃朗、维米尔、特纳或是丢勒,我慌忙环顾四周,想尽快离开人潮涌动之地。我开始突然看到,而且看得特别清楚,围绕我的那些面孔、眼镜、鼻子、喉结、衣服面料和着装风格、花纹图案和颜色渐变。更令人痛苦的是,我的听力变得敏感,我可以听到旁人的每一次呼吸,翻开浏览手册的沙沙声,鞋底的吱吱声。我努力想让自己恢复理智。

　　集中注意力——我跟自己说道——在你面前的是一幅杰作,这样一个幸福的时刻可能不会再次降临在你的生活中,毕竟,你不知道是否会来第二次……这个想法自然让我感到很沮丧。为了避免人挤人,我黯然离开著名的画作,来到没有那么著名的画作前面,围绕在旁的观众也少很多。人们不情愿地给我腾出个地方——最后我成了对他们而言不受欢迎的人群的一部分,每个人都想一睹为快,却徒劳无功。在这个博物馆里,不只是我一边备受折磨和躁动不安,一边在寻找可以心平气和独自欣赏画作的方

---

① 译者注:乔托(Giotto,约1266—1337)是佛罗伦萨画派的创始人,也是文艺复兴的先驱者之一。

式。很遗憾,没有这样的方法。想要心平气和并且独自欣赏画作只能考虑看复制品——但问题是——复制品的还原技术越高超,就越会让人想去欣赏原作。所以就陷入死循环,我将永远待在里面绕不出来,我对绘画充满热爱,却为赏画焦虑不安。不过,我想,有这种热爱总比没有强……请原谅我这篇冗长的开场白。作为对耐心的奖励,我将简要介绍一下这本书本身:这本书要花200兹罗提,但这是值得的。这是波兰出版的第一部欧洲绘画词典,其中包含549张小幅复制画作,而所有复制画作都是色彩鲜明的,无论从颜色还是清晰度上来看都是良心之作。这本书是由一位欣赏意大利画的英国人写的,描写荷兰画作的篇幅太少了,至少我是这么认为的。但是,我可以肯定,这本书的修订版会更加谨慎。

马格达莱娜·斯托科夫斯卡，
《谁？什么事？音乐和音乐人的故事》，
国家教育出版社，华沙，1972

　　该书可以作为老师的辅助材料，当他们在学校开设音乐课并
希望通过适当的文学素材、轶事、日记或信件，使其课程更为丰富
的时候。在写信的水平上，一如往常，我最喜欢的作家弗里德里
克·肖邦被证明是最好的。书中还有许多关于音乐的诗，很遗
憾，我不得不略过其中大半为教学而作的诗，因为它们不是好诗。
不是这本书的目标读者们，即使不能从书中获得太多新的知识，
书中的很多内容哪怕之前有所耳闻，再次看到也会令人心生愉
悦。虽然，因为我知道，一些细节还是会让人耳目一新。还有一
些到目前为止还没在我们国内发表过的作品，例如《音乐讽刺词
典》，在其中，美国作曲家尼古拉斯·斯洛尼姆斯基收集了所有评
论家嘲讽作曲家的词汇。为了让你们体会一下，我就引用几个马
格达莱娜·斯托科夫斯卡书中的例子。伦敦评论家点评肖邦的
音乐："野性、旋律还有和声完全不受控制。我们无法想象一个音
乐家会对噪音、混乱和不和谐如此熟视无睹。"……另一位评论家
（还是来自伦敦）点评李斯特的音乐："……作曲——还不如说是
拆曲，对于这个有毒的蘑菇来说，这个词更为恰当，它荼毒和声的
土地，让世界寸草不生"……纽约评论家点评拉威尔的音乐："虽
然拉威尔的官方传记没有提及，但我确信在三岁的时候他吞下过
鼻烟盒，在九岁的时候他一定被熊吓到过，因为持续不断的高音
竖琴声和风琴声以及低声嘟囔的巴松管和低音提琴正好可以证

明这一点……"巴黎评论家点评威尔第的音乐:"到目前为止,没有任何一位意大利作曲家在创作我们称之为旋律的能力方面不如威尔第……"圣彼得堡评论家点评穆索尔斯基:"歌剧《鲍里斯·戈都诺夫》可以被称为是五幕歌剧中的杂音……"从这些点评中可以看出审美的变化,因此,值得庆幸的是,能够在学校使用的书中看到这些。人类错误的历史并不是单独的一门课程,虽然我认为以后会有的,如果没有一个好的分数,没有人可以获得高中毕业证。因此,我感到很高兴,现在只是讨论一下,还有钢琴声相伴。

兹比格涅夫·库霍维奇，
《16 至 18 世纪波兰不寻常女子图鉴》，
罗兹出版社，罗兹，1972

　　在图鉴里，美女如云，有波兰的名流贵妇，著名的才女或是巾帼英雄，作者在书中收录了两名女精神病患者。乍一看，她们出现在书中可能会让人感到震惊。然而，在阅读了她们的传记之后，我们得承认，她们完全符合这本书的标题：她们确实不寻常——另外，她们让人产生怜悯和心生畏惧的方式也非同寻常。在过去，人们有各式各样处置精神病患者的方式：将他们烧死，在集市上示众或锁在寺院里。还有第四种处置方式，同样令人不安：如果那些人有权有势，富裕而独立，那么人们就不会对他们怎么样，允许他们随意地处置自己的财富和仆人。这两位女子都是寡妇，都是大庄园的女主人。

　　据说两人的精神病都是遗传的，会产生视听上的幻觉，毫无廉耻感，她们将过剩的精力用在将非天主教徒投入教会怀抱的疯狂臆想中。在她们庄园里发生的事情，可以完胜今天的"残酷戏剧[①]"。多年来，这种幽灵般的喜剧永不停歇地上演，渐渐地，剧本被修改得面目全非。多么遗憾，我们不能以 20 世纪的智慧水平来看这些可怜的女人们……虽然我们对精神疾病有更多的了解，

---

① 译者注：残酷戏剧（法语：Théâtre de la cruauté）是先锋派剧作家、演员、评论家及理论家安托南·阿尔托在其著作《戏剧及其重影》中阐述的一种戏剧形式。残酷戏剧可被看作是与传统西方戏剧的决裂，也是艺术家们用来攻击观众意识的工具，并让他们体会到潜意识里未表达的情感。

但我们真的可以总是善待他们和对其进行有效的治疗吗？难道不正是在我们这个百年里，我们让某个临床精神病患者①进入普遍的历史篇章中，即使唯一合适放置他名字的地方应该在维也纳或慕尼黑医院的病床？与这个男人相比，我们的两位贵妇人都相形见绌，她们的想象力有限，到这里，可能会有不耐烦的读者想问她们叫什么名字，这恰恰证明，她们在历史长河中只留下如蜻蜓点水般的印记。就让她们好好安息吧。

---

① 译者注：希姆博尔斯卡在此处指代弗洛伊德，因为她不太认同他的理论。

**斯蒂芬·索斯诺夫斯基,《徒步旅行者手册》,**
**运动和旅游出版社,华沙,1972**

徒步旅行者是指从 A 点出发步行到达 B 点的人,即使 A 和 B 之间有交通工具也是如此。

徒步旅行者到达 B 点的时间远远晚于他乘火车或大巴的时间,当他抵达旅途目的地时,也会更加疲惫不堪、风尘仆仆、饥肠辘辘和自我满足。在世俗的眼光中,这样的旅行者是滑稽的或是严肃的,是奇怪的或正常的,取决于他是独自旅行还是团体旅行。如果是团队旅行,那就很正常。作为集体的一员,每走一步都很神圣,头顶崇高无上的光环。他们徒步,是因为必须要这么做——我们仿佛看到一群欢呼雀跃的童子军或是背着包的大学生们——他们徒步,因为这样很健康,因为他们很年轻,因为他们有假期。个人旅行者则引起惊奇和怀疑。他们坚持要徒步去某个地方,而交通工具也可以使其到达那里,而且不受搭便车的诱惑,反而尽量避开川流不息的公路——这纯粹就是一个怪胎!因此,如果一个人已不再年轻,却打算利用假期独自一人去流浪,两个人,最多三个人,那他必须不断向他家人和单位同事解释这一点。他的理由是,他就是喜欢徒步,可以遇见意想不到的事物。最近有人告诉我,有一位意志坚定的个人徒步者中奖赢了一辆车。然而,这并没有打破他的习惯。在度假的第一天,他把车锁在车库里,徒步从弗罗茨瓦夫到科沃布热格[①]。即便是他最亲密

---

① 译者注:弗罗茨瓦夫,位于波兰西南部的奥得河畔。科沃布热格,波兰西北部城市,濒临波罗的海。

的朋友,那时也认为他脑子有问题。事实证明,在如今,想让周围的人大吃一惊,这事很容易。萨尔瓦多·达利费尽心思才得来古怪的头衔,他的滑稽动作需要昂贵的舞台和广告,但结果却是,没有人因此感到惊讶。这位来自弗罗茨瓦夫的男子,以更便宜更有效的方式令人震惊不已。我不禁对他肃然起敬。现在,是时候该谈一谈我面前的这本书了。从标题和封面图片中,可以看出旅行者是独自一个人。然而,书中的内容则表明作者主要考虑的是集体旅行、各种旅行营地、游行、大集会和小集会。印刷数量也说明是给大众旅行的,因为足足印了2万本。

真正的个人旅行者也许远远少于这个数字,他们的数量还在不断减少。或许,可能只有在下一代,徒步才会变得前卫。

《我曾经有一位朋友……》，
几十位作家口述对卡齐米日·泰特马耶尔的回忆，
克利斯蒂娜·雅布沃斯卡编，
文学出版社，克拉科夫，1972

在这本厚重的书中有几张照片。泰特马耶尔年轻时候的样子。一张极具魅力的脸。眼距很窄让其目光变得彬彬有礼。他的神情有点忧郁，让女子们争相想成为这位风流浪子的缪斯。我完全不感到奇怪，这样的缪斯超过 9 个。缪斯的候选人则不计其数！在夏季，在扎科帕内①的每个宾馆内都至少有一位他的狂热追求者，只是为了在克鲁普夫基大街②与泰特马耶尔偶遇。慢跑者蓄势待发，因为她想乞求诗人在那里为她写一首诗，只写给她一个人，特地为她而写……有多少裙子在哈拉-盖显尼措娃山谷③里摇摆，有多少高跟鞋的鞋跟在匝夫拉特山峰④上折断，只是因为泰特马耶尔在那里漫步……诗人极其受欢迎——难道是我弄错了吗？——在我们的文学中，第一次由女性来决定受欢迎的程度。在法国，自 17 世纪以来，女性就拥有自主的阅读权——在波兰，直到泰特马耶尔诗歌才向男人们展示出，女人们也可以选出自己的帕纳斯诗派⑤候选人。但我还是回到照片，我又选了一张

---

① 译者注：扎科帕内，波兰最南部城市。全国最大的冬季体育运动和登山活动中心。
② 译者注：克鲁普夫基大街，扎科帕内的主街。
③ 译者注：哈拉-盖显尼措娃山谷，波兰南部塔特拉山脉的一部分。
④ 译者注：匝夫拉特山峰，波兰南部塔特拉山脉的一部分。
⑤ 译者注：帕纳斯派是 19 世纪下半叶法国诗歌史上的一次文学思潮，排斥诗歌的政治倾向，强调诗歌的艺术美，对当时的法国文学界产生了很大的影响。

图片。1912 年,卡齐米日·普热尔瓦·泰特马耶尔创作生涯 25
周年纪念。布里斯托尔酒店的覆盆子色房间,名流们围成大半
圈,贵妇们头发上戴着珠宝,长裙摇曳,光彩照人。

在正中央,坐着泰特马耶尔,宴会的主角,他的额头因闪光灯
而变得锃亮。但很快黑暗就落在他的额头上。脑部疾病让诗人
变成令人绝望的植物人,丧失创作的能力,孤独地忍受被迫害狂
想症的发作。一帆风顺的生活突然瓦解,一切开始倒退,如歌曲
在磁带上倒带般刺耳。对泰特马耶尔的回忆犹如一部令人震惊
的小说,让人的印象更为深刻的是,在其中并没有不道德之处。
造成这样的结果不是任何人的错。唯一的罪魁祸首就是——如
剖面图所示——垂体瘤。回忆还打破了关于诗人后来过得穷困
潦倒并被人们完全遗忘的说法。不,人们才没有那么没有人性。
他们记得他,并试图确保他的体面——此外,他已不能理智地花
钱,并面对他的朋友和家人,他会作出强烈焦躁不安的反应。就
这样,他度过了两次世界大战。那些不了解情况的人认为他早就
死了。然而,他还活着。只是,仿佛是他的第二次生命,带有危险
性和神秘感的意味……

博古斯瓦夫·苏乌科夫斯基，
《小说和读者——论接受程度的社会条件》，
国家科学出版社，华沙，1972

　　书名让人哈欠连天。这对年轻社会学家的工作起到了不好的影响，这本书不仅应该让其他社会学家感兴趣，还应该让更广泛的读者们感兴趣，这其中主要包括文化活动家、波兰语研究者、文学理论家和作家。如果是我，我会给这本书取一个不一样的题目：克拉舍夫斯基①与加缪的决斗——这也完全不会破坏书的严肃性。

　　这两个名字是哪里来的？好吧，因为这两位作者在图书馆里都有广泛的读者群。然而，喜欢克拉舍夫斯基作品的读者都是受教育程度较低的人，而喜欢加缪的则是受过高等教育的人。如果——苏乌科夫斯基如此想道——建一个由这两个极端教育水平组成的大读者群，并让两个群体同时读克拉舍夫斯基的《一百个魔鬼》和加缪的《鼠疫》，然后通过详细的问卷调查来检验和对比他们的读后感？正如你可以很容易地预测的那样，在这个实验中，品味的差异是显而易见的：小学文化水平的人认为加缪的小说很难，甚至是不可理解的，有大学教育背景的人则认为克拉舍夫斯基的这部小说是浅薄的。然而，在这种情况下，问卷调查迫使受访者进一步为其观点辩护。事实证明，人期望从文学中读到

---

① 译者注：约瑟夫·克拉舍夫斯基(1812—1887)波兰作家、出版商、历史学家、记者、学者、画家和作家。他以其有关波兰历史的史诗系列而闻名。

什么,就会这样去理解文学小说以及对小说的艺术和哲学意义有何种程度的反应。问卷调查的结论消除了许多美好的错觉,其中包括喜欢读克拉舍夫斯基小说的人会自动将其热情转向更为复杂的文学作品中。在没有高中教育的帮助下,这种情况极少发生。同样,这项问卷调查表明,小说在塑造世界观方面的作用微乎其微。成年读者在阅读中只会寻找认同他观点的证据,并只是为了核实其观点。我甚至没有试图总结其他结论。总结就是将其简化;我不想用这种野蛮的方式伤害这位作者的揭露真相且细致有理的论点。我就简单说几句,在以后关于阅读的讨论中(例如关于文学人物,关于现代和传统小说,关于电影或电视中的文学),应该要求讨论者了解苏乌科夫斯基的作品。正如斯坦奇克①所说,在波兰,最多的就是医生。时代已经改变——今天最多的就是讨论者,他们时刻准备好就任何话题进行广泛的讨论。

就让苏乌科夫斯基的书难倒一些话痨者吧。如果有谁想就他的理论进行争论,那个人必须做好准备,自己去收集材料。可能是我过于乐观了。

---

① 译者注:传说中,波兰历史上著名的宫廷小丑,以开玩笑的方式说出富有哲理性的思考。

布罗尼斯夫·盖雷梅克，
《弗朗索瓦·维庸的巴黎生活》，
国家出版社，华沙，1972

在维庸生活的时期，巴黎可能有 25 万居民，因此，它可能是欧洲最大的城市。与这个数字成正比的是所谓的社会边缘人群，人数众多，造成城市和国家行政机关很难控制住局面。百年战争刚刚结束。这个国家在经济上遭到重创。数以千计的贫困人口涌入首都，他们除了会打败战，其他什么也干不了，每天就靠救济金和抢劫来度日。在这里，他们将自己真正结集起来——正如我们今天所说的——黑手党和黑帮。他们有着自身吸引人之处——传说、风俗、黑话。被这样的环境所包围，因此，维庸写了一部《乞丐之歌》的歌剧，比盖伊早了两个半世纪。布罗尼斯夫·盖雷梅克对此了如指掌，他把我们带入到当时巴黎黑暗的街头巷尾。我们看见客栈、小酒馆、妓院、医院、法院和监狱。我们开始了解这场伟大战争的真正结局，历史教科书称其为胜利。恰恰相反的是，本世纪最伟大的诗人，却在歌颂那些输掉战争的人。他没有歌颂国王、长官、主教和法官，正如战胜国所期望的那样。更重要的是，正是他的名字，被我们用来指代当时的整个时代：当我们说"维庸的时代"，每个多少受过点教育的人都知道，说的是 15 世纪中叶。

不止一个体面的巴黎居民，因为害怕小偷在天黑以后就将门关了，如果他预先就知道他所生活的时代被命名为"维庸的时代"，那他肯定会感到吃惊和不高兴。还有一半的可怜人，则完全不知道维庸是谁。但是,如果他们知道,肯定会怒气冲天。这些后人都是怎么回事,竟然将某个平平无奇的诗人和强盗凌驾于国王、长官、主教和法官之上? 事实上,这些人同样会对在"维庸的时代"之前竟然是"圣女贞德的时代"的消息感到强烈不满……作者只用最后一章写了一下诗人本人。这一章非常有趣——不是因为有传记中没写的事情,而是因为里面并没太多的新鲜事;我指的是用小偷的行话写的维庸诗歌系列,在本章中作了诗歌的解读,却只翻译了一部分。这些诗歌完全不为波兰读者所知,但我们对博伊①没有翻译它们并不感到遗憾。它们对法国人而言,也十分费解,对它们的解读时至今日仍是语言学上的难题。

---

① 译者注:翻译过维庸诗歌的波兰诗人。

亚采克·科尔布舍夫斯基，
《格雷戈里乌斯国王的宝藏——关于 17 和 18 世纪的探宝者》，
西里西亚出版社，卡托维兹，1972

当在巨人山脉和塔特拉山脉出现勇敢的旅行者之前的许多世纪里，寻找宝石和贵金属的探宝者穿梭在山脊、山径和山谷之间。他们开拓了我们今天使用的大部分高山小径。他们给我们留下了关于山洞充满财富的传说，关于不容易相安无事的神秘力量的传说。他们还在岩石上留下了奇怪的痕迹，有时在难以接近的地方，你都不愿相信，如何在没有复杂设备的情况下攀爬，而且即便有，在今天，这仍然无法提供完整的攀岩保护。但是，让我们不要简化这个问题，他们也拥有自己的山地装备，基本上与我们的相似：他们用绳索、攀岩用的钩子、短柄的小斧头、铁质的护膝和护肘。此外，他们通过巨大的且各式各样的迷信来抵御可能遇到的危险。我们不要低估迷信在当时的效果；不同民族的人们都要从中汲取精神的力量，而迷信持续的时间也最久。在亚采克·科尔布舍夫斯基的笔下，这个被遗忘的山地冒险世界重获新生，部分故事中的主角也随之复活。确实，不是对科学贡献无私的好奇心将他们推向未知之地，而是出于令人厌恶的利欲熏心，但他们的勇气和机智，不同寻常的风俗和耸人听闻的命运值得写成一部小小的人物传记。如果我说，光是为了这些引用的部分（来自不同的旧资料），他的这本精美的小册子就值得好好读一读，或许作者并不会因此而感到不满。毕竟类似的引语在书中遍地都是，都是如此生动有趣。例如，根据 15 世纪的信息，如何寻找宝藏：

"先问旁人何处才能寻得克拉科夫,遂从克拉科夫到新萨德奇,从新萨德奇到老城,随后,从老城到雷特尔,在雷特尔城下,有一酒家,亦有一水磨坊,磨坊旁有一河,名为罗茨托克①。寻见此河后,沿河而行,当行至丛林深处,在左侧忽现河二,弃河一,顺河二而行,此河通至深山。山中忽现原野,河流穿原野而过。而在河边有一地下洞穴②"……对这条路的坚信不疑就像梦游者在梦游时那样……最神奇的是,真的有人能看懂这条路,还找到了金块!而且就在塔特拉山脉附近找到的,但今天,我除了能在那里找到一些空瓶子外,其他什么都没发现。

---

① 译者注:波兰境内塔特拉山脉附近的河流。
② 译者注:原文为 15 世纪风格的古波兰文。

## 尤利乌斯·伽什泰茨基,《被遗忘的大师》,
## 文学出版社,克拉科夫,1972

在电台可以听到哥白尼,电视台里也是哥白尼,剧院里有哥白尼,整个波兰到处是哥白尼。有一部关于哥白尼的电影和一部关于哥白尼的芭蕾舞剧,有印有哥白尼的海报和邮票,报纸上有关于哥白尼的采访和文章,随处可见哥白尼作为天文学家、医生、工程师,哥白尼作为公民,作为人,作为神,哥白尼作为哥白尼以及我这个专栏最应该关注的——关于哥白尼的书,在每个书店橱窗展示的书,无论薄厚,无论学术的,抑或是通俗读物,只需要选择一本,好好读完,然后再写几句评论,然而,在此期间,我不想选,也不读,更不想写,虽然我确信,如果这本或那本书出现在平常,也就是非周年纪念的时候,我会乐意去这样做。我不想违背本心,所以我想找一本与哥白尼毫无关系的书,就找到了这本,关于被遗忘的摄影师米哈乌·格莱姆的专著,他生活和工作于19世纪末的卡梅涅茨波多尔斯基①。他不是一个天才,我们不会庆祝他出生或死亡的任何周年纪念日,并且尤利乌斯·伽什泰茨基的这本关于他的专著,将会是第一本,也很可能是最后一本展示他生活的书。米哈乌·格莱姆在卡梅涅茨波多尔斯基有一个摄影工作室,但在这座当年让人昏昏欲睡的城市,他的工作室运营得并不好,主要是因为这位大师本人并没有什么经商的头脑;兴趣使然,让他在农民、小市民、乞丐和流浪汉中寻找模特,很显然,

---

① 译者注:在乌克兰境内,位于三国交界处。

这些人不会为照片买单。其中一些照片保存在克拉科夫民族博物馆。这些独家珍藏意义斐然。很遗憾，因为糟糕的印刷纸张，读者们只能凭借自己的想象去还原照片。除了摄影外，格莱姆还对收集各种稀奇古怪的旧物充满热情，这其中，他最喜欢收集硬币。

而每个收藏家都能够从世界另一端将另一个收藏家给找出来，为了相互交换藏品，买卖藏品，抑或是相互吹捧——这本关于格莱姆的书，同样也记载了19世纪波兰收藏家的圈子。在这本书里，谈到了他们的科学贡献、习俗、关系、偏见以及由痴迷而导致的疯狂。他们的世界昏暗无光，但对春日微热的天气来说，却恰恰好（哥白尼牌的冰激凌很快就要出现了）。

## 安德烈·科沃丁斯基,《科幻电影——电影小百科》,
## 艺术和电影出版社,华沙,1972

　　这些电影更偏向魔幻而非科学。它们的"科学"之处归结为这样的假设:世界上的一切都迟早会成为可能。观众不关心发明的动机和在银幕上随处可见的奇迹。观众不会过多地去关注格拉斯们相似的生理特征,也不会去关注外星生物降落在我们星球上的技术细节。被恶魔附身的构造者手握神秘发射器,在电影叙事中,与喀耳刻①手中的魔杖起到相同的作用。因此,一些创作者完全放弃了让其合理化的努力,而观众甚至也都没有注意到……因此,我并不羡慕这些电影百科的作者们。他们不得不把电影分成几组,他们必须决定哪一部更像是"科幻片",哪部电影更像是一部"恐怖片"。同样地,一部恐怖电影也经常会是一部悬疑电影,而一部悬疑电影也经常出现心理活动、风土人情等其他因素,线索交叉不断,永不停歇。为了以防万一,我购买了整套小百科,希望即便不在这本里,也会在那本中,找到一个让我感兴趣的电影词条。

　　在这套由安德烈·科沃丁斯基所写的书中,对 73 部电影进行了广泛的探讨,其中一半以上没有在波兰影院上映。令人印象深刻的是,日本人擅长制作有怪兽的特效电影。如果有谁在看了这个系列中的一部或两部电影后,就觉得自己已经受够了,那他很可能就无法知道,这群日本怪兽是如何成倍增长的。除了上面

---

① 译者注:她是希腊神话中住在艾尤岛上的女巫。

提到的格拉斯和从美国制片人那里买回来的金刚之外,还有可怕的大怪兽拉顿和高斯戈亚斯,魔人布欧,三头怪吉多拉和铁头怪的朱拉贾,忍者神龟,来自盖帕家族的蜥蜴,飞蛾摩斯拉,海蛇孟达和咄咄逼人的蝙蝠拜勒岗。最令人值得欣慰的是,在某部电影中,影片中的动物是真实的,而且还是活的,只不过是通过适当的拍摄技术让它们看起来更大一些而已。然而,可怜的蟾蜍和鬣蜥竞争不过它们人工合成的同类,这使它们看起来更令人生畏。

万达·莱奥波尔德,《撒哈拉以南的非洲文学》,
国家出版社,华沙,1973

有些人认为撒哈拉以南的非洲文学的起源应该追溯到 16 世纪,而实际上,直到本世纪初,才诞生了这种文学,在这之前,不过是一些零星的文本,孤零零的,没有任何连续性。撒哈拉以南的非洲文学是所谓的"我们时代"的产物,这时我们才意识到它的地位和形态。它的许多开创者仍然在世,这些老先生不过才 60 多岁而已。生命短暂,艺术亦短暂[①]。但在这短短的时间内,有一个非常漫长的故事。

殖民主义,殖民主义的衰落,独立国家的崛起,而现在则是精神层面的变化,也就是说部落在痛苦而缓慢地进行全民族、国家和社会层面的意识转变。在所有这些后续过程中,文学一直存在,它是什么,它做了什么,是由谁创造的,为了谁,它在世界文学形象中的位置以及在本土现实中的位置——这就是万达·莱奥波尔德在这本书中写的内容。在这些海量事实中,我想讲两件事,也许是最知名的,但也是最具戏剧性的。在这片土地上,80%的人是文盲,同时却还有部落语言的巴别塔:大约有一千种语言。这位非洲作家马上要面临着,在欧洲我们早已忘却的选择困难症:用什么语言写作。他很可能会放弃自己的语言,选择法语或英语写作,这样可以扩大他的读者群,但也不会扩大得太多。哪

---

① 译者注:原文为拉丁语,Vita brevis, ars brevis。一般说的是艺术长久留存,而生命苦短(Ars longa, vita brevis)。希姆博尔斯卡在这里作了改写。

怕他想以最容易被大家接受的方式写作,事实却恰恰相反,他与欧洲作家在写"高深莫测的"题材时的状态很相似——他是为极少数的人而写……这些扭曲的相似之处还体现在更多的地方:非洲和欧洲的广播和电视台都在与书竞争,区别在于,非洲还处于对书厌恶的第一阶段,所以这些伟大的发明对非洲很有吸引力,而欧洲则已经到了对书厌恶的第二阶段。非洲因为文盲众多,所以被动地不喜欢看书;那欧洲又是因为什么呢,我不知道。万达·莱奥波尔德这本书印刷了 2 000 册,完全就像是一个实验。但这是一个内容充实的实验:体积小,信息量大。书的封面令人不忍直视,仿佛打算吓跑本来就不多的买家。但你们还是去买吧,别管封面。

### 托马斯·尤拉什,《城堡及其秘密》,
### 艾斯克利出版社,华沙,1972

在波兰,城堡和防御性的建筑建造于 10 世纪到 17 世纪之间。然后,便不再建造真正的城堡,虽然这个名称和形式的习惯又持续了一段时间。许多带有塔楼的宫殿被称为城堡,19 世纪的火车站让角楼和塔楼平添了几分悲凉。托马斯·尤拉什以一种通俗易懂的方式介绍了这段历史和 80 座(曾经的和现存的)城堡的外观,以它们建造的时间顺序进行排列。然而,虽然花了几个世纪才建成这些城堡,而它们的废墟(因为很遗憾,大多数只能被认为是废墟)却主要是在一个时间段内造成的,即瑞典大洪水①时代。那些即便瑞典人在乘胜追击时没有摧毁的城堡,也在他们节节败退时被付之一炬。现在,想到瑞典是如此美好而和平的民族,真是令人欣慰……如果作者仅仅满足于写写历史和建筑,那么这本书的读者就不会感到很受伤。但他并不满足于在公共新闻中向我们展示的那种城堡精神。然而,我要痛苦地证实这一点,直到浪漫主义时期才在这些废墟中添加了大量的恐怖故事。哦,这些故事标志着一系列作品的开端,而且都是一个模式。为了吸引游客,甚至在地牢里展示不知道是从哪里挖出来的骷髅,

---

① 译者注:大洪水时代是波兰立陶宛联邦 17 世纪中期的一个历史时代,其中包括一系列战役。广义上讲这个时代以 1648 年的赫梅利尼茨基起义为始,以 1667 年的安德鲁索沃休战为终,这样俄波战争与第二次北方战争中的波兰阶段便也处在这一时期。狭义上讲,大洪水时代指的是瑞典帝国对联邦的入侵与占领时的这一阶段,这样便只包括第二次北方战争中的联邦阶段(1655—1660),这也被称为"瑞典大洪水时代"。

然后再编一些故事，也就是民间传说。只有为数不多的城堡有真正值得一提的传说故事。我认为是涅兹卡城堡与印加人的遗嘱可以排在第一位。排在第二位的是维希尼奇城堡，几个土耳其战俘试图逃离……用翅膀飞走，不幸的是，在飞行了几分钟后坠落。这个故事是如此奇特，以至于可能确有其事。亚诺维茨城堡可以排在第三位，在鲁博米尔斯基①的时代，据说后厨的人因忍受不了主厨的骚扰，将他做成烤肉了。谁知道是真是假呢。位于利波维茨城堡和位于琴斯托霍瓦省的奥尔什丁城堡也位列前茅，虽然没有获得名次。安慰奖颁发给扎布科维茨（在弗罗茨瓦夫省②）的城堡。在上次战争之前，德国人正在墙内拍摄一部关于科学怪人的电影。几个星期后，电影制片人离开了，城堡开始变得阴森恐怖。没错，电影就是有这种力量。

---

① 译者注：耶日·塞巴斯蒂安·鲁博米尔斯基，波兰贵族。
② 译者注：波兰之后作过行政规划调整，弗罗茨瓦夫省是现在的下西里西亚省。

《肖邦与家人的通信》，

克利斯蒂娜·科比兰斯卡整理编辑，作序并点评，

国家出版社，华沙，1972

最初，肖邦的信件只是因写信人是肖邦而有价值，它们的客观文学价值却没有引起人们的注意。信的风格甚至让人感到有点失望，过于清醒，毫无浪漫可言。人们期待会在看完肖邦的信后热泪盈眶或是惋惜哀叹，就像他的音乐那样。与此同时，在信件里，还有笑话，过度赞美，恶意观察，不谈及个人感情和完全不吐露一丝自己的秘密。当时有一种观念——但今天就没有这种观念吗——唯有信任某人，才会揭露其灵魂的深度。肖邦很少倾诉，因为他的灵魂非常勇敢。因此，他没有把自己的悲伤向他亲近的人发泄。他的一生都被疾病所困扰，但在给家人的信中，他总是说一切都好或是"越来越好"……即使在给他妹妹卢兹维卡的最后一封信中，他一边让她尽快过来，一边却以故作轻松的语气写道："今天我突然心血来潮，想在这里见到你们……"而那时候，他已经意识到，他命不久矣。事实上，她知道她亲爱的哥哥的风格，凭直觉读出了藏在字里行间的真相。

肖邦给家人的信留存得不多，而且大部分都不是原件，只是副本，但是在克利斯蒂娜·科比兰斯卡的这本书中——数量众多，因为她还补充了肖邦家人给他的回信。它们的作者是他的姐妹、母亲、妹夫，主要是他的父亲米科瓦伊。我不知道，成为一个天才年轻人的父亲是否如此容易——不管怎么说，他父亲，正如他的信件所示，尽其所能地想扮演好这个角色。这甚至不是一个

角色,而是一场表演。儿子迷失在花花世界之中,毫无经验,对溢美之词毫无抵抗之力,初次成功很快就冲昏了他的头脑,他花钱如流水,而健康状况堪忧——所以父亲尽可能地试图劝诫他的儿子,但他做得小心翼翼,对他的孩子表示出尊重和信任。"我亲爱的朋友①",他以此为信的开头,写给年仅 24 岁的肖邦。"无论你怎么做都将是正确的,毕竟你只会这么做,但我还是要建议你……如果你这样做,将会慎重许多……"很少有父子之间的交流是这样的。既不是过去那种导师型的父亲形象,也不是现在这种哥们般的父亲形象。总之,米科瓦伊先生一击命中靶心。这对父子还很相似,他也勇敢地向他的儿子撒谎道:"我不知道你为什么会觉得我生病了;没有,怎么可能,我的宝贝……"

---

## 马切伊·古托夫斯基,《波兰哥特式艺术中的幽默》,
## 国家科学出版社,华沙,1973

幽默是一个不稳定的灵魂,它四处徘徊,从一种场景跳到另一种场景,从一种形式转向另一种形式。事实上,它很难规规矩矩地待在一个地方,那个几个世纪以前艺术家为它设计的地方。

当我看到在奥古斯特圣坛背壁装饰的三联画屏《将商人从教堂驱逐出去①》时,看到基督挥舞着绳子将惊慌失措的商贩们赶出去,我完全看不出有任何可笑之处,虽然画家的意图是嘲笑他们。然而,反而是那些在圣坛下面乱窜的公羊、驴和牛让我觉得有趣,它们的体型相比人的比例来说是如此之小,仿佛可以装进口袋,一脸无辜,而且完全没有意识到当时的状况——但我清楚,在最初,人们不会觉得这些微型的四条腿动物有什么可笑的地方,它们被画得那么小,只不过是因为它们在画中不重要罢了。这还不算是一个极端的例子,因为毕竟幽默没有离开画作,只是改头换面和更换了对象而已:从讽刺到幽默,从刻意到非刻意而为之。然而,在一些雕塑和绘画中,幽默则蒸发得无影无踪。如何才能看出来,它曾经在那些作品中待过? 马切伊·古托夫斯基在他这本开创性的著作《波兰哥特式艺术中的幽默》中开展了这项难度极高的艺术鉴别工作。在阅读的过程中,让我感到难过,但这并不是这位学识渊博且富有同情心的作者的责任。那些曾经不需要任何额外的注释就能让人发笑的事,在今天如果没有解释就

---

① 译者注:上帝因为不满商人在教堂从商,将他们从教堂赶了出去。

无法让人觉得好笑,这难道不会令人感到难过吗?然而,这种悲哀并没有持续太久,在读完这本书之后,我又激情高涨(可能说过于夸张):还好我们失去了理解中世纪幽默的能力!没有什么可遗憾的。那时候,他们嘲笑残疾人、智障和疯子,身体丑陋被认为是精神丑陋的表现,在宫廷中,侏儒被拿来供人嘲弄——完全是粗鄙的笑话。这让我想起了阿玛尼亚克伯爵以及他在巴黎宫殿里玩的游戏,大概是在 15 世纪左右。这位伯爵邀请客人来到庭院,他放出一只小猪和四名拿着棍子的盲人。盲人需要将小猪打死;他们会得到肉作为奖励。可以想见,当这些盲人在追赶嗷嗷叫的小猪时,棍子主要都打在他们自己的身上。呵呵,呵呵。

### 贺拉斯,《到莱乌科诺——22 首颂诗》, 亚当·瓦日克[①]翻译自拉丁语, 读者出版社,华沙,1973

　　在波兰诗歌界,还有什么新鲜事? 有的,有一件新鲜事,前不久刚刚出版了由亚当·瓦日克翻译的贺拉斯的一些诗。在过去的 200 年里,贺拉斯在波兰表现不佳。从浪漫主义时期起,杰出的诗人不再将他视为大师和同辈人。他们开始寻找其他大师,剩下那些语言水平不佳的人去翻译贺拉斯的作品。因此,从一个译本开始,这些翻译作品给人的感觉,让人不禁联想到旧衣柜发霉的味道。贺拉斯变得既不够现代,也不够经典。瓦日克的新译本应该被认为是一个大事:我们得到了一本能与我们这个时代和谐相处的贺拉斯的作品。这些和谐并不是以幼稚的方式将其年轻化(这种情况在剧院随处可见)——瓦日克并没有劝我们相信,贺拉斯可以穿着格格不入的高领毛衣和牛仔裤。因此,这个贺拉斯对我们来说似乎是现代的,因为译者尊重他的古老……他没有让他的作品押韵,因为贺拉斯不知道什么是押韵。他并没有用句号和逗号来约束这些诗歌,他保留了从一个词到另一个词的这种双向运动,正如没有标点符号的诗歌那样——贺拉斯也不会用标点符号。而将贺拉斯的其他诗歌特点在翻译中的体现则难多了。在这场翻译之战中,译者提前就投降了,甚至都没有去尝试效仿拉丁语中的节奏,被韵律教授们视为范本的节奏。

---

① 　译者注:波兰知名翻译家、作家。

另一方面,他却没有让节奏变成老式唱片机那样反复重复:如果大声诵读翻译的诗篇,耳朵可以享受这种富有变化的节奏。将贺拉斯如魔鬼般复杂的语法结构翻成波兰版可不容易——然而译者只是稍稍暗示了语法的复杂性,暗示得恰到好处,让波兰译文偶尔闪现出一些新式文法,而不是让人摸不着头脑。这些诗的情感基调也得到了保留,情感变化在一句诗之中就完成了。差劲的译者只翻出第一种情感,后面的情感就自动忽略了。简单总结一下:这本书让这位罗马诗人得以复活,为今天的诗歌爱好者们服务。出于这个原因,我很乐意推荐这本书。

## 亚历山大·瓦迪莫夫,《魔术》,
### 维克托利亚·帕莱茨卡翻译自俄语,第二版,
### CRZZ 出版社,华沙,1973

在书店职业培训那个部分里,有这本魔术师手册。书中包含了这个迷人的职业所需的指导。揭露了大约 200 个魔术的秘密。在其中,详细讨论了所需的所有道具,最常见的就是一件带有 25 个口袋的燕尾服。我支持人类知识无边界传播,让社会生活更加透明。但在魔术技巧方面,我不会坚持这个原则。要获得这种技能的人应该参加秘密的专属课程,而不是使用他们的观众都可能会看到的教科书。

如果我事先知道魔术师如何用锯子切割他的助手,随后这个助手开心地站起来,热情地向观众席打招呼,对不住了,但我为什么还要去看这样的表演呢?魔术的本质在于让观众感到吃惊。为了以防万一,我不会去读这本书。我宁愿保留幻觉和幼稚情感的新鲜感,让魔术师们可以娴熟地开始变变变。我尊重专业魔术师。我可以想象得出,需要经过多少年的耐心训练才能全面掌握这项手艺。这就是为什么我很怀疑,这本教科书是否能够鼓励读者去学习这门技术。在演出期间,谁会希望听到某位超理性主义者的假专家在那里说:"呃,那里,先生,你站在升降台上,你的魔术礼帽里有两层底,你不会让我们选这些数字……"这本不幸的书已经出到第二版了,印了两万册。令人惊恐。

罗贯中,《三国演义》,
娜塔莉亚·比莉亚翻译自英文,
塔德乌什·日比科夫斯基作序,
读者出版社,华沙,1972

《三国演义》是 14 世纪中国的一部经典小说。它描述了汉代灭亡后发生的故事。作者收集并整理了各种民间故事,再整理成一部小说。他以现实主义的精神去做,关注心理和情境的描写。原版小说的体量令人印象深刻,它是一幅由大约 1 500 页和 600 个人物所组成的全景图。翻译自英语的波兰语译本是删减本。由此可以推断,在我们的版本中,人物数量会少很多,比如说 300 个……

然而,由于欧洲读者难以记住中文名字,这个数字还是非常吓人的。我反复试着去读这本书,然而我总是将所有的人物搞混。让我们随机来看一个片段:"第一队领兵军官韩当,第二队领兵军官周泰,第三队领兵军官蒋钦,第四队领兵军官陈武;四队各引战船三百只,前面各摆列火船二十只。周瑜自与程普在大艨艟上督战,徐盛、丁奉为左右护卫,只留鲁肃共阚泽及众谋士守寨。程普见周瑜调军有法,甚相敬服。却说孙权差使命持兵符至,说已差陆逊为先锋直抵蕲、黄地面进兵,吴侯自为后应……"每页都可以找到类似的例子。此外还有一点,一些主角在书中,有时候叫这个名字,有时候叫另一个名字。因此,别管小说的意义,光是人物所造成的困扰,就是一个无法逾越的障碍。尽管我不知道该怎么做,但一定有解决的办法。我是这么想的,每个主角都只用一个名字。或许应该在这本书的最后附上人物的索引，以及他们第一次出现时页面的编号，这在某种程度上可以便于他们的识别。最后——如果某些名字有具体的意义，例如某人叫刺虎，而另一个人叫卧龙，那就让他们在译本中一直用这个形象的名字。我并不执着于我的想法，也许有更好的，只是并没有被采用。这本书以这种方式出版，让人没法读下去。或许只有编辑必须将这本书读完。也就是说，只有两三个人读完了。作为一本发行量一万册的书，这也太少了。

《祖父们的狂欢——流浪歌手的歌（19—20 世纪）》，
斯坦尼斯瓦夫·尼尔科夫斯基编写，
尤里安·克日热诺夫斯基作序，
人民合作出版社，华沙，1973

在过去的几个世纪里，唱歌的老爷爷们围绕着集市和教堂集会徘徊。这样的老爷爷相当于当时的大众媒体。他扮演广播、电视和报纸的角色。他的嗓音一定不错，因为他要通过声音赚钱。在视频画面上，也不会出现黑屏：灰色而得体的长胡须，穿着整齐，用绳子束着腰，并在他的手中握有一根天然曲折的木条。他的节目多种多样——他会唱最新的政治和犯罪新闻，有时候是一种含韵律的报道形式，有时候像是杂志首页主编的话——区别在于，这个主编的话不能无趣，不然客人会立刻离开老爷爷并寻找其他人。你们不应该认为，对于每一个教堂集会或是集市，只有一位老歌手，恰恰相反，竞争很激烈，就像一个盛大的比赛。从老歌手们装硬币的碗里，便可一目了然，得出胜负。因此，比赛万众瞩目，能够吸引观众从一开始就倾听。很少有歌曲能够留存下来。歌手和围着他们的人群都是文盲。而那些会写字的人，都会带有遵循特定的主题——因此从古至今，保留下来的更多是政治文本而不是风土人情。直到 20 世纪上半叶，得益于柜台上售卖的小卡片，老爷爷的歌曲才能在更广泛的分类中流传下来。但与此同时，四处游荡的商贩开始慢慢取代老爷爷们的地位，因为他们还可以面向识字的受众……所以在我们 20 世纪各种各样的文本中，这种与说唱形式相关的内容早已行将就木。

尼尔科夫斯基的精彩文集对民间艺术大篇章的概括和总结，应该是饱含感情地讲述这些事，但不必怀旧。在村庄里，已经有学校、报纸、广播、电视和电影院。老爷爷们早已预料并接受这一切，他们将停留在很久以前的过去里。一定是这样，如果不是这样的话情况会截然不同。而他的作品则成为被仔细研究的对象。他宣扬幼稚道德感的歌曲，复杂多变的风格，简单直白的词汇，将成为厌倦了严肃文学的读者们最有趣的消遣。

罗尔夫·布罗伯格,《布罗伯格蟾蜍》,
齐格蒙特·瓦诺夫斯基编译自瑞典语,
艾斯克利出版社,华沙,1973

作者姓名在书名中重复出现。布罗伯格蟾蜍是一种非常美的蟾蜍,长 24 厘米,重 1 公斤,是蛙界新世界的纪录保持者。在全球范围内,它唯一的竞争对手是来自喀麦隆的巨蛙——会更重和更大。布罗伯格在哥伦布的沼泽森林中发现了他的蟾蜍。尽管是发现者,但选择这样的书名似乎有点自大。出版社是幸运的,而不是作者,这本书本身就是各种书和年份的旅行报告的集合。布罗伯格蟾蜍只是这位瑞典旅行者繁忙生活的一个篇章。在他的众多旅行中,让我感触最深的是奥卡印第安之旅。他希望与坐落在厄瓜多尔原始森林中一个小而好战的部落建立友好的关系。到目前为止,没有人成功,无论是商人、传教士,还是任何邻近的部落。

奥卡人攻击并杀死所有人,但他们并不是为了抢劫或捍卫自己的领土,而是——看起来像是——出于纯粹的,不受任何事干扰的敌意。很少能看到如此坚定的敌意。让人不禁猜测,这种敌意是由曾经遇到过的危害造成的,并且代代相传,发展成为一种习俗,并迟早会导致这个不大的社群走向自我灭亡。布罗伯格的旅行也以失败而告终:建立联系被证明是不可能的。这是二十几年前的事,时间过了很久,因此我们会问自己,接下来怎么样了,奥卡是否还存在,或者他们是否在兄弟相残的战斗中灭绝了。布罗伯格没有谈及此事,这本书的编辑也对这事不感兴趣,可能厌烦了。最后总结一下，或许可以在脚注中对此进行补充，稍微主动点，也没有那么困难。在南美洲有印度事务科学研究所——毫无疑问，他们会礼貌地回答出版社的信，当然，前提条件是会有人写这封信并将其寄出。

安瑟米·布理勒特-萨瓦林,《完美烹饪的口感或思索》,
瓦茨瓦夫·扎瓦茨基编,乔安娜·古泽翻译自法语并作序,
贝尔塔拉插图(画得很棒),
国家出版社,华沙,1973

　　在 19 世纪 20 年代,布理勒特-萨瓦林写下了他的美食颂词,
这个作品安然无恙地度过了法国大革命和拿破仑时期,得以流传
下来。那些时代的戏剧性事件并没有影响作品的风格和内容,依
旧保有完美无瑕的旧秩序[1]精神。

　　布理勒特-萨瓦林作品中的人物不必担忧物质上的烦恼,有
足够的时间去享受摆在桌上的盛宴。可能对他们而言,唯一不幸
的是没有胃口。作者从不怀疑,创造的所有冠冕都是人,而人类
的冠冕是 homo convivens,也就是参加盛宴的人。在世界中,存
在的一切都是为了服务于他,无论是作为厨房的辅助工具,还是
作为菜肴和香料,抑或是作为适合餐厅的材料。在他的宇宙观
里,星星似乎是不需要的,因此作者用揶揄的方式提到它们:"发
现一道新菜对人类来说比发现一颗新星更为幸福。"——之后他
就换了个话题。关于《完美烹饪的口感或思索》这本书,我可以写
几篇不同的专栏文章。例如,一篇是关于作者的写作天赋,他在
这方面可能天赋异禀,既然他可以品尝和闻到每一个描述的菜

---

① 译者注:原文为法语,ancien régime。

428

肴。这本书完全可以归为严肃文学,就像亨利·卢梭①的画可以归为伟大的画作那样——这两个男人之间有一种奇妙的相似之处,同样心思细腻的天真,同样童话般的执拗……

我还可以在另一篇专题文章中这样写,这篇排版精美和翻译精准的书只是选取了一些片段,哎呀,但应该一劳永逸地出版整本书。其他专栏文章:布理勒特-萨瓦林在今天的自助酒吧(他会昏倒),布理勒特-萨瓦林在维仁克餐厅②(他会愤而离席)和布理勒特-萨瓦林在我的朋友 A、B 和 C 的私人聚会上(他会津津有味地吃完,但他不会再来第二次,因为没有服务生,主人亲自为客人服务,在厨房和餐厅间来回奔走,端进端出,更换盘子,倒酒,介绍,客人们也要帮忙,氛围是如此慌张,几乎没有交流)。但最好还是将布理勒特-萨瓦林留在他古老的美食天堂里,那个天堂现在没有了,以后也不会再有。戴着白帽子的厨师正好将烤火鸡加吐司放在桌上。这只火鸡烤得不错,油脂在吐司上流动,从气味中可以嗅出填充物中的松露。是哪里的松露,来自佩里戈尔的,或让我猜猜,还是来自勃艮第的——当布理勒特-萨瓦林匆忙将第一口送进嘴里,这个问题就困扰着他。过了一会儿,他的脸上露出了幸福的笑容。松露是来自佩里戈尔的,生活是美好的。

---

① 译者注:亨利·朱利安·费利克斯·卢梭是法国后印象派画家,以纯真、原始的风格著称。他曾经是一名海关的收税员,也是自学成才的天才画家,其作品具有极高的艺术水准。
② 译者注:该餐厅位于克拉科夫老城中央广场的南侧,是当地一家最著名的波兰菜餐馆,据说曾经专供皇室。

### 斯蒂芬·雅罗钦斯基,《德彪西——生活、作品和年代的汇编》, 波兰音乐出版社,克拉科夫,1973

对于那些懂得欣赏制作精良和排版精美的专著的读者,我推荐你们读斯蒂芬·雅罗钦斯基关于克劳德·德彪西的这本书。拥有良好的乐感对读这本书颇有助益,但绝非必要条件。五音不全的人也会从中受益。雅罗钦斯基在艺术家的生活和工作之间以及工作和时代之间留下了距离,我们必须根据提供给我们的事实自己来确定之间的关联度。打开书后,它看起来像这样:在偶数页面上,分为两列,向我们列举了某一具体年度中有趣的事件(一列是世界范围内的,另一列是法国范围内的);在奇数页面上,我们可以一窥在相对应的年份德彪西的生活,根据文献,按照一个月一个月,甚至一天一天的顺序重新排列。通过这种方式,作者将读者带入令人兴奋的游戏中。因为,正如我们很快就会发现,客观事实很少会对作曲家的作品产生影响。姜饼对风车来说有什么关系呢①,很快就变成了面粉②。但爱迪生发明的电灯泡和17岁正在音乐学院开"和声和变调玩笑"的德彪西之间,有什么关系呢? 当1893年普鲁士政府对各类俄罗斯农产品征收高额税款

① 译者注:波兰俗语,意思是毫不相干。希姆博尔斯卡自己添了后半句,想来还是有那么一点点相关的。

② 原编者注:在《文学生活》1973年第31期中被印刷成"折磨(译者注:在波兰语中,面粉 mąka 和折磨 męka 就差了一个字母)"。维斯瓦娃·希姆博尔斯卡在第33期时作了补充说明:"在我自己8月5日的专栏中的那篇雅罗钦斯基关于《德彪西》的文章中,我震惊地看了这句话'姜饼对风车来说有什么关系呢,很快就变成了折磨'。我不希望被认为是作者犯了这个错误,尽管从印刷的角度上看不是什么大问题:'姜饼对风车来说有什么关系呢,很快就变成了面粉'……"

时，这位法国音乐家正在创作《弦乐四重奏》《牧神午后》和撰写《不用瓦格纳主义》的文章，这两者之间又有什么联系呢？没错，事实上，即使这个人非常有天赋，他也只能有意识地参与其中一小部分的现实。大事件列表嘲讽般地告诉我们，尽管这件事只是从100万个其他事件中不幸被选中而已，然而，这个选择首先基于所在的文化这一事实，也就是最接近艺术家的领域。好吧，即使在这个圈子里，并不是每个人都知道彼此的想法和作品。当我们发现在这些时代之子身上，在精神层面，流淌着秘密的血缘关系时，让我们备感惊喜。他们是尼采、雷南、印象派画家们、柏格森、罗丹、契诃夫、弗洛伊德、普鲁斯特……这就是为什么一切都是按某种逻辑顺序排列，因为是必要的！突然，我们坚信德彪西只能做他做的那些音乐，而不能做其他音乐。这里面有多少虚无缥缈的东西，我并不知道。但就让这游戏继续下去吧，让我们跟这只拥有过去灵魂的导盲犬玩耍吧，我们试着用外套的衣角抓住它，尽管总是扑了个空，但没关系，在每本书里都有它，它肯定在这里，那里也有，在我们面前，在我们身后，你可以听到它跑得气喘吁吁……

**拜罗伊特侯爵夫人,《回忆录》,**
**伊兰娜·瓦赫罗夫斯卡翻译自法语,**
**索菲亚·利比什夫斯卡作序和批注,**
**读者出版社,华沙,1973**

　　在读《回忆录》的时候,书的序言对我的干扰很大,因为在序言中,威廉敏娜·冯·拜罗伊特被描绘成一位心地善良、理性和富有魅力的人。才读了几十页,我就开始担心,这本回忆录最终能否展示出侯爵夫人这些非凡的优点。当读到大约一半时,我意识到永远不可能。随后——我一边兴致勃勃地读完了这本书,一边很明白,这本书的水平不过如此了。这位夫人在她很小的时候,就会拿起笔来永无休止地诋毁近亲和远亲。她的家里人确实不好,但侯爵夫人也一脉相承,不断地吵架和撒谎。我倾向于认为,只是因为身体羸弱,使她没有能力参与政治这趟浑水。但是我怎么能嘲讽威廉敏娜的悲惨境遇呢? 她写了她想写的。不怀好意的言行举止,讲的时候两眼冒光,这些总是让人读起来觉得有趣。我只是对序言中将这位令人生厌且铁石心肠的女人描绘成"在柏林、原始的、宫廷的土壤上生长的独特花朵",抑或是描绘成"高尚的品格""缜密"和"非凡"的头脑,以及将她的回忆录描绘成能够感受到"真诚和单纯"的历史来源感兴趣。你需要谨慎对待这个来源,因为这是一个典型的歇斯底里式的日记,无论她走到哪里,不知何故,总是有人对她不友好……幸运的是,除了回忆录之外,侯爵夫人还留下了几座法式宫殿,根据艺术家的资助者以及哲学家朋友们的意见建造而成。她还经常与伏尔泰通信。

我很惭愧地承认,我没看过这些信件,或许在这些信中,拜罗伊特侯爵夫人、普鲁士的弗雷德里克二世的妹妹,会表现得更为理智一些。因为仅仅是通信这件事本身并不让我觉得有什么特别之处。伏尔泰在选择通信人方面并不是很挑剔,因此,他与不少达官显贵有着貌似真挚的友谊。

### 扬·约瑟夫·利普斯基,《华沙隐士们和流浪者们（第I—II卷）》, 国家出版社,华沙,1973

"隐士"和"流浪者",都是华沙专栏作家们的笔名之一。扬·约瑟夫·利普斯基在两卷书中向我们介绍了 180 位这样的人物,他们来自从 19 世纪初到 1939 年这段时期。我必须要提一句,那些与众不同的名字,即那些能够通过文字流传下来的名字,无论是在专栏中,还是在更为严肃的作品中,只有为数不多的十几个作者的名字为我们所熟知。利普斯基将鲜为人知的评论者又重新找出来,让他们有机会在死后重新亮相。作者们常在专栏里使用笔名或是姓名首字母缩写,因此寻找真实姓名的难度可不小。更难的是找到其中一些评论者的生平。因此,在寻找作者生平这几年所做的工作,都足以完成一部百科全书。购买这套书的人,肯定会把它们放到书架上好好保管,主要是因为写得很好——因为内容翔实,而且专栏作家们的生平引人入胜。然而,评论文章本身却让我有一种混乱的感觉。这种混乱的感觉并不强烈,因为我都看得昏昏欲睡。利普斯基从华沙专栏作家的文章中选择了与华沙有关的内容,希望以这样的方式强调他们的华沙特性。

不幸的是,并不是所有人都会专注于写华沙,所以并非所有人被收录到这套书中的文章都是他们最好的。并不是每个人都是普鲁士、维尔肯斯基、斯洛尼姆或者维赫,毫不费力地从他们的文章中找到如珍珠般闪耀的华沙之作。在其他作家中,应该寻找最好的作品,而不是写华沙的作品。如果收录的是那个时代在华沙名气最大的专栏文章,那这本书的华沙概念就不会让人感到难以忍受,恰恰相反,那么这本书将变得更加鲜活生动——对我们今天这个时代而言,也会是最有趣的。不用担心这些内容能否穿过这个如针眼般小的主题。

## 切斯瓦夫・耶德拉什克,《每日拉丁语》,第三版,
## 我们的书店出版社,华沙,1973

　　我手边没有《每日拉丁语》的第一版。第二版于 1970 年出版,"作了明显的扩充和修订",序言中这样写道。在上一篇小书评中,我试图举一些例子,来证明这些修订并不深入。我不会重复以前的指责,我只想说,他们首先要去关注在拉丁语短语和句子中不严谨的解释,以及某些地方糟糕的翻译质量。所有词典都供不应求,所以上一本书很快就销售一空,为下一本腾出位置,也就是第三版。出于好奇,我又看了看,我发现准确来说,几乎没有任何修订,没有任何补充,也没有任何更改。只是改变了一下字体,但这个问题或许不是那么紧迫吧。因此,我们的书店出版社,我想跟你们说一些事,这些事你们自己也应该知道,至少从你们打算出版词典的那一刻开始。

　　词典这种类型没有完美的作品。到目前为止,世界上没有出现过任何一本不需要在下一版进行任何修订的词典。这就是为什么严肃的出版商要一遍又一遍地审阅文本,甚至独立于任何媒体评论。只是因为至高无上的出版惯例要求,第一,如果做得不好,那么将来要做得好一些;第二,如果已经做得很好,那么将来还要做得更好。在这本书的情况中,第二条准则根本没有机会被使用。

斯坦尼斯瓦夫·维索茨卡,《未来剧院》,
兹比格涅夫·维尔斯基编辑并作序,
艺术和电影出版社,华沙,1973

　　我只看见过斯坦尼斯瓦夫·维索茨卡一次,只是在来自档案馆中的电影里看见过。这部电影像预期的那样了无生趣,演员们毫无个性,他们好像为自己的出现而感到羞耻。突然,令人眼前一亮,在这群人中出现了一个不同寻常的,犹如来自希腊悲剧的众神之母,或是重大仪式上的女祭司,一脸肃穆,眼睛(如果可以这么说的话)仿佛可以看穿一切——直到邻座有人喊道,多么美好,同时又那么不合时宜。维索茨卡在这部电影中客串了不到两分钟,这部电影名叫《麻风病人》。请不要笑:"没有人知道通向后代的路……"我与维索茨卡的第二次相遇就是在这本书里。同样,值得一看。兹比格涅夫·维尔斯基在书中几乎收集了维索茨卡偶尔写的有关剧院的所有内容。给我的感觉是,今天的舞台趋势丝毫不会让她感到惊讶。甚至格洛托夫斯基①的戏剧理念也能心平气和地接受,不认同,但也不害怕和嫌弃。当然前提是,不要命令她坐在肮脏的地板上。这位奇怪的女子推荐她的学生们练习瑜伽,这在今天是非常前卫的事。而在1923年,那时候在我们这里,对于电影还很不屑一顾,维索茨卡却能够在电影中看到伟

---

① 译者注:耶日·格洛托夫斯基,波兰导演、戏剧家、20世纪剧场大师。冯远征在《不要和陌生人说话》中极富表现力的表演手法就习自格洛托夫斯基表演流派。

大创造力的特点。但是,难道我们仅仅是因为她的书与时俱进才重视她的吗?结果就是,从这些书中并没有带来太多的帮助。嗯,例如维索茨卡对戏剧的作用有不同的理解。她多次强调戏剧应该让人们感到放松,"片刻的休息,美丽和幻想"。嗯,嗯。如果今天有人敢这么说,他会被视为乡巴佬,不知道如何在首都的沙龙中表现。放松!休息一下吧!但那是三流戏剧的作用,小资产阶级的产物,不动脑子的作品,我们在这里做的是有雄心壮志的艺术,而有雄心壮志的艺术应该让观众煎熬,令他们感到羞愧、害怕和对人类感到厌恶。好吧,亲爱的读者们,这一切我都不会去涉及,如果我敢这么做,立马就会有专业人士觉得我也是一个头脑简单的人。"放松"是维索茨卡的表述。也许她对这个词赋予了更高层面上的意义,只是现在没有人能够理解?毕竟,她是一名演悲剧的女演员,是严肃剧的专家,所以她可能并不打算将弗雷德罗改编成快乐的寡妇。"灵魂不仅在笑声中放松,也会在纯粹的悲伤中放松……"我对这句话感到非常困惑。第 31 页,从上面往下数的第 10 行。

耶日·果茨曼和博莱斯瓦夫·雅布旺斯基,《我们的鸟巢》,

耶日·德塞尔贝尔格插图,

国家教育出版社,华沙,1972

我评论这本书的时间有点晚了,已经到了夏日的最后一天,那些要从巢里孵化出来的小鸟,已经孵化了。然而,鸟类并不是一个季节的现象,所以即使评论者拖延了很多年,按理说也还是应景的。按理说,也就是,不一定就是这样。正如我在序言中所读到的那样,许多鸟类在本世纪初还被记录在册,但现在,早不在我们这里筑巢了。它们是:猎鹰、灰头猫头鹰、金鸲、兀鹫、诗鸟(让我感到很遗憾这其中还有诗鸟,仅仅是因为它的名字)以及"其他"。我不喜欢以这个词作为列举的结尾。在学术出版物中,应该对精确性有追求,如果连这类书都模棱两可,那还上哪儿去找? 然而,在另一方面却很严谨,虽然稍微有点过于冷冰冰,在书中谈到目前有 217 种鸟类在波兰筑巢。最后一种,也就是第 217 类鸟,并不能将其囊括在内,因为它是布谷鸟,我们都知道,它不会筑巢,而是把自己的蛋扔到其他鸟类的居室里。我们永远不知道,它什么时候有了这么损人利己的想法。然而,它又并非刻意地对人类非常有益,因为它每天吃的害虫相当于它的自重。它在文学中也有一席之地,在《幸福结局》中,斯克柴图斯基和海伦娜听见它叫了 12 次,因此他们就生了 12 个孩子。这本书的巨大优势在于彩色插页,在这里你可以欣赏精致的图片,如带着花纹的鸟蛋、雏鸟小鸟舌头生动的色彩,以及巧夺天工的鸟巢构造,其中的巅峰之作是攀雀的巢。在最后，我想提一句，在诗人中，对鸟巢研究颇深的是耶日·非措夫基①。借此机会，我向他致以最诚挚的问候。

---

① 译者注：耶日·非措夫基是希姆博尔斯卡的朋友。

斯塔尔夫人,《十年流亡记》,
埃尔日别塔·沃松格娃译,
芭芭拉·格罗胡尔斯卡作序及评注,
读者出版社,华沙,1973

　　拿破仑不喜欢参与政治的女人。虽然——或者正是因为——他对这些女人们有所亏欠。正是女性共和派沙龙让这位年轻的将军步入统治阶级的领域变得更为容易。没有她们的帮助,他也肯定会实现他的目标,但一定会需要更长的时间,而在这个领域,速度越快越好。人的野心越大,他就不会感恩,所以一旦沙龙给予了他这种便利,他转身立马去限制它们的影响力,并对干涉政治的女士们表示不满。多年的恐怖活动为女性带来了暂时的平等,但仅限于在断头台上。随后,陈旧的男性观念再次卷土重来,认为女性低人一等。男性认为——女人只是以貌示人,与男性强大的意志所对应的是女性絮絮叨叨的偏执,男性的先见之明对应女性的斤斤计较,哪怕在同样的情况下,男人们会被称为是才华横溢的战术家,而女人们仍然是阴谋家。这种双标的观念时至今日仍然存在,我这么说并不是因为我是一名激进的女权主义者(请老天让我摆脱这样的命运),我只是出于幽默感和正义感才这么说。斯塔尔夫人——尽管花了那么大的篇幅才引出她——在她所处的时代,她身上有两个非常严重的缺点:她是一位杰出的作家,并且对政治很敏感。她很早就丧失了对拿破仑的热情。当他任命自己为第一任执行官时,她就意识到,他的野心是无限的。他并不关心为共和国带来秩序,而是想要绝对君主制

441

的秩序，他打算以自己为表率。因为不认同这种妄想，她为此付出了十年的流亡生活，很少有人像她那样公开表达反对意见，所以她因成为拿破仑的第一个反对者而成名。

很可能，她的反对源自女性的报复：她爱上了拿破仑，但他并没有被她的魅力所吸引。这个版本甚至在皇帝退位后继续传播。只是因为这些法国人，在忍受不知道吃了多少年青蛙的痛苦后，想要把这些青蛙扔到作者的床上。但即使这是一个可靠的版本，这也不会抹杀斯塔尔夫人在拿破仑的问题上比常人更为成熟的事实，她很早就意识到，他是一个不择手段却又极具天赋的野心家。时至今日，每当我们要评价拿破仑在欧洲历史上所扮演的角色时，这个论断都是准确的。

## 《动物小词典：鱼》，
## 大众科学出版社，华沙，1973

　　精心设计的词典让人很是欢喜，而这本专门写鱼的词典就是如此。在这本书中，出版社还附上展示鱼的彩色插图以及录制了一些鱼类声音的黑色胶片。我姑且不谈插图，因为它们不讨好的长相并没有给我留下任何特别的印象。而黑色胶片则不一样。在鱼的声音这个词条下，词典的作者写得很简单，鱼会发出诸如嗡嗡、嘘嘘、梆梆、砰砰、汪汪和咂嘴之类的声音。词典很小，因此不是所有的都被一一列举。我快速将其列举，在黑色胶片里还有诸如嚎叫声、吱嘎声、哀嚎、打嗝声、哗哗声、窸窸窣窣声、吧啦吧啦、低声叫、小声说话和打孔声。但这些还是远远不够。在看似安静的水面下，有不断喧嚣的噪音，汽车发动声，轰轰声和喘息声，仿佛工厂正在全速运转，活塞敲打着，车厢隆隆作响。但这些还是远远不够。这张黑色胶片可以算作某个音乐种类，作品相当有趣。只需要想出一个名称，就可以成为艺术界的谈资。只是很难知道这个音乐的作曲者是谁。我推荐海神波赛冬，以避免当下的争议。然而，为了让听这张专辑更为愉悦，我觉得仍缺了一些东西。即缺了如何记录这些鱼类的分贝以及如何让它们被我们耳朵所听见这两方面的解释。为此，我必须去翻阅坦柏洛克的《动物之声》（波兰科学出版社，1971）。在那里，我找到了关于录音技术的讲解，涉及很广而且难以理解，但我不能评判其复杂性，因为我的物理成绩很烂。

卡罗尔·弗兰科夫斯基,《在他乡流浪——巴黎》,
扬努什·奥德罗望什-彼尼亚什卡编辑和作序,
伊莎贝拉·罗格净斯卡翻译法文片段,两册,
国家出版社,华沙,1973

　　尽管在华沙为卡罗尔·弗兰科夫斯基举行了令人印象深刻的葬礼,但他很快就被人们遗忘了。死者的生平不适合爱国主义教育,因为他虽然参加了一些事件,如参加拿破仑战争,以及后来的 11 月起义,但不幸的是,在这两个案例中,弗兰科夫斯基在为敌方而战……他的两部作品也被人们所遗忘:1840 年以法文出版关于巴黎的《生理学研究》,1846 年以波兰语出版的《在他乡流浪》,说的也是巴黎。白驹过隙,时间无情地伤害了这两本书。它们很快就过时了。今天,它们的情况出现了转机,从过时的阶段进入了古老的阶段。我们把它们看成是记录风土人情和写作风格的纪录片,同时,更全面地看待作者的所有个人特点,却不对其两面性进行批判,即他具有非凡的写作天赋和落后的思想。

　　正如我们所知,这两者并不矛盾,扬·帕塞克[①]就是一个例子。帕塞克沉浸在自己的世界里,几乎没有怀疑过存在另一个世界。弗兰科夫斯基发现自己生活在比波兰城市发达 100 年的大都市里,那里所暴露出的社会问题也提早了 100 年。巴黎让他着迷,让他震惊并且让他畏惧。作者显然没有为这样的场面做好心

---

①　译者注:扬·赫雷佐斯托姆·帕塞克(1636—1701),波兰-立陶宛联邦时期的波兰贵族和作家。他最值得纪念的是他的回忆录,这是关于巴洛克萨尔马提亚文化和英联邦事件的宝贵历史资料。

理准备,因此他在毫无益处的是非黑白中寻求帮助。令他感到高兴的是,波兰人比法国人品性更好。波兰商人更谦逊,不会装大款,而在巴黎这样的人随处可见。他对巴黎生活的"唯物主义"感到不满。他认为,工人们应该去教堂进行祷告,而不是思考如何成为某个阶级。巴黎的女导购们,尽管她们貌美如花,但应该像波兰的老处女那样,有尊严地接受自己一无所有的命运。总之,这是一本令人愉悦的读物,常在不经意间让人感到有趣。这两卷书摘录了波兰语版和法语版的大部分内容。翻译将文中的法语翻成波兰语,她翻得如此之好,以至于完全看不出来是翻译的,感谢这名优秀的翻译。

### 卢兹维克·什柴尔比茨卡-希郎克，
### 《围绕克利俄和卡利俄珀——古老的波兰历史史诗》，
### 奥索林姆国家图书馆出版社，弗罗茨瓦夫，1973

　　克利俄——史学缪斯，卡利俄珀——史诗缪斯。这些带给人灵感的女子们的管辖领域相互挨着，而所有时代都不能一劳永逸地建立起边界。例如，扬·德乌戈什[①]就同时是一位历史学家和史诗作家。波托茨基的《霍丁战役》可以被认为是史诗和押韵的史学材料。

　　因此，这项研究的作者不仅仅是对具体的文学体裁感兴趣，同时研究旧波兰时期的作家是怎么对待历史素材的，在中世纪、文艺复兴时期以及巴洛克时期，他们在文学中所使用历史素材的方式都有所不同。从古至今，人们对"美好的旧时光"的定义也在发生着变化，英雄模范的类型也在变化，以及在故事中，叙述者自己设定的角色也在发生变化。我知道很少有读者会对此类问题充满热情。该书主要是针对波兰语研究者，而他们正好要写这方面的学术文章。但是，会不会有这样一个心态开放的圈外人出于无私的好奇心来读此书呢？今天的波兰研究者从不指望有这种例外发生。它对圈外人设置了一个不可逾越的语言屏障。这是第一章的一句话："人文学科……同时安置空间和时间，一边理论上假设存在无数种形式（不知道从何处'开始'），而每一种形式都

---

① 　译者注：扬·德乌戈什（1415—1480），15世纪波兰外交官、历史学家及编年史学者。

446

曾经在纵轴上确立过且永远占据一个点,并且只在亚里士多德关于诗歌的书中提及过会随时间的流逝而不断完善(也就是说,不会因此而转变为其他不同的形式)。"你需要更坚持才能继续读下去。但这是值得的,作者在书中收集了有趣的材料并提出了许多重要的见解。因此,我不嘲笑类似的作品,但我为它们感到担忧。我已经忘记了是谁说的,但说得很到位:"我写得很凌乱,因为我赶时间……"事实上,我们学识渊博的波兰学者花了很多时间思考他们的工作,而他们在写作上花的时间却太少了。在我的脑海中,没有一种声音在喊"国王没穿衣服!"我也没有认为所有这些理论是毫无意义的和浮于表面的。相反,我看到国王穿着衣服,而且他长袍的面料价值不菲。但是这件衣服对他来说不合身,裁缝做工并不精细。

### 贝尼亚米诺·吉里[1],《回忆录》, 哈尔什卡·维希尼沃斯卡翻译自意大利语, 波兰音乐出版社,克拉科夫,1973

从车站到酒店,从酒店到歌剧院,从歌剧院回到酒店,从酒店到车站。40多年来,一直如此。每到一个国家,记者们很自然地会问这位歌者,他喜欢什么以及他对当地观众的看法。可能跟所有处在他位置上的艺术家一样,他如此回答道,这个国家很美,观众乐感很好且要求很高。当到他生命的最后,他开始写回忆录,他不得不主要使用档案中的新闻剪报和剧院宣传册,因为记忆中只留下不多的人和事。歌者的生活仿佛毫无变化——永远好像在同一个剧院的舞台上,只是剧院的名字在不断变化。贝尼亚米诺的回忆录很无聊,但它在某种程度上令人着迷。他作为歌者的职业生涯始于第一次世界大战期间,并在第二次世界大战结束后几年结束。这是一段很长的时间,在此期间历史对每个人都造成了影响。至少,到目前为止,我所知道的所有回忆录都会或多少地谈论当时世界上所发生的事情——没有谁的生活可以完全避开政治或避免受其影响。吉里是第一个在其回忆录里没有历史背景的人。战争、革命、法西斯主义、危机——这些都只是可移动的装饰品,有人在他身后将其带来或是拿走,而他则一直站在舞台的前面,唱歌时盯着自己的横膈膜。上天给了他一副美丽的

---

[1]  译者注:贝尼亚米诺·吉里(1890年3月20日—1957年11月30日),意大利男高音歌唱家。

嗓音和不使自己的生活复杂化的能力。吉里从来不能理解诸多事情，例如，为什么托斯卡尼尼离开法西斯的意大利。当纽约大都会歌剧院想要通过降低他薪酬的方式度过经济危机时，他毫不犹豫地终止了合同，尽管他之前因为在此唱歌而举世成名。

在最后一次战争之后，社会舆论对其不满，因为他用他抒情的男高音为纳粹的庆典增光添彩。他很惊讶，为什么人们会因此对他产生怨恨。他像一只鸟一样在枝头吟唱，而鸟儿怎么会去想是谁坐在树下？希特勒、墨索里尼……没错，我是认识的，我也记得。但是请你们读一读我无聊的回忆录，如果有这样的荣幸。我并不会对这些人物有特别的关注。我也不会去讲关于他们任何有趣的事情……

玛莎·比贝斯科公主,《在舞会上与普鲁斯特相伴》,
艾娃·非舍尔翻译自法语,
读者出版社,华沙,1973

　　当罗马尼亚比贝斯科公主作为一个年轻女子开始在巴黎的沙龙中大放异彩时,普鲁斯特实际上已经从社交生活中退出了——他把自己关在一个被软木覆盖的房间里,据说,他在那里写一些重要的东西,病越来越重且越来越古怪。他们本不会结识,如果不是因为公主有两个与普鲁斯特非常亲近的表亲。尽管她以此夸耀,但她坦言道,在普鲁斯特的面前,她感到尴尬、恐惧和有点无聊。或许,她本能地察觉到,在与他的相处中,女性优势没有任何帮助,反而阻碍了谈话。所以他们的谈话次数并不多。普鲁斯特手写过几封信。这些信都客气到令人抓狂。今天,没有人可以写出如此繁文缛节的信函了。即便真的有话想说,也不会有人会真的这么写。我怀疑,这位作家并没有认真对待他与公主的通信。他给比贝斯科的表亲们安东尼和埃马努埃尔的信件则更为私密,信息量也高出上百倍。作者引用了很多片段。但不幸的是,只有片段,并不能满足读者的好奇心。此外,还缺乏日期。正如你们所看到的那样,我们女人甚至在别人的信中都会忽略这些事情。但是,难道出版社里就找不到一个男人去补上日期……

**维克托莉亚和勒内·希利沃夫斯基夫妇，**
**《亚历山大·赫尔岑》，"犹太人系列"第 27 卷，**
**国家出版社，华沙，1973**

　　这是警察对赫尔岑的描述："脸颊泛红，行为可疑，眼神飘忽不定……"不管怎么说，赫尔岑在警察眼中，看起来很可疑，至少不像是一个正常人。直到 20 世纪 50 年代时，赫尔岑的第一批照片出现后，世人才发现他的形象是憨厚可爱的圆头圆脑。嗯，没错，现在轮到我的描述不客观了，我用"憨厚可爱"这个词是因为我了解赫尔岑，他为什么值得尊重以及我为什么喜欢他。他是一个正直善良的人。这类人在民族、国家以及世界的历史上并不常见。然而，如果没有他们，人类历史就犹如蝼蚁的故事。打住。我开始感动，但是该说一些具体的信息了。这个伟大的俄罗斯人去世一百年以来，在波兰有很多人写关于他的文章。他的很多著作都被翻译，尤其是近些年，很多研究他政治活动的原创文章发表，尤其是他对波兰的态度。然而，关于他的文章大部分散落在各类学术期刊中。而包含所有他丰富生活以及如戏剧般复杂的情绪的传记，到目前为止，我们还没有波兰语版。这只能由赫尔岑于1951—1954 年在我们这里出版的五卷自传《逝去的事物及沉思》部分填补了这个空白。这本书非常有价值，毕竟长久以来，它一直与其他来源对抗，也跟我们的时代对抗。这样看来，我认为希利沃夫斯基夫妇的书很完美，如果有谁在书店买到它，都不会后悔所花的钱。仅仅花 70 波兰兹罗提就可以结交朋友，简直太便宜了！只是，还有谁能够实现物质和精神的有益交换？这本书的发行量是 3 000 本⋯⋯也许是印刷错误？其他"犹太人系列"的专著通常会比它多几倍的发行量⋯⋯

## 克日什托夫·博奇科夫斯基医学博士,《人类的性别》, 国家医学出版社,华沙,1973

　　人类的性别有两种,女性或男性,在这里没有体现出人类伟大的创造性。"第三性"是一种心理层面的发明,然而,在自然界中却没有佐证。然而,在自然界中有雌雄同体,也被称为双性畸形或双性性格,但这不是第三性,而是天生缺乏决断力。这种现象非常有趣,以至于作者在这本书的最后几页里专门写这些内容——这本书像是关于性知识的医学讲座,而普通的波兰人只会在黄色笑话中提到,或者一提到这些事就羞得满脸通红。如果不是因为这不幸的雌雄同体,我可能完全不会在这个专栏中提及这个令人受益匪浅的讲座。

　　作者以一篇文学作品为例来印证这个现象,据说这部文学作品"真实地描绘了两性畸形的状态"。哎,这简直是滑天下之大稽,因为该作品与雌雄同体毫无关系。诚然,文中是出现了"双性性格"这个词,但是指的根本不是这个意思。就像篮子里的葡萄干并不是《爸爸归来》①的主题一样。关于更正的部分就说这些。我还留了一点空间,我会简要地说一下,这篇文章究竟是说什么,以及除了之前对它的误解,这篇文章还是值得一读的。它是一篇拉丁墓碑铭文,据说现存于博洛尼亚的伊特鲁里亚博物馆内。耶日·涅莫尤夫斯基将这篇铭文翻成波兰语并将其与原文一起放在诗集《女声诵读》中。伊格纳祈·克拉西茨基主教很早就在其

---

① 译者注:波兰著名诗人密茨凯维奇的作品。

《历史》中引用过这篇铭文。甚至比这更早的时候,在 16 和 17 世纪,这篇铭文引起了人文主义学者的兴趣,并成为许多讲座的主题。当时它就已经被误解了。不知何故,没有人想要理解其本意。人们在文中寻找指桑骂槐和层层加密的蛛丝马迹。有些人声称这篇铭文与……太监有关,有人说它讲的是被石化的尼俄伯①,还有些人则认为,它讲的是点石成金的故事。此外,铭文还提到了死亡,所有曾经意义非凡的事物都因死亡而变得不值一提——不必询问死者的性别、年龄、死亡情况,不必思考他是谁,要去哪儿也显得徒劳无益……作者如此冷漠地评论死亡,或许不是每一个人都乐于接受这样的观点,或许这就是为什么人们希望在字里行间寻找画外之音?以我拙见,这篇铭文是一流的诗歌。我并不是说其他的伟大作家浪得虚名,但这位不知名的罗马诗人在这方面更伟大……相比写这么多,或许我应该完整地引用这首诗——而且最好是引用拉丁语原文,因为它的言简意赅和韵律之美当今无人可比。但我才不会这样做。如果有谁感兴趣,他自会去寻找。

---

① 译者注:尼俄伯,古希腊神话女性人物之一。她为自己七个英俊的儿子和七个美丽的女儿而自豪,并在勒托女神面前自夸,因为勒托仅有阿波罗和阿尔忒弥斯两个孩子。有一次尼俄伯打断一次对勒托的祭拜,要求人们应该崇拜自己而不是勒托,于是激怒了勒托。勒托派阿波罗和阿尔忒弥斯杀死了尼俄伯的孩子们。尼俄伯十分悲伤,宙斯可怜她,将她石化,变为一座喷泉。

**米契斯瓦夫·沃利斯,《镜子的历史》,第二版,增补版,艺术和电影出版社,华沙,1973**

　　读完这本令人愉悦的书后,我对我浴室的镜子更加敬重。今天,它是毫不起眼的产品,但它的起源可以追溯到人类之初。显然,我早就知道它,因为人人都知道,直到沃利斯对其进行专门的阐述,让我得以从不同层面了解它。每个女人都有自己报复镜子的手段。就我个人而言,我从未对我在镜中的形象感到满意。一想到即使是地球上最美丽的女人也会不满意地盯着镜子,就让我感到很欣慰。几个世纪以来,无论是克莱奥·德·梅罗德①,还是葛丽泰·嘉宝②,抑或是花仙子,没有一个女子会站在镜子前,开心地哼着小曲。但这种场景——女子在镜子前哼唱——经常出现在诗歌中。那些都是由男人们写的诗。哦,我亲爱的男人们,你从哪儿看到这样的画面? 如果有人在镜子前哼歌,那只会是你们,一边刮着胡子。对于女性来说,站在镜子前面,只会变得沉默不语,不敢相信和如战斗般聚精会神。她们从来没有想过要唱歌。你们不是从生活中汲取这些场景,而是从早期的诗歌中汲取这些场景,而你们的前辈们则改写自更早的诗歌。如此一直向前追溯,直到追溯到某首非常远古的作品,在那部作品里,开心地照着镜子的女子才有可能是真实的。只是那时她手里拿着不同的镜子,由抛光的金属制作而成,通常为铜、银、金。它映射出的脸

---

① 　译者注:克莱奥·德·梅罗德,曾经盛极一时的芭蕾舞者。
② 　译者注:葛丽泰·嘉宝(1905—1990),瑞典籍好莱坞著名影视演员,主演过电影《茶花女》和《安娜·卡列尼娜》等。

颊自带光芒,自动美化且朦朦胧胧。在这样的镜子里,你可以毫无挑剔地喜欢自己的样子。很有可能,埃及艳后会一边看着自己模糊不清的金色倩影,嘴边哼着埃及的歌谣。她毫不怀疑,全世界都被她美丽的鼻子所折服。但如果在今天,她在无情的镜子中看到自己,她肯定会发自内心地认为她并不完美。而且,她肯定会想要其他某个人那样的鼻子。噢,因为女性的虚荣既是写实的喜剧,又是形而上学的戏剧。我希望,通过这几句话,我能够解释清楚,为什么在我们的盥洗室里,常常可以听到男中音、男低音以及用假声吟唱的男高音,但我们从未听过女中音、女低音和女高音。

弗朗西什克·斯瓦夫斯基和萨比娜·拉德娃，

《保加利亚语-波兰语和波兰语-保加利亚语口袋词典》，

大众科学出版社，华沙，1973

　　该词典收录了超过 15 000 个词条。尽管从实际需求上说，词汇量已经很大了，但我们依旧认为这是一本微型词典。微型……小……口袋……出版商将这些词语视为同义词，并称之为口袋词典，尽管我怀疑他是否看到过谁有这么大的口袋，可以塞进这本厚厚的词典。也许某件冬天穿的羊皮大衣上有这样的大口袋，但我们去保加利亚旅游的时候是夏天，况且在这个国家，冬天也没有那么冷，因此，你将不得不把这个"口袋"词典放在一个手提箱里。关于词典的式样及其题目我就到此为止，这让我觉得有点搞笑和感动。因为这个词被扩大了本意，开始超越字面的意思，就像酒窖（我们却在里面储存土豆）、洗脸巾（还可以用来擦脚）、珊瑚色的项链（其实是琥珀做的）、茶（薄荷茶也算）、遮阳伞（却拿来避雨）、皮革（还可以是人造皮做的）[①]、钢笔、铅笔、纸莎草纸、商店……

　　我非常喜欢这些词。为了什么？——尽管它们偏离了原来的含义，但它们仍然可以被很好地理解。而且，它们还很天真地露出肚脐眼——这表明它们是如何出生的力证。但是，有时会出现一些较真的语言强迫症患者，坚持一成不变的规定。最近这帮

---

[①] 译者注：希姆博尔斯卡在此处还列举了一些词，词根和词的引申义相去甚远，而与之对应的中文词却没有类似的词根。

人就拽出一个勇敢的单词"送信员",并决定以准确的名义销毁它。因为送信员不仅送信件,还送包裹和钱！有必要以书面形式确定一个可以涵盖所有邮政物品的词！因此,除了送信员外,我们现在还有"邮递员"。这些较真的疯子们陷入自己的死循环,因为这些"邮递员"通常不会将信件和挂号信"递"给送信人,而是将它们扔进信箱里。说到语言,还有更大的担忧之处。指的是另一类词组。正如诗人朱利安·杜维姆所言,"让真理永远意味着真理,而正义永远意味着正义"。没错,在这个语言领域,较真是可取的。

鲁茨延·沃兰诺夫斯基,《炎热和发烧》,
艾斯克利出版社,华沙,1973

地球上还有原始森林,文明社会的人们只从飞机上看到过,没有被工厂污染的水域,没有被化学烟雾笼罩的空气,也就是说是原生态的天堂,现如今一大半的歌手一边弹着电吉他怀念,一边黯然神伤。生活在这些天堂中的人们全凭自然之母的意志生活,即与鳄鱼、蛇、蝎子、蝗虫以及所有原始生物、病毒和细菌平起平坐。在发达的文明中,人们非常担忧对自然环境的保护。担忧用得不错,完全虚伪的表达。我们想要保护的是刨去那些不良因素外的自然环境——非自然的方式下的自然!在真正的自然环境中,人们生活得很苦且寿命不长。人口过剩、饥饿、无知、疾病,只不过是一个悲惨命运中的众多方面罢了。沃兰诺夫斯基的报告从疾病方面审视了这个问题。他的书是由世界卫生组织委托编写的。书中描述了东南亚的健康状况,以及展示医生在这些国家所做的工作。沃兰诺夫斯基可能是最常接种疫苗的波兰记者,因为他经常前往遥远的国家,但接种疫苗不能预防每一种疾病,而且没有能够免受精神折磨的疫苗。沃兰诺夫斯基访问过医院,隔离传染病患者的场所,以及许多流行病盛行的人类聚集地,目之所及,令人生畏。我觉得要有极其坚强的意志,才能忍受并压制住沮丧和恐惧的本能……我向那些已经看过书里作者介绍的人推荐这本书,因为他们会羡慕:"他总是在旅行……"我也向所有人推荐这本书,书中所提到的上百种让人类倍受折磨的真实描述,在欧洲,我们早就忘却了……我们忘了在自然身上,具有地狱般的特性。

### 卢兹维克·博赫丹·格日涅夫斯基，
### 《亚历山大·吉里姆斯基画中的华沙》，
### 国家出版社，华沙，1973

　　"亚历山大·吉里姆斯基认真对待艺术,艺术也如此待他。"——卢兹维克·博赫丹·格日涅夫斯基在序言中这样写道。说得多好,而且还不是谎话!

　　吉里姆斯基无法以他严肃的绘画作品谋生,他通过作为华沙杂志的插图漫画家而赚钱。今天,这种边角料般的创作我们称之为"糊弄之作",但吉里姆斯基并没有按照这个词的字面意思或是引申义去作画。他属于那种对待一切都一视同仁的画家。如果他没有按时发送插图,就意味着,他过不了自己这一关。举个例子,《华沙城下维斯瓦河的景色》,他清楚地知道,编辑们肯定会认为这幅图是完美的,所以他在寄出的画上留下自己的脚印。噢,一幅有鞋印的风景,为什么没被保留下来……值得在美术学院的开学典礼展示! 很遗憾,我们既没有这幅画,也没有其他画。19世纪80年代的杂志,只有影印版被保留了下来。但有谁去看杂志影印版? 因此,将亚历山大·吉里姆斯基的绘画作品单出一本书(目前并非全集,只有华沙及其周边地区的画)的想法值得称道。不管怎么说,我还是因为这本精彩的画册而感谢格日涅夫斯基和出版商。华沙是如此有幸,因为它有吉里姆斯基。所谓的"流派"认为画家的想法比绘画主题重要,而格日涅夫斯基则恰恰相反。吉里姆斯基如实地描绘华沙风光,老房子之间的活动空间,郊区、棚屋、垃圾场、施工现场和维斯瓦河的回水,在其中,完全找不到他自己的影子，但他以各种形式出现在供货商、犹太人、挖掘沙土的工人和河运货物的工人之中—— 仿佛只有那里才是一个真实而严肃的世界，而"虚假的"则是宫殿的外观、天鹅池和矫揉造作撑阳伞的贵妇们……吉里姆斯基没有凭幻想去作画——他的风格不是唯一的，极难将其归类。如果有人想在文学领域找到与他的画作相对应的，那么，只有在市郊闲逛的沃库尔斯基①能够与之相提并论。人们普遍认为与普鲁斯的作品相匹配的是科斯特什夫斯基的绘画。我认同格日涅夫斯基的不满，将两个地位如此悬殊的人放在一起绝对是愚蠢的。然而，吉里姆斯基是可以与普鲁斯平起平坐的。顺便提一句，格日涅夫斯基对科斯特什夫斯基的批评实在太过分了（"厚颜无耻""粗制滥造"）；科斯特什夫斯基的缪斯是过小日子的缪斯，因此魅力也很有限。曾经，人们嘲笑剧作家巴鲁克，只是因为他不是易卜生。我的上帝，他确实不是易卜生，他甚至因为自己不够优秀而自杀——但波兰过去没有出现过易卜生，之后也不会有。科斯特泽夫斯基也因其天赋而无法成为吉里姆斯基。然而，这一次，结局好多了：吉里姆斯基还是吉里姆斯基。请包容平庸者。

---

① 译者注：波兰著名作家普鲁斯的代表作《玩偶》中的男主人公。

## 莱斯瓦夫·艾乌斯塔赫维奇,《外国文学选集》,
## 第二版,修正版,
## 国家教育出版社,华沙,1973

　　早就知道,没有选集可以让所有人都心服口服。每个文学爱好者都有自己对帕纳塞斯山①的个人看法,每个人都根据自己的喜好将顶级作家放到这个小山上。还有这套世界作家的选集,尽管很厚重,但只有两卷。谁可以被收录其中,谁将被略过,每个人各自占多少页?我试着理解这些困难。我保证,我不会埋怨缺少许多伟大的名字或每个作家所占的比重不对。我对这些问题也有不少疑问,但我不打算谈这些,我想在这里谈些在我看来更为基本的问题。第一个是选择片段的原则。有两种办法:选取每个作家代表作的片段——或者选取不那么出名的作品的片段(假设最出名的作品应该读完整版)。

　　显然,第一种办法风险较小。很遗憾,第一种和第二种都没有被彻底地贯彻执行。有些作家展现的是其最广为人知的作品,而有些则展现那些默默无闻的作品。所以,例如,塞万提斯、狄更斯、普鲁斯特都是最著名的(《堂吉诃德》《匹克威克外传》《追忆逝水年华》),但不知道为什么果戈理则是默默无闻的作品(因为他的独幕剧不叫《在剧院前厅》),司汤达(只有《信件集》)抑或是艾略特(一首关于猫的诗和《鸡尾酒会》的片段)。自然,并不是所有

---

① 译者注:希腊神话传说中艺术女神们居住的圣地。

人都可以做到篇篇佳作的。从斯特林伯①的作品全集中，选一部不再上演的剧目，在今天看来早已死去的剧目：童话剧《梦想的游戏》。这本选集让人感到无聊至极。这套选集偏爱象征主义，泛泛而谈和永恒的至高无上——不止一位作家的作品让我们看得哈欠连天。我早就注意到，这是教育出版社出版的，这很令人担忧。这种无聊不仅仅是由文本的选择造成的，还存在选择翻译版本的问题，至少应该选择更好的译本。伟大而负责的翻译与被束之高阁的翻译相邻而坐。很久以前的翻译表现最差。似乎该选集的作者对过去几十年来的译本了解不多。现在有十几篇诗作因为译本而重获新生，而在此之前这些过时译本令人感到窒息。很遗憾，在这两卷中主要都是青年波兰时期风格的译本，没有人能够像这本选集的作者那样毫无怨言地喜欢这种风格。最后，再说一说几句人物介绍的事。我不认为它们是一个人写的，因为它们的文风各式各样。大多数人都写得不错，但有一些就……例如《汤姆·琼斯》作者的开头第一句话："菲尔丁是原始积累时期的代表人物。"这个头脑发热的作者认为这部小说是经济学教科书的附件，更有趣的是，他自欺欺人地觉得，在这样介绍作家后，还有读者会愿意多读哪怕一页……另一句莫名其妙的话是关于陀思妥耶夫斯基的："个人经历的怪异使他的想象变得异常……"从这个逻辑上讲，该介绍的作者对文学中符合规范的想象和异常的想象进行了区分。与此同时，拥有正常的想象力的人可以做很多有益的事，但就是不能成为一名重要的作家，继而，无法在世界作家的选集中找到自己。不论是在更好的选集里，还是如这套一样的选集里都找不到。

---

① 译者注：瑞典国宝级的戏剧大师。

## 阿丽娜·特罗延,《撒哈拉以南的非洲的艺术》, 大众科学出版社,华沙,1973

　　黑人雕塑作为殖民地的战利品在欧洲出现,被认为是令人惊奇的玩意,却毫无艺术价值。在上个世纪下半叶,由于民族学的发展,黑人雕塑开始变得有意义(目前只是从学术上看)并且在博物馆里展出(现在只有在民族学博物馆)。伟大的殖民地国家公民,他们中至少有一部分人,在展示柜中看到黑人雕塑时,感到不安。从某种程度上看,这些雕塑与古代欧洲某些宗教的展品和谐地融为一体。在这些博物馆中,白人对黑人的优越感似乎不像在闭塞的家里那样高高在上,在壁炉旁供着英国玛丽姨妈或是法国玛丽姨妈送的结婚礼物,十分精美,是一只瓷斗牛犬,像活的一样,嘴上还叼着烟斗。最后,在本世纪末,进步到了最后一步。人们将黑人雕塑视为艺术品,甚至是活跃的,鼓舞人心的艺术品。先是前卫的艺术家们开始欣赏它,然后是这些前卫艺术家的支持者,最后是那些随波逐流之徒的。在非洲的雕塑面前,人们开始赞不绝口。强大的殖民主义精神在这种赞美声中日渐式微。

　　哦,殖民精神不是一下子在每个人的身上消失,不是在全国范围内,也不是在经济或社会范围内,还需要其他上百个理由,结束殖民时代才会开始走向终点——但那会是一篇大文章,而不是我的小专栏。不如就让这些被稍稍赞美,看似难以理解的艺术作品,慢慢影响这个人或是那个人,这些人和那些人,这边一些人,那边一些人,进展得很慢,而且是局部的……"人类,"正如阿韦尔琴科所写的那样,"聚在一起是乌合之众,独自一人则清醒理智。"

我刚好就在思考这个细节,个体的良知,这算得了什么,这可不是直观的统计数字。看着阿林娜·特罗延这本畅销而生动的书中的插图,我感觉我正在参观一个名人画廊。因为这些迷信和做仪式戴的面具,曾经被抢夺走,后又被肆无忌惮地用于国家之间的礼物交换——本非刻意,却卓有成效地完成了政治任务,同样,有意识地通过艺术的参与来发挥政治成效的情况并不常见……

博古斯瓦夫·安东尼·扬科夫斯基，
《从心理学家的角度看外语学习》，
大众科学出版社，华沙，1973

　　这本书并不是每一页都让我感到有趣。作者花费了大量的笔墨和精力来证明显而易见的事实，例如，如果一个人可以学得更好和更快，只要激起他的雄心壮志或有掌握知识而获得实际利益的想法。让我们跳过这个累赘。外语教师将在本书中找到各种各样的教学方法。自学者时不时会有想偷懒的毛病，这样的人也一定会去书中寻找解决办法。至于他们是否能找到办法，则是另一回事，这不怪作者。

　　唯一能让我们快速且毫不费力地掌握外语的方法，是通过睡眠学习法，多年来一直还处在实验阶段。到目前为止，来自极乐世界会多种语言的人还未出生。目前，来自不同流派的心理学家一致认同的只有一件事：这种方法并不是那么不健康，因听磁带而缩短的睡眠时间，可以很容易被补回来，因为疲倦会造成白天补觉……因此，学习效果很差。我们只能意识清醒时抓紧学习，然后在如平安夜般的沉默中踏实睡觉。我们每个人的语言天赋是不一样的，有人有，有人没有。我从扬科夫斯基的书中了解到，美国心理学家已经开发了大量的测试来确定语言技能的水平。当然，这不能简单地从英语翻译成波兰语，但问题在于，是否以及有谁会考虑在国内使用类似的测试。第五章的作者简要讨论了应该包含在这些测试中的问题。对于那些感兴趣的人来说，这将是最有趣的章节。

阿洛伊齐·萨伊科夫斯基，

《17—18 世纪波兰人的意大利探险记》，

国家出版社，华沙，1973

　　起初，这本关于以前波兰人在意大利旅行的书并不是这样的。作者原本打算写一本各类信件和日记的批判性合集。但事情没有如他所愿，正像他写的那样，因为研究和出版方面的困难。现在，我们收到了分为几个主题的历史散文，而不是那个时代的文献选集；这几个主题分别是在意大利的波兰学生、大使以及神职人员，北方新移民①眼中看到的意大利艺术，意大利戏剧和在观众席上的波兰人等。

　　作者在每一章都会引用老文献的部分段落，但这些引用加剧了我们想读完整版的好奇心。所以我为之前的想法感到羞愧，我相信作者会再次回到原先的想法。值得回顾曾经发表过的文献（大多数在上个世纪只发表过一次）。而在书的首次亮相就需要到目前为止还躺在图书馆档案中的手稿：来自 17 世纪扬-哈格瑙、卡齐米日·沃伊什那罗维奇和特奥多尔·比勒维奇的旅行日记以及来自 18 世纪的雅库布·兰哈乌斯和弗朗西斯·别林斯基的日记。还有硬币反面的那些出版物：外国作家写的关于波兰的内容。例如，书中引用了 17 世纪的罗马教廷大师兰戈尼的片段，让人回味无穷。这位神职人员在波兰待了好几年，认识了许多高级别的官员，考虑到他很快就会回到罗马，他写了一个《人物备忘

---

① 　译者注：这里指波兰人，因为波兰位于意大利的北边。

录》给他的继任者。你可能不喜欢罗马教廷大师兰戈尼,他是波兰反宗教改革的大使①,但这本不怀好意的书并不影响其价值。没错,这本书极其珍贵,在其中可以找到简短而非常可靠的波兰高官介绍:这个人长得什么样,会讲哪些语言,他得了什么病,他信什么教和有什么样的政治信念,他的家庭有什么样的矛盾,他跟宫中的人有什么样的关系,甚至他根据什么样的潮流穿着打扮。这份资料为历史学家们所熟知,但历史爱好者也想知道这些事情。喜欢历史的人越来越多,而且口味越来越挑剔。他们早已不满足于老老实实地读历史小说了,甚至专著都不能满足他们的胃口。现在,他们要翻寻文献。

---

① 译者注:对异教徒非常残忍,将异教徒烧死。

**伪柏拉图,《阿尔西比亚德及其他对话和定义》,**
**莱奥波尔德·雷格奈尔翻译、作序并点评,**
**哲学经典图书馆国家科学出版社,华沙,1973**

　　伟大的作家同时在两个方向投下阴影。他们用一个阴影覆盖他们的前辈,用另一个阴影覆盖他们的追随者。即使是一个受过良好教育的人也不必记得,在柏拉图之前,阿拉克萨迈斯、斯米亚斯、克贝斯、克里同、艾乌柯丽德、梅伽拉、斯第尔普和其他几个人就撰写过苏格拉底的对话。柏拉图的接班人则知之甚少。然而,在这里,问题变得同时更简单和更复杂。更简单,因为这些接班人早就隐姓埋名,放弃自己的著作权并假借老柏拉图之名。更复杂,则是因为,有一些文本模仿得惟妙惟肖,长期以来都被认为是真的。事实上,直到 19 世纪,才严格甄别了柏拉图的著作,并且从中删除了他的几个对话:a) 肯定不是柏拉图写的;b) 有可能不是柏拉图写的……刚刚由莱奥波尔德·雷格奈尔翻译而成的这本书正好就属于这类伪柏拉图的文本。除了阿尔西比亚德,书中其他内容都是第一次被翻成波兰语。因为读这本书,我脑中突然浮现这样的场景。噢,我想象自己在街头遇见苏格拉底,他拦住我,想跟我聊天。请不要嘲笑我,苏格拉底并不总是寻找智者说话,经常(甚至总是)寻找普通人聊天,他们很容易(甚至可能太容易)被他用对话粗鲁地堵在墙角,无处可逃,他们只能吃惊地结结巴巴道:"是的,苏格拉底。""才不是呢,苏格拉底。""看来你是对的,苏格拉底。"

　　有苏格拉底想与我交谈的这个念头,根本不是因为我狂妄自大,至多他会要求我暂时改变我的性别,因为这位哲学家不习惯引诱女性。因此,苏格拉底用眼睛瞪了我一眼,问道:"你这么着急要去哪里,亲爱的希姆博尔斯基①?"——"回家,"我回答道,"苏格拉底,我想读完伪柏拉图的书。"——"伪柏拉图?"苏格拉底很惊讶。"所以你的意思是,你读了柏拉图的假书?"——"这正是我想说的,苏格拉底。"——"你是如何区分伪造与真实的,请你告诉我,我的希姆博尔斯基?!"——"这很简单,苏格拉底。好的作品就是柏拉图写的,而他的追随者写的作品则糟糕一些。"——"所以你认为,"苏格拉底问道,他满是胡茬的脸上浮现出洋洋得意的笑容,"柏拉图不能写出更糟糕的作品?"……我知道我已经输得一败涂地,我被怼的无话可说。大师就像一只大猫,把我这只小老鼠长久玩弄于股掌,直到我被说服,认为天才般的柏拉图只写过平庸的作品,而《理想国》则是由他最愚蠢的学生们悄悄地假借他之名写的。

---

① 译者注:在波兰语,女性的名字才会以 a 结尾,希姆博尔斯卡将自己的姓从希姆博尔斯卡(Szymborska)转成希姆博尔斯基(Szymborski),意味着换了性别。

### 列夫·古米廖夫,《伟大草原文明的足迹》,
### 斯蒂芬·米哈尔斯基翻译,
### 国家出版社,华沙,1973

在《古突厥人》之后,这位俄国历史学家古米廖夫在十几个月后出版了第二本书。这一次的书有令人瞩目的主题——总体来说——就是关于匈奴帝国建立和发展的政治环境。我,我的知识浅薄,因为我只有上学时留下的关于这方面内容的知识,我只能表达对作者写作才能的强烈钦佩,以及对书中所有概念是否都能够被合理证实的胆怯怀疑。怀疑是因为书中存在不准确之处,编辑们却没有用任何尾注或脚注来解释。如果编辑们这样做,读者们就更加信任地继续往下读。只有一次,出现过编辑的注释,那就是当谈到利格尼茨战役被称为德国骑士的失败时。没错,德国人也参与了利格尼茨战役,但只是作为辅助部队。但是其他小的(或是更大的——取决于个人的观点)错误却没有注释,例如一个奇怪的时间表,在其中作者将皮亚斯特王朝时期的波兰归到"因为接受了东正教而获得了拜占庭的文化[①]"? 同样令人奇怪的是这个论断,在欧洲对匈奴人入侵持有不好的看法,是因为这导致大量的波兰和匈牙利难民涌入。尽管他一边认为这些入侵是可怕的,而同时,古米廖夫却带有嘲讽地称其为"匈奴恐慌症"……诚然,人们不应该忘记那些在其他地方,因为其他原因,借其他人之手所实施的暴行。但是,在波兰和匈牙利这么小的地方发生的

---

① 译者注:波兰接受的是天主教,不是东正教。

恐怖事情让整个欧洲感到恐怖,这件事有什么可大惊小怪的? 看起来,古米廖夫似乎担心遥远而令人痛苦的事件会给现在带来不利的阴影。因此,恐惧是没有事实根据的。旧历史不值得美化,因为没有一个民族的历史值得装扮。我不知道对于古米廖夫的书,其他苏联历史学家会有什么回应。因为事实上是,作者在描述鞑靼人在俄罗斯土地上的侵略时要比实际上温和得多。他甚至称亚历山大·涅夫斯基①是"和谐共存的创造者"。总的来说,作者竭尽所能想让读者去理解这些新观点。例如,他将蒙古宗教等同于佛教、基督教或伊斯兰教这样的体系,他先提出这一论点,并试图让其符合逻辑——但毫无成效。

值得再次强调的是,这本书不是某本必读的教科书,只是一本随笔而已,在这类书中,有一小撮幻想也是无可厚非的。

---

① 译者注:亚历山大·涅夫斯基(1220—1263),13 世纪俄罗斯人的领袖,诺夫哥罗德大公。他在 13 世纪击退了欧洲的一系列侵略者,对待蒙古征服者时,他采取了怀柔政策,成功保持了俄罗斯的统一。

## 亚历山德拉·奥伦兹卡-夫雷贝索娃,《来自巴黎——在过去》,文学出版社,克拉科夫,1973

亚历山德拉·奥伦兹卡-夫雷贝索娃一边周游欧洲各地,一边描述艺术作品:法国的一些罗马式教堂,西班牙中世纪建筑的一些奇观、一些绘画——特别是佛兰德斯和荷兰的作品。在电影、电视和丰富多彩的照相技术越来越发达的今天,可能会有人觉得这是疯狂且不必要的事。即使我们没有机会去法国或西班牙,我们也可以在家里或电影院看到更美丽的建筑和绘画。作者很清楚这一点——但她仍费力地去描述,因为她深信,她做得对。这些文学描述时至今日仍没有贬值。首先,一切在描述中,时间过得更慢,这跟其他的很不一样。有回顾、深思和其他诸如凝视的时间。作者知道如何利用这些可能性——在这方面她有足够的知识储备和敏感度。所以,让我们看看有什么值得关注的,当我们有机会去旅行时,尽可能地去探索。但是,当屏幕上的画面从我们眼前闪过,再也不回来时,当我们在旅途中突然得知,只有十分钟去看《根特祭坛画》时,在扬·弗美尔的画作前,从早到晚都挤满了人,抑或是因为鞋子挤脚而影响参观阿尔罕布拉宫时的幸福感,每当这些时候,我们就会感到遗憾——我们伸手去取这本书,让自己回到平静的文学描述中⋯⋯

事实上,我已经可以换本书讨论了,但我还是继续讲一下这本安静而靠谱的散文集中另一个优点。它具有描述建筑物的能力。因为虽然绘画可以很容易被描述,但是建筑却不情愿用语言表达。如果想要把握住建筑物的整体空间,那我们就丢了细节,反之亦然。也很难描述建筑物上充满活力的附属品。当然,我在这里谈论的是古代建筑中的珍宝,因为只有这些才是作者感兴趣的对象。然而我认为,当代建筑的地标需要(可不是随随便便什么都可以的)非凡的描述技巧。我们现在的住宅建筑则是个例外,只用一个词就可以定义了。我们就住在抽屉里。

弗里德里希·尼采,《格言集》,
斯蒂芬·利甘斯基编写并作序,
各式各样的翻译——很遗憾诗歌作品被翻得很糟糕,
国家出版社,华沙,1973

在青年时期认为尼采是大师的人已经完全绝迹。但在他们消失之前,他们还是挺过了对尼采的信仰危机。我说的是体面的人,反法西斯主义者。他们看到了纳粹如何吞并尼采的精神遗产,将其纳入纳粹思想的万神殿中。反法西斯主义者开始怀疑,是不是真的有什么相似性,让尼采确实能够与这个令人生厌的组织相匹配。人们开始认为,这位早已过世的思想家是德国精神的破坏者,是纳粹主义的意识形态先驱。

回顾他与托马斯·曼多年来的通信,就足以看出,让他对尼采进行道德评判是多么困难,他最初对尼采是顶礼膜拜。然后,这份崇拜开始变成不信任和批评,焦虑和怜悯。然而,曼对尼采的个性和作品的迷恋从未消退。戏剧性和滑稽性同时存在。作家本人在《浮士德博士》中对尼采主义进行了一次活体解剖,试图寻找撼动整个德国的大病灶。但与此同时,当他碰巧读到一篇文章,其他人怀疑尼采的思想就是关于这些丑恶的事情时,他立刻抗议,为尼采辩护。最终,他宁愿自己批评尼采,也不愿意别人,那些门外汉批评他……在今天看来,在尼采的著作中那些传染性恶魔已经消失殆尽。此外,越来越难将其称为哲学家。正如斯蒂芬·利甘斯基在序言中说得很到位,他是诗人,却看起来像哲学家,但他其实是一位伟大的诗人。这发人深省!我一边读着这些格言，一边感到震惊，像尼采这样极端的个人主义者，将普鲁士军事化管理和军国主义视为仇敌，对他的文章要进行多少次断章取义，才能将这些思想从文本中过滤出来，以便符合盲目服从的想法。如果《查拉图斯特拉如是说》的作者一直活到那个暗无天日的时代（自然，不仅是在肉体上，而且是在精神上），毫无疑问，他会对他们心生厌恶，以他的信念，他会厌恶一切发生的事物。结果就是，他将愤然烧书，以傲慢的态度移民到瑞士定居。有时候，去世得太早，实乃天大的不幸。

### 哈丽娜·塞曼诺维奇,《儿童的诗意创造力》,
### 我们的书店出版社,华沙,1973

儿童的诗意创造力尚未成为诸如儿童艺术创造力等这样广泛研究的课题。诗人和心理学家自然已经看到过这种现象,但至少还应该有800篇关于这一课题的文章仍有待撰写。哈丽娜·塞曼诺维奇这本书是波兰的先锋作品,因为它从教育者的角度捕捉到了这一点。如下是一些基本的问题:诗歌在多大程度上发展了孩子的个性,以及如何在学前教育和学校教育中利用这种自发的创造力。作者分享了她多年的教学经验,并且还一遍遍提到最近去世的教育家瑟勒斯坦·佛勒内,他在法国数千所学校和幼儿园引进了称之为没有特定教材的课程。佛勒内认为,现在的学校是"沉默的学校":教科书和练习册,预先设定的问题和标准答案,无法激发儿童在言语和写作中去表达自己的想法和感受。没有特定教材的课就是为解决这个问题而设置的。这些课程的效果取决于非强迫的游戏氛围,教师在一旁偷偷进行仔细的监督。孩子们被鼓励去写任何主题的诗歌,然后一起讨论,最好的诗歌用他们自己的打印机打印出来,并收录到校刊中。我的简述似乎听起来并没有让人耳目一新,因为只有亲身经历过哈丽娜·塞曼诺维奇这本书所描述的课程,才能体会到这门课的不同之处。对于那些忧心忡忡的人,我只想向他们保证,学校诗歌课程的目的绝不是大规模地生产出未来的诗人,就像美术课并不打算培养画家,抑或是歌唱课并不是培养歌唱家那样。

这只是课程,目的是为了激活学生们的想象力,丰富他们的词汇量,有助于他们养成对艺术进行独立思考的手段,最后激发他们以批判性的眼光看待自己和他人演讲。这足以在几个小时内看到对所有其他学校科目在教学方面的有益帮助——不仅仅是国语课和文学课。这本书主要是针对教师的。很遗憾,只有五千册早就预示了供不应求的局面。这本书不能到达广大教师们的手上,也不会激发讨论和思考……这些书一下子就被卖光了,只有在几个较大的城市发行,各种各样的猎奇收藏家都会被文中引用的众多儿童诗歌所吸引。我不知道究竟是谁以及为什么要买这本书,我只知道他们肯定是那种每天都有时间逛书店的人——老师们则恰恰相反,他们没有时间。

## 忒奥克里托斯,《田园诗》,
## 阿尔图·桑达乌尔翻译、编辑并作序,第三版,
## 国家出版社,华沙,1973

忒奥克里托斯被认为是古希腊最后一位伟大的诗人。他的关于牧民的田园诗——尽管他不是第一个这么写的人——却成为后来模仿的典范甚至世代相传。没有忒奥克里托斯的牧民,就没有维吉尔的牧民,没有维吉尔的牧民,在文艺复兴时期的诗歌中和洛可可时期情感主义者的诗歌中则都将没有牧民。因此,牧民是一种文学上特别喜欢的职业,尽管对其分类严格遵照规定,在严肃文学作品中,养山羊的牧民、养绵羊的牧民以及养牛的牧民比养猪的牧民和做奶酪的牧民要常见得多。

在忒奥克里托斯的时代,在繁华城市中的人们向往一种简单的生活,与自然的节奏相一致。人物中的田园诗般的存在就是牧民,一个不太真实的形象。但要注意:忒奥克里托斯笔下的牧民呼吸着的空气,具有真正草地的清香,而牧民头上所戴的花冠是诗人用现实的野生植物缠绕而成的。忒奥克里托斯笔下的景色并不是作品的主题,但我们感受到它的存在:满眼绿色,沙沙作响,虫鸣鸟叫,余音缭绕。书中没有含糊不清诸如"鲜花"或"树木"等字眼,而是满怀欣喜,热情地直接叫出名字,开心果树、红柳、蕨类植物、橡树、杨树、马郁兰、桂冠、百合、松树、水芹和水仙,更不用说藜、常春藤、榆树、梧桐、康乃馨、杜松和柏树,以及风信子、罂粟、玫瑰、藤蔓、紫罗兰、莎草、椰干和欧芹。甚至还有一个叫阿嚏,这个名字听起来就像是希腊主管牧命的神在打喷嚏。很

遗憾,我要从这个植物丛林中走出来,我们继续讲牧民的形象,今天,在文学的舞台上已经看不到这个形象,但还是有机会让其再次露面。毕竟,我们对文明毒液的厌恶比以往任何时候都更强烈,"回归自然"的怀旧口号又重新复活了。只是没有牧民。没有?嘿,亲爱的,再仔细想想。你们所说的那个牧民仿佛从文学中被转移到我们 20 世纪的电影中,在希腊导演卡科亚尼斯的《鱼儿浮起来的日子》中捕鱼?只是这是一部电影,并非像过去那样出现在诗作中?我把选择留给了那些有强迫症的人,他们把创造性的想象力分成不同的类型,他们越来越难在我们的时代实现他们的想法,因为这些类型相互交叉。对我来说重要的是,当牧羊人出来的时候,这一天又来了……不幸的是,这一次扮演的是悲剧性的人物,被命运操控的工具。所以我希望在世界上和对我自己来说,他不会成为最后一个牧民。我希望卡科亚尼斯能拍更多伟大的电影。然而,至于忒奥克里托斯——至少在从布格河到奥得河的波兰——我不知道该祝福他什么,因为目前他的田园诗在波兰的译本很出彩,可以流传很多年。

丹努特·维尔,《如何居住得更舒适》,
希蒙·科比林斯基插图,
沃特尔出版社,华沙,1974

　　"告诉我,你的生活方式,我会告诉你……"——不,作者说,并不是那么简单。很少有住所能直接反映出居住者的性格。与真正的喜好和需求相比,跟风模仿和中规中矩对我们的室内装修更具决定性。作者想让我们摆脱这种中规中矩,展现出在这块空间里更多的可能性。这并不意味,可以为所欲为。从某种程度上说,我们会受制于房子的大小、预算、有限的商品选择,还有(我自己加上的)时间,并不是每个人拥有时间去实现无休无止的居家创造力。

　　然而,尽管有足够的解决方案,以便拥有城市灵魂的人不必居住在深山老林风格的房子里,而保守派不会在前卫的低桌上吃东西,以免挤到他们的肚子,膝盖戳到台面,这可能会使汤洒了,更糟糕的是,容易打破杯子。作者主要是打趣各式各样的住所。大致将它们分为传统的、现代的和爱慕虚荣的。他不会批评或推荐任何形式,这一切都取决于人在家里自己的切身感受。因为,很遗憾,我们通常想要展示,看看别人会怎么说。即使钱再多也不会让人摆脱这种强迫症。在国外时,我曾在超级富豪家里住过。别墅看似低调,但在大厅里就有一个来自亚述古国的陶瓷公牛。我还记得有日本式房间和在其他房间,毕加索、马蒂斯和夏加尔随处可见。在餐厅里,放着一张17世纪的原木桌子,好几代人都用刀子在上面划过。在桌上摆着一套来自法国大革命时期的彩色陶瓷器皿——更为罕见的是,在盘子上写的口号有拼写错误。

我不会详细描述一切,因为这需要持续很久,足以让一条狗突然穿过半开的门。它是最昂贵和最时尚的品种,蓝血狗,几乎没有毛发,如此厌恶自己的属性,让它不再适合被当作一只狗。那时,我意识到,在这个豪宅中,没有任何空间可以用来放置不是价值不菲的事物。只要是便宜的,哪怕很好,很受欢迎,抑或是其他,都会被毫不留情地清理出去。好吧,如果向房间里张望的是一只普通的,但让人感到温暖的土狗……

斯泰法尼亚·贝伊林,
《1896—1939,电影的大故事和小故事》,
艺术和电影出版社,华沙,1973

最初有一个"幻像""影片""影像""电影院",在其中播放"活
动照相术"或"电影"。名字没有固定,但没有人因此而担心,既然
不知道这个娱乐活动能持续多久,是否还有必要确定名字,会持
续一年或两年?评论家还没有认可电影,还不存在所谓的公映,
没有哪个博士后会认真研究,为什么他在《没有男士背带的马克
斯》喜剧中曾哭中带笑。我认为至少在前十几年,如果必须要依
靠具有高雅艺术品位的保护者,那么电影就无法如此肆无忌惮地
全面发展起来。幸运的是,还有其他客人:勇敢的消防员们拉着
厨娘们的小手,工厂郊区的青年工人们、初中生们,在此之前,他
们只买得起剧院最后一排的戏票,以及被黑暗房间所吸引的老人
们。感谢这样的保护者,让一个既没有对以后生活长远打算也没
有伟大事业的婴儿,不知何故幸存了下来并获得了力量。

今天与过去大不相同,在俱乐部的特别展映中观看同样的老
电影,在注意力高度集中和情感却最薄弱的氛围中,在那里你找
不到比博士后或是未来博士后学历更低的人。今天,每个人都知
道电影有着丰富的过往。它生逢其时,既有独创性,又方式简洁。
它甚至不需要很好就能令人感动:它只需要存储几十年前世界和
人类的样子。此外,那些曾经写过的关于电影的一切都变得有
趣:专栏、广告海报、讽刺诗。斯泰法尼亚·贝伊林用这些材料创
作了她的这本书。从 1896 年普鲁斯专栏中关于电影发明的文章

开始,到来自 1939 年 9 月 18 日的关于华沙起义最后一次放映的报道结束。这本书并不会因专业术语而晦涩难懂,反而更像是一本好的睡前读物。当然,那些思维异常活跃的人也可以从这本书中得出一些深刻的反思——这是允许的。然而,如果脑中只留下零星的奇闻逸事,也不必感到羞愧。我只记住了来自《马大哈①》中的两行诗:"无人能比的玛利亚·卡米/她的魅力让我痴迷。"我知道这句诗很蠢。很遗憾,我不挑剔的记忆力并不知道。

---

① 译者注:当时一份讽刺报纸的名字。

阿那托尔·斯坦,《阿波利奈尔的房子》,
爱丽丝·斯坦诺娃付之印刷,
文学出版社,克拉科夫,1973

我们没有能力推销书籍,我们甚至都没有去努力过。出版社认为这本书印五千本不是没有理由的,并不是从昨天起,作者得到重视和为人所知的,这是他去世前所写的最后一本书,尽管印刷数量不多,但有经验的读者还是能够找得到。这是挺好的,但还应该做得更好。还有一些没有经验的读者,书封面上如官方表态般的推荐语不会让他们对这本书产生好奇。阿那托尔·斯坦关于阿波利奈尔的这本极其古怪的书需要以 20 年代的语言风格①进行推荐。比如类似于这样的话:"伟大的法国诗人,拿破仑的曾孙?""戴着红色主教帽的老女人,动荡的青春""梵蒂冈的沉默""在射击深林里的那两根树干中藏着什么?""美丽的深蓝色多瑙河上的神秘坟墓""带着鳄鱼的小男孩是谁?""共济会的诅咒落在一个古老波兰家族的私生子身上""狩猎鹰,即蒙面士兵""学校礼拜堂的假伯爵夫人""宫廷大臣在哪里?""诗人模糊了足迹""波兰纯粹主义者要求细读科斯特罗维奇亦称阿波利奈尔的作品——读者手中的秘密钥匙!"……值得一提的是,推荐语里所说的内容都是真实的,一切尽在书中。而更高一级的真相则是这个结论,即秘密的关键在读者的手中,因为作者极尽所能希望读者去读阿波利奈尔的作品,哪怕只是为了去寻找耸人听闻的消息和

---

① 译者注:波兰 20 世纪 20 年代的语言风格比较前卫。

他模糊不清的人生履历。阿波利奈尔是一个私生子,他的母亲来自波兰贵族家族,却是一位水性杨花的女子。根据模糊不清的传言,阿那托尔·斯坦对此饶有兴趣,诗人所谓的父亲,他的母亲也来自同一科斯特罗维奇家族,而他的父亲则是爱斯塔什特王子,即拿破仑的小儿子。本书的内容就寻找令人信服的证据来支持这一假设。不过,没有找到证据,而在寻找的过程中,让许多早就成为过往云烟的人物又复活了一下,并神秘地朝我们眨了眨眼。我们不必为作者没有就这个有趣的问题作出明确的答复而感到遗憾。他不经意间积累的东西,也许比他寻找的更有趣? 让我们试着想象一下,阿波利奈尔是拿破仑的后代这是一个事实,而且是一个早已被证实且众所周知的事实。那又怎么样呢? 不怎么样,绝对的。拿破仑作为一个遥远的祖先,既不会比其他任何人更好,也不会比别人差。

皮特·斯库比什夫斯基,

《中世纪的欧洲绘画(卷一)——加洛林和前罗马式绘画》,

阿乌利加出版社,华沙,1973

　　中世纪早期的书籍被放在玻璃展柜中,在图文精美的一个页面上打开。我们只可以看到这么多,书中其余的文字和微型绘画副本则无法翻阅。既不能用眼睛去看,也不能用手去触摸羊皮纸,或是用耳朵去听翻阅书页的沙沙声,也不能去闻一闻。到目前为止,还没有找到其他储存文物这种脆弱物质的办法,除了将它们排除在自然生活之外,剥夺它们最初的用途。这是必须要做的事,并且像所有必须要做的事一样,令人感到有点荒谬和悲伤。噢,这些宝座不能坐,这些床不能躺,这些项链和连衣裙不能试穿(我毕竟是一个女人,失落),这些王冠和皇家手杖让人产生好奇,它是如何被放在头上以及它在手中的分量……最后,这些精美的书籍,福音书、圣咏经、经文选,不让诵读,也不让翻阅——如果说,圈外人对这些的了解远比其他类型的艺术要少,这又有什么奇怪的呢?只有极少数人可以有幸浏览旧书。当然,是要在提交了一百张带有盖戳的所需证书之后才可以。我相信,那些幸运的人中,就有本书的作者。他的书主要包含中世纪绘画的各种表现形式,但在从 8 世纪到 13 世纪的这段时期,书的插图达到了最高水平,也保存得最为完好,描述其连续不断的发展过程是这本书的主要内容。作者详细探讨了书中插图的各个风格学派,甚至让我们想起了几个独立的创作者。我认为,对于大部分读者来说,这本书将是对美学教育的有益补充。很遗憾,书中收录了一些插图的影印版,却完全没有呈现出本应该有的样子。彩色版的那些并不清晰,黑白版的则毫无意义,难道是因为它们能让人想象出与世隔绝的原稿吗?

## 斯坦尼斯瓦夫·界格莱夫斯基,《鹿》,第二版,国家农林出版社,华沙,1973

在欧洲,已经没有大型野生动物生活在我们的人类关照之外了[①]。只有一些小型动物可以逃过人的控制,在某些地方,它们可以真正自由自在地生活。大型动物看似可以按照自己的意愿生活,但实际上,它们的繁殖受到远程控制。如果我们持之以恒并积极努力地工作,那么我们可以在两三年内让任何一种大型动物变成只剩最后一只,即使以官僚的做派,在五年之内也就够了。当然,没有人想要这么做。界格莱夫斯基的书包含了过去、现在和未来关于鹿的一切,我从中得出一个结论,那就是这种美丽的动物将不会从欧洲消失,直到最后一个猎人。猎人不会让鹿死,因为如果有人喜欢打猎,那就必须要有猎物可打。所以猎人在书中有双重身份:毁灭和保护,就像同时是厄运天使和守护天使。

他右手握着霰弹枪,左手向鹿抛出一个吻。也许书中最常用的词,除了"鹿"和"鹿角"之外,还有"狩猎"。狩猎改善了品种,因为它消除了被认为有缺陷的个体。狩猎监控着公鹿和母鹿的数量的所需比例。狩猎可以调节动物的分布,使其能够更好地成长,同时,也不会过度损害森林和田间的庄稼。狩猎甚至可以提升鹿的魅力,防止鹿角错误地生长,只会留下那些长得美的。总而言之,狩猎以不同的方式为了鹿好,只是很遗憾,它们并不知道。

---

① 译者注:在波兰,大型动物的具体数量都是记录在册的。

**卡罗尔·卢兹维克·皮尔尼茨，《如火炉般燃烧的爱化成灰烬》，**

**无名氏翻译自法语，**

**帕乌林娜·布赫瓦尔德-派尔措娃编辑，**

**读者出版社，华沙，1973**

法文原版（出版年份为 1734 年）的标题为：《风流倜傥的萨克森①》。这个标题连同作者的名字，在 17 和 18 世纪之交的许多关于历史民俗的著作中作为参考书目出现。这本书一出版就成为畅销书，并以多种语言发行。当时并没有出波兰语版，因为当时还处在萨克森时代。除了因为这本书是关于奥古斯特二世流言蜚语的原因外，还有一个担忧，使这本书不能再及时发行。在当时，还处在禁欲的时代，而皮尔尼茨的故事则是火辣辣的。

出版商无法想象这样的场景，一位相信白鹤送子故事的未婚女子，不小心看了这本书，从书中看到了令其花容失色的内容，而她的婚礼还在半年或两周之后②！然而，对于皮尔尼茨的这本启蒙书而言，这也将是最合适的时代——如果当时出版，它将引起比以往任何时候都更甜蜜的恼羞成怒。今天，这是第一次将 18 世纪的手稿译本出版，但再也没有人会因此脸红。我们每天都会在电影院看到这样的东西，或是在当代小说中读到。翻译对我们来说似乎比内容更有趣。相比内容，我们更感兴趣的是作者的内心活动。他坚信统治者的性能力是他统治能力最好的证明。奥

---

① 译者注：原文为法文 La Saxe galante。

② 译者注：在欧洲的禁欲时代，未婚女子要到婚后才对性有所了解，所以当时流传着孩子是由白鹤送来的故事。

古斯特国王看起来很像路易十四,因为他也有几位官方认可的情妇,十几位非官方认可的情妇和一群私生子。很遗憾,历史没有证实皮尔尼茨的猜想。奥古斯特二世——至少在波兰王位上——被认为是毫无作为的人。可以很肯定地说,我们还没有其他国王会像他那样丝毫没有对国家命运的责任感。与这个萨克森相比,亨利三世就像一颗诚实和荣耀的星星那样闪闪发光,因为他只不过是从我们这里跑了而已①。

---

① 译者注:亨利三世是同性恋,他在当波兰国王半年后,跑回法国当国王。

扬·普罗塔索维奇,

《发明家的发明或是简要描述是谁发明的以及人们拿来做什么用》,

克萨维尔·希维尔科夫斯基编,

奥索林姆国家图书馆出版社,弗罗茨瓦夫,1973

在学校里,老师们不会提问有关普罗塔索维奇的事。如果他们问的话,回答则简短而冷漠:"一个来自波莱西的小贵族,他生活在齐格蒙特三世的时代,一个没有天赋的诗人……"回答得不错,请坐。我坐下来,但我为不幸的普罗塔索维奇感到难过。虽然他非常努力,却没有被缪斯所垂青。在他的诗歌中,他试图寻找真正的真理以及其他类似的奢侈品,却一无所获。他随着时间流逝而被遗忘,但与此同时,还有为数不多的一些珍品孤本被藏书家们保留了下来。其中一本珍藏本——可能是最有趣的——正是奥索林姆国家图书馆出版社呈现给我们的精装本,除了文本(一如既往地精心编辑)之外,还包含 1608 年维尔纽斯版独一无二的复本。《简要描述,是谁发现的》翻译自拉丁语,是意大利波利多尔·维吉尔的作品和好译本。维吉尔生活在文艺复兴全盛时期,但这并不意味着他是一个天才。他对科学一无所知,他并没有将现实与神话完全区分开来,因此他对人类最重要的发明研究充满了误导性的信息。但在欧洲,人们对这本书极为推崇,并深信不疑。所以也并不奇怪,普罗塔索维奇很欣赏这本书并决定将它转化成波兰文版。他选择了他感兴趣的发明,按照字母顺序排列(他做得不好,因为他一会儿用发明,一会用发明家),然后将发明写成诗歌,为了头脑简单的人更容易接受这些信息。此外,他做了另一件背离原版的事,即他对一些发明发表自己的见解。他批评一些发明,赞美另一些并劝说读者去感谢发明者。他还时不时加入了自己的道德说教或看法,这些观点有时候会引人发笑。阅读这本书是令人愉快的,跟帕塞克的作品是差不多的类型(尽管程度不同)。如果扬·普罗塔索维奇放弃了这种令人费解的强制性押韵,并开始写自由散文——谁知道他会不会跟萨尔玛奇这样的故事讲述人站在一列?尽管如此,还是不可否认他具有一些领先之处。正如克萨维尔·希维尔科夫斯基所强调的那样,这本《简要描述》是波兰的第一部百科全书……无论我们想要与否,我们必须给普罗塔索维奇的功绩册上记上一个惊叹号,就是它:"!"

丹努特·斯坦普涅夫斯卡和芭芭拉·瓦尔契娜，
《卡西尔达的后备箱——来自少女时代的回忆》，
（选自 18 世纪和 19 世纪的日记）
玛利亚·德尔娜沃维奇作序并作人物小传，
我们的书店出版社，华沙，1973

在卡西尔达神秘的后备箱中，发现了描述少女时光的女性日记和回忆录的片段。通过片段的时间顺序可以让人看到女性传统礼教和社会地位的逐渐变化。但这是显而易见的。然而，更有趣的是，在回忆录中，这些女子具有相当强烈的个性并且积极生活，但没有一个人是"主张让妇女具有参政权的人"。好像波兰女人的参政程度赶不上她们社会地位的变化。这是有可能的。而实际上，则完全不是这样。所缺失的不过是乔治·桑穿着漂亮裤子挑逗的形象。也缺少一个海德公园，穿着蓝色长裤的勇敢者跳到长椅上，激情澎湃地发表反对男性世界暴政的言论。最后，还缺少在议会中戴着眼镜的女性代表团，在议会上舌战群雄。在当时，波兰女性的大脑中被其他事情占据，而不是进行反对父权制的正面斗争。在这本收录了 20 本回忆录的书中，几乎所有人都至少在其生命的一段时间内，参与了爱国运动和社会活动，其中九人进过监狱，三人被判流亡。通过阴谋和审判来实现妇女的平等……但是，我不希望任何人有这样的印象，在这部回忆大合唱中只能听到戏剧性的女高音。这种声音听起来最好，但它并不是唯一的声音。毕竟，这个女唱诗班不会在这里唱一首战歌，而是一首关于童年和少女情怀的抒情故事。我们不止一次忍俊不禁。

噢,哪怕只是读一读老亚历山大的女儿索菲亚·弗莱德罗夫娜的回忆录。这个故事让人不禁怀疑,索菲亚低估了她顽皮的爸爸。当时,她还是一个与她父母在巴黎玩的小女孩。有一次,她在街上看到一个马戏团的广告:一辆由小马拉着的童车。在这辆童车里坐着一对小矮人,"克里布里国的王子和公主",穿着某个路易时代风格的服装。小女孩喜欢得不得了,而更让她不知所措的是,第二天她收到一封信,信上"克里布里国的王子"为她写了炙热的情诗并向她求婚。"我们从来没有弄明白,究竟是谁写的。"——回忆录的作者叹息道。嗯,果然,灯下最黑。

## 达涅拉和斯坦尼斯瓦夫·塔瓦瓦尤夫夫妇,《植物界的奇迹》,
## D. 茹科夫斯卡插图,
## 国家农林出版社,华沙,1974

作者在本书中,为那些非专业人士,那些好奇自己究竟生活在什么样的土地上的人,描述了数百种具有独特外观和存在方式的植物。它们是植物世界的巨人,玛士撒拉①和怪物。它们打破了植物的纪录,还有滑稽可笑的植物、各种畸形的品种、会发出杂音的植物、意志消沉的植物、有攻击性的植物、会防御的植物和城府很深的植物、在生长中受到抑制和不受限制的植物、食肉的植物和不那么具有攻击性的素食者。这些植物天生稀奇古怪。怪异的块茎、奇异的花卉,满身是刺的小家伙和毫无防备的彪形大汉。令人钦佩的奇迹,躺倒在地的围栏植物,奇怪的造型,却很有魅力。因承受不了树冠的重量而被折断的树,重达 8 公斤的鲜花,一米长的松果,蘑菇像手电筒一样发光,根部吸入功率高达 153 个大气压的植物,从自己的叶子中获取水分的植物,假装自己是石头的植物,还有小之又小的植物,只有一个半毫米那么长,尽管这么小,却有叶子。这本书有很好的插图。他知道可以对植物作任何评论,除了没有甜蜜的善意。他试图忠实于他的模特,但赋予了它们一些超现实主义的光芒。赋予? 不,不如说是把它从植物的最深处给发掘出来。这位神人是谁? 很遗憾,我们不会从封面或标题页中找到。只有在书的最后,用最小的字体,我们才

---

① 译者注:《圣经》中寿命最长的人,活了 969 岁。

会看到："封面图和插图由 D. 茹科夫斯卡所画。"甚至连名字也省略了……所以得益于插图家，让这本书看起来很漂亮，但对插图者本人却非常不友好。

克利斯蒂娜·兹沃林斯基和瓦茨瓦夫·马利茨基，

《艺术术语小词典》，

大众科学出版社，华沙，1974

　　多么奇怪——在我们国家，这竟然是这种类型的第一本词典。专业人士可能会关心词条的结构和简明的编写。我则想表达我对这本书的喜爱之情，并令我很遗憾，它的插图太少了。我梦想（至少梦想不必考虑成本）一本同样适合阅读和观看的词典，不仅有插图，还有好的照片和更好的彩色复制图。然而，我的评论不能就到此为止，因为编辑部会认为我在游手好闲。在序言中，作者和编辑们已经探讨过词典的编排规则。我认为他们在面对"风格"这个概念时，默默回避了最大的难点。这个词有多重意思，在传统上说还伴随着不同层次的现象。人们会说，例如，巴洛克风格，也有人说路易十三的风格（虽然这跟巴洛克的差别微乎其微），最后，还有人说是具体某个艺术家的风格。将这三种现象放在一个层面上的人会觉得脑子里乱成一团。然而，在所有百科全书中都存在的混乱，也在这本词典中出现——特别是关于先前几个世纪的艺术词条。因为已经有了"更年轻的"的词条，在过去的一百多年里，人们试图避免使用"风格"这个词，而用"流派""潮流""运动"等术语取而代之。同样，如果有人从月球上掉下来，只依靠这本词典，他就会错误地认为，曾经存在风格，而现在，自19世纪以来，开始进入无艺术风格的时代……例如，他会读到分离派是"美术界的大潮流"。如果"风格"是一个不精确的术语，那么"潮流"可能也是。我有点困惑地看了看"风格"这个词条，直到我读到这句话:"目前,风格的概念正在经历一场危机:它已经变得如此广泛,以至于它在某种程度上只对分析艺术作品有用,例如绘画或雕塑……"所以我们遇到了危机。它没有出现在这本词典中——但它得到了相当充分的表达。由于并非所有当代艺术研究人员都认可这种危机,这让这件事变得更复杂。例如,他们会探讨 16 世纪的矫揉造作,是否是一种独立的风格。同样,分裂,从长远看,被许多研究人员认为是风格,而且是最广泛和主要意义上的风格。我写这些都不是因为我是个一丝不苟的怪人。我认为即使是结构主义者也无法在各方面一劳永逸地将艺术归置好。还缺了点什么。但是,我认为整个问题应该在括号之前提出,也就是在几页纸的序言中。读者会被警告在他们面前潜伏着疑惑,甚至可能会被告知这种疑惑是不可避免的。

玛利亚·穆苏尔和夫沃吉米什·非亚乌科夫斯基，
《给怀孕和产褥期妇女的体操》，
国家医学出版社，华沙，1974

　　为什么是这本书，我马上会解释。6月份，我去扎科帕内度过了一个短暂的假期，而那里一直在下雨。我一边等待天晴，一边在思考这个专栏写什么。为此，我去了书店。很遗憾，扎科帕内唯一的书店因装修而关闭，更糟糕的是，看起来是一场持久战。并不是所有东西都是大的就好。如果这里没有大书店，而只有两家小书店，那么他们就可以轮流进行翻新，而在扎科帕内对雨水感到厌倦的客人们也不会完全被剥夺购买某本新书的机会。恰恰是在这个地方，人们有更多的时间阅读。确实，还有"移动的"报刊亭，在那里售卖的各种商品中也有书。这些书名的组合常常会荒谬得可笑。在各种（值得注意的）塔特拉山脉的导游手册旁，我注意到一本保加利亚童话故事书（自然是用保加利亚语写的），克拉辛斯基的《通俗喜剧》，几本周年纪念后所剩的关于哥白尼的纪念册和《给怀孕和产褥期妇女的体操》。我买了最后面的这本书，因为我不想空手而归。我翻了翻，甚至觉得挺有趣的。
　　对于这本书我只能说这些，但这并不是它的错——我当时应该读一些更能刺激我懒惰思想的书。只有书名让我多思考了一些。书名有点啰唆，有两个字可以不必写。因为如果是给怀孕期和产褥期的体操，那显而易见，是给女性的。等待孩子出生的男人们不必做特别的锻炼。甚至莫里斯也不用锻炼（参见《文学》周刊），作为他孩子们未来的父亲，现在孩子们叫他"阿姨"。顺便说一下,我为这个莫里斯感到悲哀。他想象自己作为女人会更快乐。这还有待证实。现在,我正在看着图片:前一张是一个相当英俊的男人,在后一张,则是相当丑陋且不太年轻的女人。她身上天真的乐观主义被激发出来——这是男性心灵的可见遗留物。只有当这个莫里斯变得相当谦卑的时候,只有当这个莫里斯变得严肃并且无意义的兴奋从中消失的时候,我们,生来就是女人的我们,才能够接受她是我们的一员。

杰西·L. 韦斯顿，

《圣杯传说——从古老的仪式到中世纪的罗曼史》，

阿林娜·汉娜·博古茨卡翻译自英文，

维托尔德·赫瓦莱维克作序，

国家出版社，华沙，1974

　　杰西·韦斯顿关于圣杯传奇的书很快就获得了自己的传奇。在其(1920年)出版不到两年里，托马斯·艾略特出版了《荒原》并在他广为人知的注释中提到这首诗的灵感来自这本书。

　　鉴于艾略特的诗歌对本世纪的诗歌产生的巨大的影响，韦斯顿小姐这根线索仍在继续。然而，韦斯顿小姐并不是这条线索的开端——这条线索从其他作品那里穿过再经过她，那部作品是弗雷泽的《金枝》。哦，这个《金枝》，多么有意思的书！我知道，我知道，从科学的角度上看，这本书已经过时了。当代人种学都是去现场调研，在现场还原特定民族和它的语言，并非常仔细地作出结论。弗雷泽在他的办公桌前工作，并不总是使用可靠的信息来源，而且只会从获得的材料中汲取那些与之前提出的理论相符的元素……在他活着的时候，他已经有了反对者和批评者，但他们中的许多人，在《金枝》的魅力下，致力于人种学的研究——所以甚至可以说弗雷泽培养了他的对手。今天，他的书被搁置在科学的仓库里：它是有贡献的，但已经过时了。然而，严肃文学将它紧紧抓住，因为，原来弗雷泽是一位伟大的作家。我们今天读到的《金枝》是一个关于人类之初的史诗神话，它曾经被共同的想象力和仪式联系在一起。圣杯传说的研究者使用与弗雷泽类似的方法——可以说是——使用了相同的世界观，所以他声称并试图证明，这个中世纪的传说是由与生育崇拜有关的前基督教仪式的故事改编而成的。他还声称，这些仪式早在中世纪就开始实行，并且第一批讲述传奇的人对此了如指掌。甚至知道他是谁，他的名字叫什么以及第一个讲故事的人来自哪里……这可能是这本书最薄弱的地方，被怀疑者最喜欢攻击这点。但是，我们这本书写得不好，这只是一个猜测、联想和直觉的游戏。这本书能够激发读者去思考这个问题，唤醒他们对传奇的渴望，想要进入满是线索的迷宫：英语、法语、德语，诗歌和散文。很遗憾，在波兰语译本中，只有（据我所知）克雷蒂安·德·特洛伊关于珀西瓦尔的诗。相关片段出版社以附件的形式收录进这本书里。其他版本，虽然作者将其视为非常重要的差异和影子，但对于勤勉的门外汉来说，实际上却是无法获得的。

### 罗曼·卡莱塔,《往事趣闻》,
### 作者选编并点评,
### 奥索林姆国家图书馆出版社,弗罗茨瓦夫,1974

历史学家在书籍收藏馆和档案馆里搜索他工作所需的素材时,在不经意间碰到许许多多不符合他主题的风土人情和文学趣闻。但他觉得放弃这些内容很遗憾,这份遗憾也让他重新回到旧书、报纸和手稿中并如痴如醉。正是这份遗憾,才有了这本厚厚而有趣的书:浩瀚如烟,各式各样①,过期的各种杂货。你可以阅读它只是为了娱乐,你也可以将娱乐与收益结合起来,因为在每个摘录的下面,都有作者的相关评论。我甚至认为值得为这本看似无聊的书添加历史人物的索引,这些人既可以是引用的轶事和作品的作者,也可以是故事中的主人公。我认为索引永远不会嫌多。当然,我认为只有禁书的目录是个例外,对这些书我有完全不同的看法。现在继续讨论这本书——最有趣的那些事情。我推荐读者去看伟大事件新闻和诗意的故事,如在华沙的第一次气球飞行。我还推荐由弗朗西斯克·波宁斯基所写的奇特的做梦日记。哎,即使梦境也不能是永恒的。那些在梦中困扰波宁斯基的人是身穿纯巴洛克式风格服饰的萨尔马提亚人。电影学院应该推荐去读《在人中心的脸,即回复某个来自华沙去看望住在乡下朋友的贵妇人》。多适用来进行发音和语速的练习!

---

① 译者注:原文为拉丁语,silva rerum, cicer cum caule,直译为无边的森林、豆和白菜。

万达·瓦尔斯卡是著名的演员和歌唱家，让我们不禁想起我们的菲洛和劳拉，她们出现在这本书中不止一首鲜为人知的诗里，但也能唱出只有她才能唱出的歌声。对于那些渴望活得特别特别久的人，我建议你阅读令人印象深刻的长寿纪录保持者名单。写长寿怪人的编年史学家非常挑剔。特别是当这些犯人来自底层时，只是靠活得长是不足以进名单的。只有那些在他们去世前保持如劳模般勤奋的人才能被后人记住。例如，在克尼亚佐乌卡，一位村民活了157年，直到临死的前两年，他才停止为贵族干苦工。哪怕上百人都在谣传，让他多活了50年，这件事依旧让人不寒而栗。另一个百岁老人在坎毕诺森林中费力地寻找松露，一直到他去世。另一位村民，直到他115岁还在"从事四个工人才能完成的工作"。值得称道的还有一位102岁的裁缝，他还在亲自缝纫和穿针。让我们不要忘记来自切姆诺的执行官，他用他一百多岁的声音大声咆哮："亲爱的先生们，让你们保持沉默！"在邻近的街道上都可以听到他的声音，而我们的广播还模糊不清。

弗雷德里克·罗斯,《澳大利亚的原始居民》,

加布里埃拉·梅切尔斯卡翻译自德语,

国家出版社,华沙,1973

　　当欧洲人在 18 世纪发现澳大利亚时,岛上的人们仍然生活在旧石器时代,甚至不是最近的旧石器时代。他们不懂陶器、畜牧业或农业。孩子们不一定要长得像父亲,因为父亲们并没有意识到他们的父亲身份。

　　很快,这块居住着这些原始居民的土地引起了科学的兴趣。很快! 这个词很快速,仿佛天生就很开心。这里就一步跳过百年的复仇。在此期间,澳大利亚人被大批杀害,饥荒在这块土地上蔓延,他们的部落凝聚力被摧毁。因此,当科学"很快"关注到他们时,他们的概念里的世界已经处于混乱的状态,过去那个随自然规律调节的生活方式在一天天变成混乱的存在。尽管如此,他们还活着,但可以依稀回忆起这个文化阶段的遗产,而"我们"早已过去了上万年。对于有关旧石器时代的常识来说,澳大利亚人如何解释他们自己的艺术并非没有意义。因为虽然——正如罗斯强调的那样——在这里不能作出类比,但人们可以谈论许多相似或共同的特征。"我们的"洞穴绘画在技术和艺术上肯定比澳大利亚的绘画和洞穴绘画更完美。然而,这种对抗意味着这种艺术的宗教起源再也不会受到质疑。一系列动物和人物为狩猎仪式服务。这是仅供男性使用的艺术,所以也只有男性去辛苦创作。这些绘画中缺乏植物界,这引起了一些研究人员的兴趣,这个疑问在澳大利亚找到了答案。男人猎杀,而女人则不得不采摘可食用的草药和根茎。她们的收获不那么卓有成效，但风险也较小——所以它不需要精神和身体的准备。我想，在拉斯科或阿尔塔米拉的洞穴中，当时它们还不是艺术的庇护所，只是普通庇护所的时候，简而言之，女性是绝对不允许进去的。双手浸在油漆中的印迹（在澳大利亚情况也类似）只属于原始的男子们。但在这个原始部落之前，有一些甚至更早的部落。在澳大利亚神话中，有一个关于走进世界末日的神话。世界末日将与世界初期非常相似，那时候，女人们有自己的"仪式"，而男人们则在森林中采摘果子。"举行仪式"意味着打猎。好吧，如果没有别的办法，我会去打猎。现在，我正在阅读关于捕猎的有趣的书籍。接下来我点评的那本书，则需要大量的捕猎技巧。

尤利乌斯·A. 赫罗希奇茨基，
《葬礼——来自古波兰文化的历史故事》，
国家科学出版社，华沙，1974

好吧，请想一想：印了 1 000 本！显然人们已经认识到，关于古波兰(16—18 世纪)葬礼的博士论文只会引起一些艺术史学家和极个别恋尸癖者的兴趣——而其他读者，先是看看这个时代的伟大和小型的画册，再是了解一下新闻列表中许多让人振奋的事件，最后，瞥一眼那些已故名家尚未发表的犹如蛔虫那么长的作品名录，一脸嫌弃地将这本书扔在一边。当然，实际情况却有所不同：在曾经以葬礼表演而闻名的克拉科夫，整个流程持续了好几天。我从序言的第一页开始就喜欢上了这个写"灵柩台"的作者。他写道，研究葬礼仪式的艺术形式是因为受到了比亚沃斯托茨基·范尼塔斯教授一篇文章的启发，他并非开玩笑地补充道："这本书的种子撒在我性情忧郁的土壤上，并结出了果实……"果实，确实如此，我也同意。我试图想象一下，葬礼研究是由脾气火爆的人写的。将"寿衣"第一个从文章中删除以及金色小装饰物都会让他激情澎湃。他会对某个值得埋葬的死者进行充满活力的思考。而在这里，必须耐心而哭笑不得地进行分析。

素材堆积如山，因为巴洛克时代的葬礼有着特别烦琐的仪式和配饰。葬礼仪式持续数周甚至数月，整个地区的人都会成为参与者、观众和工作人员。当一个举足轻重的人过世时，到处都会举办豪华的葬礼。然而，在波兰，每个贵族都认为自己比国王重要，因此，这样的葬礼每天都在上演。事实上，钱和幻想都省不了,甚至还有画家、建筑师、音乐家和诗人,尽管在其他情况下,几乎没有人会雇用他们。葬礼被转化为精心制作的戏剧表演——你甚至可以用戏剧的语言来谈论它们:有人执导,有人扮演主要角色和次要人物,还需要大量群众演员,当然还需要舞台经理、布景师、服装师、声学和灯效专家、提词员和剧本作家。有时,临死之人会在遗言中嘱咐他的家人举办安静的葬礼,但他的家人因害怕被指责不够上心,因而违背死者的意愿,并举办了一个盛大的葬礼,以便在下一次葬礼之前人们还能记得这场葬礼的一些事。至于死者不想在其棺材上布道将提到的事,哀悼的客人还是在布道上听说了。或者还有另一个办法:举办两个葬礼——一个是为死者而办的低调的葬礼,另一个则是办给世人看的花费不菲的葬礼。我不能再写了,因为我超了所谓的字数限制。

### 塔德乌什·马雷克,《舒伯特》,第四版,
### 波兰音乐出版社,克拉科夫,1974

在其貌不扬的贝壳里,住着浪漫主义音乐的精神。弗朗茨·舒伯特个子矮小、肥胖、驼背,他脸上看起来毫无灵气,他的动作犹犹豫豫,他的衣服暴露了他穷困潦倒的窘境。当这样的人出现在业内大佬面前,希望谋求一份工作时,或者腋下夹着写满五线谱的本子来到出版社跟前,结果显然易见,没有人会给他工作,而他的作品则是赔着笑脸半卖半送。舒伯特的音乐出版商叫魔头,人如其名。在 40 年里,仅仅从《流浪者》这首歌上,他就获得了27 000 荷兰盾,而这首歌的作者一直知足于一次性结清的 20 荷兰盾。其他名字听起来更善良的出版商也做了同样的事情。除了友谊之外,舒伯特在其他方面都不走运。除了朋友,大多是和他一样穷苦潦倒的流浪者,在其短暂的生命中,他甚至无法因小有名气而让他得以慰藉。在"二战"之前,在维也纳的电影院有一部关于舒伯特的音乐电影。我在一个完全对其不加以批斗的时代看他,因此我非常喜欢他。根据古老的电影传统,会对历史人物进行美化和神化,因此电影中的舒伯特是一位英俊的年轻人(虽然戴着眼镜),穿着精致得体。他爱上了埃斯特哈齐亲王的公主。因为受这种情感的影响,不确定是否可以与他心爱的人步入婚姻,他开始谱一曲美丽的《第八交响曲》,然而,他并没有完成这首曲子,因为他被告知,公主永远不会嫁给一个可怜的音乐家。直到昨天,我还对这个故事深信不疑,尽管很悲伤,但生活不就总是如此吗? 我从塔德乌什·马雷克的书中了解到,事实上,并非

如此,而是更悲伤,也更有意思。

　　当舒伯特作为音乐老师在泽莱什城堡时,公主才 10 岁。未完成的作品是在两年后创作的。当舒伯特第二次来到埃斯特哈齐庄园时,公主已经 16 岁了,但仍然没有对其倾慕的证据。因为热衷于创作,舒伯特完全不上音乐辅导课,同时,他利用这短暂而虚幻的时光改善健康状况(当时他得了性病)。回到维也纳时,他心情愉悦,为精力充沛而感到高兴,并摆脱了持续不断的头痛。电影制作人肯定是知道这些事实的,尽管如此,他们还是决定根据"艺术家的爱情"模板拍摄一个毫无根据的悲情故事,因为理论认为,伟大艺术唯一适合拍摄的就是与婚姻有关的那一面。

卡罗尔·丹尼·卡德乌别茨，
《讲故事的人，来自切申的约瑟夫·耶若维奇》，
奥斯特拉夫人物肖像出版社(捷克斯洛伐克)，1973

　　作者和他的书名中的人物(基本可以算作是本书的共同作者)都是居住在切申小城的波兰人。幸运的是，在我们的书店里也有这本书。耶若维奇是一个来自乡村的故事讲述者——讲述那些已经鲜为人知的故事。尽管他已经八十多岁了，但他记忆库里仍然有无穷无尽的好故事，就像萨巴瓦[①]一样。我不会将他与萨巴瓦进行进一步的比较。时代、环境和个性都不同。萨巴瓦的故事在有意识或无意识的文字记录中得以流传下来。卡罗尔·卡德乌别茨则用磁带录下了耶若维奇的故事。他再从磁带上将故事精心地转移到纸上，小心翼翼地以免丢失方言之美。起初，我读起来很费劲，但看了几页后，我读起来就顺畅多了。

　　不管怎么说，这本书可以作为范本，在各方面都制作精良，它还附了一个词汇表，其中有不常见的方言表达或是外来词(来自捷克语、斯洛伐克语和德语)的意思解释。据说，耶若维奇在他年轻时就以讲故事的两个天赋而在乡里乡亲间闻名。我写两个，因为实际上确实是两个才能：自己讲和听别人讲的。后者，至少在一段时间内，是讲故事的人必不可少的技能，这样才能有更多的线索和想法。我认识很多高谈阔论的人，却不允许任何人说话，这只是因为神经紧张，而不是真正的讲故事。总的来说，讲故事

---

① 译者注：传说中很会讲故事的山里人。

512

是一种快要绝迹的艺术，出于几个原因。主要的原因可能是故事讲述者理想的听众是一群与世隔绝的人：不读报纸，不听收音机，不看电视，也不经常旅行。这种类型的村庄逐渐成为过去式，尽管对此人们应该感到高兴，但对古老的讲故事艺术却不是什么好事。早在耶若维奇丰富的故事名目中，并非所有传统故事都能得到充分表达。主要以"笑话"和"轶事"为主，即简短的形式，从一开始就试图引起幽默的效果。就好像讲故事的人早已经感觉到，他不能以先抑后扬的方式讲故事，也不能长时间留住听众——过了一会儿，电视上的比赛将开始，或者公共汽车将离开城市……除非讲故事的人找到一位民族志学者。他会从早听到晚，有时他还会和这位快乐的老爷爷一起喝伏特加。

竹内弘高、上田诚也、金森博雄,《大陆板块的漂流》,
耶哲伊·穆勒翻译自英文(因为没有人会日语),《专题集》系列,
国家科学出版社,华沙,1973

　　我们和地球一起围绕轴心旋转,这不算什么,我们年复一年
地绕着太阳旋转,这不算什么,我们随着太阳和整个星系快速地
飞向不知道是什么地方,甚至这也不算什么。在这里,除了这种
奇怪的运动之外,我们脚下的地面不断变化,只要看一看 3 亿年
之后,很快,我们亲爱的欧洲位于现在新西兰的位置。我猜新西
兰会友好地及时挪位置。这趟旅程的愿景可以让我在日常生活
的艰辛中有点乐趣。目前,以科学的眼光看,虽然流浪大陆的理
论只是得到了部分的证实,但这个理论也是直到最近才进行研究
和观察。是这么开始的,在 1912 年,德国气象学家阿尔夫雷德·
韦格纳的言论让全世界震惊,即大陆漂浮在地球表面。曾经它们
是一整块大陆,在 2 亿年前撕裂开来,它的碎片各自分开,为大西
洋腾出空间。为了证实这个理论,请看一眼撕裂的海岸线是如此
吻合(西欧和非洲与两个美洲的东部),还有地质结构的连续性和
侏罗纪动植物的亲缘关系。但是对于科学证明来说,阿拉有一只
猫①的说法没有意义。还有必要证明:1. 阿拉是阿拉;2. 猫是
猫;3. 任何猫都可以归任何阿拉所有;4. 这个阿拉如何成为这只
猫的主人。大陆的漂流? 这是可能的,但如何证明呢? 疑点堆积
如山,一些怀疑者的想法是如此复杂,甚至海岸线的相似性也被

---

① 　译者注:波兰人在学校学会的第一句话。

认为是反对韦格纳理论的论据。因为怎么可能——他们问道——这片被撕裂的土地可以保持海岸的初始轮廓这么长时间？与此同时，韦格纳死于格陵兰的冰山中，整个事情都安静下来，慢慢就被遗忘了。然而，放射性和地球磁场领域的发现让人又想起这件事来。通过新方法计算出，英格兰和爱尔兰从三叠纪到现在已经向东北移动了30度。斯堪的纳维亚半岛以每百年一米的速度坚持不懈地上升。地球磁场的方向以确定的节奏变化，这些变化的完整记录被储存在海底……我们可以尽情期待——这本书的作者说——本世纪将会发生许多重大发现。地质学——他们说——今天正在重大突破的入口处，如哥白尼和伽利略之前的天文学，达尔文之前的生物学，量子力学之前的物理学。这种观点本身就很吸引人，只是希望人类不要学会如何控制地壳运动的规律，以免战争的发生。

## 路易斯·阿姆斯特朗,《我在新奥尔良的生活》, 斯蒂芬·宗卡翻译自英文(译得很棒), 波兰音乐出版社,克拉科夫,1974

阿姆斯特朗从 20 岁起,就被欣赏、赞赏和不断增加的名声所包围。他当之无愧,却因此承受了日常生活所不可承受之重。今天的奥菲斯①不必挣脱复仇三女神,取而代之的是蹲守在音乐场所入口和出口的记者和摄影师,要签名的人,专业和业余的狗仔队,敲诈勒索之徒,精神病患者和阴谋家以及"如兔子般繁多的亲朋好友"想向他寻求经济支持和保护。

善良,迷人的书包嘴大叔②——如果他也想要在工作中获得这样的平静,那他就不得不筑起一堵秘书墙,保护自己免受慕名而来的侵略,甚至可能由更强大的彪形大汉围成人墙……他自然是非常不愉快的,而且他会因此变得不通人情。同样,世界立即注意到偶像已经变得坏了并开始怨恨他。特别是那些老朋友,他们很早就认识这位偶像了,他们不能原谅他。他们厌恶地甩甩头,有自己的看法:这个家伙太拿自己当回事了,被名望冲昏了头脑,这也没什么稀奇。我无法想象阿姆斯特朗写下(或者更确切

---

① 译者注:奥菲斯,又被译作俄耳甫斯,希腊神话中的人物,音乐天才,前往冥界寻求复活亡妻的方法,在这个过程中受到复仇三女神的不断干扰。

② 译者注:路易斯有 Satchmo 的昵称,这个单词是由 Satchel(书包)与 Mouth(嘴巴)两个英文单词结合在一起的简称。因为他从小就有张大嘴,小时候同伴们常用阔嘴(Gatemouth)、吸盘嘴(Dippermouth)与书包嘴(Satchelmouth)等绰号取笑他。后来 Armstrong 在英国接受音乐杂志采访,见面时记者和他打招呼"Hello, Satchmo!",Armstrong 听到后觉得很酷,就把这个称号作为自己的外号。后来,他更以 Satchmo 为名写了他的第二本自传。

地说是口述)他自己对他们的回忆,希望能够借此安抚他们并让他们感到温暖。听着,你们住在新奥尔良的那些人——似乎从回忆录里的每一页都在说——黑人,甚至是白人,活着的,甚至是过世的,我没有将你们抛在脑后,我没有忘记你们,你们好好读读,你们就会相信,对你们每一个人我都可以说出一些优点,尽管你们自己都清楚,人都是有优缺点的。但最重要的是,你们,来自音乐制作的朋友们,尽管你们在生活中过得并不成功——我不仅要在这本书里提到你们的名字和绰号,而且我还庄严宣布,你们每个人都表现得很好,甚至比我还要好,如果有人现在懂得的话,那就应该看看你们的表演和听听你们的歌。我只比你们更幸运,这让我觉得有点烦恼,我比较走运,对不起你们……这就是这本回忆录的基调。感人而慷慨。但,是真心的吗?哦,我们还是不要以小人之心度君子之腹,在回忆录中寻找真情实感并没有多大的意义。有必要问一句的是,作者选了哪个版本的自己和世界——因为总是存在选择的可能性。例如,可以拿起笔,却只是为了不对任何人说一句好话。

## 马切伊·尔沃维茨基,《新世界,却不那么精彩》,
### 希蒙·科比林斯基插图,
### 大众科学出版社,华沙,1974

如果人们能够相信卡桑德拉[①]一次——沃尔维茨基在其中一个专栏中这样写道——特洛伊城将能延续到今天。好吧,有这个可能。尽管从另一方面看,没人相信卡桑德拉这点,让我一点都不感到惊讶。她嘴里说着颠来倒去的词语,她将身上的衣服撕碎。场面非常不堪入目,让人不想去听。我更愿意去听马切伊·尔沃维茨基的这类预言。他的警告更加令人担忧,但他不会陷入恍惚状态,他会直奔主题,而且,有时他会用笑话来辅助自己的观点,因为听众听得进笑话,而会远离狮子的咆哮。愿这些先知能够使我们继续繁殖,愿他们能够接触到我们现代苟延残喘的文明里所有的领袖人物。严重的水土流失、农药污染、人口爆炸……在尔沃维茨基的书中还有更多的担忧,但这三个应该放在第一位,因为第一它们是最紧迫的,其次它们需要所有人一起采取行动,但很遗憾,这点很难。如果这还没有让假的乐观派预言家皱起眉头!例如,在他们中,有人计算出地球的供给能力远不止喂养到目前为止的 35 亿人(随便提一句,有三分之二的人正在挨饿),而是超过 300 亿,所以我们不用担心,总会有办法的。我想见识一下这个病态的乐观主义者,看看他是如何在他可能很宽敞

---

① 译者注:卡桑德拉是希腊一位受神诅咒的女子,神赋予她预言的能力,却不能改变未来发生的事,她将眼睁睁看着痛苦一件件发生。而最为凄凉的是,无论她怎么呼喊,都没有人相信她,哪怕她永远只说真实的预言。

并带花园的房子里生活的。我还想看看他是如何在他安静且装饰精美的办公室里工作的，而且想进入那个办公室必须先敲门。此外，更不寻常的是，他的孩子（一个或者最多两个）有自己的小区域可以玩耍和学习。这位科学家的强有力的论点还包含一个侮辱性的假设，即人类活着只是为了吃。他甚至还忘了算上动物……在书的封面上，希蒙·科比林斯基精准地展示了作者的核心思想。就是一个小人用头在撞墙。有一些效果，因为墙被撞碎了一些，虽然不知道这堵墙究竟有多厚。问题是，这难道不伤害可怜的头脑吗？为什么这个人不会用更激进的手段去撞墙？毕竟之前这么多困难他都挺过来了，然后勇敢地从废墟中爬起来。然而，这一次，这个人知道，如果墙塌了，他将无法从废墟中爬出来。因此，头脑才是唯一的工具。人类很早以前就知道这个工具，但尚未将其充分使用。

哈丽娜·米哈尔斯卡，
《适合所有人的哈达瑜伽》，第二版，
国家医学出版社，华沙，1974

　　哈达瑜伽发源自印度，是一种练习运动和呼吸相结合的系统。经常锻炼（每天一小时，至少一刻钟）会给人带来不错的效果，只要我们能够适当地集中注意力，也就是说，不受外界干扰。哈达瑜伽可以消除疲劳和神经紧张的状态，从长远来看有助于健全人格。然而，并不是每个人都适合瑜伽，在书名中，却轻率地作了承诺。那些疲惫和紧张的人没有时间锻炼，有时间的人肯定不会那么疲惫和紧张。此外，哈达瑜伽并不适合疑心病重的人，因为对于这些人来说，不受外界干扰是最难的。这需要有信任的意愿和预支一点点热情。

　　疑心病重的人，通过做第 25 项运动——所谓的公鸡式——也就是坐在地上，小幅叉开腿，手撑地，双脚抬起，弯曲右腿，用手抓住脚并将其放在左侧腹股沟，同时他的右手在弯曲腿的小腿和大腿之间滑动，永远来得及以一种很外行且普遍的方式去思考：我究竟是在做什么？然后，在左手的帮助下，拉动左腿，用空闲的手抓住它，将脚放在右腿上，左手以同样的方式在左大腿和小腿之间滑动，使脚尽可能靠近左臀部移动，连接弯曲腿之间的手，撑在地面上，拇指相互触碰，向前倾斜胸部，呼吸，上升，将身体远离地面，使其重量只在手上，并在这个位置正常呼吸一段时间，仍然无法逃脱怀疑的魔掌，是否自己的人格真的会受益于这种肉体的扭曲。然后我们会意识到，哈达瑜伽只是迈向完美之路的第一步,而完美本身——在印度圣贤的概念中——只有那些在宇宙中专注自我的人才能实现。怀疑论者会在这里问自己,这是否就是他最想要的。也许恰恰相反:他不应该只专注自我,而是以自己的身份活到生命的最后一刻,并承担与之而来所有困难的后果?至于专注自我——死后总会有时间来面对这个问题的。这时,怀疑论者决定将从公鸡式中解开。让我们相信,他可以在没有救护车的情况下做到这一点。

卡杰·伯基特-史密斯,《文化之路》,
克利斯蒂娜·艾维尔特-瓦德特克和塔德乌什·艾维尔特翻译自英文,
索菲亚·索科莱维奇编辑并作序,
大众科学出版社,华沙,1974

　　作者是丹麦民族志学者,因其对爱斯基摩文化的研究而闻名,但在这项工作中,对爱斯基摩人生活的了解只具有辅助功能。本书的主题是从原始文化到第一批伟大文明的人类发明史。在读书的时候,我突然想起了不久前看过的电影《来自未来的回忆》。这部有声电影的创作者丹尼肯试图让观众相信地球曾被一些来自太空的生物所困扰。如果不是因为他们访问地球,人类仍然会生活在未开化的部落阶段,充其量只是一群能歌善舞的原始人……友善的客人们加速了人类的智力发展,激发人类开展实践活动,启发人类创建宗教和艺术,教会人类时间的意义,让人类开始了解星星,换句话说,没有他们我们到底能做什么。对民族志的兴趣越少,就越容易相信这种假设。我对这部电影感到愤怒并不是因为这个,而是因为它所包含的大部分证据都不容辩驳——最后,还介绍了一些难以解释的现象,而如果没有解释,尚可以随意发挥想象。然而,我不明白为什么导演认为外星人干扰人类发展的可能性应该让我们感到非常高兴。对我来说,这将是一个屈辱的思想,有什么可值得高兴的。人类这个物种可能不是大自然中最快乐的怪胎,但如果事实证明,人不能单独做任何事情,那么他辛苦而复杂的冒险将会失去那一点点小意义,而这正是我想在人类身上看到的。

我不知道伯基特-史密斯到时候会怎么做,他可能会在哲学的背景下自杀,而我,他谦逊的读者,将随他同去。还好目前我们没有被任何事所催促。我们被允许坚持全部的信念,即我们的祖先天生就具备了以自己的聪明才智想出如何处理石头,点火,缝制衣服,建造船只,烧壶,种植植物等等。人类似乎只能是他自己实验的受害者,他自己会对这个实验的影响承担责任。"我自己将自己从高处摔下去,自己犯的错自己承担。"一位维也纳平面设计师在接受采访时说过这样一句话,很遗憾,我忘了他的名字。至少他说的话让人肃然起敬。

## 海伦娜·米哈沃夫斯卡,《华沙的文艺沙龙(1832—1860)》, 国家科学出版社,华沙,1974

我把重点放在次要问题上。因此,我不会考虑文艺沙龙在起义之间①所扮演的历史和文化角色。我反而对技术细节非常感兴趣:社交聚会如何组织才能让思想交流很活跃,以及让助兴活动受到每个人的欢迎。毕竟,今天我们也喜欢在朋友圈内时不时组织个聚会,但一切看起来截然不同。主人的角色发生了变化,尤其是女主人。现在非常奇怪,这是在现在,在思想更开明的时代——换句话说,女人的地位得到提升,而房子的女主人们则作为厨师出现在客人面前,以前她们可不会这么做。她们之中有优秀的厨师,但她们菜做得越美味,她们就越频繁地在房间和厨房之间穿梭,为了把菜端出来,为了把盘子端进去,为了在分发之前搅拌,为了能快速地将菜放在盘子上。

她刚坐在椅子的边缘上稍微休息一下,一秒钟后就会再次离开,因为蘑菇还没有端出来,因为这些面包卷必须割好;她会再次坐下来,劝客人们吃鱼和沙拉,然后她再次回到厨房,看看是否有另一个大作被烧煳了。房子的男主人也经常四处走动,给杯子倒水,更换盘子,再倒水,打开冰箱去拿新的饮品,他回来,想起忘了拿矿泉水,再次消失,又来了并给客人们倒水。在某些时候,客人会局促不安并加入这样的行动:他们拿出碟子和沙拉碗,在水槽上旋转,洗涤并擦拭第二道菜所需的餐具。有很多走动和喧嚣,

---

① 译者注:这里指华沙最著名的两大起义,11月起义和1月起义。

但你不能幻想在这些条件下还能有什么交流。你刚开始说些什么——在最关键的时刻,女主人会打断你的思绪,一边劝大家吃第三个盘子里的猪肉。你试着去听邻座在说什么——主人会马上问你喜欢什么,黑麦伏特加或野牛牌伏特加……而聚会曾经是什么样的? 主人不会在全是食物的厨房自娱自乐。他们从未有一刻离开过客人,一边看着聚会的进程,有时谈话火候不旺时,他们急切地像给壁炉添加木头那样引起一个新的话题。这需要主人很机智、风趣、敏锐,以及做一些适当的准备——必须提前阅读不止一个奇闻逸事,不止一首玛祖卡舞曲用于在钢琴上弹奏。主人还必须了解客人,以便在无话可说时能多少说点有趣的事。在某些时刻,不能太早,也不能太晚,为聚会的客人们提供一杯茶,一杯葡萄酒——上帝都要抱怨——只有奶酪三明治。朴素而并不慌乱,只是为了让聚会上的人垫垫肚子。我怀疑我们是不是做了正确的事情,在鲱鱼、酱汁、毕高斯①、红菜汤和烘烤菜肴的帮助下,让我们的聚会丧失了意义。毕竟,我们没有,我们将不会有悄无声息的仆人,可以提供所有并将其带走,使主人们能够发挥其应有的作用。显然,吃着奶酪三明治就不会有愚蠢的对话,人们全神贯注地听音乐,并即兴创作了简单的游戏。今天,当客人们离开时,他们的身体已经吃撑了,而灵魂却还在挨饿。

---

① 译者注:波兰国菜,跟中国东北乱炖类似。

### 雅德维加·皮尼-苏霍多尔斯卡，《玛利亚·德林格》，
### 波兰顶级舞台艺术家专著系列，
### 国家出版社，华沙，1974

在今天，十九岁的女孩们才刚刚开始在艺术学院学习，玛利亚·德林格，历经七年的舞台工作后，早已声名鹊起，从利沃夫剧院搬到华沙取代了当时不在国内的莫泽耶夫斯卡[①]的位置。在华沙，在接下来的七年里，她在不断增长的掌声中演出，在此之后，观众和评论家们都感到非常遗憾，正如诗人所写——"美貌还如春色般迷人，而理性却已白了头"，她永远地退出了舞台。除了上面如此异国情调的两句话之外，我还要补充一点：在她十四年的舞台生涯里，德林格主演了两百多个角色……没错，这个令人惊叹的数字是哪里来的。曾经，剧院不得不每隔几天上演一出新戏，如果他们将某部剧重复上演几次，那这部剧就是很成功的了。我们喜欢抱怨今天的生活节奏，却忘记了不是在每一个领域都超过了旧的时代。例如，现在，剧院的工作速度极其慢。首映前排练30次并不是什么特别的事，而且首映后还有100场的演出——也没什么稀奇的。即使是在克拉科夫不专业的克莱亚什剧院，也不紧不慢地，每年只为其忠实观众上演两场首映。这一切都对剧院的工作产生了积极的影响，并让演员的深度得到了发展。但这会不会太过了？

---

① 译者注：海伦娜·莫泽耶夫斯卡（1840—1909），波兰著名女演员，后随丈夫去往美国。

哪里可以找到这样一位女演员，当她读玛利亚·德林格的生平时，不会忍不住发出一声沉重的叹息？至少她演过，哦，她演过……或许有一位剧院导演不会像这样感慨万分，尽管出于完全不同的原因？一旦女演员结婚，通常她就会离开舞台，因为配偶希望如此——就像当时所教导的那样——拥有一个"只属于自己"的妻子。众所周知，这是由于一种令人讨厌的偏见，认为表演是一种多情的手艺。然而，由于这种偏见，许多"曾经年轻"的女子并没有留在演艺界。大部分人在第一次要烦恼于扮演母亲、阿姨和祖母这样的角色之前，就已经离开了舞台，而这样的角色在所有剧目都不常见。在我们这个时代，丈夫为作为女演员的妻子感到骄傲，因此女演员继续表演，在一段时间之后，她们开始经历一场人生大剧——越来越难以登上舞台，这很令人惋惜。德林格小姐在女性气质和天赋到达顶峰的时候退下神坛，以便她能够与博谷米乌·科隆-瓦莱夫斯基先生一起聆听婚礼进行曲，对于今天所有的舞台导演来说，这将成为一个美好的典范。

谢里丹·勒法努,《卡米拉》,

马切伊·科兹沃夫斯基翻译自英文,耶日·斯特舍泰尔斯基作序,

芭芭拉·日姆比茨卡以维多利亚风格插图,

文学出版社,克拉科夫,1974

最好的鬼故事是在《匹克威克俱乐部》。你们知道这本书,那就稍微听我讲一下。那是一个昏暗的出租屋,房间里有一个旧衣柜,衣柜里有一个幽灵,他终于找到了一个机智的租户。

房客不但没有感到害怕,反而开始劝说幽灵,在夜间吓唬人们是多么愚蠢。你们,幽灵们——他说——作为非物质的生物,来去自由,你有无限的旅游的可能性!为什么还要待在这个地方,让你们想起生命中最糟糕的时刻呢?去气候更宜人的且尚不为人所熟知的国家,难道不是更明智的选择吗?幽灵惊讶地坦言道,事实上他从来没有这么想过;他真诚地感谢这个想法,甚至承诺去说服所有的同伴,让他们打破现有的生活方式,然后消失,以免再回到爬满小虫的衣橱里。让我补充一点,当他在夏威夷或加那利群岛时,他沉浸于意想不到的美丽风光中,很遗憾,他忘了自己的承诺。于是,在其他故事中的幽灵们仍留在他们无聊的衣柜里、地牢和阁楼中,他们最大的娱乐方式就是吓人。例如,19世纪下半叶爱尔兰作家的女主人公卡米拉继续延续着吸血鬼的传统习俗。从来没有想过她可以更有趣地安排她的来世。如果,这个可怜的姑娘足够聪明,能够去找狄更斯,他会向她解释,作为漂亮和年轻的死者,似乎会有比当吸血鬼更好的前景。不要管其他的幽灵。如果他们一定想要吓唬人,那就让他们吓唬吧;然而,更糟

糕的是,活着的人会吓唬其他活着的人。如何说服他们,这是浪费时间最原始的方式,他们非常浪费自己和他人的生命,毕竟这是生命(可能只有一次,而且肯定是短暂的)。你可以在这里做出更有意义的事,我可怜的姑娘,有多少地方需要你的帮助! 1975年即将到来,为了让世界拥有美好的一年,你的贡献必不可少。

马尔钦·克罗梅尔，
《芬兰王子约翰和波兰王妃卡塔琳娜的真实故事》，
扬努什·马乌维克编，
波耶杰热出版社，奥尔什丁，1974

　　这是一个悲剧，但我们补充一点，这个非常有趣的伟大冒险故事被描述得非常符合现实。正如序言中，作者精准地写道，齐格蒙特时代一部杰出的散文作品，以及波兰浪漫作品中的一个不同寻常的现象。女主角卡特琳娜·雅盖隆卡是齐格蒙特·奥古斯特的妹妹，很迟才结婚，但她与丈夫相互喜欢，忠于彼此。她和她的兄弟都是非常浪漫的人——如果你使用现代宣传的方式说——就只能发生在电视剧中。如果是其他任何一个电视台，都会早就充分利用这样的素材，但是我们的电视台很奇怪，他们认为雅盖隆卡的私生活远没有其他人，比方说都铎王朝那些人的私生活那么丰富多彩。已经有人写过这些；我只是补充一句，仅仅希望能够告诉你们，都有哪些内容：将有三个主要且富有表现力的角色（瑞典国王埃里克十四世，他的兄弟约翰，后来的瑞典国王，以及他的妻子——卡特琳娜，齐格蒙特三世瓦萨的母亲），两个次要的角色，但个性鲜明（危险的伊万和齐格蒙特·奥古斯特），剧情充满戏剧性的情境，爱情主题更加刺激，因为有婚外情，以及最后完全像是显克微支笔下的"幸福的结局①"。《真实故事》写于1569年或1570年，所以几乎就在真实故事发生之后立刻就

————————————

①　译者注：原文是英文，happy end（幸福的结局）。

完成了。很多人认为马尔钦·克罗梅尔是作者。但是还有第二位作者，扬·德米特·索利科夫斯基，也有很多人认为是他。这个事还没有定论。不管怎么说，反对索利科夫斯基作者身份的一个论点在我看来是不切实际的。如果索利科夫斯基——他们这么推理——真的是这个约翰和卡塔琳娜故事的作者，他怎么可能在两年后反对（这件事众所周知）这对夫妇对波兰王位的候选资格？

好吧，我们要在这里谈论政治问题，两年的时间会改变很多政治观点。或许，索利科夫斯基在此期间改变他对自己故事主人公的看法，还可能是，他可以在不改变对他们看法的情况下，同时有充分的理由不希望他们在新的皇室工作。认为以前的人都是从一而终的模范这样的观点对解决有争议的问题并不适用。至于我，我同意克罗梅尔的作者身份，为了以防万一，还是祝贺他和索利科夫斯基讲述了这么好的一个故事。

**爱德华·海姆斯，《为人类服务的植物》，**

**雅德维加·苏斯卡翻译自英文，《专题集》系列**

**国家科学出版社，华沙，1974**

　　一个模糊的标题，几乎没有人会猜到这本书是历史和植物学的结合。你可以在书中发现，你很难了解到在何时，何地，以何种方式以及是由哪个民族将我们最重要的植物引入种植的。了解真相是困难的，不可能依赖传统和编年史，因为它们把所有开创性的事物都归因于神或国王，并不总是传说发生的地方就是这些农作物的第一故乡。园艺和农业艺术的真正创造者，那些懂得如何快速让基因突变的人，那些想通过遴选植物以获得最理想特征的人，那些首次使用杂交、嫁接和人工授粉的人——在时间的深渊里消失得无影无踪。

　　更难的是对起源的研究，因为没有一种作物与它们野生的祖先相似，有时甚至根本找不到它的祖先，例如扁豆、枣椰子、花生或莴苣……因此，更应该对能够被确定、被发现和被证明的植物感到心满意足。只有那些人——如前所述——永远地成为了无名英雄。在这里，我想起了马克·吐温关于诗人天堂的美丽小说。在这个天堂里，与我们的感觉相符的有荷马、但丁、莎士比亚和许多其他受到广泛认可的诗人们。然而，他们都向一个毫无名气的人鞠躬，他是一个悲惨的小鞋匠，一生备受嘲讽，在死后被人遗忘，在地球上连哪怕两行诗都没留下。如果将发明者的天堂放在诗人的天堂旁，情况会不会如出一辙？现代的学者，拥有名字、头衔和众所周知的成就，却泯然于数千年前的野蛮人群中。当到某一个时刻,这些学者们在桌边坐下,喝神圣的甘露,听着甜美的音乐,结果却发现,最高和最厚实的镀金宝座是为了这些毫无名气的和来自各种部落的乌合之众所准备的。他们会坐在宝座上,一边闻来闻去,一边晃动挂在鼻子和嘴唇上的环,一边挠挠胳肢窝。但他们是如何开始的——天赋,绝对是天赋异禀,因为他们必须从零开始。在他们之后所发明的一切,人们都为之付出了巨大的努力,但相比之下,仍微不足道。

**伯纳德·格伦,《轻歌剧的历史》,**

**玛利亚·库莱茨卡翻译自德语,**

**第 24 章《波兰舞曲的尾音①》由鲁茨延·科德林斯基所写,**

**波兰音乐出版社,克拉科夫,1974**

　　作者认为轻歌剧几乎是从欧洲文化的曙光中衍生出来的,尽管事实上,轻歌剧作为一种特殊形式的音乐表演创作还很年轻,可以说它的历史始于 14 世纪。细节描述是所有专著的一大优势,只要能够根据结构合理安排并突出重点就可以了。格伦的叙述非常混乱,他以同样的热情对待每个人和每件事。而这些华而不实的词汇、信息都被淹没在这些可怕的华而不实中……很显然,作者没有能够亲自看过他所写的所有歌剧,所以他是基于别人的意见而写的。我认为,别人的观点不见得总是权威的。在他的书里,尽是外行评论和广告宣传册风格的词汇。在几乎每一页上,我们都会读到"巅峰成就""如狂风骤雨般的色彩""点睛之笔""旋律的宝库"和"如铁般刚毅的曲目"。读者因此感到困惑,究竟哪个艺术家更好,哪个更糟,谁的成就真的值得专业分析。这种专业性还表现如下:"最迷人的旋律如花环般围绕着欢快的动作……""此刻,无论在何处响起,整个音乐都如同一股强大而美妙的溪流……""天真而令人陶醉,无辜而引人注意,充满如此真挚的灵感,如此高尚的结构并寻求和谐,让人很愿意将其归为一流的作品……""在这部制作精良的大师之作中,可以欣喜地看到

---

① 译者注:原文为意大利语,Coda alla polacca。

上千个精彩之处——整体布景,合唱指导,乐器法——适当的构架……"

"在这黑暗的音乐中,可以听到一种渴望而伤感音符……""爱情的欢愉、深刻的人情、密西西比的永恒、幸福生活的魅力——所有这一切都会在剧本中回响……"因为篇幅不够,我就摘录到这里,类似的句子不胜枚举,如抽奖送的小礼物,比较鸡肋,又不知道该如何处理? 这本书包含了很多奇闻轶事,并附有丰富的名称和标题索引,得益于此,有时候,这本书还是很有用的。我肯定会把它放在约瑟夫·坎斯基《戏剧导读》这本书的旁边。它们不是很好的一对。根本不是歌剧和轻歌剧之间的差异——我从来没有这么想过。只是因为一本是杰作,一本写得很烂,仅此而已。

埃托雷·毕欧卡，

《雅拿玛族——一个被印第安人掳走的女子的故事》，

芭芭拉·谢罗舍夫斯卡翻译自意大利语，

国家出版社，华沙，1974

书是借来的，因为发行量很少，眨眼间就没了。

1937年，海伦娜·瓦雷罗作为一名12岁的女孩，在极富戏剧性的场景下，被雅拿玛族的印第安人掳走，他们住在内格罗河省和奥里诺科河上游之间的森林里。20年后，她设法回归自己原先的文明，而她的故事（由意大利民族志学者撰写）则成为一份独特的人种学和心理学文献。在那之前，白人完全不了解雅拿玛族的生活。同样，雅拿玛族也没有寻求与白人的联系。他们被原始森林隔开，生活在他们自己的"如防水材料般密不透风的"现状中，也就是被文明人称为史前时代的现状中。

他们唯一了解外部文化的方式是砍刀，也就是用于在森林中开道的刀具。然而，通过河岸上的零星交换获得的东西，它们并没有成为印第安人手中自相残杀的武器，这类武器是"更高级的"文化对他们不怀好意的佐证。雅拿玛族用他们自己的常规武器相互伤害：棍棒和毒箭。结果就是，妇女的生育能力不足以弥补男性战斗造成的损失。是什么导致这些部落之间的战争，永无止境的战争？好吧，显然不是被生活所迫；这个部落丰衣足食，他们有足够的狩猎场和建造小屋的材料。然而，他们还是灭绝了——至少这本惊人的书中让我产生了这个印象。这可能要归因于在那里盛行着极其强烈的一种习俗，这种习俗高于一切，包括这个部落想要保护生命的其他习俗。从少年时代开始,男人们就开始吸食所谓的迷魂药,一种汲取自当地植物的毒品。这种烟会强烈地激发人的侵略性,长期服用将会导致严重的精神障碍。雅拿玛族的女人们知道,当她们的丈夫、兄弟、儿子开始闻嗅迷魂药时,必将有一些不好的事情发生,至于具体是什么事情,在几次深呼吸之后便会揭晓。每个男人的荣誉巅峰都是成为"擂主"。擂主指的是杀死了另一名已经杀死过几名男子的男子。因此,堂吉诃德式的骑士精神蔓延到整个部落。在我们中世纪时,这种骑士精神很常见,但一般都是单打独斗,他们希望填补两场战争之间的空档。在雅拿玛族,每个人都必须是擂主,这会让人怀疑这个部落是否能够长久延续下去。乍一看,这些男人们健康且无忧无虑,他们几乎不知道疾病为何物,也几乎没有人生病。或许,在这里需要解决的是某种精神上的癫狂? 相似的情况是不是也发生在所有以狩猎和采果为主的原始民族中? 那他们是以何种方式延续的? 如果都是这个情况,部落怎么持续? 又是什么影响了他们习俗的演变? 这些问题很幼稚,但面对至高无上的人类学,我宁愿不假装不懂装懂。

### 尤里安·莱文斯基,《吉恩·巴蒂斯特·马里诺的波兰译本》, 奥索林姆国家图书馆出版社,弗罗茨瓦夫,1974

马里诺。除了文学历史学家之外,今天的人们谁还会看这位意大利诗人的诗歌……当时(在 16 世纪和 17 世纪之交)他可是举世闻名,文学品位的独裁者,在欧洲各地遍布着他的追随者。他写得太多,以至于他忘了自己曾写过什么,重复写自己以前写过的事物。他的作品常见于铭文,措辞优美,构思精巧。神话人物,智者名言,大胆艳词,形式上无可挑剔——这一切都符合那个时代的品位,确实是同类中的精品。完美无瑕,却也空洞无物。诗人缺乏鲜明的个性,唯有个性,才能让诗人的诗作流传下来。其余的,技巧、想法、方式、写作风格只会沦为优秀模仿者的财产,在他们数百次重复后变得平庸,最终只会让人感到无聊。马里诺的名气迅速消失殆尽,仿佛他的光芒只够照亮一代人。尤里安·莱文斯基认为,这首诗所包含的思想和文学,与时代联系过于紧密。然而,这或许并不能够解释,其他与时代紧密相连的伟大的作家,他们身后的名声并不会随时代而消亡。因此,这一切取决于个性的力量……

也许这个概念对于某些人来说,似乎不够学术,也许今天的批评家们会提出另一个词,它的意思是一样的,只是更加故作高深——我不知道,我继续讨论马里诺。在波兰,他也有读者和译者。其中翻得最精彩的当数安德杰·莫尔什藤①,但也有其他人。

---

① 译者注:波兰著名诗人,善于写宫廷抒情诗。

莱文斯基将这些译本翻出来,拂去灰尘,极其认真地分析,并首次以手稿形式出版了六位译者的翻译片段。这其中,最让人佩服的是,《阿多尼斯》这首诗的匿名译者,这首诗有 40 000 行! 在我们的私人书房中,还藏着令人感到奇怪的书。至于其他翻译,我就打算提一下皮特·科斯特克的译本。他竭尽全力地翻译,但他的全力却如狗熊般鲁莽。他不能很好地翻译出诗作中幽默的感觉,因此让我们感到可笑,但这却是一本严肃的书。"我的嘴唇遭到了严重的伤害,我的心肝/臭不要脸地将嘴贴到他的脸蛋……"或者是女孩对"咬吻"的抱怨:"我怎么会第二次把臭脸送上/而你却要狠狠地将我咬伤……"如你所见,老实巴交的科斯泰克不会精准地翻译文学之吻。他特意为一首以物喻人的打油诗作了题目,还是纯粹的巴洛克风格:"肆无忌惮的跳蚤,让诺威娜夫人心甘情愿地被咬。"呃,如果我能写出这样的题目就好了——盖乌钦斯基①会这样说道。

---

① 译者注:波兰非常著名的诗人,与希姆博尔斯卡同时期,喜欢写打油诗。

伊里·费利克斯,《观赏鸟》,
芭芭拉·比佐夫斯卡-泽赫翻译自捷克语,
达格玛·切尔纳插图,
国家农林出版社,华沙,1974

　　观赏鸟与家禽的不同之处在于,它们只是因为美观而被关在笼子里。很显然——我对那些鸟在欣赏它们的主人时的乐趣一无所知。这本书包含了 88 种鸟类的特征,它们能够忍受余生在笼里度过。在每一张彩色照片上只能看到公鸟的样子。雌鸟,尽管有一些品种跟公鸟的样子出入很大,却没有得到展示。

　　这本装帧精美的书让那些想养鸟的人,在阅读完这本书后,如果想去买一只雌鸟,只能依靠卖家的诚实守信。不久前,我评论过一本关于蝴蝶的类似画册。在那本书中,毛毛虫受到了歧视。我不会说,这完全毫无道理,但也差不多是这个意思。我还是继续讲这些鸟吧。其中,会模仿人声的鸟类令人印象深刻。这让我感到很难过,我从来没有听说过任何"会说话的"八哥,更不用说鹦鹉了。唯一一只与我关系密切的鹦鹉,是在我还是小女孩的时候,但我也没能让它说人话。家里的女性成员试图鼓励它表达礼貌用语,例如早上好,晚安,用餐愉快,谢谢。然而,与此同时,男人们开始采取行动,教朱佳(它就叫这个名字)一些不太得体的词语。这只可怜的鹦鹉,在这两种水火不容的教育方式下成长,坚持一言不发,直到它的生命结束——尽管它的生命短暂——也没有说一句话。不过,它会对整点报时作出反应。一旦钟开始整点报时,它就大发雷霆,多色的翅膀上下扑腾,发出一声

540

可怕的、高亢而又嘶哑的声音。那个声音是如此令我感到害怕，直到今天我都能清楚地记得。那时，我才七八岁，在那个年纪，我还从未思考过时间的流逝。一小时过去了，下一个小时又来了——那又怎样？但在我看来，朱佳非常介意时间的流逝。它高声尖叫，仿佛要吓跑那些不会被吓跑的东西，抑或是对那些事物提出抗议，而它的抗议却毫无效果。"那些，我们与之抗争的，是如此之小，相比与那些和我们一起抗争的，却又是如此之大。"——里尔克这样写道。但我很迟才读到里尔克的作品。最初，是朱佳，那只会被钟声吓到的鹦鹉。

## 卡塔日娜·沃尔斯卡和艾德蒙德·斯皮雷多维奇,
## 《信件,申请,公函》,
## 人民合作出版社,华沙,1974

　　这本书的结构无可挑剔:首先是关于写信技巧的整体介绍(由无名氏所写),接着,第一部分是私人信件(由卡塔日娜·沃尔斯卡编写)和第二部分——公函(由艾德蒙德·斯皮雷多维奇编写)。这部分内容最丰富,包含了各种申请、表格、诉讼和合同的模板,以及恰当的指导,在什么情况下,他们应该写给哪些机构以及在寄出的包裹中还需包括哪些附件。我对这本书印象不错,本章经过精心编排,完全值得发行90 000册,而其他章节则差强人意。关于写信技巧,其实值得一说的事很多,尤其是关于信中文体的变化,口语和文学用语,最常见的错误和不得体的用法等。然而,仿佛没有篇幅来说这些;因此,只是随意在这里写几个泛泛而谈的建议和几个例子,好像这些不值一提。我不认为,这些建议是基于扎实的研究,它们看起来反而像是"从空空如也的脑子里写出来的废话",就像斯泰法尼亚·格罗杰斯卡①所说的那样。然而,在书中还谈及了写字的历史,纸莎草纸、羊皮纸、纸张等的制作,这或许并不是这本书最需要的内容吧。借此机会,读者可能会得知墨水曾经是由虫瘿②制成的,而这些虫瘿是由"一种要成为瘿的昆虫刺破橡树的树皮"所形成的。看到这样毫不相关的信

---

① 　译者注:波兰著名演员,非常有智慧的一个演员。
② 　译者注:虫瘿是植物组织遭受昆虫等生物取食或产卵刺激后,细胞加速分裂和异常分化而长成的畸形瘤状物或突起。

息后，后面关于不要在信中犯下语法错误的建议都让人提不起兴趣了。关于私人信件的章节则让人产生了更多疑虑。作者没有为读者们总结出现成的写信模板。

在这点上，我很认同——还是让私人关系领域不要受到烦琐模式的限制吧。写吧，人们，随心所欲地写吧，只要收信人能看得懂你在说什么。然而，那些固定模板的信件，你可以在收录名人信函的那章中看到。这个想法很好，但是从被选择的写信人和其信件中可以看出，作者并没有广泛而精心地挑选。看起来就像作者只是引用了家中书房里的书，而且藏书有限。更糟糕的是，这些信被删减得仿佛经历了一场大屠杀。每一封稍微长一点的信，不论是出自谁之手，来自肖邦、密茨凯维奇抑或是斯沃瓦茨基的信，被修剪成更短的篇幅。问题来了，既然都不懂得尊重它们，为什么还要选这些信作为优美信函的范本？更让人不知所云的是，为什么在这些信件中，还有柴罗姆斯基《日记》的片段和两篇来自小说的虚构信函，仿佛真实的信不够有趣。有的，有的，只是不在作者手边而已……

**维斯瓦夫·科坦斯基,《日本艺术》,**
**(在这个系列中,他们忘了人名附录),**
**艺术和电影出版社,华沙,1974**

　　作者之前写过一本旧日本文学选集《一万片叶子》,让我们对他感激不尽。这次,他写了一本日本艺术概述。在这本书中,文字的部分被绘画的复制品所占据。令人遗憾的是,那些色彩印刷之差,让眼睛完全感受不到喜悦。拿歌川广重的《大桥上,暴雨突如其来》为例,将其模模糊糊的复制品与百科全书中的复制品进行比较,简直是天壤之别。我以这个五颜六色的木刻品为例,是因为我有奇怪的想法,我觉得我是它的主人。

　　好吧,我时不时会做偷东西的梦。我梦见自己从博物馆里偷了一幅令人愉快的画作或小雕像,然后心里充满了恐惧,我一边环顾四周,以防有人看到我在偷东西,我把偷来的东西带出博物馆。通过这种方式,我成了伦勃朗的画作《戴着丁香的撒克逊》的主人以及霍贝玛的《通往米德尔哈尼斯之路》的主人。(我将它们藏在外套下面,但我的外套能放得下那么大的画吗?)我还成了一只来自古埃及的石猫(我记得它有多重)和这《突如其来的大雨》的主人。我担心,这还没完,在我的梦中画廊里,很快还会有科坦斯基的书中的复制品,小型的黏土恒河猴,它是来自古冢时代(公元 3 世纪至 6 世纪)的挖掘品。在这些遥远的时代,日本人将小人物、动物和日常物品放入坟墓。小雕像的任务可能为了在坟墓中保有一种熟悉的家庭氛围,因为它们展现了死者在他生活中所熟知的东西。出于这个原因,它们必须与原型非常相似。我所说的猴子也类似于它这个品种的猴子,但这并不是它成为杰作的原因。那究竟是因为什么?微微倾斜的头?深邃眼睛中的目光——眼睛不过就是黏土上的两个洞?极度哀伤的表情,同时充满好奇的表情?这张小脸上所展示出的猿性、动物性和人性?集所有于一身?它肯定在某个遥远的博物馆中受到严密的保护。在醒来的时候,我很难去那里,但在梦中有什么是不可能的呢?我会马上进入那个展厅,抓住我那只众猴之王放在身上,将它藏到外套下面,然后跑向街道,不被任何人逮到。如果警报信号响了,大不了就是醒来而已。

**图书在版编目（CIP）数据**

希姆博尔斯卡选读札记. I /（波）维斯瓦娃·希姆
博尔斯卡著；吴俣译. —上海：东方出版中心，
2019.12
（希姆博尔斯卡全集）
ISBN 978-7-5473-1420-3

I.①希… II.①维…②吴… III.①读书笔记－波
兰－现代 IV.①G792

中国版本图书馆CIP数据核字（2019）第260758号

THE WISŁAWA SZYMBORSKA FOUNDATION　All works by Wisława Szymborska © The
Wisława Szymborska Foundation, www.szymborska.org.pl
著作权合同登记　图字：09-2018-1123号


**希姆博尔斯卡选读札记 I**

出版发行　东方出版中心
地　　址　上海市仙霞路345号
邮政编码　200336
电　　话　021- 62417400
印 刷 者　上海盛通时代印刷有限公司

开　　本　890mm×1240mm　1/32
印　　张　18
字　　数　398千字
版　　次　2019年12月第1版
印　　次　2019年12月第1次印刷
定　　价　78.00元